基于能力培养的高职教育教学模式研究

徐博文　著

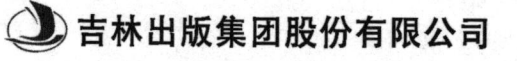

吉林出版集团股份有限公司

图书在版编目（CIP）数据

基于能力培养的高职教育教学模式研究 / 徐博文著
. -- 长春：吉林出版集团股份有限公司，2022.6
ISBN 978 - 7 - 5731 - 0888 - 3

Ⅰ.①基… Ⅱ.①徐… Ⅲ.①高等职业教育 - 教学研
究 Ⅳ.①G718.5

中国版本图书馆 CIP 数据核字（2021）第 247331 号

基于能力培养的高职教育教学模式研究

JIYU NENGLI PEIYANG DE GAOZHI JIAOYU JIAOXUE MOSHI YANJIU

著　　者　徐博文
出 版 人　吴　强
责任编辑　蔡宏浩
装帧设计　万典文化
开　　本　787 mm × 1092 mm　1/16
印　　张　12.5
字　　数　312 千字
图　　片　0 幅
印　　数　1—1000
版　　次　2022 年 6 月第 1 版
印　　次　2022 年 6 月第 1 次印刷

出　　版　吉林出版集团股份有限公司
发　　行　吉林音像出版社有限责任公司
　　　　　（吉林省长春市南关区福祉大路 5788 号）
电　　话　0431 - 86129674
印　　刷　三河市嵩川印刷有限公司

标准书号　ISBN 978 - 7 - 5731 - 0888 - 3
定　　价　52.00 元

如发现印装质量问题，影响阅读，请与出版社联系调换。

前　言

　　高等职业教育是我国高等教育的一种新类型。它以培养高等技术应用型人才为宗旨，以服务地方经济社会发展为使命。随着我国经济社会的发展，高等职业教育的重要性更加明显地体现出来。高等职业教育创造了人民大众接受高等教育"上大学"的机会，在促进教育公平方面做出了较大贡献；高等职业教育肩负着培养多样化人才的职责，为经济发展提供高技能人才支撑；高等职业教育对促进和扩大就业，进而保持社会稳定，推动社会进步和发展也有重要意义。

　　我国举办高等职业教育较晚，是在理论准备不足、指导体系不完整、办学经验缺乏借鉴的情况下起步的。尽管起步较晚，但在国家政策的引领和推动下，高等职业教育发展迅猛，现已成为我国高等教育的半壁江山。我国高等职业教育在急剧增长的同时，也给高职教育教学管理带来了一系列问题。由于高职院校入学门槛不断降低，高职学生往往是高考成绩不理想的群体，学生普遍存在着文化基础薄弱、学习动力不足、个性差异较大的问题。再加上目前国内院校等级划分以及院校歧视现象的存在，很容易对他们的自信心以及学校和专业认同感产生负面影响。这些问题给正常的教育教学工作带来了很大困难。因此，加强高职课堂教学与班级管理成为高职教师面临的一项长期而重要的工作。

目　录

第一章　高职教育基础

第一节　高职教育的内涵

一、教育的内涵

高职教育属于教育的一种，在探讨高职教育的内涵之前，首先要清楚教育的内涵。

（一）"教育"的定义

古今中外，对教育的概念理解和对教育所下的定义多种多样，可谓仁者见仁，智者见智，如《中庸》说："修道之谓教"，还说"白诚明，谓之性；自明诚，谓之教"。

《荀子修身》说："以善先人者谓之教"，《学记》说："教也者，长善而救其失者也"。

《论语》说："夫孝，德之本也，教之所由生也。"柏拉图认为："教育是使个人身心得到圆满发展"，夸美纽斯认为："教育是生活的预备"，法国教育家卢梭认为："教育就是让儿童的天性率性地发展"，佩斯泰诺齐认为："教育是对人的一切天赋能力或力量的和谐发展的一种促进"，美国实用主义教育家杜威认为："教育即生活，教育即生长，教育是经验的改造或改组"，英国教育家斯宾塞认为："教育是为人的未来美好生活做准备的活动"，俄国教育家乌申斯基认为："教育是一种有目的地自觉地培养和谐发展的人的过程，"《美利坚百科全书》中"教育"的词条为："从最广泛的意义来说，教育就是个人获得知识或见解的过程，就是个人的观点或是技艺得到提高的过程。"《中国教育百科全书》认为："广义的教育指的是一切增进人们的知识、技能，影响人们的思想，增强人们的体质的活动"。《教育大辞典》指出："教育是传递社会生活经验并培养人的社会活动，通常认为：广义的教育，泛指影响人们知识，技能、身心健康、思想品德的形成和发展的各种活动。"

这些关于教育的认识与表述从不同的方面揭示了教育活动的某些属性，对于理解教育活动都是有价值的，这些表述虽各不相同，各执一词，但这些说法都有一个共同点，就是：他们都把教育看作培养人的活动，把教育看作感化、培养、引导、训练人的过程，"教育是培养人的活动"这一本质属性贯穿于所有教育活动之中，自人类社会产生以来，就有培养人的活动，也就有教育。

教育是一种社会现象，自人类社会产生以来就有教育的产生，这种教育存在于各种生活生产中，为了说明问题有同一的立脚点，我们把教育的概念分为广义的教育和狭义的教育。

广义的教育是指有意识地增进人们的知识技能和促进人发展的社会活动，举凡家长教育子女，师傅带徒弟，教师教学生，社会团体教育其成员等活动，都包括在内，狭义教育是指教育职能机构，根据一定社会（或阶级）的要求，有目的、有计划、有组织地对人施加影响，促使其身心得到发展的社会活动，它主要指学校教育，但不限于学校教育，目前的函授教育、远程教育等也属于此类，我们这里研究的"教育"一词即狭义的教育。

教育研究不能脱离社会结构，把教育现象抽象化，从而否定教育的社会性、阶级性，也不能把广义的教育和学校教育混同起来，造成教育学研究对象的泛化，应当把教育放在一定社会结构之中，把学校教育放在社会教育这一大系统中作为一个子系统来考察研究。

（二）教育的要素

要深入认识教育活动，对教育活动的本质认识还要分析它的基本要素，构成教育活动的因素很多，如教育目的、教育内容、教育者、教育制度等，不同的教育活动构成因素还有一定的差异，其中只有那些对于教育活动来说必不可少的、最基本的因素，才能称之为教育的要素，一般认为构成教育活动的要素有：教育者、受教育者和教育影响三个方面，深入地认识这三种要素，是对教育概念认识的深化。

1. 教育者

从广义的角度来说，凡是在教育活动中承担教的责任（包括直接承担者和间接承担者）和施加教育影响的人都是教育者，教育者并不因职业、年龄、地位、场所等而仅仅局限于某些特定的人群，诸如学校领导、党团组织、学生会、教育机构的工作人员以及家长、长辈、新闻记者、甚至政治家等都可成为教育者，从狭义上看，学校教育中教育者主要是指具有一定资格的专职教师和兼职教师，我们这里谈论的是学校教育中的教育者。

教育者在教育过程中起主导作用，是教育活动中"教"的主体，教育者以其自身的活动来唤醒、激发、引导和促进受教育者发展变化，教育者的这种主导作用，表现在两个方面：一方面表现在为受教育者的努力提供方向，为整个教育活动提供方向；另一方面表现在确定教育内容和方法等，教育者对教育活动方向和内容的确定并不是随心所欲、一厢情愿的，一般来说，他们的教育方向、内容，都是经过较高层次的概括，既较为全面完整地反映了一定社会的要求，同时，又充分考虑到了受教育者身心发展的特点和规律。

2. 受教育者

在广义的教育中，凡是在教育活动中承担学习任务和接受各种形式教育的人都是受教育者，包括接受教育的儿童、青少年；接受社会各种形式教育的成年人和老人；接受家庭教育的婴幼儿，从狭义上看，主要是指在校接受教育的大、中、小学生，是学校教育研究对象。

受教育者是"教"的客体，是"学"的主体，在整个教育活动过程中，受教育者是处于第一位的，若没有受教育者的存在，教育者也就没有了"用武之地"，教育活动就无法进行，教育活动是使受教育者将一定的外在的教育内容和活动形式内化为他自己的智慧、才能、思想、观点和品质的过程，受教育者不是消极地被动地被塑造、雕刻和接受，而是积极主动地参与教育过程，自主地成长发展的主体，如果没有受教育者的积极参加发挥其主观能动性，教育活动是不会获得好的效果的。

3. 教育影响

教育影响是置于教育者与受教育者之间的一切"中介"的总和，它包括作用于受教育者的影响以及运用这种影响的活动方式和方法，具体来说就是教育内容、教育场地设施以及教育手段和教育方法。

教育的内容是教育者用来作用于受教育者的影响物，它是实现教育目的的基础，是教育者、受教育者赖以活动的依据，是教育者借以实现教育意图、受教育者借以实现发展意图的媒介，是检查教育质量的客观尺度，教育内容是根据一定的教育目的以及受教育者的身心发展规律和需要，从人类积累的浩若烟海的知识宝库中精心选择和组织的，具有丰富的发展价值，教育工作的全部宗旨就在于充分和有效地利用教育内容来促使受教育者的最大发展，并间接满足整个社会的最大发展需要，在不同历史条件下、不同对象那里，社会价值和教育价值的标准是不同的，教育内容也有所不同。

教育手段是教育者将教育内容作用于受教育者，以帮助实现对客体认识的媒介物，它既包括教育活动中所用的教和学的方式和方法，也包括进行教育活动时所运用的一切物质条件，教育手段是围绕着一定的教育内容设计的，因而是受教育内容性质制约的；同时也反映了受教育者身心发展规律的要求，是把教育内容以适合的方式呈现给受教育者，并促使他们的有意义学习和积极的发展。

教育者、受教育者和教育影响是构成教育实践活动必不可少的三个基本要素，缺少任何一个因素都不能形成完整的教育过程，三要素之间相互作用、相互制约，影响教育目的的实现，没有教育者，教育活动就不可能展开，学习者也不可能得到有效的指导；没有学习者，教育活动就失去了对象，无的放矢；没有教育影响，教育活动就成了无米之炊、无源之水，再好的教育意图、再好的发展目标，也都无法实现，因此，教育是由上述三个基本要素构成的一种社会实践活动系统，是上述三个基本要素的有机结合。

二、职业教育的内涵

（一）对职业教育的理解

在理解了什么是教育之后，再来看看什么是职业教育，最初，职业教育是以师徒相授为主的传统职业技巧传授模式，但随着生产方式的发展变化，以传授某种职业或生产劳动知识和技能的教育形式也随之发生了变化，"职业技术教育""技术职业教育""技术教育"等产生，职业教育全面体现了"职业化"和"教育性"特征，一方面，职业教育对学生的培养应突出体现其"职业化"特征，针对行业、企业生产一线需要，注重对学生技能的培养，另一方面，职业教育作为教育的一种，应充分体现"教学具有教育性"的特征，即注重学生个体发展需要，有利于学生终身学习和职业潜能发展，真正实现"个体社会化"和"社会个体化"相统一，可见，我们既不可过分偏重职业教育的"职业"性，也不可忽视职业教育的"教育"性，职业教育应该是普通教育的一部分，而不应单列于普通教育之外。

1. 职业教育与技术教育的异同

二者传授的内容都是以专门技术为基础，目的是让受教育者形成一定的职业技能技巧，技术泛指根据生产实践经验和自然科学原理发展而成的各种工艺操作方法与技能，现代大工业生产的技术来自两个方面，一是生产实践，二是自然科学原理，来自生产实践的称为经验技术，来自自然科学原理的称为理论技术，掌握经验技术的教育称为职业教育，掌握理论技术的教育称为技术教育。在培养对象上，前者是为技术工人做准备的，部分课程是专门职业理论和实践，后者是为技术人员做准备的，大多在中学后进行，如高等专科学校、高等职业技术学院、多科技术学院等。

2. 职业教育与职业技术教育的异同

"职业技术教育"在苏联专指为国民经济各部门培养技术工人的教育，在我国是指"宽口径"的职业技术教育，而且此称谓在我国改革开放以来至20世纪中期以前曾被广泛使用，德国、美国等国外教育发达国家将基础教育、普通高等教育、成人继续教育排除在外的为培养职业能力而进行的教育称为职业教育或产业教育，中国自20世纪90年代后期开始正式用职业教育代替职业技术教育、技术和职业教育、产业教育等称谓。

（二）职业教育的双重属性

《中华人民共和国职业教育法》明确提出："职业教育是国家教育事业的重要组成部分，是促进经济社会发展和劳动就业的重要途径。"《中国教育改革和发展纲要》也提出："职业教育是现代教育的重要组成部分，是工业化、社会化和现代化的重要支柱，"它的"培养目标应以培养社会大量需要的具有一定专业技能的熟练劳动者和各种实用人才为主"，规定了职业教育的双重属性。

首先，职业教育具有其他类型教育都具有的一般属性，是培养人的社会活动，同时，职业教育又具有其他类型教育所不具有的特殊属性，是直接为地方经济和社会发展，包括行业建设和人的就业服务的，与市场特别是劳动力市场的联系最直接、最密切，职业教育的特殊属性确定了职业教育相比其他教育来说，具有不可替代性。

三、高职教育的内涵

（一）国内外对高等职业教育的认识

从国际上看，其他国家很少使用"高等职业教育"这一名词的，即使有也与我们所理解的内涵不尽一致，例如俄罗斯将"职业教育"泛化地理解为除基础教育外的一切专业教育，这样他们的"高等职业教育"就将所有的高等教育均包括在内，而并非我们所指的与普通高等教育相对的那部分教育；更多的国家则狭义地将"职业教育"理解为是专指培养技术工人类人才的特定教育类型，即培养那些不需太多理论知识而主要依靠动作技能和经验技艺在生产、服务第一线从事现场工作的直接操作者的那部分教育（包括培训），并不进入高等教育领域，所以也就不存在什么"高等职业教育"。

从国内来看，发展高等职业教育现已成为当前我国整个教育界的一大热点问题，但是，关于高等职业教育的概念，目前还没有一个统一的说法，不同的学者对高等职业教育的理解有着不同的认识。顾明远先生在主编的《教育大辞典》中这样界定高等职业教育："高等职业教育归类到第三层次教育类，第三级教育层次是指职业教育和技术教育，其中还包括就业前的职业技术教育和从业后的继续教育。"钱景舫试着从人才培养的角度来分析，认为"高等职业教育就是培养技术型人才的教育"，薛喜民认为，"高等职业教育主要是三层含义：高等职业教育属于高等教育，是职业技能教育，是技能教育的高级阶段"，石伟平认为，我国高等职业教育就等同于西方国家的"高等专业技术教育"，相当于对技术人员的专门培训，如果根据石伟平的理解，那我国的高等教育早期已经存在高等职业教育。

（二）高等职业教育的说法类型

在国内，许多学者从不同的角度进行了有益的探索，目前有从教育层次论述的，有从培养目标论述的，有从人才培养类型论述的，各自从不同的角度说明了高等职业教育的性质和特征，这些探讨都对高等职业教育概念的界定做出了有益的探索。

1. 教育层次说

教育层次说将教育分层级来分析，即依据高等层次和职业教育两个维度将高等职业教育划分到专科层次，高等职业教育是专科层次的高等教育，我国对教育层次的划分主要是根据受教育的年限划分，高等教育就是指在已经完成某项专科教育的 12 年后还需要继续接受若干年的继续教育学习。人类进入工业化社会后，对技术型人才的需求量增大，随着科技的发展，对技术人才的素质要求变高，那种老式的"师傅带徒"式的培养方式已经不能满足快速发展的市场需求，正是在这种背景条件下，职业技术教育发展起来，职业教育与经济关联性很大，对经济的发展有着深远的影响作用，职业教育为各行各业培养服务、生产和管理第一线的重要技术人员，接受高等职业教育的学生必须具有高中或者高中以上学历，接受的教育年限与普通高等教育大体相同，从这一点上来说，高等职业教育与普通高等教育差不多，不同的是普通高等教育培养的是学术性的人才，而高等职业教育培养的却是专门满足社会各职业岗位需求的技术应用型人才。其次，高等职业院校在课程设置方面更具有针对性，偏重于实践教学，教育层次理论认为，高等职业教育虽然目前属于专科层次，但是在各方面条件成熟的情况下可以申请本科甚至研究生学历。

2. 培养目标类型说

高等教育根据教育培养目标专业不同，划分为三种类型，即学科型（P）、职业型（S）、其他型（O），这三种概念的延伸综合就是高等教育，简称为H，其中培养目标类型说观点认为，高等职业教育属于职业型高等教育，学科型高等教育是指培养具有某学科领域专业的理论知识，能够胜任同性质职业、岗位，有能力推动学科的进步与发展的专门人才的一种教育。职业型高等教育是指培养具有系统理论知识和实际操作技能，能够满足社会和市场需求的职业型高等专门人才的教育，目前我国职业型高等教育的本科段和研究生段还不太成熟，职业型高等教育培养的人才需要毕业后立即能上岗，因此注重培养学生熟练的操作技能，并非理论基础知识。其他型高等教育是指培养除了职业型和学科型以外的一些高级人才的教育，其他型高等教育教育面广、类型复杂。

3. 人才类型说

人才类型说是将教育类型依据人才类型进行划分，目前社会上对人才类型的划分主要为四种，即学术型人才、工程型人才、技术型人才和技能型人才。

学术型人才就是专门从事研究事物发展规律的人才，工程型人才顾名思义是指从事设计、规划等工程性很强的事业，可以直接为社会带来利益的人才，技术型人才是指主要在生产第一线直接为社会谋取利益的人才，技能型人才与技术型人才相似，都是从事直接为社会谋利益的生产第一线的工作，但是技能型人才对智力技能的要求相对比较低，根据人才类型的划分，教育类型划分为学术型教育、工程型教育、技术型教育和技能型教育，其中学术型教育和工程型教育都是通过高等教育来完成的，技术型教育是通过高等职业教育来完成的，技能型教育是通过高等职业教育来完成的，但是实际上，技术型教育和技能型教育的界限不是特别清晰，尤其是某些特殊行业，由于市场多种需求，技术型人才也分层次高低，因此，培养技术型人才的高等职业教育也分为学历教育和非学历教育。

综合上面三种观点的概述，我们可以将高等职业教育定义为承担职业型高等教育任务，以培养技术型高级专门人才为目标的高等教育类别。

四、高职教育的属性

高等职业教育具有"高等""职业"教育的双重"属性"，但也有观点认为，区别高等职业教育和普通高等教育的关键不在"职业性"，也不在层次的高低，而在于"实践性""技术性"或"应用性"的程度，因此，我们可以将高职教育的属性归纳为高等性、职业性、实训性、应用型、经济性和适应性。

（一）高等性

高等职业教育招生的对象是经过中等普通教育的高中毕业生、高等职业教育的中职毕业生或同等学历者，高等职业教育是对学习者在完成中等教育的基础上开展的高一层次的学历教育，从人才培养目标来看，高等职业教育培养的是中级技能型人才，高等职业教育培养的是高端技术技能型人才，高等职业教育在职业教育体系中处于"龙头"的高层次地位，起"引领作用"，高等职业教育与普通高等教育都是社会发展所必需的、不可相互替代的两种类型的高等教育，无论我国的《高等教育法》还是《职业教育法》都规定了高等职业教育是高等教育，高等职业教育层次地位的"高等性"已从法律上固定下来，不可撼动。

（二）职业性

高等职业教育的"高等性"就是要体现其出所培养出的技术技能型人才应是"高端的"，与中职教育在人才培养的层次上有区别，所以我国高等职业教育的人才培养目标是培养生产、建设、服务和管理第一线的高端技术技能人才，何谓"高端技术技能型人才"，文件上并没有给出确切的定义，但共识较多的内涵包括：技能上的最高层次，"高超"和"精湛"，在人才队伍建设中起引领作用；在高端产业和中国战略上的新兴产业的技能型人才；相对于一定经济社会条件下在最前沿的新技术、新工艺、新知识范围内相对应地掌握核心技能的劳动者；从事智力技能为主的创造性劳动的技能型人才，可见，从人才培养目标来看，职业指向非常明确。

因此，面向劳动力市场的高等职业教育培养的学生，不仅在职业素质方面，而且在智能结构、技术应用能力等方面，都应满足职业岗位（或岗位群）能力要求，高等职业教育的专业业务规格本身就体现了职业岗位的工作要求，它具有鲜明的职业性，高等职业教育应该建立在职业能力、素质结构分析的基础之上。

（三）实训性

实训性是指为受教育者提供一个真实的工作环境，通过体验真实的工作环境实践教学知识，掌握技能水平。实训性也是一般高等教育所没有的特色。

高等职业教育的实训性主要从以下几个方面体现：

第一，教学上的实践性，一般普通高等教育以课堂教学为主，主要传授文化理论知识，但是高等职业教育的教育形式以实践教学为主，课堂教学为辅，高等职业院校的实践教学环节特别多，在教育工作中占有非常重要的地位。

第二，技能上的实训性，职业技术教育在传授理论课基础上，更加注重技能教育培训，因此提高教育者的专业技能，帮助受教育者掌握专业技能很重要。

第三，培养上的实训性，职业院校在专业课程、教学内容、师资力量与实践课程安排上都偏重教学的实训性，专业课程邀请企业参与设置，一般高等职业院校都会有社会、企业和学校共同构成的指导委员会，主要工作是调查社会上企事业单位对人才的岗位能力要求，确定学生的就业方向并具体化到人才规划中，最终确定学校课程的设置，教学内容方面，密切联系岗位能力，严格按照"实际、实用、实效"原则来确定，将课本理论知识、教师经验知识与实践教学相结合，对于师资方面，高等职业院校以兼职教师和专职教师"双师型"师资队伍为主，职业课程培养方面以兼职教师为主，学校经常聘请在企业有长期工作经验的优秀人员讲授课程内容，实践活动方面，学校可以选择一些条件成熟、基础设施完备的实训基地，为学生提供真实的工作环境。

（四）应用性

社会人才分类标准有很多，但国内外比较公认的是按二类四型划分：一类是发现和研究客观规律，提炼和凝聚科学原理和科学体系的学术型人才；另一类是把无形的科学原理和理论知识向有形物质形态转化、实现显性财富的应用型人才，应用型人才又可分为工程型、技术型和技能型三种类型，工程型人才处于应用型人才高端，他们是把科学原理和科学知识转化为开发项目、设计图纸、规划方案、决策内容等可预知的物质形态，即"软件"，呈现不可估量的半隐形财富；技术型人才和技能型人才是将开发、设计、规划、决策转化为有形物质形态，实现显性财富的人才。

从知识层面上看，学术型人才和工程型人才突出学科知识的系统性和完整性；技术型人才对学科知识的掌握要求以"实用为主、够用为度，增加宽度"，重在实践应用技能；技能型人才要对知识有所了解，突出操作技能。从能力上看，学术型人才和工程型人才要求突出对科学技术的创新创造能力；技术型人才强调的是职业岗位的实践能力；技能型人才要求的是动手能力（操作的熟练程度和准确度）。从工作面上看，学术型人才和工程型人才面向科研院所和工程规划、设计部门；技术型人才面向第一线的管理岗、技术岗、高技术操作岗；技能型人才面向第一线的操作岗，但是随着科技进步和大工业生产的发展，部分行业的技术型和技能型人才的界线越来越模糊。

高等职业教育作为高等教育的前沿，不是简单意义上的技能教育（除某些技艺型人才），也不是基于学科的高等教育（对于大多数本科教育而言），它是培养"将工程原理应用与实践转化为工程、产品等物质形态"的人才，即技术应用型人才，因此，高等职业教育必须是专业技术应用能力和专业技能的有机结合的重在实践的教学体系，它必须有利于培养学生技术应用能力、分析和解决实际问题的能力。

（五）经济性

经济性这一特征主要表现在高等教育直接为社会输入大量技术型人才，我国的工业化、社会化和现代化都需要这些人才技术的引进，同样社会经济的发展也为高等职业教育的建设提供经济保障，职业教育的发展程度主要受到社会经济发展水平的制约，产业结构化推动了高等职业教育的发展，高等职业教育只有不断地为工业化发展提供高素质的技能人才，适应经济的快速发展才能进一步发展，高等职业教育的发展和社会经济化的发展是相互促进、相互影响的关系，过去的工业发展依靠人类手工作业，后来随着工业革命时代的到来，机器化代替手工化的发展，但是无论机器如何完美，都是由人的知识和技能所控制的，因此，未来经济发展起决定作用的是人而非机器，只有掌握扎实的理论基础和娴熟的技能知识的高素质人才才能承担此重任，高等职业教育的目标就是培养这种高素质人才，从发展趋势来看，职业教育有向高端发展的趋向，现在大型企业都比较重视员工培训，企业培训也属于职业教育发展，但是职业教育学校应该建立与企业更为密切的联系，共同培养高端技术人才，总之，高等职业教育与经济的关联性不能忽视。

（六）适应性

高等职业教育是按职业的特定需要设置专业的，以市场为依据、面向市场、服务生产，主动去适应区域经济发展和产业结构调整，随着社会经济的快速发展和产业结构的不断变化，劳动力市场对人才需求也不断变化，服务于区域经济的高等职业院校要依据本地资源优势、产业结构和劳动力市场需求设置和调整专业，在知识经济大背景下，产业结构和经济结构不断变化，职业、岗位更替快，专业设置和调整也要与时俱进，具有灵活性，《教育部关于深化职业教育教学改革，全面提高人才培养质量的若干意见》（教职〔2015〕6号）中提出："紧贴市场、紧贴产业、紧贴职业设置专业"，从课程体系和课程内容上看，高等职业教育的课程以职业能力需要为主线，课程内容包括胜任岗位职责所需的专业知识、工作技能和工作态度的培养，课程内容需要与职业标准对接的不仅是专业技术知识，还要有对学生完善的人格和学习能力的培养，学习新知识、新技术，更新知识结构以适应和提高职业、岗位的迁移能力，打破学科界限，本着强化能力、优化体系、合理组合、尊重认识规律、缩减课时的原则进行，不是考虑内容的系统性和完整性，而是突出课程的针对性、实用性、先进性和职业岗位（群）的适应性。

当今科学技术发展日新月异，知识经济已初见端倪，高新技术产业化促进了企业的高新技术化，产生了越来越多的具有高技术含量的职业岗位，因此，对这些职业岗位的劳动者的综合素质和专业技能提出了更高的要求，因此，高职教育必须适应上述变化和新的要求，把职业素质的培养与岗位技能的培养放在同样重要的地位，这是现代化建设对高等职业教育外延及内涵扩展所提出的现实要求。

第二节　高职教育的发展阶段

一、高职院校诞生阶段

1978—1985年，是我国高职院校诞生阶段，也是高职教育最早的发展阶段。

1978年，党的十一届三中全会强调我国当前工作重心是经济建设，改革开放的深入加大了我国经济的建设，我国的经济快速发展，因此需要越来越多的技术型人才，然而人才供不应求是重要制约瓶颈，为解决这一问题，天津、无锡等中心城市开始试办为地方服务的高等职业技术学校，我国经济发达地区提出创办职业大学的设想。1980年南京金陵职业大学的诞生标志着我国第一所新型高等院校职业大学诞生，同年，武汉江汉大学、杭州工业专科学校、西安大学、本溪大学等六所职业大学成立，1980年我国共诞生了七所这样的职业大学。

从 1980—1985 年，经原国家教委批准，各地共兴办了 120 多所职业大学，它们共同的特点是自费、走读、不包分配，多年来，这些学校通过校际协作会等多种形式不断加强校际合作，共同研究高等职业教育发展，取得了一定的成绩。但是，由于高等职业教育在我国发展时间不长，经验不足，重视不够，以及职业大学在办学中尚存在着政策不配套、发展不平衡、办学条件不足、专业特色不明显等问题，结果多数学校把高等职业教育办成了普通专科，或者说，办成了"压缩饼干式"的本科。

二、探索与调整阶段

1985—1994 年，是我国积极发展高等职业技术院校，完善职业教育体系的一个阶段，这期间，五年制技术专科学校开办，成人教育快速发展，职业大学开始分流。

（一）五年制专科技术学校发展

1985 年，中央颁布的《中共中央关于教育体制改革的决定》中首次提出了建立一个完整的职业技术教育体系，《决定》规定高等职业教育院校可以面向高等职业教育院校进行招生，有本专学历、成绩合格的在职人员也可以被接受，希望可以建立起一个逐级增高、行业配套、结构合理的由纵向体系与和普高教育相互联系的横向体系共同构成的职业教育体系。同时，我国高等职业教育正式纳入国民教育体系，随后进行了初中后"五年一贯制"办学模式试点，进一步开辟了我国高等职业教育发展新途径，为了有效地培养大批生产一线需要的技术人员、管理人员以及业务人员，同时为了避免专科教育的本科化，加强专科教育与高等职业教育的衔接，教育部职教司提出试办"初中后五年制的技术专科学校"实施方案，国家教委印发了（85）教计字 083 号《关于同意试办三所初中后五年制的技术专科学校的通知》，开始了试办五年制技术专科学校的试点。

（二）积极发展成人高等教育

成人高等教育是我国高等教育的重要组成部分，多年来，为经济建设和社会发展培养了大批人才。1987 年 6 月 23 日，国务院批转国家教委《关于改革和发展成人教育的决定》提出，"职工大学、职工业余大学、管理干部学院应当利用自己同企业、行业关系紧密的有利条件，结合需要，举办高等职业教育。"1999 年，第三次全国教育工作会议提出大力发展高等职业教育，成人高等教育改革步伐进一步加快，成人高校特别是职工大学进一步调整人才培养目标，深化教学改革，向着高等职业教育的方向发展，这在一定程度上突破了传统模式，调整了成人教育的培养目标。

（三）专科教育改革与"职业大学分流"

1990 年 11 月，国家教委在广州召开全国普通高等专科教育座谈会，对我国几十年来发展专科教育的经验教训进行了较为全面深刻的认识和总结，对专科教育的地位、性质与作用做了较为明晰的定位。会议明确提出，专科教育是高中教育基础上的一种专业教育，主要是为基层部门、生产第一线岗位培养德智体全面发展的、有较强适应性的应用型专门人才，同时，会议对20世纪80年代发展起来的职业大学进行了反思，认为发展职业大学在促进地方经济的同时，与专科教育在人才培养目标、层次等方面并无本质区别。于是一大批已经兴办的职业大学开始一部分升格为本科院校，一部分转变为高等职业教育。

这一时期我国高等职业教育在办学主体、学制改革以及培养目标、办学特色等方面进行了积极的探索和调整，第一，进行高等职业教育办学主体探索，通过出台一系列文件，逐步将高等职业技术院校、成人高等学校、高等专科学校纳入高等职业教育领域，形成"三教统筹"，实现了多主体办学；第二，开展学制改革探索，通过"四五套办"、"五年一贯制"试点进行办学模式改革；第三，针对当前各办学主体办学特色、人才培养质量不能满足和符合社会要求的状况，对高等职业教育进行了初步调整，明确了专科教育应用型人才培养目标，通过自身转型发展高等职业教育的发展道路，促进高等职业教育提升办学特色及办学质量。

三、地位确立与快速发展阶段

1994—2003年的十年是我国高等职业教育的确立与快速发展阶段。在这一阶段，以《职业教育法》颁布为标志，高等职业教育的地位得到了确定，以"新模式、新机制"发展高等职业教育和高等职业学校设置审批权下放地方两项重要改革政策出台，极大地促进了我国高等职业教育的发展，确立了中国高等教育的改革大方向。

（一）中国高等职业教育地位的确立（1994—1999）

1994年，第二次全国教育工作会议确定高等教育发展重点是发展高等职业教育，会议提出改革现有的职业院校的办学模式，调整培养目标，共同发展高等职业教育，职业大学、高专院校以及独立的成人高校都可以进行改革以支持高等职业教育发展，高等职业院校可以扩招，中专院校中符合标准的也可以作为补充参加高等职业教育，自此，我国确定了"三改一补"发展高等职业教育的基本方针。

1996年5月15日，全国人大通过《中华人民共和国职业教育法》。教育法第十三条规定："职业学校教育分为初等、中等、高等职业学校教育。高等职业学校教育根据需要和条件由高等职业学校实施，或由普通高等学校实施"，"建立、健全职业学校教育与职业培训并举，并与其他教育相互沟通、协调发展的职业教育体系"。这是我国第一次把高等职业教育以法律的形式确立下来，从此高等职业教育走上了依法办学的道路。1998年《中华人民共和国高等教育法》第六十八条规定，将高等职业院校和成人高等学校规划为高等专科学校范畴，该部法律认为大学、独立设置学院和高等专科学校是高等学校的三大类，因此我们可以认为高等职业学校也属于高等学校，这为高等职业教育的地位提供了法律保障。1999年，教育部、国家计委联合印发《试行按新的管理模式和运行机制举办高等职业技术教育的实施意见》，对高等职业教育院校的构成进行了明确，短期职业大学、职业技术学院、具有高等学历教育资格的民办高校、普通高等专科学校、本科院校内设置的高等职业教育机构（二级学院）、经教育部批准的极少数国家级重点中等专业学校、办学条件达到国家规定合格标准的成人高校共同构成了高等职业教育，同年，教育部成立高职高专教育人才培养工作委员会，成立大会上进一步明确"三教（高等专科教育、高等职业教育和成人高等教育）统筹、协调发展"的方针。至此，我国形成了由职业大学、职业技术学院、高等专科学校、普通本科院校二级职业技术学院、部分重点中专、成人高等学校等六类高校共同举办高等职业教育的局面。

（二）规模快速发展阶段（1999—2003）

1999 年，国务院同意了教育部颁发的《面向 21 世纪教育振兴行动计划》，《计划》中强调了"我国高职教育的发展应该结合地方的经济发展特点展开，教育目标是培养适应市场发展需求的能够进行生产、服务和管理的综合型人才。"1999 年 6 月，中共中央颁发了《中共中央国务院关于深化教育改革全面推进素质教育的决定》，再次指出必须大力发展高等职业教育，培养适应市场发展需求和满足农村专门需求的能够进行生产、服务和管理的综合型人才，明确了高等职业教育的根本任务，从此高等职业教育进入了快速发展的阶段。

为落实 1999 年国家关于高等职业教育的计划和决定，同时，为积极探索多种途径发展高等职业技术教育，进一步扩大省级政府对发展高等教育的决策权和统筹权，国家教委印发了《试行按新的管理模式和运行机制举办高等职业技术教育的实施意见》，决定利用 1999 年普通高等教育年度招生计划中的 10 万人参加部分省市进行的新型的高等职业教育技术教育试行工作。这一政策推动了试办地区高等职业教育的发展，满足了一大批学生接受高等教育的愿望，但由于其教育事业费以学生缴费为主，政府补贴为辅，毕业生不包分配，不再适用《普通高等学校就业派遣报到证》（即"三不一高"政策），这就是我国高等职业教育史上的"新高等职业"。

"新高等职业"进一步加强了省级政府对高等教育发展的控制权和决策权，倡导采取多样化的教育模式、办学途径和教育机制，培养更多优秀的面向基层、面向生产、面向服务和管理的实用的技能型人才，以此来加快高等教育的发展，更好地适应和促进经济建设、社会发展，由于"新高等职业"的设置审批权下放地方，各地的高等职业院校数量增加、招收学生数量增多、在校学生数量增长，这些都促进了各地高等职业教育的快速发展，到 2009 年全国独立设置高等职业院校 1215 所；招生数达 313.4 万人，与本科招生规模大体相当；在校生 964.8 万人，高等职业教育成为高等教育的半壁江山。目前，全国 90% 以上的地市至少有一所高等职业院校，伴随高等职业教育的快速发展，中国高等教育毛入学率已由 2002 年的 15% 提高到 2008 年的 23%，为我国在 21 世纪初实现高等教育大众化的历史性跨越起到了决定性作用，各地高等职业教育快速发展，高等职业教育进入规模快速发展阶段。

四、全面提升质量阶段

2004 年至今，是我国高等职业教育质量的全面提升阶段，以 2004 年教育部颁发的《以就业为导向，深化高等职业教育改革的若干意见》为标志，高等职业教育的发展重点在提高教育质量，重视内涵发展。

2004 年，教育部和财政部联合出台《教育部财政部关于推进职业教育若干工作的意见》，并开始在全国 9 省市进行职业教育实训基地建设试点工作，计划经过 5 年左右的努力，在全国引导性奖励、支持下，建设一批能够资源共享，集教学、培训、职业技能鉴定和技术服务为一体的职业教育实训基地，中央财政用于支持职业教育实训基地建设的专项资金采取以奖代补的方式下达，主要用于职业教育实训基地购置设备，"十一五"期间，国家共投资 100 亿元进行职业院校实训基地建设，与之相配套，各地也加大了职业院校实训基地建设投入力度。

2005 年 11 月，国务院再次召开全国职业教育工作会议，明确提出：要把发展职业教育作为经济社会发展的重要基础和教育工作的战略重点，进一步明确了"十一五"期间走有中国特色职业教育发展道路的目标任务和政策措施，使我国高职教育改革与发展进入了新的发展战略机遇期。

2006 年 11 月，教育部、财政部为贯彻落实该文件的精神，开始共同组织实施国家示范性高等职业院校建设计划，重点支持 100 所国家示范性高等职业院校，加快高等职业教育改革与发展。

2010 年 5 月，国务院审议并通过了《国家中长期教育改革和发展规划纲要（2010—2020 年）》，纲要中指出了发展职业教育的重要作用：职业教育促进我国经济的发展，帮助解决我国的就业紧张问题，缓解劳动力供求关系，改善民生问题。2010 年 7 月，教育部和财政部联合下发了《关于进一步推进"国家示范高等职业院校建设计划"实施工作的通知》，通知指出了进一步推进"国家示范高等职业院校建设计划"实施工作的目标、任务和主要内容，新增 100 所左右骨干高等职业建设院校。

2014 年 2 月 26 日，李克强总理召开国务院常务会议部署发展现代职业教育，其中提到"引导一批本科高校向应用技术型高校转型"。4 月 26 日，178 所本科院校在河南驻马店达成"驻马店共识"，成立了应用技术大学联盟，部分本科院校转型职业教育慢慢步入轨道。2014 年，《职业教育法》修订工作列入了十二届全国人大常委会立法规划，国务院法制办也将《职业教育法》修订工作提上议事日程。

2015 年，教育部印发了《高等职业教育创新发展行动计划（2015—2018 年）》，它是今后一个时期高等职业教育战线贯彻 2014 年全国职业教育工作会议精神和落实全国人大常委会职业教育法执法检查有关要求，深入推进改革发展的路线图。

第三节　高职教育的人才培养目标

一、高职教育人才培养目标的内涵

高职教育人才培养目标的基本内涵就是培养目标构成的具体内容，也即职业教育培养目标达成后受教育者所应达到的规格和质量，其基本内涵主要涵盖"知、技、意"三方面，"知"，即知识，指职业教育过程中受教育者的知识素质要求，主要包括受教育者文化基础知识、现代科技知识、专业基础知识及专业知识。"技"，即技能，指对受教育者专业技术能力素质方面的要求，主要包括受教育者所学专业的技术能力、工作能力、社会能力以及创新能力等，这是人才培养规格的核心。"意"，指的是受教育者的态度和情感，即对培养人才心理素质方面的要求，这三方面构成了培养目标的整体，各层次、各类型的职业教育培养目标正是通过这些方面的不同要求体现出来的。当然，不同人才类型因为其不同的工作面向，因而，在其人才素质构成方面存在一定的差异。高职教育培养目标的基本内涵主要体现在以下三个层面。

（一）职业知识素质层面

职业知识素质主要包括个体的职业基础、职业资格、职业适应和职业发展等，职业知识素质是职业教育培养目标构成的核心层次，其核心部分为职业资格，因为这是由国家强制力作为后盾的一种职业标准，体现的是国家的意志。职业资格由"应知"、"应会"两部分组成："应知"是指从事某种职业必须掌握的专业知识；"应会"则是在"应知"基础上必须掌握的操作技能。通过教学，学生通过了相应等级的资格考试，即可获得相应的资格等级证书，但是，这种职业资格标准往往有一定的局限：第一，标准的制定和更新有时间周期，这就容易滞后于新技术、新工艺的出现与发展；第二，作为标准，既原则又抽象，高度概括而不能涵盖某一职业必备素质的各个方面；第三，标准的执行受制于考核的指导思想、程序方法及具体内容，其信度、效度与标准执行应有的信度、效度存在一定的差距，因此，如果职业教育仅仅围绕职业资格来进行，显然就演变成为一种新的"应试教育"，培养的是"一技之长"的工匠，所以，职业资格教育应有自己的平台和发展空间。前者就是"职业基础"，就是获取职业资格应当具备的专业基础理论，而后者就是"职业适应"和"职业发展"，就是一定的职业资格对一定的职业活动的适应能力和一定岗位职业活动的自我提高能力与不同职业岗位之间的转换能力。

（二）职业能力素质层面

职业能力素质主要包括个体的认知能力、操作技能、技术分析和学习潜力，职业能力素质既是个体职业发展的平台，又是职业素质的综合表现，其中，操作技能是这个层次的核心，所谓的操作技能是指将认知所得成熟的工艺技术转变为实际职业活动并获得预期工作结果的能力。操作技能分动作技能和心智技能两种，以肢体活动技术为主的技能主要是动作技能，例如厨师、钳工、计算机录入人员等所需的操作技能；以推理判断技术为主的技能是心智技能，如营销员、维修工、会计员等所需的操作技能，所以，操作技能实际上是与职业资格密切相关的特殊能力。认知能力是一般能力，一般认知能力是学习与发展的基础，认知能力强，不但操作技能较易习得，而且操作技能中蕴含的技术成分也会较多，职业活动中就会呈现较高的技术分析水平，从而使个体继续学习的潜力增大，职业发展的空间也随之被拓展。

需要强调指出的是，受教育者个体还必须结合相关专业所面向的职业岗位（群）对从业者体能方面的实际要求来有选择地进行锻炼，因为有很多专业确实是需要教育者具有较强的体能素质。

(三) 职业心理素质层面

职业心理素质是指个体顺利完成其所从事的特定职业所必须具备的心理品质，具体维度为：

1. 职业动机

职业动机主要是指个体从事职业的内在动力与兴趣，人在从事具体职业活动的时候，都有一定的职业需要，人们往往选择适合自己需要和感兴趣的职业，以实现职业岗位与自己职业需求的匹配，但由于受社会就业供求情况等因素的制约，职业需要有时也会与职业实践产生一定的冲突，进而影响到人的职业心理，因此，职业教育首先应培养学生对专业的兴趣与热爱，并使之内化为从事该职业的动力，职业动机是职业活动和职业成就的超前反映，是职业观和职业理想的直接反映，要引导学生把职业活动既看成维持生活的手段，又当成完善个性的措施，更视为服务社会的途径。

2. 职业效能感

职业效能感主要是指个体对自己能否适应某种职业的自我评价，包括学习专业理论与实践进程中的感受、经验，以及对以后学习过程中可能遇到困难的估计和迎接挑战的信心，要使学生对所从事的职业抱有积极的态度和正确的价值观，认识到自己将来所从事职业的社会意义，正确对待可能遇到的困难、挫折，就得在平时的学习中培养其耐挫折的能力，做到能较好地克服心理障碍及各种可能的干扰，锐意进取，勇于开拓。

3. 职业价值观

职业价值观是个体价值观在职业选择上的体现，它是个人希望从事某种职业的态度倾向，也是个人对某种职业的愿望。任何人在进行职业选择时，都会对自己将要从事职业的价值进行判断，对可能取得的成就和社会回报的满意程度进行估计，在职业心理素质教育与培养过程中要注意引导学生对将要从事的职业有恰当的评价，要正确看待职业的社会地位、职业的待遇、职业的苦与乐。

4. 职业道德感

职业道德感主要是指个体对职业道德标准的认识和体验，包括职业的荣誉感、幸福感、义务感和责任感等，其中，职业道德义务感和责任感是一个人职业道德倾向性的核心，职业学校的每个专业都是与具体的职业、工种相对应的，其职业道德规范不尽相同，但其实质都是调节职业生活中人与人之间的关系、判断是非与善恶的准绳，是社会公德在行业生活中的具体化，因此，职业教育的人才培养过程中应根据各行业、岗位的实际特点，进行有关行业相应的职业道德规范教育，使学生在将来的职业生活中能自觉规范自己的行为，实现职业发展。

5. 职业理想与追求

职业理想与追求主要是指个体对将来所从事职业的前途与目标的追求与设计，即学生对前景的规划与展望。职业教育具有职业定向性，学生从入学那天起就初步确定了未来的职业，这样，职业理想变得具体化和现实化了。个人追求社会对自身劳动的认可，与人们对精神生活、物质生活水平提高的向往直接相关，同具体的奋斗目标相联系，人们往往通过职业活动去追求社会理想的实现，在职业活动中体现自己的道德理想，借助职业活动取得的报酬实现物质、精神生活水平的提高，去实现自己的生活理想。

职业理想对确定人生目标，促进人生目标的实现有积极作用；建立在能胜任、能发挥自己优势基础上的职业理想，能促成自己人生价值的实现；职业理想是人们实现职业愿望的精神支柱和力量源泉，能增强人生前进的动力，因此，应要求学生较早树立职业理想，培养责任心、进取心、自尊心、自信心，同时也应拓宽专业的适应面，使学生成为复合型人才，增强他们对人才市场和劳动力市场需求变化的心理承受能力和应变能力。

二、高职教育人才培养目标的方向

我国有五种类型的教育：学前教育、基础教育（中、小学教育）、职业教育（包括中职、高职教育）、高等教育（包括普高和高职教育）以及成人教育（包括成人中等教育、成人高等教育）。五种类型的教育有各自的培养目标，而不是五种不同的层次，每一种类型的教育中有不同的层次，如普通高等教育类，分专科、本科、硕士、博士等不同层次，分学历教育与非学历教育不同层次。

高等职业教育类型也有不同层次，有专科、本科、研究生等不同层次，也有学历教育与非学历教育不同层次，普通高等学校又可分为四种类型：研究型大学、教学研究型大学、教学型大学、高职院校，是类别不同，而不是层次的区别。有人把高职教育当作是高等教育中的低层次教育是错误的，高职教育与普通高等教育是类型的区别，培养目标的区别，而不是层次高低的区别，如研究型大学主要培养理论基础扎实、研究能力较强的学术型人才；教学型大学主要培养理论基础较强、知识面较宽的应用型人才；高职院校主要培养有一定理论知识，适应生产、工作第一线需要的职业技能型人才，职业技能型人才是社会最广泛、最需要的人才。

职业技能型人才，主要包括工程型人才、技术型人才和技能型人才。三类人才的区别主要表现在：

在职务内涵上，他们承担不同的工作任务，工程型人才主要搞设计、规划、决策以及新技术的研究与开发；而技术型人才主要从事技术应用和现场实施，美国普渡大学 WK 雷保德教授对工程型人才和技术型人才的区别界定为：工程师是产品、生产过程或工程系统的开发者或设计者，应用数学和基本理论来解决工程技术问题是他们的典型工作；而技术师是一个典型的工程实践者，他们关心工程原理如何应用于实践，如何组织生产人员从事生产准备工作和现场操作，专注于维护和改良生产设备、生产过程、加工方法和加工程序。英国工程技术人员分为三种：特许工程师、技术工程师和工程技术人员。与此分类相似的还有法国，法国将工程技术人员分为工程师、高级技术员和技术员三种。

在人才的层次上，专业技术型应用人才分为高级、中级和初级。

在专业类型上，按产业划分为从事物质生产性（第一产业和第二产业，如：制造业、建筑业、加工业等）、非物质生产性（包括生产性和非生产性服务业，主要以服务业为主创造价值）以及知识生产性的人才（包括专利、研发、软件开发以及基础理论研究等）。

三、高职教育人才培养目标的结构

人才培养目标的结构是根据系统科学思想和构成要素，对其内涵进行的详细分类规定，有的学者将高等职业教育人才培养目标体系分解为"国家层面的总目标（即国家关于高职的教育方针）、学校层面的分层和分类来确立的人才培养目标、专业层面的基层目标（包括专业层面下的人才培养规格的细化目标和课程层面的具体目标）"，并认为"总目标的实现依赖于所属分目标、基层目标及细化目标作用的发挥，下属目标作为总目标下的延伸，对总目标进行分解和有机组合，各目标要素之间相互联系、相互影响，共同构成高等职业教育的人才培养目标体系"。这种分类在理论上是符合逻辑的，对于培养目标的细化也具有一定实践意义，但从总体上看仍然过粗，不能较好地解决实际存在的观念和操作问题。

（一）专业学习目标

布鲁姆的教育目标分类理论最早将学习目标区分为认知领域、动作技能领域和情感领域，这对于分析高职教育专业人才培养目标具有重要的借鉴作用，尽管不同专业培养目标有着很大的不同，但可以通过分析以下三个领域的具体学习目标来了解其组成。

1. 职业态度目标

职业态度决定职业知识和职业技能的发挥程度，是用人单位评价培养质量的首要指标，高职学生的价值观是在高职教育过程中逐步养成的，因此，培养符合企业发展和学生发展需要的职业态度是高职院校重要的培养目标之一，不同专业对于学生职业态度的培养有着不同要求，但有一些要求是所有职业人员应该共同具备的，如协同创新、爱岗敬业、节能环保、注重质量、用户至上、安全第一等。

2. 职业知识目标

高职教育培养的是应用型人才，需要具备较强的从事一线工作的实践能力，但是，随着我国发展方式的转变和企业自主创新能力的增强，一线工作者需要具备越来越多的技术知识，而对操作技能的要求逐渐降低，因此，对高职学生应该提出明确的、合理的知识学习目标，不能过于强调实践能力而忽视技术理论的学习，更不能因此取消必要的技术基础课程。由于近年来我国高职院校内外实训基地建设取得了重大进展，适当强化理论学习不会倒退到过去那种理论与实践脱离的"空对空"培养模式，反而会深化理论学习与实践学习的结合。

3. 职业技能目标

职业技能是形成职业能力的基础，是体现高职教育特色的重要元素，由于企业发展方式及生产组织方式的转变，许多职业岗位的技能要求正在发生重大变化，譬如，数控机床操作人员的核心技能已由传统的操作技能转变为程序修改和机床维修；电气维修人员要求能够进行单片机和 PLC 外围电路的故障排除等，这些技能要求都是传统的普通技术工人无法达到的。

（二）层次目标

专业人才培养目标是对课程目标和教学目标的高度概括与逻辑凝练，课程目标和教学目标是人才培养目标的微观表现和具体落实，只有将人才培养目标逐层划分，形成一幅树状结构图，才能认清培养目标的全貌，因此，认清培养目标的层次结构及其联系，是保证培养目标合理性的重要方面。

1. 职业目标

高职教育是以职业活动为导向的教育类型，其人才培养目标实际上也就是职业工作目标，高职教育通过提供实用性课程，培养经济发展方式转变所需要的高级技术员以及高技术岗位的技术工人。由于我国正处于工业化的中后期，而且信息化发展迅速，实际的职业需求与发达国家有一定差异，从一般情况看，我国目前的高职教育针对的职业层次主要有高级技术员、农艺师、护理师、营销师、基层管理人员以及高技术岗位的操作工等，明确职业目标定位，是确定人才培养模式和课程内容的前提和基础。由于我国现代高职教育历史较短和职业体系不健全，高职院校普遍存在职业目标过高或过低的现象，有的以培养工程师、设计师为目标，也有的以培养一般技术工人、普通宾馆服务员为目标，导致了一定程度的混乱。譬如，初中毕业起点的中职学校和高中毕业起点的高职学校都在培养汽车修理工，二者的教育目标都定位在"高素质技能型人才"上，明显出现了培养目标的偏差。

2. 课程目标

课程目标描述一门课程所达到的知识与能力要求，是设计学生职业发展方向与水平的基本单元，基于终身教育的思想，高职教育的课程目标具体可划分为通识课程目标、职业基础课程目标和职业技术（专业）课程目标。通识课程目标主要是终身职业发展所需要的科学基础知识和社会知识与能力要求，反映跨职业的通用能力要求；职业基础课程目标反映相关职业（专业）的专门知识和基本能力要求，是职业活动必备的知识能力；职业技术（专业）课程目标是根据本职业领域先进技术水平所设定的能力要求，是适应职业岗位需要和实现职业发展的基础，过分强调通识课程目标和职业基础课程目标，容易混淆高等职业技术教育与高等工程教育的区别，不利于彰显类型特色；过分强调职业技术（专业）课程目标，则可能导致短期行为，有利于实现就业目标而不利于终身职业发展，特别是在我国终身教育体系还不完备的条件下，忽视技术理论的学习不利于我国现代产业体系构建和发展方式的转变。

3. 教学目标

教学目标是单位教学时间内所达到的知识能力要求，是课程目标的具体化，即课程实施的阶段性、单元性目标，职业目标和课程目标是课程开发者制定的，而教学目标是教师制定的，教学目标的合理性与实现程度，是人才培养目标实现的基础，鉴于教学目标的基础性和复杂性，教师应充分发挥教学智慧，既不能迷失目标，又不能整齐划一，普通课堂的理论课教学目标较为容易控制，但在技能教室、校内外实践教学基地进行的实践课教学目标的制定和监控尚有待深入研究。

（三）阶段目标

现代高职教育是一种开放型教育，培养目标应充分考虑学生终身发展的需要，而不应局限于毕业时的就业需要，对于以就业为导向，不能简单地理解为保证学生毕业后能够实现一次性就业，而应该是以学生的职业生涯发展为导向，满足学生毕业后职业岗位转换的需要，在职业生涯发展的不同阶段，目标显然是不同的，高职教育应该为各个阶段目标的实现奠定基础。

1. 毕业初期目标

高职院校毕业生实现首次就业是终身职业发展的基础，决定着中长期职业发展目标的实现，作为一种培养一线应用型人才的教育类型，高职毕业生需要具备完成相应技术领域设备操作与维护、产品初步检验、一般故障检修、基本工艺编制等方面的能力，能够胜任工艺员、质检员、安全员、领班以及高端设备操作工、维修工等岗位的工作，目前专业人才培养方案中的培养目标指的主要就是这一阶段的目标。

2. 发展性目标

随着工作经历的不断增长，职业人员从事的活动将会从较低的技术难度逐步过渡到较高的技术难度，其工作岗位也将随之发生改变。按照系统科学思想，高职院校在设计人才培养方案时，需要明确毕业生在关键阶段应达到的目标，如果仅将毕业生毕业时选择的工作岗位作为目标，就可能会使高职毕业生的职业发展形成不可弥补的缺陷。譬如，创新精神和创新能力的培养就是一个长期的积累过程，如果在校期间没有受到良好的熏陶，就有可能终生无法从事具有创造性的工作。根据德国职业教育学家劳耐尔的职业能力发展阶段理论，职业者可分为新手、有能力的初学者、成手、熟练人员和专家几个层次，因而，课程内容的选择就不仅要满足职业岗位的需要。而且还要满足学习者未来职业发展的需要。发展性目标也可以体现在三个方面：在认知目标方面，不仅要求增加必要的通识性课程，还需要增加一些元认知课程，以培养学生的学习能力和创新能力；在技能目标方面，要求学生掌握多个岗位、多个企业所需要的技能，而不是完全按照某个企业的"订单"进行培养；在情感目标方面，要增强学生的服务意识、合作意识和创新意识，以适应不同工作环境的需要。

3. 终身性目标

由于技术进步速度加快和社会的转型，现代职业人很难保证终生从事一种职业，更难保证终生在一个企业工作，因此，高职教育的一个重要目标就是培养学生的跨职业通用能力，以适应职业发展和终生学习的需要，按照终身职业发展来设计培养目标，以下几种能力显得特别重要：一是创造性的工作能力，在没有参照模式的条件下，依靠综合分析能力逐步发现解决问题的办法；二是快速学习能力，在工作环境发生改变时，能够将原有的知识和经验迅速迁移到新的情境中；三是团队合作能力，能够根据总体方案要求，高质量地按时完成预定任务，并与相关人员实现有效沟通；四是组织管理能力，能够按照效率最高的原则，制订工作计划，配置相关资源，协调工作过程，评价工作结果；五是环境保护能力，明确自身的社会责任，在利用职业技术完成工作任务的同时，避免对社会造成危害，增强社会可持续发展的能力，为后代创造良好的生存空间。

（四）区域目标

高职教育的培养目标与区域经济发展目标有着密切联系，由于我国东、西部经济发展很不平衡，在高职教育培养目标上有着较大差别，东部地区即将进入工业化后期，技术水平的提高和劳动力成本的加大促使企业减少一线操作人员，利用自动化设备提高效率和质量，对技术人才的数量和质量要求较高；而大部分西部地区刚刚进入工业化中期，劳动密集型产业较多，对技能人才的需求量较大，区分不同区域的高职教育培养目标，有利于形成我国高职教育合理的目标结构，促进高职教育的整体健康发展。

1. 发达地区目标

发达地区高职教育的培养目标应该与"国际教育标准分类"衔接，培养以高级技术员为代表的技术应用型人才，为适应转变经济发展方式和构建现代产业体系的需要，发达地区高职教育在人才培养目标上需要实现三个方面的转变：一是在服务面向上由以第二产业为主逐步转为以第三产业为主，培养现代服务业急需的高素质应用型人才；二是在培养规格上加大高新技术的比重，适应自动化技术、信息技术应用范围迅速扩大的需要，譬如，加强工业机器人和物联网维修人才的培养；三是构建开放型的培养目标，使高职院校毕业生可以升入高一层次的院校继续深造，适度高移培养目标，适应产业转型升级的需要，是发达地区培养目标调整的基本特征。

2. 欠发达地区目标

欠发达地区高职教育培养目标的确定需要考虑两个因素：一是区域经济发展的实际需要；二是区域高职教育发展的现有水平和发展可能，高职教育需要具有适度的超前性，为经济建设提前储备必需的合格人才，但是，在人才数量和规格上过于超前，不仅会造成人力资源的浪费，而且也很难实现，东西部之间高职教育的差距是现实存在的，在短期内很难让西部多数高职院校达到发达地区的水平，特别是少数民族聚集地区，由于计划生育政策的差别，人口老龄化程度低于东部地区，淘汰劳动密集型产业的要求相对较低，对高素质技能型人才的需求将会在较长时期内存在。

第四节　高职课堂教学浅析

一、高职课堂教学对象

（一）高职学生的思想特点

1. 自身素质不高

虽然高职学生圆了大学梦，但进校后，由于自身基础不牢，学习能力差，各方面的素质都难以适应大学的学习和生活，经过高考的无硝烟战争，尝尽了高中学习生活的酸甜苦辣，肩负着家人、朋友和自己的期望，艰难地度过了高中生活。如今，进入了大学生活，有些学生就有了"如释重负""熬出头"的感觉，加上传统想象中大学生活是自由、轻松、美好的，促使其进一步放松自己，他们认为没有了新的挑战，没有了竞争意识，反映在行为上就表现为没有组织观念、没有时间观念、上课经常迟到，甚至无故旷课，不重视良好生活习惯的培养、个人素质的提高，缺乏公民道德意识，对学习、集体活动缺少热情，过分地强调自我性，过高地估计自己的判断力，没有时代紧迫感。他们当中有很多人并没有认识到自己虽然有幸跨进了大学，但实际上更需要严格管理，反而极力反感学校对他们加强管理，经常对学校的管理进行指责，甚至说："我都是大学生了，应该给我更多的自由空间，你们的管理就如同中学一样"，他们想问题、提建议不是从自身特点出发，而是把一切归咎于学校管理方式的死板僵化。

2. 以自我为中心严重

现阶段社会文化思想的"百花齐放"，多种思想的碰撞，使成长起来的"90后"大学生不是盲目地接受某种思想和理念，具有一定的选择性和自我性，导致一部分学生缺乏理想和信仰，许多"00后"的大学生有自己的观点，敢于反抗，对父辈、学校一些不甚合理的说法和规定敢于质疑，语言的创新性更强。但是他们的反叛意识也会出现偏差，一旦学校和集体出现意外事件，比如偶然的停水、停电，有些学生会通过起哄、制造混乱来宣泄心中的情绪和不满，"00 后"大学生大多是独生子女，父母的管教趋向于对孩子的过分呵护，导致自我意识增强，存在以自我为中心、合作意识淡漠等不足。而在高职院校中学生家庭类型相对较多，来自单亲家庭、离异家庭的学生占有一定比例，这些学生对家庭的概念比较淡漠，往往产生社会、家庭对自己不公平的想法，内心世界从童年开始变"老"。

3. 效益观念盛行，功利行为增多

功利行为的增多主要和现在社会竞争激烈、就业难对大学生造成的压力有关，信息的普遍性让他们比较了解中国社会的主流思想和价值观，且价值观更加现实，在大学生生活中所有的行为都以是否有利于今后找工作有益为评判标准。当班干部、入学生会、入党这些对学生今后顺利就业能起到重要作用的活动和行为成为学生们重视的事情，而且很多学生在阐述自己的目的时直白地表达了参加活动的目的，而且认为这样做很正常，大家都在这样做，已经得到大家共识。

4. 心理问题明显

大部分高职学生文化基础差，学习吃力，加之有的因生活和就业的压力及感情波折痛苦等原因，个别学生存在程度不同的心理疾患，影响到他们的身心健康和学习生活，其学生中的心理健康状况不容乐观，有的学生感到迷茫、苦闷、烦躁、焦虑等种种心理问题，多因学习压力、经济压力或就业压力等几方面的负担，造成部分学生消极和心理不适应，日渐显露出不同程度的心理障碍，面对压力，许多学生采用消极的应对方式，上课分心，下课揪心，平时上网，考试作弊。

（二）高职学生的学习特点

高职学生的特点有异于普通高校学生，由于高职院校生源结构复杂，学生整体素质不高，高职学生课堂管理问题日渐显现，分析高职学生特点，找出课堂管理对策，能更好地实现高等职业教育的教学目标，培养符合社会需求的复合型人才，具有极为重要而深远的意义。

1. 自律意识差

相当一部分高职学生之所以学业基础差，是与他们在中小学阶段就没有养成良好的学习习惯有着直接的关系，许多学生平时自由散漫、不守纪律，甚至沾染上不良习惯，没把主要精力放在学习上，也正因为如此，许多高职学生缺乏远大的理想抱负以及克服困难的毅力，对自我要求不严格，对自己的未来也没有做到认真规划，缺乏责任感，自律意识差，心态没有摆正，觉得读大学主要就是混文凭。

2. 文化基础差

高职院校学生的生源一般是达不到普通高校录取分数线的普通高中毕业生和中专、职高、技校的"对口生"，这类学生底子薄，文化基础差是不争的事实，究其原因，除少数特殊情况外，大都是不会学习，不爱学习，也不想学习，在中小学没有养成良好的学习习惯，缺乏良好的学习氛围，没有打牢基础的缘故，因此，高职学生学习动力不高，没有良好的学习习惯。

3. 轻视文化基础课程

许多高职学生认为，自己来学校学习就是学习专业技能的，还要学习语文、数学、英语、政治之类的课程，简直是浪费他们的宝贵时间，高职学生对文化基础课普遍不感兴趣，甚至惧怕这些课程，导致很多学生上课开小差，甚至逃课。

4. 缺乏学习的主动性

这一条也是导致学生学习成绩差的重要原因，大部分同学都带着原来的一些不好的学习习惯、学习方法，使他们在接受知识上比别的同学要慢一些，而且在课余时间，他们也不能自我加压，对于人生的长远打算更是缺乏认识，或者说有的同学是害怕考虑，在回避或者在逃避这个问题，缺乏青年人那种对知识广泛涉猎、锐意进取的精神，许多学生的学习不具有计划性，不考虑各学科之间的关联性，基本上是被动上课，课后也以完成作业为主，基本上不涉及预习、学习、复习的简单而基本的过程，由于学习的主动性和探索性不够，学生几乎不提问题，对不懂的学习内容也难以表达哪里不懂，为什么不懂。

同时，多数高职生源的文化素质较低，部分学生学习积极性较差，有的学生到课堂听课，一是受学校纪律的约束，二是应付考试，但真正参加考试也是一脸茫然，没有去接受业务知识的欲望，学习纪律松弛，上课或自习看小说、睡觉，混时间的大有人在，相反，在会老乡、玩网吧上兴趣浓厚，情绪高涨。

二、高职课堂教学特点

(一) 教学对象的复杂性

高职院校教学对象的复杂性主要表现在两个方面：一是教学对象年龄、阅历、层次的复杂性，职业学校有青年学生，也有青年从业者，还有工作多年的成年人；二是教学对象学习、心理状况的复杂性，进入职业学校的学生，他们的学习基础、学习目的、学习动机以及对所学专业（工种）的认识和情感等有着较大的差异，自然就存在着各种各样影响学习的消极因素，增加了教学的复杂程度。

(二) 教学活动的实践性

实践性是高职教育区别于普通高等教育的主要特征之一，高职教育的培养目标决定了其教学活动各个环节的展开都以有利于形成学生的实际职业能力为标准，高职院校的教学过程是引领学生从学习阶段转向社会实践阶段的过渡，是帮助学生将高度抽象的专业理论知识应用于具体实践活动、服务于社会的过程，因此，在高职院校的教学过程中，实习、实践的环节与要素，始终占有一定的比例，这就使得职业学校的教学活动，无论是教学方法、教学组织形式的选择，还是教学手段的选用，都呈现出鲜明的实践性特征。

（三）教学内容的实用性

以培养技术型、技能型人才为目标的高职教育，旨在培养学生获得一种能满足某一职业或工作需要的职业能力，而不是追求理论水平，也不是学历文凭，因此，其教学内容应该以程序性知识为主、陈述性知识为辅。程序性知识涉及经验和策略方面的知识，主要回答"怎样做"和"怎样做更好"的问题，该类知识也称为过程性知识或操作性知识；陈述性知识涉及事实、概念、规律、原理方面的知识，主要用于说明事物"是什么""怎么样"和"为什么"等问题。也就是说，高职教育教学内容以未来工作岗位中实际应用的经验和策略的习得为主，以适度、够用的概念和原理的理解为辅，这就要求高职教育教学在内容的选择上，既要考虑到使学生掌握一定文化基础知识和专业知识，还要注重教学内容的实用性和应用性，以培养学生的实践技能。

三、高职课堂教学规律

教学规律是教学及其要素发展变化过程中的本质联系和必然趋势，在教学过程中，具有必然性和稳定性的关系有许多，在这里，集中探讨的是教学过程的基本规律，所谓基本规律，是指那些不但具有必然性和稳定性，而且对教学过程的性质、方向和结果具有决定作用的那些本质联系。一般来说，教学的基本规律包括三个，即教与学相互依存的规律、教学与发展相互促进的规律以及间接经验与直接经验相互作用的规律。

高职教育的就业导向属性，必然使得高职教育拥有特殊的教学规律，在对高职教育教学过程中存在的多种因素及其相互关系进行系统分析的基础上，认为高职教育教学的基本规律。除了包括上述规律外，还应该包括以下几条基本规律。

（一）教学目标以职业能力为本位

以就业为导向的高职教育，旨在培养具有一定工作能力的实用性人才，在现代社会中，人才流动已成为一种普遍的社会现象，高职院校教学不仅要考虑学生第一次就业需要，而且要为其再学习、再就业提供基础，不能仅局限于职业入门要求的具体技能。也就是说，就业导向的高职教育既要为人的生存又要为人的发展打下坚实的基础，为此，能力培养就成为高职教育培养目标的核心追求。

教学目标是培养目标在教学层面的具体化，教学目标包括认知、技能、能力、态度等要素，高职教育培养目标的特性，使得高职教育教学目标应该以能力为本位，对于高职教育的教学目标来说，过程比结果更重要，形成职业能力比习得专业理论知识、获得职业资格更重要，可以认为，能力本位的教育正是素质教育在高职教育中的体现，个体职业能力的高低取决于专业能力、方法能力和社会能力这三要素整合的状态。在这里，专业能力是指具备从事职业活动所需要的专门技能及专业知识，要注重掌握技能、掌握知识，以获得合理的知能结构；方法能力是指具备从事职业活动所需要的工作方法及学习方法，要注重学会学习、学会工作，以养成科学的思维习惯；社会能力是指具备从事职业活动所需要的行为规范及价值观念，要注重学会共处、学会做人，以确立积极的人生态度，能力三要素的整合将决定个体在动态变化的职业生涯中的应对能力，当职业岗位发生变更，或者当劳动组织发生变动的时候，个体依然能在变化了的环境里积极寻求自己新的坐标点，进而获得新的职业资格。

（二）教学过程以工作过程为导向

任何职业劳动和职业教育，都是以职业的形式进行的，这是高职教育的职业属性的最本质表述，这种职业属性，即专业与职业的紧密关系，主要体现在四个方面：一是专业划分的基础与相关职业在职业资格（包括专业知识、专业技能及工作态度）方面所具有的一致性；二是专业培养目标制定的依据与相关职业在职业功能方面所具有的一致性；三是专业教学过程的实施与相关职业在劳动过程、工作环境和活动空间（职业情境）方面所具有的一致性；四是专业的社会认同与相关职业在社会上的地位及其在社会价值判断方面所具有的一致性，这意味着，职业的内涵既规范了职业劳动（实际的社会职业或劳动岗位）的维度，又规范了职业教育的标准，高职教育的这一职业属性反映在教学中，集中体现为高职教育的教学过程与相关职业领域的行动过程，即与职业的工作过程具有一致性。

在高职教育中，工作过程是分析复杂工作系统的一个结构化工具，以职业的工作过程为参照系的高职教育教学过程，强调的是通过对工作过程的"学"的过程。

高职教育教学过程就是以工作过程中所包含的行动过程和学习领域展开的，教学主要围绕有关生产设备、工具、工艺流程、加工方法的知识和操作技能等生产技术方面的学习和训练而展开。

（三）与受教育者身心发展水平相适应

影响受教育者身心发展的因素很多，如学校、教师、家庭、社会、文化、宗教等，概括起来不外乎是先天的遗传因素和后天的环境与教育因素。古代有孟母三迁的故事，讲的就是孟母因为孟子受到不良环境的影响而择邻而居，从而使孟子受到良好环境的熏陶，再加上他自己的天赋及勤奋，最终成为一代鸿儒。现代有择校之风，择校的核心是选择环境和教育氛围，即择校风、学风，后天的环境和教育因素构成了受教育者全部发展的源泉，制约着人的发展方向、性质和水平以及发展进程。需要特别指出的是，教育反映了一定的社会环境，并主导着社会环境对受教育者的影响，教育如果背离了受教育者身心发展的实际情况，那么，受教育者就得不到应有的发展，同时也就违背了社会主义教育的基本宗旨。

四、高职课堂教学原则

所谓教学原则，是人们根据一定的教学目的、遵循教学规律而制定的指导教学工作的基本标准，它包括三方面的含义：一是教学原则从属于教学目的，是为实现教学目的服务的；二是教学原则的确定有赖于人们对教学规律的认识；三是教学原则对教学内容、教学方法、教学组织形式的设计与运用起指导作用。

教学原则不是主观臆造的，而是有一定的客观依据的，主要包括：一是教学原则是教学实践经验的概括和总结；二是教学原则是教学规律的反映；三是教学原则受到教育目的的制约。

高职教育的教学活动既有与一般教学活动的共通性，又有自己的特殊性，一般教学活动的教学原则主要包括直观性原则、启发性原则、系统性原则、量力性原则、思想性和科学性相统一的原则、理论联系实际的原则等，在高职教育教学活动中，除了要遵循上述原则外，还要遵循以下几条原则。

（一）实践性原则

实践性原则是指在教学过程中教师要引导学生从理论与实际的结合中理解知识，并运用知识去分析解决实际问题，做到学懂会用、学用结合、学以致用，旨在培养学生以知识为中介分析问题和解决问题的实践能力，在高职教育中加强实践性教学环节具有重要的理论和实践意义。尽管在强调教学实践性原则的同时，并不能否认学生应当具备一定的理论基础，但是，在高职教育中，对学生实践能力的系统培养是第一位的，学生是否需要，或在多大程度上需要接受系统化的理论教育，应完全取决于学生未来工作的岗位要求。

基础教育和高等教育的教学以学习普通文化科学知识和专业理论知识为主，教学的基本形式是课堂教学，虽然在教学活动中也讲究理论和实际的结合，但其目的是通过各种形式的实践活动使学生深刻理解和掌握文化科学和理论知识，并掌握一定的实践技能。而高职教育不仅要使学生掌握文化科学理论知识，更重要的是要培养学生的实际操作技能和能力，即重在培养学生的职业实践能力，贯彻实践性原则的基本要求主要表现为以下几点。

1. 教学活动以培养学生的实践能力为追求目标

高职教育的教学要以职业实践为出发点和落脚点，在教学设计上，要在系统、全面分析学生未来职业岗位需求的前提下，优先保证对学生实践能力的系统培养，这就要求在高职教育教学活动中做到理论联系实际，联系实际首先要从学生的知识基础、思想基础出发，根据学科的特点和教材内容的性质来展开教学活动。教师和学生都必须自觉地完成理论与实践的联系过程，理论教学必须以实践教学的需要为依据，实践教学要在理论教学的指导下有效地展开，两者要统一在具体的培养目标上。

2. 加强教学实践活动

教学实践活动是加深学生对知识的理解，运用知识于实际和形成技能技巧的重要途径，高职教育教学实践活动既包括教学练习、见习、实习、参观等，也包括职业岗位实践活动、社会实践活动、科技实验活动等。在教学中，应根据教学内容的要求，组织学生参与各种教学实践活动，促进理论学习和知识运用的结合，使学生受到更多的实际锻炼，增加更多的直接经验，促进对理论知识的掌握。在组织学生进行教学实践活动时，要有明确的目的、详细的计划，不能为了实践而实践，使教学活动流于形式。

3. 加强教师的实践经验

教师应具备一定的、与所教学生的专业一致或相近的职业实践经验，了解学生毕业后所从事工作的实际要求，包括劳动生产技术、人员组织管理情况和行业发展的现状等。其中，实习指导教师要有娴熟的操作技能、较强的本专业的实践能力和必需的工作经验；专业理论课教师虽然不需要在特定的专项技能上达到很高的要求，但应当对所教专业职业领域内所有技能点都有所了解，并能完成基本操作。

（二）职业性原则

职业性是指应使受教育者在全面发展的基础上，获得与经济建设具有极为密切关系的相关职业所需要的职业知识、职业能力和职业道德，亦即成为具有全面素质和综合职业能力的应用型和实用型的职业人才。就教学活动来说，职业性原则包括两方面的含义：一是指职业学校教学活动的展开应该以职业岗位需求为依据，即以就业为导向；二是指在职业学校的教学过程中，要注意将学生思想品德的培养与学生职业意识和责任意识的养成相结合。

高职教育的职业性具体表现在：①教学目的的服务性，高职教育教学使学生掌握一定的职业知识和职业技能，并为我国培养生产、建设、管理、服务第一线的技能型技术人才；②教学对象的就业性，高职教育从某种意义上说就是就业教育，教育不是为了追求升学率，而是为了适应某一就业岗位的要求；③教学内容的专业性。为此，教学的指导思想应是以职业为导向安排全程的教育和教学，有目的、有计划地培养学生具有远大的职业理想、深厚的职业情感、高尚的职业道德、扎实的职业知识、熟练的职业技能、较强的职业能力、高度的职业责任和自觉的职业纪律。

职业性原则是根据职业学校的培养目标和教学永远具有教育性的规律而提出来的，高职教育是在普通教育的基础上，以某一个专业为基本教育单位，为与该专业相对应的职业岗位培养专业技能人才的，从高职教育的本质属性看，其终极目标主要是培养合格的职业人。

教师不仅要熟练掌握所教专业的学生应具备的知识、能力结构及其范围，以及该领域中科学技术发展的新成果，还要了解他们未来所从事职业的业务范围、工作环境、技术要求、生产经营特点和劳动组织形式等，这就要求职业学校的教师应具备一定的实际工作经验，这样教师就能够根据各专业所对应的职业岗位的变化而对专业教学内容、教学方法进行相应的改革，以提高高职教育教学的有效性和针对性。高职教育的最终目标是使学生具备从业能力，因此，无论是教学目标的制定、教学内容的组织，还是教学方法的选择、教学评价的进行，各个环节都应该尽可能地体现职业岗位的属性与需求，寻求教学过程与工作过程的一致性。

首先，教学内容（尤其是专业理论课的教学内容）都应以职业岗位所需的知识、技能和素质结构为选择的依据和组织的标准，教师应有针对性地帮助学生选择学习资源，编写教学参考资料或技术文件。

职业性原则对职业学校的教学具有特别重要的意义，是职业学校教学的首要原则，贯彻此原则，应做到：

从学生入校起就要根据未来职业的需要进行职业定向和职业指导，明确本专业（工种）学生未来所从事的职业范围和职业要求以及适应未来职业要求的知识、能力结构、素质和情感态度。

教师在教学中要加强思想政治教育工作，搞好职业道德、职业纪律教育，对学生进行敬业爱岗的职业道德教育。

在校期间，教学工作要以专业课程教学为主，着重培养学生的专业知识和专业技能，以养成良好的职业能力，为学生就业和将来职业转换创造条件。

（三）指导性原则

指导性原则是指教师在教学过程中引导学生主动、自主地进行学习，指导学生养成正确的学习方法和思考问题的方法，本原则可提高学生分析问题、解决问题的能力，从而帮助学生高效率地完成学习任务。

指导性原则是基于职业学校教学的相对独立性而提出的教学原则，职业学校的教学过程是学生在教师的指导下相对独立地学习专业理论知识，独立地从事专业实践活动的过程。一方面，学生学习的独立性随着学习年限的增加和层次的提高而日益明显，他们的学习更加独立、更加自主、更加能动；另一方面，教师主导作用的方式也会随着学生学习年限的增长而发生变化，具体知识传授的重要性和成分会逐步减少，而方法点拨和思想启迪与碰撞的重要性及成分会逐步增加，尤其对职业学校的学生而言，其专业操作技能的获得更多地是在教师指导下独立完成的，由于职业学校的实践教学具有较大的相对独立性，所以，指导性原则就成为保证职业学校人才培养质量不可或缺的一个教学原则，贯彻指导性原则的基本要求表现在以下几方面。

1. 入门指导

入门指导是指导教师在每个课题（或单元）开始时，引导学生运用技术理论知识和讲解操作演示的过程，其中包括检查复习、讲解新课、示范操作、分配任务等，入门指导时，要求指导教师做到：

（1）检查复习

其目的在于引导学生运用已学过的技术理论知识和生产操作技能，加强新旧知识的联系和迁移。

（2）讲授新课时

要目的明确，内容具体，方法得当，语言简练，重点突出，条理清楚，要将设备、材料、工具、图纸、加工工艺、可能发生的故障、技术要点、文明生产、操作规程等讲解清楚。

（3）示范演示时

要安排好学生的观看位置，使每个学生都能看到，要严格依照教材的要求，边示范边讲解，使讲、做协调，特别要做到步骤清晰可辨，动作准确无误，操作方法规范。

（4）分配任务

要求学生对设备、工具、图纸、电器安全进行全面检查，做好操作的准备。

2. 巡回指导

巡回指导是教师对学生操作活动进行不断检查和随时指导的教学环节，也是学生形成技能技巧的重要环节，巡回指导的任务在于指导学生正确使用生产技术设备，纠正错误操作姿势，注意文明生产、操作方法安全，保证产品质量的不断提高等。指导教师巡回指导时要有目的、有计划、有准备，要将集体指导和个别指导相结合，将技术理论和实际操作相结合，对操作技术掌握快的学生，要注意总结他们的学习经验，并及时鼓励和推广。

3. 结束指导

结束指导是实践教学的终结环节，是在实践教学结束时进行的全面总结，结束指导时要检查验收学生制作的产品或工作，评定学生成绩，全面总结学生操作训练情况，肯定成绩，指出不足，鼓励进取，最后，还要填写教学日志（或称作视导日记），并作为实践教学资料，加以保存。

以上几条教学原则不是孤立存在的，而是相互联系、相辅相成的，它们共同构成了一个完整统一的高职教育教学原则体系。教师对所有教学原则都必须熟练掌握和贯彻执行，既要从教学目的、教学任务出发，综合考虑，又要根据具体内容和学生实际有所侧重，这样才能更好地遵循教学规律，保证教学质量的提高。

（四）系统性原则

高职教育的目的是培养生产、建设、服务和管理第一线的专门技术人才，通过职业分析所得到的职业岗位的要求，是对从业能力的具体、完整说明，其各项内容之间具有一定的逻辑秩序和内在联系，因此，要求高职教育的教学工作必须按照职业岗位能力的内在联系系统地进行。

高职教育与普通高等教育教学的系统性原则在内涵上既有相同之处，又有很大的差别。相同之处在于：两种形式教育的教学都必须保证教学的整体性，都要注意各个教学内容之间所固有的内在联系，教学工作必须循序渐进并保证相对的完整性；其主要的区别在于，普通高等教育教学的系统性是由教学科目本身的学科系统决定的，而高职教育教学的系统性则取决于职业活动的系统性，如机械加工专业的车削技术是由与车削有关的专业理论知识、专业计算、识图和操作技能等组成的系统，系统元素之间只有特定的内在联系。

贯彻此教学原则，应当做到：

教师要了解职业岗位与培养目标的总体要求，了解各个教学内容之间的逻辑关系，了解专业理论教学内容与职业岗位要求间的具体联系。在教学中，要注意教学内容的系统连贯、层次清晰、重点突出，准确地再现本专业技术体系的精华，要特别注意专业理论教学与实践技能培养在内容选择、时间安排上的协调一致以及各个科目之间的协调。

由于在实际的职业活动中，人们的行为过程总是按照所谓"完整的实践"模式进行的，即可划分为学习或获取必要的资料信息、制订可行的工作计划、做出行动的决策、实施工作计划、在工作中控制保证质量和评价工作成就等六个步骤，因此，要求在高职教育的教学过程中，尽可能注意全面、系统地培养学生这六个方面的能力，以形成系统、完整的职业实践能力。

应处理好专业、专业基础和文化知识教学与"系统性"的关系，在职业教育中培养学生具有该职业的完整、系统的从业能力。在从业能力这个大系统中包含有许多元素，如土木建筑专业需要一定的数学和结构力学知识，这里的数学和结构力学是土木建筑专业这个大系统的组成元素，由于现代科学技术的高度发展，这些元素本身早已发展成为较为独立的、结构相对完整的学科系统，但就高职教育而言，这些学科系统的完整性只能是从业能力这个大系统的完整性，而不是子系统如数学等学科教学的完整性，否则就会混淆全面和局部的关系。

五、课堂教学生活化的现实理解与践行

（一）课堂教学生活化的现实理解

1. 社会生活是教育生成的起点，教育是社会生活的产物

课堂是教育的具体表现方式，生活也是课堂教学的出发点和落脚点，没有社会生活，课堂就无从生成，没有生活需要，课堂就无存在价值。反过来，课堂价值在于生活，课堂必须要以生活为价值取向，才能真正实现其价值意义。课堂改革的目的就是回归教育初心，而对于这个初心的回归，首要问题便是回到课堂教学的生活土壤中，只有回归到社会生活的本位，课堂改革才有了稳定的社会根基。

2. 课堂目标服务生活，课堂教学生活化是课堂教学的方向所在

课堂教学的最终目的是使个体能够在社会中更好地生存发展，并以个体的发展促进社会的整体发展。应用生活是课堂的最终目标，但是由于各种因素影响，对于课堂的理解逐渐脱离了生活目标，教师以教为任务、学生为了学习而学习、教学评价以教学输出为指标，等等，各种作为使得课堂教学最终偏离了应用生活的轨道。课堂改革的目的是使教育回归初心，回到生活，使教育服务生活，自然生活就是课堂改革的出发点。

3. 课堂教学主体是生活主体，生活化是课堂教学的主体需要

虽然教师和学生在课堂中是教与学的主体，但是这并不改变教师和学生的生活主体身份，应该说，教师和学生是在生活主体角色上延伸出来的角色。因此在课堂教学中要把两者视为生活主体，并按照生活主体的角色设定来定位。课堂改革的目的也正是致力于恢复教师和学生的既有生活主体身份，使二者能够按照生活主体的面貌在课堂中呈现，即强调课堂主体的生活性。

4. 课堂场域是生活空间，生活化是课堂教学的实质体现

虽然学校的生活和外界的生活截然不同，但学校是社会的一个单元，学生在学校的生活是其社会生活的组成部分，课堂教学起源于生活，最后走向生活，在生活中扮演着不同的角色。从这个意义上来说，课堂场域本身就是特殊的生活空间，生活性是课堂的基本属性。课堂改革的一个重要任务便是强调课堂空间的生活属性，把课堂和生活重新联结在一起。

(二) 课堂教学生活化的践行思路

1. 课堂价值取向向生活转变

课堂生活化的基本思路从根本上来说，就是把生活作为课堂教学的原点，为学生生活服务，以促进学生生活发展为目标，因此课堂教学的方方面面都要围绕生活来进行，即把生活作为课堂价值取向。这一点实践在课堂中主要表现为以下几方面。

首先，以生活为课堂评价标准，即在课堂教学中对于课堂教学的评价不限于对学生知识能力的评价，而是要对课堂教学促进学生适应生活的情况进行评价，扩展了原有课堂教学评价的边界，使得适应生活成为课堂教学的评价标准。课堂教学的生活取向必须要在课堂评价中体现出来，才能使课堂教学的各方面都能以生活为主要取向。

其次，在课堂教学中追求生活真理。当下课堂教学追求的是知识，是科学，是理想，在生活价值导向下，课堂教学的目的是追求生活真理，这是课堂教学的最终追求。

最后，以生活追求为课堂价值追求。课堂教学的价值取向最直接的表现便是课堂教学的各要素追求，而课堂教学的各要素虽然具体追求不同，如课堂管理追求各司其职、秩序井然，而课堂形式追求生动活泼、富有成效，等等，但所有教育要素的价值追求实际上都是课堂价值追求的不同演绎。在以生活为课堂价值取向时，生活追求就是课堂价值追求，对于课堂教学中生活追求的实践就是在课堂教学的各方面追求和生活追求相一致。

2. 课堂目标向人格素养延展

课堂目标是课堂教学的基本导向，在以生活为课堂教学的立足点时，课堂教学要以生活为目标。在这种情况下，课堂教学目标就需要在现有知识能力培养目标基础上进行扩展。

首先，增加学生人格素养培养目标。健全的人格是个体在社会中正常生活的必要条件，只有具有健全的人格才能使个体在各种社会环境中保持良好的心态，轻松应对各种意外状况。虽然人格培养很重要，但是这一点在课堂教学中并未得到重视，也未体现在课堂教学目标中，在课堂教学目标立足生活时，首要问题便是把培养学生健全的人格纳入课堂教学目标中。

其次，帮助学生建立正确的精神信仰。精神信仰对个体的生命发展有重要的指引意义，也是个体的精神支柱，坚定的信仰可以使个体在人生发展中拥有无尽的动力。拥有正确的精神信仰可以使学生的人生发展获得一盏明灯，而在课堂中关于人的精神信仰涉及不多。在课堂教学以生活为出发点时，帮助学生建立正确的精神信仰也是课堂教学的重要目标。

最后，加强培养学生良好的道德品质。个体在社会的生存发展必须遵守一定规则，只有众多个体都能够遵守共同的规则，社会才能形成有序的发展格局。道德是社会生活的隐性规则或标准，每个个体需要具备一定的道德品质，才能使个体的行为和社会运转一致，也才能使社会正常运转。教育的重要使命便是协同家庭和社会培养学生的道德品质，这一点在当前课堂教学目标中并没有得到足够重视，因此课堂改革中课堂教学目标也要对培养学生的道德品质进行重点强调。

3. 课堂空间向社会生活拓展

陶行知先生曾经说过："教育要通过生活才能发出力量而成为真正的教育。"因此在课堂以生活为立足点进行改革时，还需要从课堂空间、从现有的教室空间扩展至更为广阔的社会生活空间，使课堂空间和社会生活空间一体化。

首先，向家庭扩展。家庭是学生学习的重要生活空间，对于课堂教学成果影响深远，虽然当前学校都比较注重家校联系，但是课堂教学甚少向家庭空间转移。在以生活为立足点进行课堂教学的生活空间扩展时，首先可以考虑课堂教学向家庭空间延伸，如布置特定课堂教学任务让学生在家庭空间中完成，以家庭为课堂教学的实践课堂，或者是在家庭中践行各种课堂中要求的文明礼貌等。

其次，向社区扩展。社区是学生比较熟悉的生活空间，社区生活是社会生活的缩影，在课堂教学由教室向社会空间拓展时，可把社区空间作为重点空间来考虑。要做到这一点，一方面要寻找课堂教学内容和社区的结合点，这是学生走出教室学习获得成效的关键，另一方面还需要学校和社区形成良好的互动机制，使得社区能够尽力配合学生的学习，为学生社区生活学习提供必要的支持。

最后，向其他社会生活空间拓展。课堂教学的知识内容丰富多样，因此在把课堂教学空间向家庭和社区拓展外，还需要向其他社会生活空间拓展，如博物馆、各种社会活动场所、历史文化遗址等，在这些特殊空间中讲述和此空间相关的知识内容可以使原本书本化的知识从书本中走出来，表现为鲜活的生活实践场景。另外，当前网络已经成为民众重要的生活空间，也可以把课堂向虚拟的网络生活空间扩展，这也是课堂教学空间生活空间扩展的重要方向。

4. 构建学生生活共同体

学生是课堂教学的学习主体，也是课堂教学的关键要素，在课堂改革以生活为立足点时，对于学生的定位自然也需要从生活出发，即把学生团队从学习共同体延伸到生活共同体，不仅把学生作为共同的学习对象，更需要把学生视为共同学习的生活主体。

首先，明确学生课堂共同生活目标。在以生活为立足点的课堂教学中，班级是由众多生活主体构成的集体，这些生活主体在一起学习生活，其目的并不单单是为了知识学习，还有情感发展、人格健全、人际关系处理、协作能力培养等目标，而把学生视为学习共同体时，往往只会强调学生共同的学习目标完成，在进行学生生活共同体构建时，就需要确定学生共同生活目标，这是学生生活共同体构建的思想基础。根据生活共同体的内涵，学生生活共同体的目标包括知识、能力、情感、品质等多个方面的目标，通过以上这些目标的明确，可以形成所有学生共同的课堂目标。

其次，制定学生共同生活制度原则。在课堂中以学生为学习共同体时所形成的制度主要是从学生的需要出发形成的制度规范，而把学生视为生活共同体时，不仅要考虑学生的学习需要，更要考虑学生的生活需求，并在此基础上形成学生共同生活制度原则，如尊重、公平、诚信等。以这些制度原则生成各种制度规定来约束和规范学生的行为，这不仅吻合学生的生活常识，也能使学生的行为在课堂上符合生活模式，有助于学生适应生活环境。

最后，开展学生生活共同体活动。课堂中的学生是众多生活主体的集合，虽然有同一目标导向，也有共同的生活化制度规范，但是学生来自不同的生活环境，每个学生都有自己的个性特征，这使得课堂教学虽然可以构建生活共同体，但并不一定能使所有的学生都能为共同体的发展群策群力，即所有的学生并不一定能够抱团发展，这在一定程度上消解了课堂生活共同体构建的价值意义。因此还要开展各种集体生活活动，让学生通过共同的学习生活活动参与，形成生活共同体的凝聚力。

5. 把课堂场域还原为生活场

课堂是生活的一部分，课堂场域也是对生活知识的学习和练习，但是由于课堂教学的特殊性，使得课堂本身就和生活有一定距离，因此对于课堂场域的建构不能把课堂从生活中抽离出来，要尽可能地还原其生活场、生命场的本质。

首先，构建课堂生活情境。虽然课堂讲授的是各种和生活相关的知识经验，但是对于相关知识经验的讲述往往是脱离了知识原有的生活情境来进行的，这使得课堂场域在一定程度上淡化了生活意味，也使得学生的课堂学习和生活应用产生了一定距离，因此可以在课堂上根据知识对应的生活情境进行情境构建，如讲述礼仪时形成模拟的礼仪场景；讲述力学知识时，设置相应的力学情境；等等。通过合适的生活情境构建，使得课堂教学回到生动的生活中，使学生在学习知识的同时，也能认识各种各样的生活。

其次，增加生活知识内容。学生在学校中主要通过课堂获得身心方面的全面成长，课堂不仅是学生学习学科知识的场所，也是学生心灵成长、情感发展的机会，但是在现有课堂中，主要强调学生的知识能力增长，而对于学生在生活中所需要的礼仪知识、道德品质、创新思维、生活理念等生活、生命方面的知识教学较少。在课堂改革中，要实现课堂场域的生活化转变，还需要在课堂教学中增加生活、生命知识经验的教学。

最后，促进课堂活动生活化。学生在课堂中的学习主要是为了生活，在课堂中往往会为了培养学生而开展各种各样的活动，如果这些活动远远脱离生活，便会使课堂场域的生活色彩淡化。生活是知识实践的最好活动，因此在课堂教学中开展各种活动时，就需要尽可能地使课堂活动生活化，把生活活动引进到课堂中，或者是把现有课堂活动生活化，目的都是为了让课堂具有浓重的生活气息，使学生在课堂中就能够形成深刻的生活体验。

生活是课堂的基本属性，课堂改革的目的就是要使课堂教学深深扎根于现实生活，深度融入现实生活，最大限度地服务于现实生活。从根本上来说，课堂教学的生活立足点意义发挥，就是将生活嵌入课堂生活的细胞与基因中，只有这样，才能使课堂改革深刻、立体地发生，使课堂最终以生活的样态出现，成为生活的课堂。

第二章　高等职业教育人才培养的课程

高等职业教育人才培养目标的具体化就是课程。课程是培养人的总体方案，是将宏观的教育理论与微观的教育实践联系起来的一座桥梁。无论什么样的教育理论、教育思想、教育观念和培养目标，最终都必须借助这座桥梁才能实现。教育层次、类型的区分，也集中反映在课程内容、层次与组合之间的区别。高等职业教育与其他高等教育的类型特征，与高等职业教育的层次区别，也集中反映在其独特的课程体系之中。因此，深入进行高等职业教育课程理论的研究与探讨，创建高等职业教育的课程模式，是高等职业教育达成其人才培养目标的重要途径。

第一节　高等职业教育课程价值

一、课程事实与课程价值之间的关系

课程事实与课程价值之间的关系是课程理论研究的基本问题。对其进行深入研究，需要将课程置于广泛的社会、政治、经济、文化的背景上来理解，且需联系人的精神世界和生活体验。

自 1918 年美国芝加哥大学博比特出版《课程》一书后，课程已由从属于教学领域的教学内容演变为一个独立的教育研究领域——课程学，并成为整个教育领域最活跃、最引人注目的领域。

纵观近百年来课程研究的发展史，存在着两种倾向。第一种倾向是把课程研究视为学校材料，认为课程研究即探索价值中立的课程开发的理论与程序。这种倾向在 20 世纪 70 年代以前占主导地位，以泰勒原理（Tyler Rationale）为代表。第二种倾向是把课程视为符号表征，认为课程研究的目的是理解课程符号所负载的价值观。这种倾向在 20 世纪 70 年代以后，成为课程研究的"显学"。反观这两种倾向，第一种倾向是探索课程开发的规律与程序，而且认为这种规律具有普遍性，排斥或漠视课程价值观的探讨。第二种倾向与此相反，认为课程研究即理解课程的过程，认为在课程领域不存在超越价值观的课程事实，课程研究即对隐藏在课程事实背后的价值观的探讨。显然这两种倾向共同的认识根源是对课程价值观与课程事实的二元对立态度。

长期以来，科学哲学研究领域始终存在着科学事实与科学价值之间的二元对立。吉林大学高清海教授倡导"自然世界"的概念，并与属人世界相对应，为我们打开了新的思

路：事实是物质世界运动的现实具体状态或环节，它受自然世界的固有属性——合规律性所支配。但是，人的本质属性是自觉的目的性。在属人世界里，人的活动对象要按照目的标准接受评价和改造，由此形成了属人世界的本质关系——价值关系。属人世界里，不存在价值中立的事实，也不存在脱离事实的价值。

教育以促进人的发展为首要意义和直接目的。教育事实是属人的、社会的事实，其基本构成是教育行为，是具有目的性的自为行为。它不仅要接受社会的评议，还要合于教育者的目的和受教育者的目的。故教育的价值表现为：教育事实及其变化对评价主体目的、需要的适合或满足。教育评价主体包括教育主体（教育者和受教育者）的价值的实现——促进二者的发展，也包括对社会主体的价值的实现——促进整个社会的进步与发展。教育评价主体的目的和需要是我们把握教育价值的依据。

课程是教育机构为实现教育目的和培养目标而实施的一切活动及其总体规划，课程是教育的有机构成。美国著名学者艾斯纳认为，"课程领域正居于教育的核心"。因此，课程事实与课程价值之间的关系集中反映着教育事实与教育价值的关系，即课程事实是课程价值主导下的事实，课程的价值通过课程事实来实现，二者是对立统一的关系。

课程研究产生的两种倾向有其深刻的社会背景。产生于工业化的现代教育，追求科技理性，批判封建、迷信、愚昧、盲从，并推动了工业文明的产生，推动了社会的进步，在历史上曾产生过积极的作用。然而这种现代教育追求的科技理性，是一种被限制于工具而非目的的领域，具有控制本性和功利主义取向。泰勒原理所代表的正是那一时期社会主体文化的价值观。德国教育家凯兴斯泰做了最直白的表述。他认为："教育的目的不在于培养全面发展的人，而是将人作为满足社会需要的工具造就。"这种"工具理性""统治意识"的价值观，在现代教育中发展到极致，其内在的缺陷也就暴露无遗。

20世纪中期以后，人类在其发展中面临着三大困惑：其一是现代文明的发展与自然环境持续恶化，严重威胁人类生存的矛盾；其二是科学技术的进步、经济的发展与人们物欲膨胀、道德沦丧之间的矛盾；其三是经济全球化与贫富差距日益加大的矛盾。这些问题引发了人类的反思，使人类重新认识了人与自然、人与社会、人与自身的伦理关系，揭示现代教育在培养科学精神、强化科学知识与能力方面的重要作用。同时，"科技理性"日益绝对化、中心化，使人的精神世界日渐萎缩、人性枯萎，加剧了人与自然的割裂、对立，使人与群体原本水乳交融的有机关系变得支离破碎，甚至引发反社会的倾向。学校变成滋生孤独和个人主义的温床，使原本完整的人格结构被破坏。于是，受人文主义心理学和各种哲学思潮的影响，形成了以重新认识课程价值为目标的各种研究流派，进而形成当代的教育思潮。

当代教育普遍重视人格的培养，重视人文社会教育，重视学习者个人的意愿与经验，重视道德、伦理的养成。当人与社会、人与自然、人与自身的关系进入健康和谐发展的本真境界时，这种新型人格被称为新主体，体现这种时代精神的教育价值观为新主体教育观。新主体教育观的提出，是教育的社会评价主体在深刻进行历史反思的基础上，从人类社会生存、持续发展与进步的角度，对教育价值提出富有时代精神的要求，推进以课程为中心的教育改革观念，符合国际特别是发达国家高等职业教育课程改革潮流。

二、发达国家高等职业教育课程价值取向

随着经济全球化和人的可持续发展的要求，世界各国特别是发达国家加大了高等职业教育课程改革力度，在结构和内容等方面呈现出新的价值取向。仅以德国、日本和韩国为例。韩国高等职业教育主要是靠专科大学和一些技术大学实施的，其课程的设置颇具特色。在课程结构上，一般包括基础课程和专业课程。一般基础课程的学分占总学分的 20%～30%，专业课程占 70%～80%。专业课程的理论课和实用技术（包括实验实习）的比例为 50%。在课程内容上，配合该国"世界化战略"，其着眼点转入培养民主化、信息化、高度产业化、国际化的未来社会所需的新人。韩国教育改革委员会将在 21 世纪韩国人的新形象设计为：（1）具有很高的道德意识和集体意识的"与众共生的人"；（2）创造新的知识和信息以及技术的"智慧的人"；（3）主导国际化、世界化时代的"开明的人"；（4）认识到劳动的价值而勤奋"劳动的人"。即教育发展战略的着眼点在于培养民主化、信息化、高度产业化、国际化的未来社会所需的新人。在课程设置权力上，有很大的自主权，例如基础课没有法定统一科目，没有统一的教学大纲，教材由学校自定。该国明确提出高等职业教育可以根据社会各部门对不同人才的需要，设置多种多样的教育课程体系，其课程目标也可不拘一格。

德国的高等职业教育主要是靠综合高等学校和高等专科学校实施的。这类学校专业性强，偏重应用技术，以培养工程技术人员为主，系科主要集中在机械工程、经济应用和社会工作三大领域。其课程设置特点主要是课程职业化和综合化，有利于培养学生广泛的职业适应力，努力避免传授狭窄的职业知识。边缘学科的跨学科研究成果急剧增多，人们对能够运用综合方法解决各种复杂的社会和自然界的问题的通才培养越来越重视。因而，强调普通高校与职业性高等学校的课程交融、文理交融的综合化课程受到重视。

日本高等职业教育课程设置，根据《短期大学设置基准》和《高等专门学校设置基准》的要求，以专业为核心，着重培养学生的实践能力为出发点。课程设置以学科为核心，分为一般教育课程和专业课程，两种课程都设有必修课和选修课，专业课程中可分基础课、专业基础课和实践课。日本高等职业教育课程的基本特点：一是突出实践能力的培养，理论课程和实践课比例大约为 1∶1。且一些重要的理论课程都要相应地配置实践课。二是重视学生的人格培养和文化教育。非常重视学生全面发展，通识课程总学分多于专业课程。三是理论课程为实践服务并与专攻科形成知识阶梯。四是重视计算机和外语教育。计算机和外语是当今社会的两个重要通行证，其外语必修课的总学分一般占教育课的 22.1%，开设德语、英语、汉语、韩语供学生选择。

这些国家的教育改革传达着一个重要的信息：改革势在必行，我国高等职业教育也理当进行相应改革，然而现实的情况却并非如此。

三、我国高等职业教育课程价值偏差

在高等职业教育课程理论的探讨与构建高职教育的课程体系方面，我们往往不能尊重高等职业教育课程价值，出现一些倾向：注重课程开发的技术层面的工作，忽视课程价值方面的探讨；注重借用国外已有的课程模式，忽视自身经验的总结与创新；注重个案的研究探讨，缺乏综合性研究。总的来讲，构建高等职业教育课程模式存在多方面的偏差。

第一，课程建设中存在逻辑上的偏差。首先，自高等职业院校创建以来，无论从教学管理上还是从课程设置上看，都存在着模仿和复制普通高等教育的现象，发展至今日，始终没有跳出普通高等教育传统框架的束缚，没能形成自己的办学特色。如果我们仔细考察各校的课程建设，就不难发现这样一种雷同现象：高职院校在设置课程时首先考虑的因素是课时及课时比例分配，然后再考虑具体课程的学时，也就是说先定课程体系，后定具体课程；总是在制订完专业教学计划后，再编写课程教学大纲，即先定课程，后定内容。这样就难以摆脱传统教学内容和课程体系的束缚，缺乏对教学内容的创新，难以开设符合高职教育要求、体现自身特色的课程，难以形成自己的课程体系。其次，实践性教学存在脱离社会要求、超越教学条件和与理论结合不够等现象，致使实践教学整体效果不佳，学生的实际操作能力不强，应用型人才的培养目标难以达到。这主要是由于存在不切实际、一厢情愿、闭门造车现象，对实践性教学内容的选择缺乏社会实际调研，实践性教学设备投入不足以及双师型教师缺乏等原因。

第二，课程建设存在方法上的偏差。从目前高等职业院校课程建设所采取的方法上看，主要可以归纳为三种：一是复制式。主要表现为"拿来主义"，看到其他院校（主要是上一级院校和普通专科学校）课程有变化，不加分析改造直接复制，使课程建设缺乏主动性和自主性。二是增减式。主要表现为对课程的课时数量和内容的简单增加或减少上，缺乏本质上的变化。三是单一式。主要表现为单个学校单独进行或对某一门课程进行改革，缺乏取长补短的合作精神和多学科相互配合与融合，使课程建设缺乏系统性和综合性，难以形成具有高等职业教育特色的课程体系与培养模式。

造成这一情况的原因是多方面的：其一，工业革命以来，教育领域中受实用主义哲学影响较大，强调的是方法、原则和设想是否切实可行、是否有用。将教育的目的仅仅理解为培养为社会有效服务的人才，使之多为社会工作。在中国传统教育理论中同样奉行"经世致用"的哲学思想，也与实用主义教育观相呼应。其二，产生于大机器生产的职业技术教育，从它诞生之日起，就是以培养适应大机器生产的劳动者为目的的。正如恩格斯所说："既然资产阶级所关心的只是工人起码的生活，那么我们也不必奇怪它给工人受的教育只是合乎它本身利益的那一点点。"因此，职业教育比其他类型的教育有更加显性的"功利主义"传统。时至今日，许多人仍然片面强调职业技术教育的类型特征，否认素质教育的普遍性，陷入认识论的误区。

第三，课程建设存在比例上的偏差。首先，普通课程与专业课程的开设比例不合理。即专业课程偏多、普通课程偏少。长期以来，我国大学在人才的知识、素质结构上一直片面注重学生专业知识的学习与专业技能的提高，却忽视了其综合素质的培养。特别是近几年许多高校片面理解适应市场经济的需要，急功近利地争设短线专业和实用学科，致使基础学科与社会、人文学科教育进一步削弱，导致相当一部分学生文化功底薄弱，基本文化素养与伦理道德修养低下，在就业市场与工作岗位上缺乏竞争力与发展后劲。其次，普通课程内部开设比例也不尽合理。经过几次改革，就目前大学教学计划规定的各类课程看，普通教育课程占教学总学时的40％，按理并不算低。但外语、计算机、数学、物理类基础课程比较受宠，而人文社科类课程所占比例不大，且日趋紧缩。

四、我国高等职业教育课程模式的价值取向

对课程模式的界定至今没有一致的看法，在正式的教育辞书中也未列入此条目，可见"课程模式"是一个尚不大成熟的名词。在职业教育中，经常出现诸如"双元制"课程模式、CBE课程模式、学科中心课程模式等。其实准确地讲，像"双元制"、CBE、学科中心等是几种含义不同的教育思想、教育理论或教育制度，比课程要广。从对这些所谓的课程模式的论述中，发现大家在用课程模式时，指的是课程的结构形式，如我国有学者把"双元制"课程模式概括为阶梯训练模式，指的就是各类课程之间的结构关系。因此，我们主张在目前"课程模式"这一概念还比较模糊的情况下，把课程模式界定为课程的结构模式。

课程的内涵相当丰富，因此课程的结构形式也比较复杂。职业教育的课程结构较之普通教育有许多不同，为了简明起见，将它分成两个层次：第一层是指全部教学科目不同性质的课程（通常有文化课、专业基础课和专业技术课）、不同类型的课程（分科课程、综合课程、活动课程）在纵向和横向的排列组合结构。第二层是指某一门课中具体的内容以何种方式、准则进行编排和实现的形式。每一层的结构形式又因多方面因素的影响会出现各种形态，如第一层中，有的专业操作性较强，有的专业要求有较宽广的适应面，反映在课程结构上就有差别。第二层中具体的每一门科目的结构更是多种多样，如我们通常讲的学科中心课程、综合课程、问题中心课程等。传统中的职业教育课程结构显现单一化，如我国职业教育长期实行的是单科分段，文化课、专业课、实训课之间较为机械地按顺序分段排列，结构单一且"刚性"较强；具体到每一科目，学科中心的思想更为明显，大多数科目的结构以本学科的逻辑体系为框架，力求体系的完整，造成教材结构单一。

由此，我们理解高等职业教育课程及高等职业教育课程模式就不难了。那么，什么是高等职业教育课程？综合起来，高职教育课程是"课程"的子概念，指高等职业教育课堂教学、课外学习以及学生自学活动的内容纲要和目标体系，是教师教学工作和学生学习活动的总体规划。这里特别需要说明的是，高等职业教育课程作为一种广义的解释，涵盖两个相关的概念，即由教学计划所规定的必须学习的课程称为显性课程，学生在教学计划以外所学习的课程称为隐性课程。隐性课程是指学校情境中以间接的、内隐的方式呈现的课程，包括物质情境，如建筑；文化情境，如教室布置；人际情境，如师生关系等。高等职业教育课程模式即高等职业教育课程开发活动和高等职业教育课程方案计划、文件中各个

过程环节及组成要素等结构关系的概括性呈示方式。综合前面论述，我们认为，素质本位高等职业教育课程模式是高等职业教育培养高级技术应用型人才兼顾提升人性和发展综合能力的总体规划。

这个界定从最抽象的层次探讨素质本位高等职业教育课程模式，是因为高等职业教育课程模式的形成首先取决于高等职业教育的课程观。高等职业教育的课程观是人们对于高等职业教育课程的基本观点或一般看法。这种观点或看法有的来自哲学、心理学、社会学、技术学、教育学等方面的原理或主张，有的则直接来自一般课程论的观点。如前所述，为了适应人和适应社会的需要，我们赞同从能力本位向素质本位迁移，因而我们主张素质本位课程观，这是认真分析、总结过去的课程和教材，不断学习借鉴国外成功课程模式，结合当前我国经济改革的实际得出的结论，也是对国外综合能力的课程本位观的发展。其主要特点如下：

第一，课程目标由知识客体转向学生主体。我们主张的素质本位将课程目标，或者更确切地说，是将学习目标导向充满生机的学生个体，以及他们内部心理和外部行为所将要发生的变化，用素质指标来反映这些变化。这体现了高等职业教育领域对人的主体价值和个性解放的不懈追求，反映了时代精神的发展方向。一旦高等职业教育由工具理性向实践理性、解放理性的方向发展，其将会跃入一个新的发展境界。诚如有的学者所言："当职业教育不再成为人的生命强索的代价的情况下，职业教育也将有条件步入满足社会需要并支持个人选择的发展境界。"在这种境界里人可以得到最大限度的解放，获得最大限度的自由。

第二，教育导向由教育专家导向转向企业专家导向。高等职业教育在日本被称为"企业眼里的高等教育"，在德国已成为"企业手中的高等教育"，在中国也必然会成为"企业心中的高等教育"。因而，素质本位课程是一种企业家导向的课程，其课程开发应该由产业界的权威代表来做出决策，只有产业界的权威代表最能把握职业岗位现在与未来对于其从业者的素质要求。在这一过程中，要求有一定的教育专家参与，以便加深对各种能力的理解。

第三，教育程式由传统的"教程"逐步向"学程"转化。在素质本位的体系中，教师成为学生可以利用的学习资源的一部分，成为学习的促进者和组织者。而且在素质本位教育中，课程可以不统一学习的内容和学习的进度，而是强调适应学生的个体差异，不同学习者可以有不同的课程。在建立了完善的学分制后，学生所获得的全部学习经验均能得到认可。

第二节 高等职业教育课程思想

在任何一种教育体系中，课程始终处于核心地位。同样，高等职业教育的改革与发展，最终都会归结到课程的改革与发展上，它与基础教育、高等教育和成人教育在课程方面有什么不同？在课程的基本属性方面又有哪些重要的特点？这些问题的解答都涉及树立一种什么样的高等职业教育课程思想的问题。

一、课程的专业方向不等于职业方向

职业与专业关系密切，有时甚至相互重叠，但却是不同范畴的两个概念。职业是一个社会劳动分工的概念，同劳动者的主要生活来源相联系；专业是一个学习领域划分的概念，同学习者的学习目标相联系。

科学教育课程（如自然科学教育的课程）以系统掌握某学科的科学理论为目标，主要用于培养科学型人才，一般并无明确的就业目标，所以课程内容结构以学科理论体系为主导，而且看重学科理论体系的系统性和完整性，课程中的实习实验目的主要是验证性的。

技能教育课程以就业于某种或某类职业岗位为目标，主要用于培养技能型人才，所以其课程内容结构以能胜任某一职业岗位工作的技能为主导，择取必需的基础和专业理论，看重理论的应用，而不强调其系统性、完整性。

工程教育和技术教育课程以从业于某类工程技术职务为目标，主要用于培养工程型、技术型人才，所以其课程内容以工程技术能力为主导，择取必需的基础和专业理论，看重工程技术学科理论的系统性及其应用能力，而相对不看重基础学科理论的系统性、完整性。

相对于工程教育，技术教育课程具有更明确的就业方向，一般都有一定的技术领域限制，因为技术型人才处于生产或服务的现场，面对着更具体的生产或服务对象，要根据现实的生产或服务条件，处理更实际的生产或服务问题。这就是说，技术教育课程的专业定向更加贴近社会生产实际和职业分工，但不等于职业定向。

二、课程尽可能避免过窄的专业定向

高等职业教育的基本功能是培养生产或服务一线的技术型人才。他们的工作接触面广，工作环境复杂多变，因此必须重视拓宽学生的知识面，同时需要十分重视如下若干新的因素：

第一，全面发展和终生发展是未来时代对人才的普遍要求。由于科技的飞速进步和产业的不断升级，要求技术型人才具有较强的应变能力，以求在不断变化的环境中得以生存和发展。正如联合国教育、科学及文化组织在第二届国际技术和职业教育大会的主题工作文件中指出："全球化经济提出的基本挑战是需要有在迅速变化的环境里的调整适应和竞争能力。培养一支生产效率高和灵活的劳动力队伍乃是在 21 世纪进行竞争的最核心的一招。"不具备较宽的基础知识与能力，就不可能有较强的应变、生存和发展的能力。

第二，现代科技知识更新速度加快，变换工作岗位甚至变换职业的机遇在增加，从而对未来人才接受再培训的能力要求显著提高，这些都要求高等职业教育课程必须注意增强认知能力的培养，学会学习，以适应未来社会的需要。

第三，在技术飞速发展的今天，技术的更新往往意味着一个全新的技术领域的形成，而不是在原有基础上的局部改进。所以，高等职业教育课程的专业面要放宽，重视多技术领域的交叉渗透与融合，这一要求也正在成为世界性的改革趋势。

第四，高等职业教育课程既要使学生具有一定的技术专长，又有较宽的知识和能力的覆盖面，重视全面素质培养，包括非智力因素的充分发展。技术型人才相对宽广的知识和能力，其中相当部分属于常识范畴，深度有限，但正是有了这种丰富的常识，才使得技术型人才能够适应技术工作的需要。

三、课程内容要侧重于创造性智力技能

如上所述，不可把能力狭义地理解为技能，但是技能在技术教育课程中仍是非常重要的内容，并有它自己的特点。

技能，一般分为智力技能和动作技能。英国教学理论家罗米索斯基从另一种角度，将技能再分为再生性技能和创造性技能。再生性技能的特征是在技能活动中具有重复性质，在各种情境中运用时没有较大变化，体现的是一种固定程序或运行方式，如做加减法、打字、跑步、钻孔、刨平面等。创造性技能的特征是在技能活动中，要制订计划并运用某种理论或策略做出决定，在执行任务时表现出相当的灵活性和变通性，如工艺流程设计、产品营销、艺术创作、球类比赛等。在具体的工作实践中，往往部分是智力性的，部分是动作性的，或者部分是再生性的，部分是创造性的。

需要特别说明的是，技术型人才同样需要创新精神和开拓能力。现代高科技引发的劳动组织与管理体制的发展变化，使相当一部分原来属于高层人才掌握的决策和管理权限正在下放到中间人才乃至基层生产操作人才层面，要求他们具有相对独立的判断和应变能力，所以，认为技术型人才"只需执行，不需创新"是不全面的。

随着自动化技术的发展，许多再生性的动作技能被机械手、自动传送带等自动机械所替代，其价值在下降。然而，电子计算机等高技术设备的出现，从总体上并没有替代人类的创造性智力技能，所以，创造性智力技能的价值在不断提高。在技术型人才的能力结构中，创造性智力技能应占有较大比重。

四、课程知识框架由学生自主建构

教育的基本功能应该是帮助和促使自然人向社会人的转化。马克思早在《共产党宣言》中就指出："每个人的自由发展是一切人的自由发展的条件。"联合国教科文组织1974 年编制的《国际教育分类标准》将教育定义为"有组织地和持续不断地传授知识的工作。"而 1997 年修订的《国际教育分类标准》将教育的定义修改为"导致学习的、有组织的和持续的交流"。这一修改反映了世界教育界在 20 世纪最后的 20 年里，对教育本质的认识发生了革命性的改变，意味着对教育内部的人际关系要做根本性的调整。长期以来，我们受"教师中心"的传统影响很深，在课程开发中研究"教"多，而对"学"研究得少，对学习者认知发展过程的规律研究不够。

以人为本，承认学习者的主体地位和学习的自主性，其实质是对学习者的尊重，使学习者的人格尊严得到保障。只有受到尊重的人，其学习主动性和积极性才能获得充分发挥。因此要创建一种新的管理体制和运行机制，让学习者在教师的指导下，根据一定的学习规程，结合自己的发展取向，对学习内容和学习方式的选择具有充分的自主权，使学习过程不仅是对知识的接受和储存，更是对知识的建构和再建构。

鉴于高等职业教育课程对学习者侧重于技术应用能力的培养，这种能力在工作岗位上要根据不同的环境进行创造性的发挥，所以对技术教育课程更需要学生自主建构知识框架，成为自己的知识并内化为能力。因此，根据技术教育课程的特点，更需注意如下两点：一是教师为学生积极提供和创建尽可能真实、全面的、贴近生产和服务实际的学习情境和学习领域，与学生在一种新的关系中共同探索，并创造知识迁移的环境，以便学会对知识的自主掌握和灵活运用。二是对学习者能力的评价要尽可能在真实的工作环境中进行设计，多种评价内容组合，并注重学习过程的进步，以自我评价的方式为主。

总之，倡导学习者根据自己的个体特性在与知识客体不断交互作用的过程中，自我建构起新的认识，更符合技术型人才成长规律。

五、课程模式要多样和有弹性

课程模式是教育思想的具体表现，也是达到教育目标的基本规定。课程模式的影响因素较多，其中以教育思想、专业设置以及办学模式的作用最为直接，其他如教育技术应用的深度与广度等也会对课程模式产生影响，需要因不同的情况采用不同的课程模式。

第一，课程模式多样化是高等职业教育的性质与功能决定的。人们接受高等职业教育的基本目标是为从事某一领域的技术工作做准备，具体目标是多种多样的。即使在以就业为目标的情况下，同一技术领域也往往有多种职业资格的要求。所以，高等职业教育课程模式的多样化是它自身性质和功能的规律性反映。特别是高等职业教育的区域性和行业性都很强，地区差异和行业差异都很大，经济发展极不平衡，同行业内不同企业之间的生产水平千差万别，不可能企图用一种高等职业教育课程模式统揽全局。在引用某种模式时，必须结合本地区、本行业、本学校的实际，最重要的不是学习它外在的形式和做法，而是研究其可以成功的条件，只有条件基本相同，才有成功的可能。

第二，建立学历教育与资格证书教育并重和沟通的体制。在我国社会转型中，我国正由学历社会逐步过渡到学习化社会，资格与学历并重是学历社会向学习化社会过渡的一个重要环节。在未来的社会里，职业资格证书对于一个人的就业和就业后工作状况的影响将日显重要，学历文凭将不再是衡量个人知识与能力的唯一标志。非学历教育绝不是低于学历教育的低水平教育，而是人力资源开发中的重要组成部分。就学习者的规模而论，非学历教育远超过学历教育，它本身是分不同层次的，尤其在高新技术领域。从终生学习观点出发，学历教育是学习，非学历教育也是学习；学校教育是学习，工作也是学习。正是这种学历教育与非学历教育的结合，工作与学校教育的交替，才构成了终生学习体系。学历教育需更多注重通用的基础，而短期职业培训更多承担岗位能力的学习。学历教育与短期培训各有各的作用，不可偏废，也不能相互替代。为了改善职业技术教育与就业之间的联系，需要改善职业技术教育课程开发与职业资格标准开发之间的联系与沟通。在高等职业教育的课程开发中，需要把建立兼顾学历教育与非学历教育的体制和沟通办法作为改革方向。双证书（学历资格）是高等职业教育人才培养的重要途径。

第三，在多种层次与类型的课程之间，要尽可能注意课程内容的相互衔接。在学习内容和学习方式呈多样化的终生学习体系中，每个学习阶段的学习内容与其前后阶段学习内容的合理衔接，是未来高等职业教育课程改革的重要课题。在目前情况下，鉴于高等职业教育生源的多样性，其中包括高等职业技术学校的毕业生和已有一定专业实践经验的人员，在构建各种高等职业教育课程的过程中，尽可能考虑与原有的科学文化基础和专业基础相衔接，以免产生学习内容的重复或缺损，进而提高教学效益和效率。这是高等职业教育课程建设的又一个重要特点。

第四，从终生学习的观点出发，要为各种各样的学习者设计多种"入口"与"出口"。鉴于高等职业教育的多样性，同时从终生学习的观念出发，考虑到人的一生都在学习——工作的不断交替之中，因此，高等职业教育要随时准备接受各式各样的学习者，他们的年龄不同、文化基础不同、社会背景不同、学习目的不同，因此必须制定各种各样的入学标准和入学办法，设计多种学习方式、多样学习内容、多条学习途径和多种结业方式，以满足不同学习对象的不同要求。对上述不同的学习内容、学习方式和学习途径，要给学习者充分的自主选择机会和选择权利，乃至给予临时改变选择的可能性。为此，学校的课程应具有多个"入口"、多个"出口"和多条路径，并能形成网络。

第三节　高等职业教育课程结构

高等职业教育的课程结构问题是课程理论需要重视的问题。所谓课程结构是指课程质、类、形、层课程间的构成比例及相互间的纵横关系。下面就以上几个问题展开讨论。

一、课程质的结构

素质本位是对学生知识、能力和态度等综合素质的整体概括，在实际的教学中，需针对素质的不同性质采取不同的课程开发的方法。我们从高等职业教育的实际出发，根据它对具体职业活动的针对性和迁移程度，把综合素质分为一般素质、群集职业素质和岗位专项素质。

一般素质是指学生通过各种形式的学习获得的基本能力，这些基本的能力是从事各类职业活动所必备的通用的知识和技术，特别是工具类的知识和技能，它们不会因特定职业的不同而发生较大改变。一般素质的内涵随着社会发展而变化，是其他专门能力的基础，也是学生将来进一步接受教育和发展的基础。它们对具体职业活动的针对性不强，但有广泛的迁移性。

群集职业素质是为适应某一较广范围的职业领域里的工作应具备的基本能力要求，一般以职业类型或行业来划分，如教师、护理、厨师等。群集职业素质为学生将来选择具体岗位、未来的转岗等提供一个宽阔的专业基础。群集职业素质的提出是市场经济的人才的客观要求，面对未来社会的职业变换趋向于增多，劳动者至少应在一定的职业范围内有较强的职业应变能力，传统的直线型的培养方式需要改变。群集职业能力相对具体职业而言，其针对性比一般能力要强，迁移性限于某一职业领域内。

岗位专项素质是针对某一职业领域里某一岗位的具体应用能力，学生具备这些能力就可直接上岗工作。某一职业类型或行业一般可分为若干个岗位，每一岗位都有其特殊的专门能力要求。岗位专项素质的针对性非常强，迁移性就较差。

上述三类素质构成从一般到具体的有机整体，比较适合现代高等职业教育的发展，既体现了素质本位教育的基本要求，又克服了以往三种素质观所造成的片面性。

我们把学生的素质分为三类是为了更好地有针对性地开发课程，进行教学。对一般素质的课程开发，采用加拿大的 CBE 模式就会有许多不适合之处，倒是需要多借鉴澳大利亚的 CBET 中关于一般素质的课程开发方法；群集职业素质的课程开发需要把职业基本素质与具体的职业活动结合起来，英国的整合型 CBE 模式对开发这类能力有更多的借鉴价值；岗位专项素质则适合采用加拿大的任务导向型方法，即 DACUM 的方法。总之，我们针对能力的不同类型，灵活地选择和借鉴适合的方法，以期达到理想的效果。

二、课程类的结构

资料表明，传统的高等职业教育课程类型结构划分主要有三种：第一种是公共课、专门课；第二种是基础课、基础技术课、专业课；第三种是基础理论、专业理论、专业技术。第二种课程类型结构把整个课程体系按纵向和横向两个方向分解成若干门课程，造成了多方面的不足：①学科门类繁多，诸多课程内容重复交叉；②层面复杂，学生在接触了专业课后，才能不断认识到前面课程在专业培养目标中的地位和作用；③由于强化了课程的学科性、系统性，一方面不合理地加重了学生的学习负担，另一方面课程很难体现针对性和应用性，教学内容更难体现实用性；④教学过程中的各要素、教学内容之间相互封闭，不能发挥整体功能，使学生只能看到大树，看不到森林。第三种课程类型结构忽视了两方面的因素：①由于支持专业技术的基础理论、专业理论分属各个学科领域，随着技术发展，专业技术中所运用的基础理论、专业理论知识横向复合、纵向交叉，构置课程时，三类课程的知识结构必须有选择地重新整合；②从课程属性上看，无论是理论教学，还是实践教学，都是以培养学生的技术应用能力为主线，这种划分很难揭示、体现实践教学的特色，实践教学体系内设置的课程属性难以表述。

根据素质本位教育思想，结合传统高等职业教育课程类型，我们认为，新的高等职业教育课程类型应该为通识教育课程、专识教育课程和特识教育课程。

由于职业变换频繁，以及许多专业知识会迅速地过时，而提出了对工作人员多功能的要求，灵活性、适应性甚至比掌握专门技能更重要。一方面，职业性学科越来越专门化；另一方面，科研转换和知识更新的周期越来越短，因而越来越需要通才。现代社会普遍对各类人员提出了通才要求，非专门化的通识教育得到普遍欣赏。所谓通识教育课程，它往往用来指向高等教育中的非专业教育部分，是非专业性的、非职业性的、非功利性的教育，旨在培养积极参与社会生活的、有社会责任感的、全面发展的社会公民，促进人的生活的、道德的、情感的、理智的和谐发展。一般来说，通识教育包括知识、见识和器识的教育。目前，通识课程的设计与开发主要依据三种课程理论：其一，精义论。主张以经典著作作为通识教育课程的主要内容，因为人类的文明虽然与时俱进，但在变迁中有其永恒不变的价值存在，这种核心价值尤其保存在经典文献之中。通识课程要体现人类的永恒不变的核心价值，因而经典著作便自然成为课程设计的中心。其二，均衡论。认为知识是一个不可分割的整体，只有各种知识统筹兼顾，均衡发展，才能避免20世纪以来学术过于分化所导致的视野狭窄、心灵缺陷，因此，必须以通识教育课程为学生提供均衡的视野、平衡的心智。其三，进步论。强调教育必须为学生解决问题，对他们的生活有所裨益，因此，通识教育课程的内容必须与学生未来的生活相结合，为未来的生活做准备。目前，我国通识课程的开设都受这三种理论的影响，在我国课程设置上可以看到它们的影子。但三种理论各有其缺陷与不足。精义论易流于文化中心论，何况经典著作的观点与内容未必都与时代精神相一致，其理论往往与现实生活相脱节，对现实问题的解决能力也较弱。均衡论有将通识教育视为补充教育的嫌疑，把通识教育作为弥补大学以前教育不足的手段，让学生先修不同学科门类的课程，学生对每一涉及学科都有少许了解，但什么都了解不深，学生所学的免不了片段和肤浅。这样的通识教育课程充其量只能起到认识其他学科领域的知识与方法的作用，而不能达到整合经验、架构知识、陶冶身心的通识教育目标。进步论的课程设计忽视了继承传统的深厚文化，不能正确处理过去、现在、未来的关系，教育只是为未来的生活做准备，具有强烈的功利色彩，是一种工具主义教育观。事实上，学生适应未来生活的能力，并不完全取决于他所掌握的知识与技能，而是依赖于学生是否具有健全的人格。21世纪我国普通高校的课程改革之一是注重通识教育，职业教育同样必须关注人的全面发展的需要。毫无疑问，高等职业技术教育必须突出技能和技术。高等职业教育毕业生主要到生产第一线从事成熟技术，特别是成熟的高层次技术的应用和运作。因此，要强调技术性课程或课程的技术性。但在强调"科学技术是第一生产力"的观念的同时，也要积极适应社会发展及人的发展对人文精神的呼唤；强调人文精神的培养，弘扬传统文化，进一步渗透可持续发展理念。这是因为高等职业教育虽然是以技术为主的教育，但这并不否定进行人文教育的必要性和可能性。尤其在当前世界面临共同难题日益增多和棘手的时期，单纯的科技教育往往只能解决一时的问题，要想从根本上解决问题，则离不开人文教育。通过人文教育，既可以提高学生的科技伦理素质，同时也可以增强学生关心人、注重人的意识，促使他们不断考虑人生的价值与意义，着重为人的生存与发展着想。高等职业教育的通识教育的根本使命在于造就全面发展的、勇于探索、善于批判、勇于创新、乐于奉献的新人。

　　所谓专识教育课程是指专业基础课和专业主干课程。"专识"最早是由梅贻琦在《大学一解》一书中提出的，即："通识，一般生活之准备也，专识，特种事业之准备也，通识之用，不止润身而已，亦所以自通于人也，信如此论，则通识为本，而专识为末。"它是学习某专业学生必备的基础理论、基本知识和基本技能课程，主要是为学生奠定一个较宽的专业基础、专业口径及较宽的知识面，其比重占28%左右。专业课内容包括专业知识、专业技术、专业能力和专业态度等。专业基础课包括学习某专业的学生必须修学的基础理论、基础知识和基本技能的课程，是专业课体系中不易"老化"的基石；专业主干课是专业课程体系中的核心部分，是一个专业区别其他专业的根本，是专业特色的体现。专识教育课程建构过程中应缜密思考并妥善处理三重关系：其一，是概念原理知识与过程法知识的关系。概念原理知识代表的是专业探索的一个暂时的结果，过程方法知识是对某一时期专业探索过程与方法的描述。高职高专的专业课程不能简单地看成是由概念原理知识组成的逻辑构造体。专业内探究的过程与方法由于它本身具有鲜明的实践性，包含了许多颇具教育价值的课程事件，相对概念原理知识而言，与实践品格的培养有着更为显性的联系。概念原理知识与过程方法知识的关系不是一种相互割裂的对立关系，高职高专专业课程内容的建构，应结合高职高专的教育特点，来寻求它们的最佳结合途径。其二，是职业定向性与非特定化之间的关系。培养职业者是专业课程最为直接的目标，职业是学生进入社会生活的先决条件，也是在社会实践中实现自身价值的前提。这样，专业课程不应指向某些特定的工作岗位，而是要具有一定的非特定化，把目标指向更广泛的工作能力与实践能力，这也是高职高专课程领域经常探讨的一个课题。非特定化可以理解为比尔-盖茨所提出的兼容性，拥有一定的兼容性的学生能够根据不同的工作环境发挥自己的功能，有效地解决不同情境下的各种问题，以适应职业世界的变化与流动性。从目前的情况看，非特定化作为高职高专专业课程的一种理念，已经越来越被人们所认可。当然，这种非特定化是以一定的职业定向性为基础的。其三，是理论理性与实践理性的关系。任何专业课程都是理论理性与实践理性的一种交汇。一般认为高职高专教育的培养目标是应用型、实践型人才，从事基础研究与理论建构的科研人员应让位给研究型大学与综合型大学去培养。正因为如此，实践性成了高职高专专业课程的重要特点，实践性教学则是高职高专的教学特性，高职高专课程改革的一种趋势，也是增加实训课程的分量，而同时减少学术性课程的分量。但是，理论素养与理性思维能力也是高职高专学生素质结构中的重要组成成分，具备一定的研究素养和知识创新能力可以大大地提高学生应对生存挑战的能力。所以，高职高专的专业课程如何在理论性与实践性之间保持一种恰当的张力关系，是高职高专专业课程开发中的一个研究视点。当下较为流传的一种说法是："理论够用，实践为主。"但任何对二者关系的简单化处理都是高职高专专业课程开发不利的。

　　所谓特识教育课程亦即特色校本知识课程。这里的特色主要指办学特色。所谓办学特色，就是在办学主体的刻意追求下，学校工作的某一方面特别优于其他方面，也特别优于其他学校的独特品质。校本课程是一个舶来的概念，其实质是一种课程开发策略，指学校根据自己的育人目标自主进行的课程开发，校本课程是一种与国家课程、地方课程相对应的，在保证国家和地方课程的基本质量的前提下，通过对本校学生的需求进行科学评估，充分利用学校的课程资源开发的多样性、可供学生选择的课程。校本课程是高职院校坚持独特的办学取向，通过对自身人才培养项目建设的长期积累，丰富优于其他课程，也特别优于其他学校同类课程的独特品质的课程。校本课程充分尊重和满足学校师生以及学校教育环境的独特性和差异性，体现多样性，增强了灵活性和适应性。因此，它是最能体现学校特色的课程。当然，要使校本知识课程为形成学校的特色服务，还必须使校本课程的开发与学校特色的建设相一致，使校本课程成为学校特色建设的重要组成部分。另外，校本课程的开发还必须适应本学校的特点，贴近学校的生活实际，切忌追求数量和做表面文章，给学生增加不必要的负担。

三、课程形的结构

高等职业教育课程形的结构主要是模块化。模块化的概念最早出现于19世纪后半叶的美国高等教育中。20世纪70年代，国际劳工组织开发出了面向发展中国家培训工人的模块式技能训练（MES）计划，MES对模块课程在职业教育中的应用与推广起了积极的作用。

何为模块化？所谓模块化课程，是指按照一定的分类方法，将某一专业应开设的课程划分为若干相对独立的部分，每一部分称作一个模块，所有模块按照一定的形式组合成一个系统。模块化的课程较之以学科为体系的课程有着如下的优点：

一是灵活性。模块化课程由于模块是相对独立、完整的教学评价单元，相互的依存关系弱，而易于优化组合，易于改革创新。它可以根据社会对职业的需求合理调整和重新组合，及时地建立新的课程以适应社会需要，还可以根据科学技术的进步，增减模块以保持课程的先进性、时代性。特别是现代社会要求职业教育培养的人才既要有宽广的文化基础，又要有较强的专业应用能力的情况下，模块课程则是一种有效地满足这一要求的方法。二是开放性。学生可根据自己的实际情况选择学习时间和学习方式，达到模块课程的目标，这也意味着模块教学思想应强调开放的和自我决策的学习。同一组的学生可以处于不同的学习模块状态，或同一模块的不同阶段。学习可以在一个较大的环境或范围内通过不同的模块来完成。模块的具体学习目标有利于承认以前的学习，不管他是在哪里获得的，不管是通过正规教育还是非正规教育，工作实践所获还是生活经验，只要达到了模块规定的目标，就承认有这样的知识和技能。另外，在模块化的系统中，只要有了一致的标准体系，模块课程就可在学历教育、非学历教育中供学习者选用。

改革开放使得我国职业教育在较短的时间内学习到了许多国外职业教育的成功经验，获得了许多新的教育思想，极大地推动了职业教育的课程改革。其中在改革课程的组织结构方面积极推行模块课程，而且取得了很好的成果，"宽基础、活模块"的模式得到了各地改革者普遍的认同。但从改革的长期性和艰巨性来看，还只能说是刚刚开始，需要不断总结经验，不断发展。我们认为，我国高等职业教育要继续深化模块课程的改革，需要做好以下三方面的改进工作。

一方面，进一步科学规范课程的模块。一个模块不等于一门学科，不等于一门课程，也不等于教学计划中的一个部分。在我国一些地方进行的课程改革中，时常有把课程模块简单化的做法，从一种经验的角度来划分模块，编制模块的内容，带有较大的随意性。例如，北京市某区进行的"群集式模块课程"改革，用"活模块"的形式来解决专业的针对性与适应性的问题，可以说是颇有创造性的；但是有些模块太大了，模块的内容很多，难以操作，也难以体现出模块课程的优越性。因此，在进行模块化的过程中，有必要认真研究国外模块课程设计的成功经验，科学地确定模块，使之规范化，不然也就失去了设计模块的意义。

另一方面，建立统一的能力标准体系（一致性）。把课程设计成模块形式的目的之一，在于以此来增强课程的灵活性和弹性，横向便于沟通，纵向便于衔接，避免各级各层教育的重复学习或缺损学习，同时，也是职业教育适应个性化的学习需要，使学生在不同的地方、采用不同的方式均可完成学习。而上述目的能否实现取决于有没有一个科学的统一能力标准体系，我国目前高职得以大力发展，中高职的课程衔接问题凸显出来。高职的课程源于本科或专科的课程，学科体系的特征较为明显，学术性较浓；中职的课程经过改革，能力本位的体系初步建立。两者的出发点不同，标准也就不同，因而出现了谁衔接谁的问题。

再一方面，尽管模块化越来越被当作职业教育适应各种变化的一个有效的办法，但也受到了批评。批评主要集中在这种把学习分裂开来所造成的危害上，在模块化中，课程被分解成一些独立的单元，而且学生在不一致的模块分组中完成学习任务的可能性也受到怀疑。在职业教育模块化中，有许多策略、方法可用来避免上述一些问题的发生，如加强师资培训以改革教学方法、加大投入以更新教学设备和教学手段等。

四、课程层的结构

高等职业教育的层次问题决定了高等职业教育课程的层次结构。进一步讲，这与高等职业教育本身在整个教育领域的定位层次问题和高等职业教育内部各类、各种人员的受教育层次及差异问题有密切联系。

从高等职业教育的定位层次看，高等职业教育是一类教育（职业教育）高等层次。这就决定了高等职业教育课程的定位层次必须是高等教育的课程，通过课程的学习，学生在毕业时应具备高等教育的相关水平。因此，高等职业教育课程不能层次过低而导致不达标，当然也不能过高而超出学生的能力范围，应是符合学生实际的高等教育的课程。

从高等职业教育内部受教育者的状况分析，高等职业教育课程应在高等教育课程的范畴内，有不同的层次和侧重。据分析，在当前和今后的很长一段时间，伴随着高等教育走向大众化的趋势，高等职业教育要以扩大公民接受高等教育机会为主题，要为每一位愿意接受高等职业教育的公民提供合适的教育及课程，这就意味着高等职业教育的学生来自多方面，且教育基础是多层次的。事实上，生源多样化是高等职业教育必须考虑的重要问题。这种基础有异（不同生源的学生的职业理论基础、技能基础及实际工作经验各不相同）、来源广泛、目标多样、需求多元、层次不同的受教育者，决定了高等职业教育的课程必须解决好层次结构问题。在课程建设上，课程要具有多种层次，必须提供不同层次、不同侧重的课程。例如，应提供继续深造的课程、职业技术培训课程、闲暇教育课程，甚至部分启蒙式教育课程等。需要注意的是，每一层次的课程都应体现基础性，为学生的未来发展奠定基础，为终生学习、终生教育奠定基础。

第四节 高等职业教育课程模式

一、高等职业教育课程改革的思路

怎样进行高等职业教育课程模式改革，构建适应21世纪发展的课程模式，在实践中的探索比在理论上的探索更艰巨、更复杂，涉及教学体制的转换、教学计划的修订、教学资源的调配，是一项需要不断尝试、调整、完善的艰巨工程。笔者认为在探讨面向21世纪的高等职业教育课程改革时有以下几方面值得思考。

（一）在课程目标上

应着眼于人的全面发展，以素质本位为向导，以提高全面职业能力为核心，以人格的完善为目标。面对社会高科技化、理性化、学习化、竞争国际化等趋势，高等职业教育所培养的人才如果仅仅拘泥于岗位能力需要的层面显然是远远不够的。它必须着眼于人的全面发展，教会学生"学会认知，学会做事，学会共同生活，学会发展"。通过提高学生全面职业素质，完善其个人品格，使其成为21世纪的适应知识经济社会需要的具有综合职业素质的人。

（二）在课程内容上

应采取知识、技能、态度和价值等要素各个成分多重、多种组合的综合化策略。高等职业教育课程设置应以职业能力为基础，但它不同于高等职业教育的以能力为本位的课程观。高等职业教育是在不同程度上应用整合能力观来编制课程，强调知识、技术、态度和价值等素质的整合及其在工作环境中的综合应用，而不是将职业能力做很具体和详细的机械分割。详细的能力分析只是为整合能力观提供背景和素材，并以此来编制设置课程。

（三）在课程结构上

应采取平面结构和立体结构相结合的策略。课程的平面结构，主要指高等职业教育课程的通识教育课程（公共基础课、公共选修课）、专识教育课程（专业基础课、专业课、专业选修课）、特识教育课程三大块。立体构成是由以上三大块与时间维度上的综合、课程交叉而形成的课程结构。构建现代高等职业教育课程立体结构，应该着重培养学生的综合素质和专业技术应用能力，全面塑造学生的人格，做到坚持方向，注重实践，体现综合，面向未来。

(四) 在课程线索上

可按"主线—模块"式的思路来构建。所谓主线，就是整个课程模式要体现以综合素质和专业技术应用能力培养为主线，模块是指将学生应掌握的知识、能力分解成通识教育模块、专识教育模块和特识教育模块。对于通识课，可以分为必修性通识课、限选性通识课、任选性通识课。必修的如"两课"、计算机、英语、体育等；限选的如大学语文、高等数学、中国文明史等；任选的如在全校公选课中选择。同时，重视隐性通识课程的建设，如学术讲座、课外活动和校外环境建设等。对于专识课，要进行整合。要因需设课、模块组合，对各相关课程按需取精，并按课程内容的内在逻辑和界面组成少学时、多模块的课程体系，让学生自主选择，循序渐进。同时，要注意专业课程的系统性。专业教育课程模块化，并不是让学生零碎地、孤立地、盲目地、无序地学习；相反，在课程体系优化设计中必须对各子系统模块确定一定的学习比例，以帮助学生达到或满足学习相对系统性的要求。再就是专业整合还要突出实用性和创新性。对于特识课，为办出本校特色，提高学校声誉和教学质量，高职院校开出人无我有、人弱我强、人有我新的特色课程。比如，就某一特定专业领域，以小人数，课堂讨论式教学的当场答疑课讲授较为"尖、新、精"的专业知识等。

二、常见的高等教育课程模式

在构建高等教育课程新模式之前，有必要了解和借鉴常见的研究型高等职业教育课程模式和职业型高等教育（高等职业教育）课程模式。

(一) 常见的研究型高等职业教育课程结构模式

研究型高等教育的课程结构模式为活模块组成的梯形结构模式或金字塔形结构模式。
第一，梯形课程结构模式。特点：基础宽厚、专业宽泛。
第二，金字塔形课程结构模式。特点：基础宽厚、专业淡化。

(二) 常见的高等职业教育课程结构模式

高等职业教育是技术型、应用型的教育，其理论课程定位为"以应用为目的，以必需、够用为度"，其专业技术技能要求较高，专业具有针对性。对应此目标往往采用活模块组成的阶梯形课程结构模式、矩阵式课程结构中活模块构成的个性化课程结构模式和集群式课程结构模式。
第一，三段式模块。我国高等职业教育的课程模式在相当长的一段时间基本上沿用了普通高等教育普遍应用的三段式结构，即按基础课、专业基础课和专业课的模式构成课程体系。三段式结构的课程体系对于强调理论知识教育，为未来工程设计开发和学术研究奠定宽厚基础的普通高等教育是适合的，但对高等职业教育来说，却严重影响了理论教学结合实际应用及学生实践能力的提高和技术技能的养成，不利于对高等职业技术人才的培养。

第二，集群式课程结构模式。所谓职业群集课程，是指将工作性质、职业所需的基础知识与基本技能、各职业入门技术、在社会中所起的作用和从事者所需性格也比较接近的若干职业集合为一个职业群，分析该职业群的共同基础理论和基本技能，以及各职业的入门技术，加以系统组合而成。其目标就是使学生能够掌握某一职业群工作环境、工作内容、工作条件、工作水准等相类似的、共同的核心技术和知识，学生在毕业时获得某一类职业的入门技能。群集课程模式的开发，采用的也是职业分析的方法，所不同的是它所分析的是职业群，而不是某一工作岗位；分析的某类职业群的入门技术，而不是完全胜任的能力。在这种情况下，学生毕业后参加某种工作或转岗之前，还要接受短暂的培训。群集课程内容的安排，大致可分为职业试探、职业走向两个阶段。课程结构安排有三种形式：①平行式：学习期间自始至终轮流学习数种职业所需的知识和技能。②双层式：第一年学习数个职业，后两年专精于某个职业的学习。③金字塔式：先广后精，学生开始学习广泛的基础技能，之后根据自己的能力和兴趣，逐渐缩小到学习单一行业的内容。集群是指将工作性质相通的职业集合为一个职业群。"集群模块式"课程模式是在吸收我国以学科为中心的单科分段式课程模式的长处和我国高等职业教育已经取得的成功经验的基础上，采用的一种课程模式。该模式分为三个模块，把课程分成既有相互联系，又有区别的三个阶段来进行。第一阶段为"职业基础模块"。这一阶段强调的是宽基础，主要选择职业群通用性的共同基础和技能，课程功能集中反映在基础性和工具性上。第二阶段为"职业技术模块。"这一阶段是在职业基础教育上，分别进行不同职业的专业基础理论和专业知识的学习。第三阶段为"岗位专门技术模块"。这一阶段是以加强职业针对性而进行的专门教育，培养学生一种或两种以上专门技术和技能。

第三，"宽基础、活模块"模式。"宽基础、活模块"课程模式是依据当今我国的政治、经济、文化以及教育和个体的发展对职业教育的种种需求，借鉴了国外职教课程改革的有效成果，在一定的课程理论研究的基础上探索总结出来的高职课程新模式；即把学校全部课程依据培养目标侧重点的不同，分为宽基础、活模块两个阶段。"宽基础"阶段的教学内容，重视学生全面素质的提高和综合职业能力的培养。"活模块"阶段的教学内容，在"宽基础"的基础上，使学生毕业时具有符合用人单位需要的技能和相应的知识，在就业市场上具有竞争力，重点在于提高学生的生存能力。

三、高等职业教育课程模式构建

随着终身教育观念的逐步建立，高等职业教育在从学科本位教育质量观过渡到能力本位教育质量观的情况下，开始引入素质本位教育质量观。考虑社会需求和人的自我完善两个目标而设置课程的矛盾开始显现，表现为：技术快速更新、市场急剧变化与教育内在规律相对稳定之间的矛盾；提高学生的综合素质、就业应变能力与强化职业针对性之间的矛盾；学生对实用技能学习的偏爱与为终身教育打好基础之间的矛盾。上述矛盾表现在课程设置上就是需要较宽的基础、较强的就业应变能力与需要岗位的针对性之间的矛盾。

综上所述，我们可以考虑构建高等职业教育的一种新模式，即"三模块、两系列、一主线"模式。

所谓"三"，即构建"横向三模块"结构课程体系。高等职业专业课程体系在保持其传统继承性的基础上，拟横向划分为三大模块，即通识教育课模块、专识教育课模块和特识教育课模块。

（一）通识教育课模块

据调查，我国高职技术学院通识课程平均占总课时的26.5%，参照国内外相关课程的改革经验，该类课程的比重至少应提高到35%。另外，在课程门类上应注重多样化，将提高大学生的文化素养、促进个性发展所必备的哲学、自然科学、社会科学、人文科学、工具方法科学及艺术素养、体能教育、公民教育等课程作为其主要内容。

（二）专识教育课模块

我们认为，新建的课程体系首先应将该专业基础课和专业课两类课程作为一个知识模块，组成专业课模块。据调查，我国高职技术学院专业课程平均占总课时的73.5%，为了进一步拓宽专业口径，该类课程所占比重应压缩到40%左右。其次，将专业课分为工具与技术基础类课子模块、实践与技术理论类课子模块、电教媒体与计算应用类课子模块，进行局部优化。最后，对各子模块内全部课程内容逐一进行个别优化，以实现课程体系从宏观到微观、从整体到个别的优化。

（三）特识教育课模块

在课程体系中单独构建特色课模块，是打破大一统课程模式、满足社会对高技能人才规格多样化需求的一条有效途径。

特色课模块应包括以拓展专业广度和深度的专业后续课程为主的专业特色课程；以专业技术理论向技术实践转换为主的应用特色课程和以地方人才特殊需求为主的地方特色课程等。该模块课程所占比重应以25%为宜。

所谓"两"，即"纵向两系列"。从课程体系来看，可以按必修与选修纵向分成两个不同的系列。在必修与选修课的处理上，应压缩必修课，增加选修课，提高学生选课的自主权和自由度。将选修课分为限选课、任选课和备选课，限选课应体现分流培养的原则，任选课和备选课应在注重学生个性发展的同时，全方位地向其他邻近学科扩散。必修课应控制在1.5~2年内学完，后续的1~1.5年应主要以开设选修课为主，必修课、限选课、任选课的比例应以7:2:1为宜。

第三章　高职教育教学班级管理

第一节　高职班级管理内涵和理论

一、高职班级管理内涵

（一）什么是班级管理

班级管理是指辅导员遵循班级管理的规律，通过各种班级活动，运用指导、组织、督促和激励等手段和方法，设计并保持一种良好的环境，使学生在班级里高效率地完成既定的教育教学任务，为实现班级教育目标和管理目标而进行的一系列的职能活动。

新时期的班级管理要求辅导员与学生保持良好的交流关系，学生在班级中能发挥主体作用，而不是事事都要按照辅导员的指令行事，班级管理方式民主，每个学生都能获得一个适当的位置，分担一个角色，通过履行各种职责得以重新认识自己的潜力，发挥自己的能力，获得一种"存在感"。

（二）班级管理的作用

1. 促进学生的社会化，实现育人的功能

从功能的角度上，班级可以被看作一个社会化的机构，它要帮助学生将来成为一个自主的社会人做好准备，所以，班级的一个重要任务是促进学生的社会化，即辅导员要按照一定的社会要求，以班级的组织目标为导向，通过教育、教学等各种途径，将社会系统的价值灌输给学生，使学生从一个"自然人"转化为"社会人"，也就是促进学生的社会化，包括传递社会文化、内化价值观念、培养社会角色、促进学生个性的发展等。

2. 采取各项措施以保证学校各项教育目标的落实

班级管理要依据学校教育目标和管理目标来制定班级管理目标，班级计划是班级管理目标的具体化，辅导员要通过创设优良的班级秩序、环境、班风和班级活动等，保证班级各项工作的贯彻落实。

3. 协调任课教师、家长及社区等各方面共同做好班级工作

班级是学校的一个基本单位，它和学校的任课教师、学校各部门及社区发生着联系，也需要通过家长、学校及社区共同做好教育工作，所以，辅导员必须做好协调工作，以形成教育的合力。

4. 促进学生各方面素质的发展

在班级管理中，辅导员一方面有意识地通过规章制度的建立和班级活动的组织实施，培养学生现代社会的效率意识、质量意识、民主意识及公关意识，使学生能科学地支配时间，合理利用各种条件促进自身的发展；学会在学习和活动中处理好各种人际关系，发展学生的交往能力，学会与他人友好相处，团结协作，互相支持，互相尊重；培养学生自主管理和自我管理的能力，使管理过程成为学生自主管理、自我管理的过程，促进学生自我塑造身心发展的过程，促使学生各方面素质得到发展。

二、高职班级管理理论

高职院校的班级管理是高职院校的基础管理，它需要一定的基础理论指导。

（一）人是现实的人

人本主义与其他各式各样的人本主义的本质区别就在于，人本主义是立足于现实的人，也就是生活在一定的自然环境、社会制度、文化背景中的人，是出生于某个家庭、接受某种教育、从事某种职业、经历某种坎坷、具有某种思想的活生生的人。抽象地谈论"人类的本质""人性"，等等，从根本上来说是错误的。高职院校的班级管理，必须具体、细致地深入到每一个学生。如果某个班主任笼统地谈论"我班上的学生"怎样，则只能说明这个班主任还不合格，反之如果某个班主任经常说到的是"我班上的张某某、李某某怎么样"，那么这个班主任可以说是合格的班主任了。

（二）人是个性丰富的人

人本主义认为人的个性是丰富的，之所以"全面发展"，准确地说并不是我们通常所说的德、智、体、美、劳各方面都发展，而是说要让人们的丰富的个性都充分地、完满地涌现出来。因此，在高职院校的班级管理中，应当尊重每一位学生的个性，某些乍看之下不是那么好的个性，只要辩证看待、理性分析、合理引导，就能够折射出人性的光辉。

（三）人是追求发展和自由的人

一个人，最值得珍惜和追求的是自由，最深刻的生活的动机和最大的责任是发展。自由不单是人身的自由，更是人性的自由。发展不单是学习文化知识，成就个人事业，更是个性的解放、精神的升华、情感的丰富，因此高职院校的班级管理绝不能仅仅是纪律管理和"不出事"管理，卓越的班级管理还应当是提供帮助、创造环境，促进学生个性发展、精神觉醒、情感圆融。

（四）人是个人与社会相统一的人

个人利益与社会利益应当是有机统一的，个人必须为社会贡献自己的才智，社会必须为个人才智的发挥提供条件，这一原理运用到高职院校的班级管理中，则要求班主任要引导学生在谋其自身利益的同时为班级贡献自己的才智，班级则要为学生的各个方面的成长提供多种平台，很显然，在现实的班级管理中，班主任强调前者有余，服务后者不足。

（五）人是潜力无穷的人

只要扫除各种外在的，尤其是各种人为的障碍和羁绊。只要社会财富足够丰富，让人们不必为谋求物质生活条件而忙碌，只要人的个性更够得到充分而自由的发展和展示，则人的潜力是无穷的。在高职院校的班级管理中，不能够仅仅从消极的方面用各种各样的班规约束学生、压抑学生，更多的应当是从积极的方面创造条件激活学生、唤醒学生。有的班主任讲，有的学生怎么唤都唤不醒，这种说法是不对的，只能说工作还不到位。

第二节　高职班级制度建设和管理

一、高职班级制度建设

（一）高职班级制度制定的原则

1. 民主原则

班级制度的制定，不能由辅导员一个人说了算，也不能只是少数几个班干部说了算，如果一个班规只是由少数人制定，普通同学不认可，那么这样的班级只能流于形式，起不到任何作用，只有该制度得到绝大多数同学的认可，该制度才真正有效。

2. 量化原则

制度必须是可以量化的且易于操作的，在实际操作中应该简单而有效，以使班级管理科学化、民主化、制度化为目的。量化管理大体是：每位同学在学期开始都拥有量化管理基本分 60 分，按奖励加分、惩罚扣分来计分，并在学期结束奖优惩差，计分结果与入党、评优、奖学金、助学金挂钩，建立健全竞争激励机制。

3. 特色原则

受不同专业的因素影响，每个班级的情况都不一样，制度化管理应根据本班实际情况，打造出自己的班级特色。

（二）高职班级制度建设

下面是某高职院校在班级制度方面所做的规定。

1. 班级成员义务

学校各种规章制度和管理条例，以此作为日常行为的准则。

每位同学应热爱班集体，支持班级的工作，积极参加班里组织的各项活动，参加活动的情况将结合到以后班级个人评优评先制度里面来。

每位同学应在日常的集体生活中，行动上做到团结友爱、礼貌待人、富有同情心、积极向上。

个人生活上，每位同学应做到起卧有时、讲究卫生、合理安排时间、不沉迷于上网、拒绝赌博、酗酒，班委定期对各个寝室长进行思想工作教育，寝室长负责整个寝室，实行寝室长责任制，出事找寝室长。

学习方面每位同学应积极努力，互帮互助，取长补短，按时按量完成学习任务，在每到考试时候，班委应组织人员为班级搞好复习材料总结。

出勤方面：每位同学应做到不迟到、不早退、不旷课，严格规定在到课以及晚自习方面，累计一周以内缺课及缺晚自习达到两次以上上交学校通告批评，如有更严重者通知家长。

建立班级奖励惩罚制度，班级同学获得院系各项奖励的，在班级将给予适应的物质奖励，以此来鼓励班级同学参加院系活动的积极性，对违反纪律的，班委及时提醒，采取措施，必要时请班主任做好工作。

2. 班委管理制度

班级内部设班长、副班长、学习委员、纪律委员、体育委员、生活心理委员、卫生委员、文艺宣传委员、职业发展委员、女生委员、团支书、组织委员，班委会组织的原则是民主集中制，每季度定期考核，对支持率低于半数的干部取消其职务，通过公开公平的竞争方式选出新干部，选举结果报送班主任经审核后生效，班委要树立班级目标，班级目标要具有方向性，要有长期和短期目标，并制订相应的工作计划，班级目标要具有鼓励性，同学个人目标、小组目标和班级目标整合一致，同学们为班级目标的奋斗过程成为个人目标不断实现的过程。

3. 班级会议制度

会议制度：每两周定期召开班委会一次，全体班委参加，必要时扩大到各个寝室长，会议由班长主持，总结班级近期工作，提出解决出现问题的方案，并研究布置下期工作，班会的考勤及记录由团支书负责，并将结果和出勤状况记录在班级日志本上。

班会制度：半个月或一个月定期召开由全体同学参加的班会，请班主任助理或班主任进行工作指导，班长进行班级活动的布置和总结，并且陈述班级其他的相关事情，同学们可以畅所欲言，会议记录由团支书负责，学习委员进行班会考勤，班长每月必须组织班委上交系部班级工作总结和计划。

4. 班费管理制度

本班班费由生活委员统一收取和管理，具体收支都应记录在案，班级账务一个月公示一次，每学期进行一次大总结，支出 30 元以下由生活委员决定，30～100 元由班委会讨论决定，100 元以上须经全班会议通过方可生效，采购物品时至少两人，生活委员不涉及采购工作，采购人员凭发票到生活委员处报销，30 元以下出生活委员直接报销，30 元以上由生活委员报经班长或班主任助理审核无误批准后报销，班费的使用原则是节约、高效、公开，随时随地接受班级同学监督。

5. 班级计划总结制度

每学期开始，班委分别拟出本班学习工作计划，上交班主任助理或班主任审阅后方可执行，学期末前，上交学期工作总结，班长负责收集和整理班级材料，制定班级资料库，在期末进行大结。

6. 班级活动制度

同学们应本着主人翁的意识积极参加以班级为名义的各类活动，由小组长进行活动的考勤，同学们的出勤将直接影响考评的结果，每次活动相关委员和班长应到场，做好班级活动的组织和记录总结工作。

7. 班级财产制度

由班费购进学校发放等划归班级使用的物品均属班级财产，班级财产属全体同学，由专人看管，购买的体育用品由体育委员负责保管，班级财产如因个人过失等造成物品损坏，应由当事人进行赔偿。

8. 班级活动制度

班级活动由每个班委主动策划，班长主持大局，生活委员应搞好后勤工作，团支书及时做好相关相片记录和总结，班委应在每两周组织去各个寝室视察，询问班级建设意见。

二、高职班级制度管理途径

（一）充分发挥大学生的主体途径

班级制度管理是"人—人"的管理，主体和客体都有思想、有情感，就班级管理对象而言大学生是客体，但是就人才成长而言他们又是主体，班级只有充分调动学生的积极性，发挥其主体性，才能实现学生自我管理、自我教育、自我提高的"无为而治"的管理模式。

淡化班级管理的主客体界线，视学生为班集体中的能动性主体，尊重和理解其独立精神、注重调动学生的积极性、提供参与管理的机会，实现这种管理模式的重要前提是培养班干部的自我管理能力，所以班干部的选拔和培养极为重要，要改革班干部选举办法，可采取竞选的形式，学生根据个人条件自愿参加竞选，同时引入竞争淘汰机制，每学期进行一次述职考评，末位淘汰，使每个班干部有一种危机感，促使他们知难而进。

着重培养学生的主人翁意识，在班级管理中，要给予学生更大的自主权，增强学生的主人翁意识，使之明白"班级是我家，管好靠大家"，逐渐形成一个既有集中、又有民主；既有纪律，又有自由；既有统一意志，又有个人心情舒畅的良好育人氛围和成才环境。

强化对学生组织管理方法上的引导，尽管学生有组织和管理的欲望，但是由于资历、阅历有限，思想还不完全成熟等原因，在组织形式、管理方法上还比较单一和幼稚，因此辅导员必须根据自己的经验教训和已有的管理理论知识对学生加以引导，适当引进先进的管理模式和方法，鼓励学生对新模式、新方法进行探索，引导学生学会将管理与思想教育有机交融的方法，使学生在磨炼中不断成长。

（二）充分发挥辅导员的引导途径

从中学到大学的转变过程中，大学生往往会因环境改变而导致自我评价失调、学习不适导致学习压力过大、理想现实差异导致失望迷惘、人际不适导致孤独压抑等，为此要充分发挥辅导员的引导作用。

思想意识上的引导，大学是学生世界观确立的最佳时期，思想觉悟如何，道德水准怎样往往同这一时期的思想教育分不开，大学阶段思想政治理论课的开设对学生世界观的确立起到了宏观促进的作用，然而，对于一些社会现象、个体价值的取向、人际交往关系等一系列微观问题都离不开班主任的正确引导，这种引导在学生的身心发展过程中起着无可替代的作用。

行为规范上的引导，学生由于社会交往不多，经验欠缺，家庭的娇宠和社会上不良的影响，他们的思想意识、道德意识、劳动观念、卫生习惯等难免有所偏差，知行不一，这就需要为师者身体力行，从正面加以积极引导才能得以矫正，辅导员的"身教"对学生的潜移默化作用是非常巨大的，因此，班主任要处处树立"模范公民"的楷模形象。

学习方法上的引导，一些学生，特别是新入学学生还没有掌握恰当的学习方法，有的甚至还没有形成一个良好的学习习惯，为此，必须加强对学生学习方法上的引导，使学生体会到探索和学习的乐趣，在学习中学会发现和创新，培养创新精神，发展科学思维能力，为日后进行创造性工作打好基础。

（三）充分发挥学生宿舍的基地途径

学生宿舍是学生学习、教育、生活的重要场所，是学生思想、行为真实反映的晴雨表，是班级建设的基地，因此，要加强班级对宿舍的管理，把班级管理延伸到宿舍内。

科学合理安排宿舍，一个宿舍尽量安排同一个班级的同学，同一个班级的不同宿舍尽量相邻，尽量避免"同班不同学、同室不同班"现象的发生，这样可弥补因学生住宿分散而引发的各种矛盾。

以宿舍为单位开展班级活动，积极开展创建文明和谐宿舍活动，根据宿舍特点设计一些班级活动，如宿舍风采大赛等，将文明宿舍与先进班集体评选挂钩，使创造文明宿舍成为班级工作的一项重要内容，这既有利于宿舍管理，又有利于班集体凝聚力的提高，因此强化班级对宿舍管理是加强班级管理的重要手段。

第三节 高职班级文化内容和建设

一、班级文化的界定

班级是学校实施教育和进行管理的基本单位，学生的思想行为受到班级最直接的影响，无论班级的人数有多少，其内在文化在育人方面都发挥着举足轻重的作用，所谓班级文化，不同的学者所界定的内涵也不同，史华楠等学者认为："所谓班级文化，是班级成员通过多种活动而形成的集体心理氛围、班级组织和交往行为，以及通过班级所体现出来的群体价值取向、意志品质和思维方式、思维能力等。"南京师大的李学农教授认为：班级文化是一种潜在的教育力量，是一种"班级生活方式"。苏联著名教育家苏霍姆林斯基在《帕夫雷什中学》一书中说："用环境，用学生创造的周围情景，用丰富的集体精神生活的一切东西进行教育，这是教育过程中一个微妙的领域。"

综上，不管是集体氛围、行为方式、价值取向，还是班级生活方式、环境、集体精神生活，综合起来，即班级内一切能对学生的教育发挥作用的因素，包括物质方面的、制度方面的、精神方面的，都属于班级文化的范畴。

二、高职班级文化建设的内容

班级作为学生的集合体，班级事务涵盖学生在校生活的方方面面，如学生的日常生活、住宿环境、学习、情感问题等，班级文化也就依托这些方面而建立，主要包括物质文化、制度文化、精神文化。

（一）班级物质文化的建设

班级物质文化，也可称之为环境文化，主要是指班级环境，如教室整洁的桌椅、干净的地面、合理的布局、美观的摆设等，使学生每当走进教室都能感受到一种积极向上、奋发图强的精神风貌，无形之中给学生一种暗示：教室就是学习场所，而非谈恋爱、打闹的地方，除此之外，宿舍文化也是班级物质文化的一方面，如实施警务化管理，要求宿舍内务、卫生必须达标，这有利于促进学生良好生活习惯的形成，因此，作为辅导员（或班主任）要重视班级物质文化的建设，在新生入学之前，辅导员要做好教室、宿舍的准备工作，确保教室、宿舍的整洁、有序；随着班集体的建立、发展，要发挥学生的主观能动性，进行班级物质文化的建设，如教室的装扮、文明宿舍的评比等，既可让学生树立主体意识，同时也可锻炼他们的才能，生活在自己亲手打造出来的学习环境中，学生会倍感亲切，对于其中所传达出来的积极的文化信息会更加认同。

（二）班级制度文化建设

无规矩不成方圆，班级制度是为了维护学生良好的学习、生活秩序而形成的各种行为准则，是班级文化建设的重要工程，一日生活制度、量化积分制度、教室管理规定、班费使用规定等，这些制度有的来源于学校制定的规章制度，有的来源于班级根据自身管理实际制定的规则，班级制度为学生提供了行为模式，因此，班级制度的制定一定要提高学生参与的广度和深度，不能形成教师是制度的制定者，学生只是服从者的局面。只有全班学生对班级制度的价值有了深刻的理解和广泛的认同，广泛参与到制度的讨论、制定、执行中，制度文化才能发挥应有的德育功能，参与班级制度文化建设的重要性，新生刚入学时就已显现出来。

（三）班级精神文化建设

精神文化是班级的深层文化，主要指被师生认同的文化观念、价值观念、理想追求、思想意识和审美观等，在班级精神文化建设中，要特别注重培养学生对班级的认同感和归属感，学生能否接受这个班，取决于班集体能否满足学生在生理和心理发展过程中的需要，是否受到必要的尊重，是否被别人认可等。

三、高职班级文化建设的策略

班级文化建设的真谛和真正意义在于塑造文化集体和文化人格，由于各个班级的特点、条件不同，班级文化建设的重点和具体操作也会有所不同，辅导员既要把握班级文化建设的普遍规律，又要结合班级实际，提出班级文化建设的有效方略。

（一）努力营造良好的班级文化环境

文化环境是环绕在主体周围的文化因素，所谓营造班级文化环境，主要是指"美化班级文化环境，优化班级文化环境，强化班级文化气氛"。具体地说，美化班级文化环境，要做到高雅、文明、整洁、规范，使学生进入这种环境就有庄重感、责任感、自律感，能感到身心愉悦并自觉维护；优化班级文化环境，要从设施上给学生提供文化条件，如休息时欣赏高雅的音乐，为学生准备书报和其他文化用品等，同时要从人际关系上突出和谐、互爱互助，提倡先人后己，不妨碍别人，强化班级文化气氛，要在学生之间提倡文化交往，帮助学生增加对文化交往的认识和给学生提供文化交往的机会，总之，营造班级文化环境不能脱离学生实际，而要贴近班级学习和生活，积极倡导健康的生活信念、价值观念、行为规范，努力塑造出积极和谐、健康向上的班级文化。

（二）完善班级制度，建立柔性的班级制度文化

抓好开头，做好制度建设。在学生入学之际做好入校教育，在班级建立之初，结合学校有关制度和班级的实际情况，制定出适合本班的班规条约，让每一位学生了解班规，重视班规的落实。

尊重学生的班级主体地位，重视学生的反馈意见。学生是学校教育的主体，是班级的主人，因此在班级制度文化建设过程中，要充分尊重学生的主体地位，让学生自己通过自

己的方式来管理班级，同时，重视学生反馈的意见和建议，对于学生的正确诉求要及时回复和修正，引导学生不断增强自我管理能力。

落实好班规条约，将班级制度转化为班级约束力。班规条约是班级的有效纪律文件，需要抓好落实和执行，并且要在班级内长期坚持，不能将班规条约变成仅仅是墙上的一纸空文，形成不了班级的有效约束力。同时，在执行过程中要保证规章制度的公开、公平、公正，做到人人平等，杜绝任何不公、回避或者从轻处理等藐视班规条约问题的发生。

用制度约束，用感情关怀。制度执行时需要考虑人文关怀，通过学习与生活中的点滴来培养同学之间、师生之间的情谊，用情感来温暖班级里的每个成员，让学生认同班集体，融入班集体，自觉遵守班级的规章制度，用情感来凝聚人心，建立一种柔性的班级制度文化。

(三) 通过活动逐步培养班级精神文化

培养班级精神。班级精神是班级精神文化建设的重要组成部分，是本班级区别于其他班级精神面貌的方法，培养班级精神不是一朝一夕就能形成的，而是需要长期的有意识地引导、培养和实践的过程，这种精神要在班级成立之初就要进行引导和宣传，并逐步让学生理解和接受，并且要持续不断灌输这种精神给学生，让学生在活动的实践中慢慢培养并逐渐形成稳定的班级精神。

培养班级凝聚力。学习上给班级学生注入共同的学习目标，使他们养成发奋、互助的良好氛围，用好班干部的模范带头作用，利用各种活动和机会宣传和讲解集体荣誉的重要性，引导好学生积极参加各级各类活动，让学生在活动中体会和感受班级凝聚力的重要作用。

开展班级内部活动。班级活动是班级文化建设的重要途径之一，班级活动按照层级可分为三级：校级、系级和班级内部活动，校级和系级活动组织规模大、影响深，对于培养班级的团队精神具有很大的促进作用；而班级内部活动的内容比较广泛，时间比较紧凑，形式比较多样，对于学生的集体思想和观念能够起到潜移默化的作用。

四、教师形象输出中的文化建构

(一) 基于教师文化形象打造外表仪态

按照传统意识观念，教师在大众意识观念中的文化形象以端庄、大方、得体、斯文为基本版本，要促成教师形象对外输出时的文化建构，首先就要从外表仪态上符合大众对教师形象的期待。要做到这一点，须通过服饰、妆容、体态、发型等方面来实现。

首先，从服饰来说，服饰是个人外表形象的关键因素，一个人的着装服饰和打扮一定程度上也是一个人职业身份、经济状况、社会地位、审美品位等方面的表现形式，越来越多的人期望通过服饰来达成说明自身的目的。在现代社会中，由于经济条件的改善和服装产业的发展，大众在服饰方面有了更多的选择，但是如何能够通过服饰装扮等方式来表现自己仍然是一门学问。由于教师的职业身份所限，其在服饰的款式方面需要合乎大众常规，款式不可太过时尚暴露，应该在大众认可的服饰范围内合理选择适合的衣服款式，以此来突出教师的文化身份；在色彩方面，虽然个人审美爱好不同，但是根据大众服饰穿着特点分析可知，偏中性的灰、白、黑等色彩更能表现教师的气质，更受到具有一定文化知识的教师喜爱。另外，男女教师的服饰颜色选择也要适度，男性教师穿着过于女性化色彩的服饰必然难以表现男教师的阳刚之气，也不符合公众对于教师的形象期待；在材质方面，虽然这一点对于教师形象影响并不突出，但是近年来也出现了各种各样的功能服饰材质，那些在视觉上具有特殊效果的材质显然很容易吸引学生的注意力，也影响教师的形象建构；从服装装饰品来说，过分夸张的装饰显然不适合教师温和从容的气质，也会影响学生注意力。

其次，从妆容方面来说，在现代社会中，合适的妆容实际上是对他人的尊重，对于教师来说，素面朝天无可非议，但适度的淡妆不仅能够表现出教师积极的精神状态，也会使教师的仪容姿态更具有审美性，在学生心目中建构教师更好的形象，相反，浓妆艳抹显然就不太适合学校这个特殊的文化场合。

从体态上来说，虽然有少数教师存在一些先天缺陷，无法调整可以理解，但是对于大部分教师来说，往往也会由于生活上的坏习惯而忽略对体态方面的形象建构。从形象建构来说，在任何时候都保持一个合适的、端正的仪态形象，显然更能表现一个教师的文化气质。

最后，从发型来说，发型对于一个人的形象建构有重要影响，有的时候改变发型甚至具有"变脸"的效果。因此大多数人都非常注意自己的发型，也愿意在发型上投入更多。现代民众对于染发已经习以为常，但是由于知识文化层次不同，以及工作身份影响，发型往往对个人具有一定说明性，如舞台上的演员发型相对比较夸张，而国家机关工作人员的发型往往都相对保守。如果教师把头发染得五颜六色，或者是形成一个夸张的"杀马特"发型，显然会直接把教师的审美降低至一个较低的品位，影响教师端庄、大方的文化形象建构。

（二）采用符合教师文化身份的语言方式

语言是大众对个体形象认知的重要方面，对于大众来说，教师是知识分子，教师在言语之中一定要采用符合教师文化身份的语言方式。

首先，是教师说话的内容。关于话语对于个人文化形象的建构可以从一些名人的公众表现看出。以撒切尔夫人为例，以铁娘子著称的她在公众面前通常表现的是一种强硬形象，但是为了政治需要，撒切尔夫人也会像个普通的妇女一样，在公众和媒体面前谈论她的发型、穿衣服的尺寸、保养皮肤的方法等，虽然这些话题本来不是这个铁娘子愿意谈论的，但这样做的效果却非常好，让人们更多地了解她富有人情味的一面，增加了女性选民对她的支持。同样，教师也要在说话内容上有所注意，才能使话语表现符合其文化身份。第一，避免粗俗话语。普通民众说话尚且要注意语言文明，教师作为教育者，当然更要注意这些基本语言礼仪，特别是在当下社会民众素质整体提高时，很难想象满嘴粗话的教师能够得到家长、学生的信任。第二，讲究话语措辞。教师授课主要通过语言方式来实现，说话应该是教师的长项，理科类的学科教师同样要通过相应的语言组织才能把教学内容清晰地传递给学生，因此大众往往认为教师说话应该有一定水平，而选择合适的措辞正是教师说话水平的基本表现，另外合适的措辞也在一定程度上体现了一个人的文化水平。第三，话语思路清晰。在一定程度上，大众往往把教师视为文化代言人，关于教师自身的文化积累往往用"一桶水"来比喻，虽然不同学科教师的专长方向不同，但是对于大众来说，不管是英语教师还是数学教师，都是具有一定文化水平的人，说话思路清晰、头头是道是大众对于文化人的基本理解，因此教师也必须在话语方面讲究思路清晰，也只有做到这一点，教师在学科教学方面才能有明确的思路，组织起连贯的语言体系。第四，话语在情在理。有句俗话说"秀才遇见兵有理说不清"，话中意思且不说，其中就隐含这一个基本逻辑：那就是文化人掌握着更多道理，因此对于教师来说，说话只有在情在理才符合其文化身份。

其次，是话语表达方式。对于教师来说，其在课堂中的教学主要通过教师和学生的良好沟通，才能够调动学生的学习积极性，这种话语上的沟通效果一方面在于教师的语言内容，另一方面取决于教师的话语表达方式。因此话语表达方式自然也成为表征教师文化身份的一个基本要素，也是教师形象输出时文化建构的一个基本方向。按照大众的习惯认知，温和、理性是大众对教师文化形象的基本理解，因此教师在话语表达时，要注重话语的语速、语调等方面，保持适当的语速、语调，可以使教师在形象输出时更多地符合大众对教师文化形象的要求。

最后，从口音上来说，语言是文化的载体，言传身教是教师教书育人的基本特征，语言口音也是展示教师文化身份的重要途径。采用普通话是教师应该具备的基本素质也是基本要求，我国《宪法》规定国家推广全国通用的普通话，但是由于地方方言影响，很多教师往往带有浓重的地方口音，很容易闹出各种笑话，影响教师的文化形象建构。因此教师在言谈之中也要尽可能地淡化地方口音使用普通话，即便是不太标准也有利于体现教师的文化身份。

（三）注意在行动举止上践行文化精神

首先，行为的合理性。主要是指教师的举止行为是否合理，是否合乎是非。对于教师来说，其掌握更多的文化知识，相对于一般民众来说，在文化水平和道德素质方面都应该有较高要求。对于教师来说，其更应该在实践行动上为学生做出示范，德高为范由此而来。对于这一点，最为重要的是要保证行为合乎正确的是非标准，要做到这一点，就需要教师在各种问题上有正确的是非标准观念，在此基础上，教师要能够把相关是非标准在实际生活中切实实践下来，如果教师本身认为不应该助长不正之风，那就需要在实践中表现出自身的高风亮节，不能一边叹息社会风气变差，另一方面却在私下助长不良之风，等等。

其次，行为的礼仪化。一直以来，礼仪一直是大众重视的社交润滑剂。孔子曰：不学礼，无以立。我国素有礼仪之邦之称，古人在幼学时期就开始学习各种礼仪，礼仪斯文一直是公众对文化人的习惯认知。作为文化人的基本代言人，教师行为符合礼仪，才符合其文化人的身份。教师要在对外形象输出时在行为礼仪方面体现出文化建构。第一，要知礼。现代教育注重科学文化知识学习，而对于礼仪的教学少之又少，很多教师特别是年轻教师不知礼或者是在礼节方面比较模糊，教师本身必须要掌握相应的礼仪，才能在行为上表现出有礼有节。第二，要按礼仪做事。有的教师虽然懂礼，但是鉴于礼仪的烦琐或者是利益驱使，有时候并不能完全按照礼仪行事。第三，能够在礼仪和具体事务中进行有效平衡。要遵守礼仪，但是又不能拘泥于礼，大事不拘小礼、大礼不辞小让便是如此，教师在行动实践中需要在礼仪和具体事务中有效平衡，处理好礼仪和事务的关系，才能使两者相得益彰。

最后，行为的适度化。对于大众来说，其对教师的行为评价更多的是看问题的解决效果，在教师的行为符合逻辑、符合是非标准，并能遵循相应的礼仪时，还要注意行为的适度化，才能使问题的解决在各方面都能够承受的范围内。如学生上课不遵守纪律，自然应该批评，但如果教师让全体学生一起受罚或者是让犯错学生承受太多的惩罚，显然就有些行为失当。或者是教师在班级取得很好的成绩时，要和学生一同庆祝表达喜悦，但是如果因此违反学校纪律显然就有些不太合适，难以表现出为人师表的样子。

（四）提高思想修养形成积极的精神风貌

教师对外形象的建构不仅体现在教师的外表仪态方面，还需要注重文化气质的打造，使教师形成积极的精神风貌。

首先，是形成深厚的文化知识积累。对于教师来说，具有较高的文化素质水平是教师的基本要求，具有丰富的文化底蕴，其对于事物的理解更为通透，对于人际关系以及生活问题的认知自然就会处在一个更高的层面，表现在外在上就是一种容颜气质的不俗，因此对于教师来说，多读书，读好书，增加自身的知识积累，通过量的积累就能促成思想意识方面量的质变。这里所说的多读书，一方面是指本专业相关的书籍，丰富的知识积累可以使教师在专业问题上底气十足，有助于其形成特定方面的知识权威；另一方面是指专业之外的知识，虽然在学校教育中，不同学科的知识各成体系，实际上在实践中，学科之间的知识相互联结，可以说其他学科都是特定学科知识的瞭望口，教师对于专业知识之外的积累有助于其在专业方向上的精进，同时也能使教师在学科教学时旁征博引，建构教师的知识形象。另外，这里所说的知识积累是指教师对于相关知识的融会贯通，而不仅仅是对知识的收藏。在教师吸收了更多的知识，有效地增强了自己的文化底蕴时，其在对外形象输出方面必然有所不同。

其次，是端正教师的思想价值观念。有一句话说"相由心生"，猥琐的内心必然难以表现出落落大方的态度，积极向上的思想可以使个体外在表现上充满正能量。一个人最为基本的思想意识是各种价值观念，要使教师在外在形象输出上形成积极的文化形象，就必须从根本上端正教师的思想价值观念，使其建立正确的人生观、世界观和审美观等。对于这种价值观念的端正，一方面需要通过各种途径来引导，如在学校内组织教师思想学习，加强教师对价值观念的认识，强化教师的价值观念意识，使教师能够从思想上重视对自身价值观念的端正，或者是让教师参与各种社会实践活动，如组织教师参与各种社会公益活动，邀请社会上各种事迹模范进学校开展主题讲座等，以身心方面的深刻体验触动教师的心灵，对教师进行心灵洗礼，促进教师端正自己的价值信仰；另一方面需要教师自身加强对正确思想价值观念的建设，这就需要教师自身在日常生活中留意从各方面汲取思想营养，无论是优秀的书籍还是现实生活中的先进人物事迹，都是个人加强价值观念建设的路径选择；最后，还需要通过相应的机制建立来加强教师的价值观念考核，这种机制一方面是教师入职时的价值观念评估，另一方面是指教师在教学期间的思想价值观念考察，从源头着手，关注过程发展，才能使教师的思想价值观念始终保持在一个正确的轨道上。

最后，是促使教师形成积极的心态。要促成一个人的精神风貌，一方面需要使教师有正确的价值观念，避免由于价值歪曲而造成面貌上的丑陋，这一点从人们经常对各种职业的人物肖像刻画便可看出，趋炎附势的人永远是一副赔笑的嘴脸，高高在上的人往往是一副盛气凌人的态度，而积极的价值观念则会使坚持者正气凛然；另一方面还需要使教师保持积极的心态，使其在什么情况下都能充满蓬勃的气息。要做到这一点，一方面教师自身要有规律地生活作息，另一方面教师要积极参与各种社会活动，在其在社会活动中体现出更多价值时，教师就能获得更多的成就感，从而保持一种昂扬的生活姿态。另外，积极参与各种体育活动锻炼也是促成教师积极心态的重要方法和策略。

第四节　高职学生心理健康教育

一、心理健康的含义和标准

(一) 心理健康的含义

1946 年，第三届国际心理卫生大会将心理健康定义为："心理健康是指在身体、智能以及情感上与他人的心理健康不相矛盾的范围内，将个人心境发展成最佳的状态。"并且提出了心理健康的四条标准：①身体、智力、情绪十分调和；②适应环境，在人际关系中彼此能谦让；③有幸福感；④在工作和职业中，能充分发挥自己的能力，过着有效率的生活。

心理学家英格里斯 1958 年指出："心理健康是指一种持续的心理状态，当事人在各种情况下能做出良好的适应，具有生命的活力，而且能充分发挥其身心潜能。"

美国人本主义心理学家马斯洛和米特尔曼在 20 世纪 50 年代初提出了心理健康者的 10 条标准，受到心理卫生界的普遍重视，并被广泛引用，这 10 条标准是：①有充分的自我安全感；②能充分了解自己，并对自己的能力做适当的估价；③生活的目标切合实际；④与现实环境保持接触；⑤能保持人格的完整与和谐；⑥具有从经验中学习的能力；⑦能保持良好的人际关系；⑧适度的情绪表达与控制情绪；⑨在不违背社会规范的前提下，能适当地满足个人的基本需求；⑩在不违背团体的要求下，能有限度的个性发挥。

我国学者王登峰、张伯源也提出了8条心理健康的指标：①了解自我，悦纳自我；②接受他人，善与人处；③正视现实，接受现实；④热爱生活，乐于工作；⑤能协调与控制情绪，心境良好；⑥人格完整和谐；⑦智力正常，智商在80分以上；⑧心理行为符合年龄特征。

综上所述，我们可将心理健康的概念定义为：个体能够适应当前和发展着的环境，具有完善的个性特征，认知、情绪反应、意志行动处于积极状态，并保持正常的调控能力，心理健康不是指一个人对任何事物都能愉快地接受，而是指其在对待环境和问题冲突的反应上，能更多地表现出积极的适应倾向，因此，心理健康是一种积极向上的、高效而满意的、持续的心理状态。

（二）大学生心理健康标准

综合国内外专家学者的观点，结合我国大学生的年龄特征、心理特征和社会角色特征，我们可把评判大学生心理健康水平的标准概括如下：

1. 认知能力正常

认知即人对事物认识与理解的心理历程，包括知觉、记忆、思维、想象、学习、语言和理解等心理现象，正常的认知能力要求具有敏锐的感知能力，较强的记忆力，良好的思维力，丰富的想象力，清晰的语言表达力，较强的理解力，以及有效地解决问题能力等，这是大学生学习、生活与工作的基本心理条件，也是胜任学习任务、适应环境变化、和谐与人交往的心理基础和保证，因此，认知能力正常是衡量大学生心理健康的首要标准。

2. 强烈的求知欲

学习是大学生活的主要内容，心理健康的学生都会珍惜学习机会，乐于学习，能够积极参与学习活动，克服学习中的困难，学习成绩稳定；能够保持一定的学习效率，并从学习中体验到满足与快乐。

3. 情绪健康

其标志是情绪稳定和心情愉快，包括的内容有：愉快情绪多于负性情绪，乐观开朗、富有朝气，对生活充满希望；情绪较稳定，善于控制与调节自己的情绪，既能克制又能合理宣泄自己的情绪，喜不狂、忧不绝，胜不骄、败不馁，谦而不卑，自尊自重；在社会交往中既不妄自尊大，也不退缩畏惧；对于无法得到的东西不过于贪求，争取在社会的允许范围内满足自己的各种需要，对于自己能得到的一切感到满意，心情总是开朗的、乐观的；情绪反应与环境相适应。

4. 意志健全

意志是人在完成一种有目的的活动时进行的选择、决定与执行的心理过程，意志健全者在行动的自觉性、果断性、顽强性和自制力等方面都表现出较高的水平，意志健全的大学生在各种活动中都有自觉的目的性，能适时地做出决定并运用切实有准备的方式解决所遇到的问题，在困难和挫折面前，能采取合理的反应方式，能在行动中控制情绪和言而有信，而不是行动盲目、畏惧困难、顽固执拗。

5. 人格完整

人格是个体比较稳定的心理特征的总和，人格完整指具有健全统一的人格，即构成人格的气质、能力、性格、理想、信念、人生观等各方面平衡发展，所思、所想、所说、所做协调一致，包括：①人格要素无明显的缺陷和偏差；②具有正确的自我意识；③人生观正确，并以此支配自己的心理与行为；④人格相对稳定。

6. 自我评价正确

正确的自我评价是大学生心理健康的重要条件，大学生在进行自我观察、自我认定、自我判断和自我评价时，能做到自知，恰如其分地认识自己，对自己的能力、性格和优缺点都能做出恰当、客观的评价，既不以自己在某些方面高于别人而自傲，也不以某些方面低于别人而自卑，面对挫折与困境，能够自我悦纳，喜欢自己，接受自己，自尊、自强、自制、自爱适度，正视现实，积极进取。

7. 人际关系和谐

良好而深厚的人际关系，是事业成功与生活幸福的前提，其表现为：乐于与人交往，既有广泛而深厚的人际关系，又有知心朋友；在交往中保持独立而完整的人格，有自知之明，不卑不亢；能客观评价别人和自己，善取人之长补己之短，宽以待人，乐于助人，与人为善，对他人充满理解、同情、尊重、关心和帮助，有良好而稳定的人际关系，并能在其中分享快乐、分担痛苦，社会支持系统强而有力。

8. 社会适应良好

社会适应能力包括正确认识社会环境以及处理个人与社会环境的关系，心理健康的大学生能够面对现实，接受现实，并能主动去适应现实，逐步地改造现实，能够对周围的事物和环境做出客观的评价和深刻的认识，并能与现实环境保持良好的接触，既有高于现实的理想和信念，又不会沉湎于不切实际的幻想和奢望中，面对不利的现实环境，既不怨天尤人，也不采取逃避的方式，更不自暴自弃，而是敢于面对现实的挑战，以积极有效的办法去应对环境中的各种困难，在现实和环境发生改变时，能及时调整心态和行为，使之与新的环境保持一致。

9. 行为反应适度

行为反应适度是指个体对外界环境和事物的反应既不过敏，亦不迟钝，在人的生命发展不同年龄阶段都有相应的心理行为表现，从而形成不同年龄阶段独特的心理行为模式，心理健康的大学生有正常的行为反应，在认识、情感、言行、举止等方面都符合其所处的年龄段的要求，充满青春活力、朝气蓬勃，积极向上、敢想敢干，勤学好问、探索创新、自由浪漫、不怕失败等。在性别特点方面，男性大学生表现应该相对主动勇敢、刚强果断、爽直大方，而女性大学生则相对温柔婉约、细致周到、富于同情心等。在角色特征方面，能够根据自己所处的场合，正确把握自己所扮演的角色、所处的地位以及所属的身份，过于老成、过于幼稚、过于依赖都是心理不健康的表现。

二、高职学生心理问题的表现

高职学生出现的主要心理问题有：大学生活适应问题、学业问题、人际关系问题、情感问题、网络成瘾问题。

（一）大学生活适应问题

学生来到全新的大学校园，在自然环境、自我认知、社交活动等方面都面临着重新调整和适应，高职学生远离家乡和亲人，在大学中凡事都需要自己做主，他们由于自理能力、适应能力和接受挫折的能力普遍较弱，所以不能很好地实现角色转换，进而出现消极、忧虑等不良情绪。

（二）学业问题

高职教育主要是对学生进行专业技能的培养，强调自主学习能力，因此教学过程中会采用以学生为主体的教学模式，这与高中的教学模式完全不同，学生由于缺乏自我约束能力、学习适应能力较差，不能较快进入到大学学习的情景之中，就会导致学习动机不强，成绩不理想进而产生自卑乃至厌学情绪。

（三）人际关系问题

在一个全新的学习生活环境中，高职学生更加渴望得到他人的关怀和真诚的友谊，特别需要别人的理解和帮助，从而表现出非常强烈的人际交往的愿望，但由于学生"自我为中心"的心理倾向比较严重又缺乏人际交往的基本技巧，所以在人际交往中通常会表现出唯我独尊，猜疑心理重，嫉妒心强，不愿或害怕与他人交往等特点，从而出现沟通不良、人际关系失调、交际恐惧等问题，进而产生孤独、自卑、恐惧、不满、烦恼、焦躁等不良情绪。

（四）情感问题

高职学生正处于青春期，生理发育逐渐成熟，接近异性的愿望更加强烈，在校高职学生谈恋爱的动机各不相同，有的学生谈恋爱仅是因为"大学生活空虚无聊"，把爱情当作生活的调味品；有的学生谈恋爱是为了"体验爱情幸福"；仅有极少数的学生把恋爱动机指向"将来结婚成家"，大学生在恋爱的过程中只强调爱的权利，而忽视爱的责任，表现出自主性强、约束性差；情感性强、理智性弱等特点，由于不能正确处理学业与恋爱的关系，导致个别学生整日沉溺于爱情的漩涡，不思进取，最后荒废了学业，与此同时，因为学生情感心智不够成熟，所以往往不能理性地对待恋爱中的挫折，在遇到问题时表现得难以把握自己的情感，易冲动，好走极端。

(五) 网络成瘾问题

网络的高度发展在为人们的生活、学习和工作带来便利的同时，其危害也日益受到人们的关注，大学生作为网络使用的主要群体，他们的心理行为发展已经深深地打上了网络的烙印，学生使用网络进行学习的比例远远少于进行诸如打游戏、上网聊天、看电影等娱乐项目的比例，特别是有些学生由于过分沉迷于网络，从而偏离了正常的生活轨道：日常时间管理混乱、人际交往范围缩小、同学关系淡漠、社会适应性较差，导致在学业及个人发展问题上出现障碍，网络成瘾不仅影响其学习、工作和生活，而且严重损害了学生身心的健康发展。

三、高职学生心理健康教育的途径

(一) 开设大学生心理健康教育课程

高职院校中如果有心理学方面的专业教师，就应该开设高职学生心理健康教育的必修课程或选修课程，学生通过系统地学习，不仅可以掌握心理学的知识，了解自身心理发展、变化的特点与规律，而且还可以缩短适应大学生活的心理周期，加快人格的发展与成熟，因此，在高职院校中，应积极创造条件，开设高职学生心理健康教育的课程，发挥课堂教学的主渠道作用，通过多样化的教学形式，把心理知识的传授和心理健康教育活动相结合，使心理健康教育成为大学生的自觉要求。

(二) 开展健康文明的校园文化活动

健康文明的校园文化可以给学生们带来积极向上的正能量，是开展心理健康教育的有效途径之一，通过开展丰富多彩的校园文化活动，如"才艺大赛""演讲比赛""街舞大赛"、社团活动等，可以让学生参与到其中，体会团队的力量和同学协作的快乐，感受付出所带来的收获，享受成功所带来的喜悦，增强学生的成功体验，从而培养大学生积极乐观的人生态度、健康愉快的情绪、勇于面对挫折的坚强意志和良好和谐的人际关系，在组织社会活动及比赛的同时，还应充分利用学校广播、网络、校刊、板报、橱窗等宣传媒介，通过多种形式开展心理健康教育的正面宣传，在校园里营造关心学生心理健康、提高学生心理素质的良好氛围。

(三) 加强高职院校心理健康教育队伍建设

目前我国从事心理健康教育的教师主要由思想政治教师、辅导员、心理学专业教师、学校医务人员四部分组成，心理健康教育建设是系统性的教育工程，应鼓励全体教师加强心理健康知识的学习，形成完备的心理辅导系统，在选拔新任心理健康教育教师时要严格把关，教师必须具备敬业精神，自助及助人的职业操守和奉献精神，高度的责任感强烈的责任心，从内心切实关注学生心理健康问题。与此同时，应加强高职院校全体教师的心理健康知识培训，使学生无论是在学习上还是在生活上遇到困难的时候，都能得到心理辅导和有效疏导。

（四）拓宽学校和家庭心理健康教育交流的渠道

家庭教育对学生的成长至关重要，是学生心理健康教育的有效途径之一，只有学校与家庭紧密配合、协调一致，心理健康教育才能取得更好的效果，可以建立家校联系制度，学校在及时了解掌握高职学生家庭情况的同时，积极向家长宣传心理健康方面的知识，并及时通报学生的心理状况，与家长保持长期稳定的联系，使家长科学合理地了解学生，协助学校帮助子女学会心理调适，学会与他人友好相处，促进学生心理健康的发展。

（五）开展切实有效的校园心理咨询工作

校园心理咨询是增进师生心灵交流、促进学生心理健康的重要途径，也是心理健康教育的重要组成部分，它既能指导学生减轻内心的矛盾冲突、排解心中苦闷、开发身心潜能，又能帮助学生对自己有正确的认识，积极主动地适应外界环境，因此，高职院校应建立健全系统的校园心理咨询机构，引进专业的心理咨询人员，增强心理咨询工作的有效性和针对性，通过构建面谈咨询、电话咨询、书信咨询与网络咨询相结合的多样化心理咨询与辅导体系，拓宽心理咨询渠道，以方便学生及时与心理咨询老师沟通交流、解决心理困惑，充分发挥心理咨询中心在大学生心理健康教育中的骨干作用。

第五节　高职班级学生干部选拔和培养

一、主要学生干部职责

（一）班长

负责班级全面工作，及班级对外事宜；定期召开班委会，研究总结工作，找出存在的热点、难点问题，及时与班主任沟通；对班内出现的问题（突发事件）能及时向班主任汇报，并召集班委共同处理；协助团支书工作，召集班委会、班会的召开，制订工作计划草案；做好班委会会议记录；协调各班委之间工作。

（二）副班长

协助班长做好班级学习、纪律、卫生和活动情况的检查；配合班长定期召开班委会，商讨有关班级问题；配合班长处理班级一些突发事件；协助班长开展班级工作；负责全班劳动卫生、体育常规工作。

（三）团支书

负责本班同学的思想政治工作，深入了解本班同学的思想状况，及时做好个别同学的思想工作，及时与班主任沟通；对班级的组织、文艺、宣传情况全面负责；定期召开支部会，研究总结工作，做好下一步工作安排；协助班长工作；监管班级账目。

（四）纪律委员

负责监督和管理本班一切纪律问题，尤其是课间及自习的组织纪律问题；做好预防和阻止班内恶性事件发生的工作；负责对班内违纪同学进行记录；配合行规委员对班内情况进行及时处理和记录；及时向班长及班主任汇报班内存在的纪律问题。

（五）生活心理委员

负责班费的保管，每学期或大型活动后向同学公布班费收支情况，为同学做好日常生活服务，提醒大家注意天气变化；了解、收集学生对学校食堂管理的意见、建议，并及时反馈给有关部门，鼓励学生养成艰苦朴素的美德；配合宿管委员开展好宿舍卫生检查，协调好各宿舍及宿舍内同学的关系，负责卫生评比、卫生大检查、寝室设计大赛等活动，并能及时发现问题上报班主任。

（六）学习委员

热爱学习，刻苦努力，在班内起好带头作用；经常与任课教师取得联系，执行任课教师安排，及时向任课教师反馈班内学习情况；根据本班学生情况，组织开展一些有关学习方面的活动，丰富科学文化知识；认真了解、分析本班学生的各种学习情况、态度、方法等，并及时汇报班主任；营造全班学习气氛，带动大家共同进步。

（七）体育委员

督促体育运动员参加学校体育队训练和比赛；负责各种集合的整队和组织纪律，负责开展经常性的体育活动及组织参加各种体育比赛；组建并管理各体育队；尤其注意多开展女生体育活动；做好体育活动的后勤保障工作。

（八）文艺委员

负责开展班级的文艺活动，丰富课余生活，指导参加校内文艺活动（文艺委员每学期必须组织至少一次班级文艺活动），注意发现文艺人才，做好班级活动及班委宣传的工作，并及时宣传时事信息，负责张贴海报及向学生科上交班级自行组织的各类活动报告书，充分利用班会或集体活动的时机，以及 QQ 群、博客、班级网页、班刊班报等舆论宣传阵地，引导学生进行正确性的道德评价活动，充分发挥班集体舆论氛围的约束和教育作用。

（九）职业发展委员

主要负责提高班级就业指导，负责各项提高学生综合能力的活动组织，如演讲比赛、制作简历比赛、座谈会等，职业发展委员应该努力提高自身的就业意识，为同学们搜集捕捉有关可读性、有效性、及时性的就业信息，可在网络群里面共享，也可以建立班级就业刊物等。

（十）组织委员

积极和各个班委配合，组织策划班级各项工作，负责租借教室，组织班级同学参加各种活动，班级信息处理工作，协助班长、团支书开展各项活动；配合学生会工作。

（十一）女生委员

按班委要求，以身作则，在班上起好带头作用；团结本班同学，关心、帮助、协调好女同学之间关系；负责好学校、团委、学生会安排的事宜；协助班委、团委工作的开展。

二、高职班级学生干部选拔

班干部是班集体的核心，是辅导员进行工作的有力助手，是联系老师和学生的纽带，在班级学习和生活中起着带头作用。因此，要重视班干部的选拔，充分发挥他们在班级中的作用，带动全班同学和集体不断前进。

（一）学生干部选拔的原则

1. 德才兼备的原则

德，品德；才，才能；备，具备，指同时兼有优秀的品德和才能。从高职院校学生干部选拔的角度来讲，德主要是指学生的思想品德，也就是要具备较高的思想政治素质，如必须具备爱国主义精神，是团员、党员的优秀代表等，这是选拔学生干部的基本要求。所谓的才能既表现在学习上，还表现在管理等其他方面，主要是指学生的综合能力和素质。

2. 公开、公平、公正的原则

高职院校在选拔学生干部的过程中，还必须坚持公开、公平、公正的原则，为此要制定详细的学生干部选拔程序规定，保证选拔的过程公正，选拔的条件和要求的公平性，避免人际关系、人性对选拔公正性的不利影响，保证选拔的学生干部符合学生的意愿，能够真正代表学生的利益。

（二）学生干部选拔的途径

1. 起始年级班级临时指定班干部

在起始年级的班内，由于新生彼此还互不了解，而班级又需要有专人负责班里日常事务，同时，当班级出现问题时，需要有专人与辅导员取得联系，所以，选拔班干部应采用指定的办法，即由辅导员临时指定几名学生担任班干部，以使班级工作能得到正常开展，要指定有一定号召力、组织能力和语言表达能力的学生担任临时班干部，一般指定三四名，要注意男生和女生的比例。

2. 民主选举班干部

即通过民主选举的方法选举产生班干部，这样有利于培养学生的民主思想、主体意识，调动全班学生参加班级活动的积极性，民主选举可通过学生提名，也可学生自荐，再通过民主投票的方式产生，在选举之前让学生清楚班干部的具体标准：即学习好、有较强的学习能力；身体好，平时积极锻炼身体；有较强的组织能力和口头语言表达能力，以便开展班级工作，组织班级活动；思想品德好，能关心他人，大公无私，能真心实意地为同学、为班集体服务，在班上能起模范带头作用。

(三) 构建完善的进入和退出机制

学生干部并非是担任以后就不会退出的，很多高职院校虽然制定了较为严格的选拔程序，但是却没有明确规定学生干部的退出机制，这对学生干部的素质能力发展产生了很大的影响，为此，高职院校要明确地规定学生干部的任职时间，一般来说学生干部可以每学期重新选举一次，通过选举将一些不能真正维护学生利益，不胜任学生干部工作的学生调整出学生干部队伍。

三、高职班级学生干部培养

(一) 开办学生干部培训班

高职院校可以定期开展学生干部培训活动，对学生干部进行全面的、多样化的培训，不断提高学生干部的素质与能力，引导学生提高自身的创新意识和能力，从整体上提高学生干部队伍的综合素质，如针对社会发展举办热点和时事讲座，提高学生干部对社会发展的认识，提高他们的政治素质，再比如说对学生干部进行文明礼仪讲座，让学生干部学会各种文明礼貌用语和行为习惯，培养和提高他们的基本素质。可以说，学生颁布的培训活动是围绕干部的素质能力和学生干部工作进行的，只要是与学生工作有关的内容，都可以作为培训的内容，这就要求在培训工作当中培养学生干部的合作意识和科学的工作方法，掌握基本的组织管理方法，让学生具备团队意识和团队工作能力，最终将学生干部培养成政治素质高、责任意识强、知识素养高、能力素质强、创新管理意识突出、协作能力好的创新型学生干部。

(二) 利用校园文化培养学生干部的团结协作能力

校园文化建设是管理的重要内容，丰富多彩的校园文化是学生干部日常生活的重要组成部分，同时也是学生干部发挥自己素质能力的主阵地，校园文化的建设和发展，对学生干部素质能力的发展产生重要的影响，因此，在学生培养过程中必须重视校园文化的作用，在这里高职院校可以开展技能节和文化节，由学生干部组织开展丰富多彩的校园文化活动，既保持了校园文化建设的生机和活力，也能给学生干部创造一个展示自己素质才能的实践机会，在实践当中培养学生的组织能力、管理能力、协作能力。

（三）　建立和完善学生干部考核机制

为了客观地评价学生干部的工作情况，高职院校可以每个学期组织一次学生干部考核，从德、智、勤、绩等四个方面对学生干部的工作进行评价，评价的方式包括学校评价和个人自评，采用定量考核与定性考核相结合的模式，对学生干部做出全面的、客观的评价，通过学生干部考核工作，高职院校可以掌握学生干部的工作、学习和思想情况，找到学生干部存在的不足。

（四）　培养学生良好的心理素质

学生工作是一项非常烦琐的工作，在工作过程中学生干部会遇到各种各样的问题，这就要求学生干部必须具备良好的心理素质，这就要求高职院校在学生干部培养当中，重视和加强学生素质培养，让学生干部具备顽强的意志、宽容的心胸，能够正确地、理性地对待工作当中遇到的问题。为此，要加强学生干部的思想政治教育和心理教育，帮助学生干部树立正确的人生观、价值观，培养和提高他们的工作自信心，同时学会心理调节的基本方法，指导他们学会释放自己的心理压力，学会对待各种挫折，增强学生干部的抗挫折能力。

第四章 职业教育教学的组织

职业教育的教学是学生积累知识、提高技能以及发展个性品质的一个连续过程，也是职业院校所有工作的中心环节。职业院校只有做好教学工作的组织工作，才能实现为国家经济社会发展培养技能型人才的根本任务。

第一节 职业教育教学的基本问题与对象分析

一、职业教育教学的基本问题

职业教育教学是职业院校的教师有目的、有计划地组织、引导、促进学生积极主动地掌握知识、发展智能、完善个性的交互活动。

（一）职业教育教学的特点

职业教育教学相比普通教育的教学，有以下几个鲜明的特点：

1. 职业性

学生进入职业院校，就要根据未来职业的需要进行定向培养，满足特定职业的需要，教学内容、教学过程、教学方法、教学组织等各个方面均反映特定的职业特色和风格，带有该职业的烙印。职业教育的功能之一，就是将潜在的劳动力资源转化为现实的能在职业活动中完成任务的劳动力。

随着社会的不断发展，任何职业岗位都需要掌握相应能力素质的从业人员，我国实行的"先培训，后就业"的劳动政策、劳动预备制度和职业资格制度，都表明职业岗位对劳动者素质有较高要求，不具备某项职业技能的人，就不能从事该项职业活动。

2. 实践性

实践性是职业教育区别于普通教育的主要特点之一。职业教育培养的是应用型、工艺型的专业技术人才，它直接担负着将现代科学技术和先进设备移植到生产上并转变为现实生产力的任务。这决定了教学活动中各个环节的展开都以有利于形成学生的实际职业能力为标准。职业教育的教学过程是引领学生从学习阶段转向社会实践阶段的过渡，是帮助学生将高度抽象的专业理论知识应用于具体实践活动、服务于社会的过程。因此，在职业教育的教学过程中，实习、实践的环节与要素始终占有一定的比例这就使得职业教育的教学活动，无论是教学方法、教学组织形式的选择，还是教学手段的选用，都呈现出鲜明的实践性特点。

3. 复杂性

这一特点主要是针对职业教育教学的对象而言的，具体表现在两个方面：一是教学对象年龄、阅历层次的复杂性，职业教育教学的对象有青年学生，也有青年从业者，还有工作多年的成年人；二是教学对象学习、心理状况的复杂性，进入职业院校的学生的学习基础、学习目的、学习动机以及对所学专业（工种）的认识、情感等有着较大的差异，自然就存在着各种各样影响学习的消极因素，增加了教学的复杂程度。

4. 灵活性

我国的社会经济结构处于动态变化中，首先是产业结构的变动，这种变动的特征，先是第一产业的从业人员向第二产业和第三产业流动；接着是产业部门中的行业构成也在发生变化，一些行业如纺织、钢铁、采掘等从业者日渐减少，一些新兴行业如电子、计算机、合成材料等则日趋发展；三是各产业部门或行业的技术构成发生变化，表现为劳动密集型向技术密集型转化，这也必然导致劳动的技术内涵日趋丰富、智力成分不断增长。上述变化，必然导致社会劳动力的重新配置，产生劳动力流动现象。劳动力在产业间或行业间的流动和技术构成的变化，对职业岗位产生了巨大影响，使得新岗位不断产生和旧岗位逐渐消失。这就要求职业教育教学必须要具有灵活性，能依据实际情况对教学内容、教学方法等进行调整。

5. 综合性

职业院校的服务范围广泛，可以是第三产业，也可以是第一、第二产业；培养目标跨度大，既可以培养以脑力劳动为主的技术人员、管理人员，又可以培养体力劳动为主的技术工人和其他劳动者；根据当前和长远的需要，培养的人才既具有某方面专业特长，能够顶岗劳动，又要有一定通用性，一专多能，满足转换职业和在职提高的需要。这就要求职业院校的教学内容要具有综合性，开设文化课、专业基础课、专业课和实习课，促进学生素质的全面发展。

6. 终身性

在当前，青年人越来越频繁地变更职业，社会成员正由"单位人"逐渐走向"社会人"，人才流动已成为一种常态的社会现象。社会人员的这种就业需求也必然对职业教育产生影响，现代职业教育应包括职前就业准备教育、职中在职提高教育和转换职业所需要的教育。这就要求职业教育教学不仅要考虑学生第一次就业需要，而且要为其再学习提供基础，应着眼于劳动者的整个职业生涯。

（二）职业教育教学的规律

职业教育的就业导向属性，必然使得职业教育拥有特殊的教学规律。在对职业教育教学过程中存在的多种因素及其相互关系进行系统分析的基础上，得出职业教育教学的基本规律。除了包括教与学相互依存的规律、教学与发展相互促进的规律以及间接经验与直接经验相互作用的规律外，还需要包括以下两个基本规律：

第一，职业教育教学目标以职业能力为本位。以就业为导向的职业教育，旨在培养具有一定工作能力的实用性人才。因此，就业导向的职业教育既要为人的生存，又要为人的发展打下坚实的基础。为此，能力培养就成为职业教育培养目标的核心追求。职业教育教学目标是职业教育培养目标在教学层面的具体化，职业教育培养目标的特性要求职业教育教学目标应该以能力为本位。

第二，职业教育教学过程以工作过程为导向。职业教育是以职业的形式进行的，这是职业教育的职业属性最本质的表述。职业教育的这一职业属性反映在教学中，集中体现为职业教育的教学过程与相关职业领域的行动过程，即与职业的工作过程具有一致性。因此，职业教育教学过程就是以工作过程中所包含的行动过程和学习领域展开的。

二、职业教育教学的对象分析

教与学的关系相对独立，但又彼此制约。教是影响学的条件之一。学生不用教也可以学，即自己教自己。教师即使有能力教，但学生不注意、认知准备不足，或不主动建构新知识，教也不能导致学。因此，学生的因素是学习的重要影响因素，不同的学生具有不同的学习态度、起始能力和认知风格。教学时应考虑学生的差异，有针对性地因材施教，才能达到教育教学的最优效果。

（一）学生的学习态度分析

态度指的是："个体对特定对象所持的较为持久的有组织的内在反应倾向，它由认知、情感和行为倾向三种主要成分所构成。"

职业教育的学生的学习态度也包括认知、情感和行为倾向这三种成分。其中，认知成分是学生对教学活动的认识、理解和评价，如对所学习学科内容的理解、某类课业的社会价值等；情感成分是学生对学习内容、方法等的内心体验，如喜欢或厌恶、感兴趣或乏味等的情绪反应；行为倾向成分是学生的态度与其行动相联系的部分，它是个体学习行为的一种准备状态，即学生产生对教学活动做出操作反应的意向和抉择，如乐意听某门课程、主动搜集与课程有关的课外资料信息等。

学生的学习主动性和求知欲，深受其学习态度的影响。当学生对学习有积极主动的态度时，将迸发出强烈的求知欲、高涨的学习兴趣会使其观察细致、思维活跃，记忆力提高。同时，学生积极的学习态度是教师完成教学目标和教学任务的重要保证。反之，学生的学习态度是消极的，则其学习的效率和效果会大大降低，教师教学目标与教学任务的完成也会受到不良影响。

在对学生的学习态度进行分析时，可具体通过以下三个途径：一是通过多方面听取相关人员如教师、家长、同学对学生有关情况的介绍，据此对学生的态度做出分析和了解；二是运用问卷调查法，了解学生对教学设计将涉及的有关内容、教学目标、教材组织、呈现方法、策略学习等的看法、喜好和选择；三是通过学习、查阅有关文献资料或凭借所积累的教育教学经验对学生的一般特点或可能具有的学习态度做出基本或大概的估计。

（二）学生的起始能力分析

学生的起始能力指的是："学生在进入新的学习单元或课题时，其原有的学习习惯、学习方法、原有的知识基础对新的学习有着重要的影响，即学生原有的知识技能的准备。"教学目标的陈述只规定完成一定的教学活动之后，学生应习得的能力和行为倾向。教学目标所表达的是学生习得的终点能力，而这些能力得以实现的条件则是通过分析学生的起始能力获得的。

教师在对学生的起始能力进行分析时，应本着"跳一跳即可摘到桃子"的原则来设计教学目标，即教学的终末状态。确定学生起始能力的方法很多，教师可通过学生的作业、小测验、课堂提问和学生的反应等方法来了解和确定学生的原有基础。布卢姆的"掌握学习"原则，要求学生必须掌握教学单元85%的教学目标后，才能进行下一单元的学习。这一原则可以作为教学参考，因为此原则可以确保全体学生保持适当的起始能力和水平来进行后续的学习。

一旦分析了学生的起始能力，教学的步骤和方法的确定就有了科学的依据。同时，教师对学生起始能力的分析，有助于加深自己对教学活动的理解，认清课堂教学行为的各个部分、各个侧面的操作特性，明确学生在各类知识的学习中应该达到什么样的具体目标，朝什么方向努力，这既有利于改进课堂教学，也有利于学生最终的学习结果；有助于提高自己的教学行为的针对性，设计由浅入深、由易到难的技能训练系列，遵循人类学习的基本原理，使学生能够集中、有序地进行学习。

（三）学生的认知风格分析

学生的认知风格（或称认知方式）指的是学生在认知活动中持续一贯地采用的带有个性特征的信息加工方式，它是一种比较稳定的心理特征。

1. 认知风格的类型

（1）场依存型与场独立型

场依存型往往更多地利用外在的社会参照来确定自己的态度和行为；在解决熟悉的问题时，不会发生困难，但在解决新问题时则缺乏灵活性；一般缺乏独立性，易于接受外来的暗示。场独立型随年龄递增而增长，女性比男性更依存于场。场独立型在社会活动中不善于人际交往，对社会线索不敏感，社交能力弱；在解决新问题时，倾向于在更抽象和分析水平上加工，善于抓住问题的关键，灵活地运用已有的知识来解决问题；更有主见，处事有自主精神。

在学习活动中，场依存学生尤其善于学习与记忆包含社会性内容的材料。场独立学生在学习缺乏组织的材料时，其学习效果要优于场依存学生。此外，场独立学生比较喜欢抽象的、理论的学习材料，而不喜欢学习一些具体的知识，他们达到概括化的程度比场依存性的学生高，但两者在获得的知识量上没有差异。

（2）沉思型与冲动型

这一认知风格反映的是学生在信息加工、形成假设和解决问题过程的速度和准确性方面的差异。

沉思型学生倾向于深思熟虑，审视问题，权衡各种解决问题的方法，然后做出反应。由于这类学生总是把问题考虑周全以后再做反应，因而其特点是反应慢，但精确性高。沉思型的学生阅读能力、记忆能力、推理能力、创造能力等方面都表现得比较好。

冲动型学生面对问题时总是急于求成，往往只以一些外部线索为基础，缺乏对问题的深究，不能全面细致地分析问题的各种可能性，不管正确与否就急于表达出来，甚至有时还没弄清问题的要求，就开始对问题进行解答。冲动型学生因为粗心大意常常在功课中处于不利的地位，出现阅读困难，甚至表现为学习能力缺失，学习成绩不太好。不过，从解决问题的能力来看，冲动型的学生并不一定比沉思型的学生差。

2. 学生认知风格的具体分析

教师要经常在课堂教学中有意识地传递与认知风格相关的知识，并运用调查表、周记、日记、自我评价表等，对学生的认知风格进行分析与确定。这样一来，教师就能够针对不同认知类型的优势和劣势采用不同的学习方式和学习策略。比如，有人通过训练冲动型学生大声说出自己解决问题的过程，进行自我指导，当获得连续的成功以后，由大声自我指导变成轻声低语，而后变成默默自语。最终可以训练冲动而又粗心的学生有条不紊地、细心地进行学习和解决问题。

第二节　职业教育教学的基本原则与策略选择

一、职业教育教学的基本原则

教学原则是人们根据一定的教学目的，遵循教学规律而制定的指导教学工作的基本要求，它不是主观臆造的，而是有一定客观依据的。职业教育教学的原则，有以下几个：

（一）职业性原则

职业性原则指的是职业教育教学应使受教育者在全面发展的基础上，获得与经济建设具有极为密切关系的相关职业所需要的职业知识、职业能力和职业道德，亦即成为具有全面素质和综合职业能力的应用型和实用型人才。

这一原则要求教师要了解相关职业岗位的专业要求，教学过程的展开要以职业岗位的要求为依据，将教书和育人结合起来，在提高学生知识与技能的同时，培养他们的职业道德和社会责任感。

（二）实践性原则

职业教育是以就业为导向、能力为本位的，职业教育的教学要以职业实践为出发点，并将其作为教学工作的导向和最终目标。也就是说，教师在教学过程中要引导学生从理论与实际的结合中理解知识，并运用知识去分析解决实际问题，做到学懂会用、学用结合、学以致用，以有效培养学生以知识为中介分析问题和解决问题的实践能力。

这一原则要求教师在教学中要树立"学中用，用中学，学用一体"的思想，在系统、全面分析学生未来职业岗位需求的前提下，优先保证对学生实践能力的系统培养；要求教师在教学方法上必须停止说教和唱独角戏，做到理论与实践相结合，将学生的一切学习活动外化为可感知、可操作的现实事物之中，让学生在实践中体验，在体验中升华认识，并且通过外化的实践活动，降低知识的抽象性；要求教学的标准和内容能适应学生和企业岗位的实际需要，与职业标准相结合，使生产和教学零距离，培养出符合企业要求的合格人才；要求加强教学实践活动，如教学练习、见习、实习、参观、职业岗位实践活动、社会实践活动等，这是加深学生对知识的理解，运用知识于实际和形成技能技巧的重要途径；要求充分发挥实践教学场地（如实习车间、实验室、演示室等）的作用，并要充分利用校外企事业单位的生产、营业和办公现场，对学生进行具有针对性的、与现实生产或工作相一致的培训，尽量让学生亲自动手实践，使学生不仅具备在模拟环境下的工作经验，同时，具备一定的实际工作能力和工作经验。

（三）发展性原则

职业教育教学的发展性原则，表现在以下两个方面：

第一，职业教育教学的内容和要求要随企业的发展而发展变化。当前，我国经济快速发展，新材料、新技术、新能源不断出现，企业的生产与要求在不断变化，作为直接为企业输送人才的职业教育，它的教学内容和要求必须随企业发展而发展，要不断更新，不断将动态的具有较高价值的新成果引入教学过程，为企业输送可直接上岗的工人。这就要求我们的教师要亲自到企业中实践，掌握最新的技术发展，也提升自己的专业素质，满足教学要求。

第二，职业教育教学要注重培养学生可持续学习的能力。在职业教育教学中，不仅要满足学生现在的需求，还要关注学生的未来，在教给他们知识与技能的同时，也要传授给他们解决问题的方法，使他们今后有广阔的发展空间。

（四）指导性原则

指导性原则指的是教师在教学过程中要引导学生主动、自主地进行学习，同时，指导学生养成正确的学习方法和思考问题的方法，以提高他们分析问题、解决问题的能力，从而帮助他们高效地完成学习任务。它主要运用于职业院校的实践教学活动中。

这一原则要求教师在学生的实际操作活动过程中，给予适当而有效的演示、描述和解释，让学生掌握生产技术设备的安全操作方法，这一过程可以采取集体指导的方式；而在学生自己操作练习的过程中，对其操作姿势和操作方法的指导和纠正则可以采取个别指导，并适时地运用启发性原则，使学生能有效地习得操作技能。

（五） 过程性原则

过程性原则指的是教师在教学中要更多地关注教学的过程，使教学的过程体现出多样性来，并引导学生的认知从多元趋于一元。

职业院校的教学目的，不光要学生掌握一些结论性的知识，更重要的是要学生掌握相关的职业技能。而任何一个职业行为都是由不同的操作环节构成的，操作过程中的每一个环节都对其结果产生重要影响，这就要求教师在教学中不仅要看学生能否完成任务，更要关注他们完成学习任务的操作过程，关注学生思考的过程、关注学生的工作思路和行为习惯、关注学生心理承受力。只有通过对学习过程的关注，才能了解他们的过程是否符合操作规程，是否符合行业职业道德要求，这对培养学生良好的职业习惯是非常重要的。

（六） 直观性原则

直观性原则指的是在教学过程中，教师要通过实物、模型、多媒体演示、实验演示、肢体语言等，将学生要学习的知识形象地呈现出来，使学生通过直观的感性认识去领会抽象的专业知识。

这一原则强调在教学中要由感性认识到理性认识，这是符合人的认知规律和职校学生特点的。职校学生由于文化基础较薄弱，对于抽象的知识，接受能力有限，如果采用直观性教学，就能将抽象的知识具体形象化，降低掌握知识的难度，扫除他们学习的畏难情绪，提高学习主动性。职校学生一般都没有职业经验，对于一些职业岗位要求和操作流程较陌生，在教学中通过实物、模型、多媒体演示等将职业岗位流程及一些技术要求直观地呈现出来，不但可以使抽象的专业知识具体化、形象化，还能够促使感性的职业实践、生活实践经验与理性的知识相结合，使学生更好地掌握专业知识与技能。

（七） 因材施教原则

因材施教原则是根据教育要适应个体发展的原理提出来的。班级授课制使得学校的教学工作面向全体、统一安排，一切活动的开展都是一以贯之地进行的。这有利于全面提高教学质量，便于学校进行教学管理，但在一定程度上忽视了学生的个体差异性、使学生的个性发展受到阻碍。

在职业教育教学中贯彻因材施教原则，并不是要否定统一要求和全面安排，而是在统一和全面的基础之上，教师要全面了解学生，熟悉学生在性格、特长、爱好、思想品质等方面的差异。职业院校的学生在这些方面更是参差不齐、各有差异，因此，教师更应该给予更多的关注，在教学中扬长避短、有的放矢、因材施教。

尤其针对不同学生的兴趣和特长，实施个别化的鼓励和指导，这会有力增强学生的自我效能感，提高其在某一专业领域的学习能力和技能水平。

（八） 情境性原则

情境性原则指的是在教学中，通过创设某种实践情境，如活动的场景、事件、情节及氛围，并规定操作内容，进行角色设置，让学生参与、感受其中，引导学生形成事物的清晰表象，使学生获得生动鲜明的感性认识，为学生掌握理论知识，形成一定的职业实践能力创造条件。

这一原则处理的是理论知识的抽象性与学生认识的具体形象性之间的关系，是根据学生的认识规律提出来的，反映了学生思维发展的特点。通过教学情境使学生的多种感官都参与到认知活动中来，有利于学生由形象思维向抽象思维过渡，使其所学知识形象化、具体化，既激发他们的学习兴趣和学习积极性，又减少掌握抽象概念的困难，为他们形成科学概念、理解巩固知识、发展认识能力创造条件。

教师在运用这一原则时，要特别注意三个方面：一是要注意根据不同的教学目标、教学内容创设不同的情境，只有根据教学目标和教学内容的需要，创设最恰当、最合理的情境，才能发挥情境教学的优势与效用；二是要注意激发学生的职业兴趣，即通过教学让学生找到自身和专业的"关系"，使学生由对职业的好奇转变为对职业的兴趣，为今后的学习打好基础；三是要注意激发学生的职业情感，创设真实的教学情境或引入真实的工作环境，既为学生提供了学有所用、亲自动手的实践机会，又可以使学生尽快适应职业角色，养成职业习惯，这种教学方式带给学生的感悟，有助于其职业情感的形成。

二、职业教育教学的策略选择

（一）教学策略的含义

教学策略是在教学的过程中，为了达到教学目标、完成教学任务，对教学活动进行调节和控制的一系列执行过程。它包含以下几层含义：

第一，教学策略包括教学活动的元认知过程、调控过程和教学方法的执行过程。教学活动的元认知过程是指教师对教学过程有效监视和控制。教学活动的调控过程是指教师根据教学的进程和变化对教学过程进行检查，及时反馈和调节。教学方法的执行过程是指教师在教学过程中采取的师生相互作用方式、方法与手段的展开过程。

第二，教学策略不同于教学设计，也不同于教学方法，它是教师在现实的教学过程中对教学活动的整体性把握和推进的措施。

第三，教师在教学策略的制定、选择与运用中要从教学活动的全过程入手，兼顾教学目的、任务、内容，学生的状况和现有的教学资源，灵活机动地采取措施，保证教学有效、有序地进行。

（二）职业教育教学策略的选择依据

教学策略的选择是否恰当，对于职业教育教学的效果会产生重要的影响。因此，在职业教育教学过程中，必须高度重视教学策略的选择。具体而言，在选择教学策略时要切实依据以下几个方面：

1. 教学的目标与任务

教学目标不同，所需采取的教学策略也不同，课程的教学目标和教学任务不同，则需要选择不同的教学策略。

2. 教学的内容

不同学科性质的教材，应采用不同的教学策略，而某一学科中不同的具体内容的教学，又要求采用与之相适应的教学策略。

3. 学生的实际状况

学生的实际状况也会影响到教学策略的选择，这主要表现在以下两个方面：

第一，学习者的起始能力决定着教学的起点，教学策略的制定或选择必须以此起点出发进行具体分析。教是为了学，因此，制定和选择教学策略要考虑学生对某种策略在智力、能力、学习态度、班级学习氛围诸方面的准备水平，要能调动学生积极的学习兴趣和态度。

第二，学生的认知风格有差异，同时，学生的认知风格又与学习有着密切的关系。教师若能针对学生的认知风格差异，调整自己的认知方式，选择适合学生认知风格的教学策略，便能促进学生有效地学习。

4. 教学策略的适用范围和使用条件

每种教学策略都有各自的适用范围和使用条件，同时，又有各自的优点和局限。某种教学策略对于某种学科或某一课题是有效的，但对另一课题或另一种形式的教学可能是完全无用的，如发现法教学策略，对培养学生的内部动机，学会发现的技能，记住和保持信息，有它的积极作用。但一切知识未必都需要自我发现，即人们获得的大量知识都不是来自亲身的发现。尤其是当今知识大爆炸的时代，学科的研究越来越精细，任何人穷其一生都难以把一门学科研究透彻。

第三节　职业教育教学的方法与模式

一、职业教育教学的方法

在《教育大辞典》中，"教学方法"的定义是："师生为完成一定教学任务在共同活动中所采用的教学方式、途径和手段。"也有学者认为，教学方法是教师和学生为了实现共同的教学目标，完成共同的教学任务，在教学过程中运用的方式与手段的总称。在职业教育的教学实践中，选择合适的教学方法是十分必要的。

目前，职业教育教学实践中所运用的教学方法多种多样，下面简要介绍几种常用的教学方法。

（一）项目教学法

项目教学法又称"产品教学法""项目作业法"，是指在教师指导下学生与教师通过共同实施一个完整的工作（工程）项目而进行学习的教学方法。具体到职业教育领域而言，一个"项目"，可以是一件产品、一种服务、一个策划或决策等。

在职业教育实践中，项目教学法是一种具有鲜明行动导向性的教学方法，通过这一教学方法能够深切感知到行动导向教学所具有的真实性、协作性等特点。在职业教育教学中运用项目教学法时，选择并确定项目是关键。在这一过程中，要注意所选项目以一个实际工作任务最佳，并要与学生所要学习的内容以及企业的实际生产过程等有直接的关系；注意所选项目的难易程度要符合学生的实际，并在此基础上有一定的提升，即学生通过努力可以完成这一项目，否则不能有效激发学生的学习积极性和创造性，也不能有效培养学生独立处理问题的能力；要注意所选项目实施完毕后，应有具体的项目成果呈现，使学生有学习的成就感，也使项目的最终实施效果得以呈现；注意所选项目要呈现出相关行业的最新发展动态等。

项目教学法的实施步骤：一是对教学项目进行布置，在这一过程中教师要注意将项目的目标、要求、内容以及实施条件等向学生讲明；二是对教学项目的实施方案予以确定，即教师在将项目分配给学生后，就要指导学生根据项目的要求对具体的项目实施计划与方案进行确定；三是实施教学项目，即学生在确定了实施教学项目的计划后，教师要指导学生切实以自己制订的计划为依据进行教学项目的有序实施，直至最终完成教学项目的任务；四是评价教学项目，教学项目评价可以由师生共同评价，也可以根据相关企业标准进行评价（前提是教学项目是真实的工作任务）；五是对教学项目的实施情况进行总结与反思。

在项目教学法的实施过程中，应特别强调以行动为导向的学习，重视学生的相互交流与信息的反馈。作为职业教育和培训的一种重要教学方法，项目教学法对于培养和提高学生解决实际问题的能力具有显著的作用。因此，在项目开展的整个过程中，教师要引导学生将理论与实践紧密结合起来，只有将自身的专业理论知识运用到具体实践中去，才能真正培养和增强自身的实践技能。同时，教师在关注项目实施结果的同时，更要关注完成项目的过程，只有这样才能真正引导学生为完成项目将其所学的相关知识和技能综合起来。

（二）引导发现教学法

引导发现教学法是指在教学活动中，以问题为中心，在教师的指导与引领下，学生通过积极主动的思维活动，去探索、发现解决问题的方法或策略，进而了解相关知识和技能的一种教学模式。

引导发现教学法的实施步骤：一是引导学生提出问题。教师要依据课题内容及学生的认知水平，恰当地把教学内容设计为层层递进的问题或悬念，并引导学生发现这些问题，激发学生的求知欲望和学习兴趣，进而引发学生的积极思维。问题设计的好坏，是引导发现法成败的关键。二是引导学生探究问题。这一步骤是引导发现教学法学习过程中的核心部分，是学生自己独立思维的过程，教师在这一过程中要充分发挥学生在学习中的主动性，让学生围绕提出的问题进行阅读、观察、试探、验证等一系列活动，要鼓励学生进行探究和讨论，以互相启发，交流思路，并组织、协调好学生间的交流探究，向学生指明探索方向。三是引导学生解决问题。此环节是教师在引导学生探究问题得出结论的基础上组织学生相互交流探究结果，从而最终解决问题，可以通过学生先自己归纳、展示自己的学习成果，然后再由教师或师生共同评价学生学习成果的方式进行。四是总结提高。师生共同回顾问题解决的全过程，概括解决问题的思路和方法，提升学生的分析能力。

（三）任务驱动教学法

教学法，要求在教学过程中，以完成一个个具体的任务为线索，把教学内容巧妙地隐含在每个任务之中，让学生自己提出问题，并经过思考和教师的点拨，自己解决问题。

任务驱动教学法的实施步骤：一是布置任务。教师在课前要根据课堂教学内容和学生实际，设计好教学任务，并在上课时首先布置任务。这里讲的任务不同于前面项目教学法的项目，项目是一个综合性的实际工作任务，一个项目的实施涉及的学科知识和专业技能较多，当项目实施完毕后应有具体的、有实用价值的劳动成果呈现、实施起来较复杂。而任务驱动法中的任务可以是一个单纯的学习任务，也可以是一个工作任务，教师在一堂课上就可以根据教学内容设计不同的教学任务。二是分析任务。教师布置完任务后，要组织学生分析任务。在分析中，教师要发挥学生的主动性，让学生自主学习，不要代替学生，教师只是向学生提供解决问题的有关线索（例如需要搜集哪一类资料、从何处获取有关的信息资料等），大胆放手并鼓励学生去想，让学生自己提出问题，调动学生主动求知的欲望。三是完成任务。学生在经过以小组为单位的交流、探讨后，他们在一定范围内对问题的解决有了思路并有可能达成了共识。这时教师可以采取各组同学相互交流、补充，教师最后加以总结归纳的方式完成任务。四是评价、总结。可以采取小组间互评的方式对各小组任务完成情况进行总结、评价，这样可以起到巩固知识、提升学生综合能力的效果。

在任务驱动教学法的实施过程中，还要特别注意以下几点：

第一，选择的任务不宜过大、过难，应符合学生特点，"任务"设计要有明确的目标。

第二，教师必须从讲授、灌输，转变为组织、引导，从讲台上讲解转变为走到学生中间与学生交流、讨论，共同学习。

第三，教师要尽可能地提供必要的活动条件，要使学生能参与到活动中，在活动中学到知识与技能。

（四）实习作业法

实习作业法又称"实践活动法"，是教师指导学生在车间、农场、实习室等场所进行实际操作，将知识运用于实践以培养分析问题和解决问题能力的教学方法。

教师在开展实习作业之前，一定要做好各项准备工作，制订明确而具体的实习计划，准备好各类实习器材和设备，确定实习成员的分组情况等，做到各项准备工作安排得当、有条不紊。在开展实习作业的过程中，要指导学生文明操作、安全作业，和相关技术部门密切配合，尽量争取学到更多的实际有用的操作技能。

实习结束后，要安排撰写实习报告与实习心得，加深对实习过程的理解与消化。

（五）分层教学法

分层教学法是教师根据学生在基础知识、基本技能、思维定式、兴趣特长等方面的差异，把学生分成几个层次，从学生具体情况出发，有区别、有针对性地进行教学活动，以达到全面提高的目的。

这一教学法非常适用于高等职业院校，因为高等职业院校在招生时没有统一的分数要求，学生的学习基础参差不齐，完全统一的教学目标和要求不能满足所有学生的要求，而分层递进教学法则可较好地解决这个问题。

分层教学法的实施步骤：一是进行教学目标分层，教师在设定教学目标时，要结合教材内容对不同水平的学生，规定不同水平的要求。这样才能使基础差的同学有学习的信心，学习好的同学有学习的兴趣。二是进行课堂教学分层。为使课堂教学适应学生的个体差异，必须严格围绕教学目标分层施教。教师在把握教学的同时，要结合不同教学内容使教学进度分层推进，在学习新知识时，能让各层次学生充分参与，由于各层次学生的掌握理解能力不同，教师要抓住机会，适时了解各层次学生的认知情况，分别予以指导。三是进行教学评价分层。教师在进行教学评价时，其评价标准也应分层。通过分层次的学习评价，一方面可以检查教师分层教学目标的实施情况；另一方面也可以激励不同层次的同学进一步深入学习。

（六）要素作业法

要素作业法又称"要素作业复合法"，是一种通过对手工生产劳动过程的分析，从中抽出操作要素编成单元作业，然后在与生产现场相脱离的场合按一系列要素作业进行教学的方法。这是一项具有很强实践性的教学方法，其教学过程的展开既要兼顾学生对某项工作的掌握与熟练程度，又要兼顾对此项工作所在的工种的整体技术的熟练与掌握程度，以此提高学生的操作技能。

要素作业法的实施要遵循由易到难、由简到繁、循序渐进的原则，教师要让学生学习和掌握个别工序复合法的基础，然后在熟练掌握这些要素的基础之上，进行复合与应用，从简单作业逐步过渡到复杂作业。同时，在具体的操作过程中，教师应该指导学生认真分析工种的特点，明白其原理，知晓其操作步骤，从而分解出最基本的要素工序。实施过程的进度和难度必须得到控制，应根据学生的心理特点和已有的技能水平来确定。

（七）案例教学法

案例教学法就是选取一些具有较强针对性、实践性、真实性和典型性的个案、实例等，通过引导学生对其进行深入分析与探究，使学生的问题分析与解决能力不断得到有效提高的教学方法。这里的"案例"是关于实际情境的描述，它指的是一个完整的、有代表性的真实事件。

案例教学法的实施可以分为三个阶段——课前准备、课堂实施和课后评估,具体可以分为六个环节,即案例的引入、信息的收集、方案的研讨、决策的制定、方案的确定以及方案的评价等。在运用案例教学时,要注意精选案例,案例必须真实可信、客观可辨而且多样;案例的内容要与本节课所学知识有关,难易程度与学习知识的深浅度相关,篇幅大小与教学时间相适应;要做好充分的课程准备,案例教学的目标要明确而具体,要给予学生充分的独立思考、讨论的时间和空间。

(八) 头脑风暴教学法

头脑风暴教学法指的是在教师的有效引导之下,学生就某一课题自由地发表自己的意见,教师和其他同学不对其正确性和准确度进行任何评价或干预的教学方法。这是一种可以在最短的时间内获得最多的思想因子和观点的讨论性方法。

职业教育教学中运用头脑风暴教学法时,应特别注意以下几点:

第一,要让学生自由思考,而且要能够不受任何拘束地自由发言,只有充分地解放学生的思想,才能收集到更多有益的观点和建议。

第二,要注意评价不能与回答同步进行,学生在回答问题或给出建议的时候,教师和其他同学不能直接地立即给予评价甚至将其打断,不论对其看法表示赞同或否定,评价必须居于"集思广益"之后。

第三,讨论要注重量的积累,只有让同学们提出越多的观点和看法,才能在最后提炼出越有价值的意见和建议。也就是说,必须以量的积累才能达到质的生成和提高。

第四,要控制好参加的人数和讨论的时间。头脑风暴法的开展适宜采用小组讨论,每组 5 ~ 10 人,时间控制在 5 ~ 15 分钟为宜。人数过多或过少、时间太长或太短,都会对最后的结果造成影响。

除了以上几种教学方法外,职业教育教学中还会运用讲授法、谈话法、读书指导法、演示法、参观法、实验法、练习法、欣赏法、情景教学法等多种教学方法,限于篇幅不再展开论述。

二、职业教育教学的模式

教学模式是在一定教学思想或教学理论指导下建立起来的较为稳定的教学活动结构框架和活动程序。在当前职业教育教学过程中,行动导向教学模式和产学研合作教学模式的运用是最为广泛的。

(一) 行动导向教学模式

行动导向教学模式是以就业为导向,以能力为本位,以国家职业资格鉴定标准为依据,以工作领域的职业活动为内容,运用行动导向的教学方法组织教学,让学生在职业性的教学过程中参与学习,体验学习,最终学会学习,培养具有综合职业能力的技术技能型人才的教学形式。

从行动导向教学模式所依据的理论基础来看，有行动调节理论、建构主义学习理论、杜威的实用主义教育理论、行动导向学习理论和情境学习理论等。行动导向教学模式就是在对这些理论的借鉴、发展和融合的基础上，经过多年的实践、总结和提升才逐步形成的。其中，主导行动导向教学模式的理论基础是行动调节理论和行动导向学习理论。

行动导向教学模式强调教学过程与教学目标之间的交互作用，应根据教学目标和教学内容选定教学方法，而实施教学过程的最终目的是实现教学目标。根据教学目标，教师对学生的综合职业能力进行教学评价，同时提供关于教学效果的反馈。行动导向教学过程必须符合其基本的教学原则。凡是符合行动导向教学原则的教学方法，都可以称之为行动导向教学模式下的教学方法。在实际教学过程中，教师应根据教学内容以及教学目标，选用合适的教学方法。

(二) 产学研合作教学模式

产学研合作教育简称"产学研结合"，国际上称为"合作教育"。它是指生产、教学、科研三者在形式上的结合与本质上的合作，是职业教育特别是高等职业教育的一种新的教学模式。

当前，我国产学研合作教学的运作模式主要有四种：一是校内产学研合作模式，即根据学生培养目标的需要而建立的与专业密切相关的产业、企业、工厂，并使之与教学、科研挂起钩来；二是双向联合体合作模式，即结合区域经济发展实际，依托当地主导产业办专业，依托专业办产业；三是多向联合体合作模式，即高职院校选择现代化程度比较高、与自己所设专业相同或相近的企业作为合作伙伴进行办学；四是以企业为本模式，即企业结合自身的产业类型，配套开办高职院校，设置针对性比较强的专业，培养适用性较强的人才。

产学研合作教学模式的核心是教育，主体是学生，目的是提高学生对社会生产的适应能力，基本特征是学校与企业合作培养学生，本质是教育学习与真实工作相结合。

第四节　职业教育教学的组织与管理

一、职业教育教学的组织

职业教育教学的组织就是"根据一定的教学思想、教学目的和教学内容以及教学主客观条件组织安排教学活动的方式"。职业教育教学活动中，任务教学、技能教学、项目教学和岗位教学是职业教育教学典型的教学活动，因而这里着重阐述一下如何对这些教学活动进行组织。

(一) 任务教学的组织

任务教学过程包括任务描述、任务分析、完成任务、学习评价阶段，任务教学的组织可据此过程不同阶段的特点进行设计。

任务描述是对典型任务的描述，目的是让学生了解任务的背景、内容、要求。这里的要求包括时间、成本、安全等。为了让学生对将要完成的任务掌握的信息一致，教师可以采用班级教学的组织形式。

任务分析阶段是完成一项任务所需能力形成的第一个环节，这个环节对于培养学习者接受任务后形成分析的习惯、分析的思路以及严谨的态度都是十分重要的。任务分析是以学生为主体。

应用各种信息渠道获得有关信息，结合教材提供的相关知识，对完成任务的途径、方法、成本和时间等进行分析。为了培养学生的创新能力，学生可以根据自己可能获得的条件，选择各种不同的工具和手段，形成完成任务的方案。为了培养学生独立分析问题、解决问题的能力，在任务分析阶段，可以采用个别教学的组织形式。

完成任务是学生按照已形成的方案，按要求逐步实施，通过完成各个实施环节，形成独立完成任务的能力的重要环节。主要培养学习者工作的逻辑顺序、方法的运用、工具的操作以及认真的态度等。在这一阶段仍然需要采用个别教学的组织形式。在学生个别学习的过程中，教师要注意原理的科学性和技术的安全性。

学习评价包括同学间对任务完成情况的评价和教师对学生完成情况和教学目标达成情况的综合评价。可以采取小组和班级两种教学组织形式完成。同学间的评价，为了节省时间，可以采用小组评价的方式进行；教师综合评价可采用班级教学组织形式。

（二）技能教学的组织

技能形成过程一般包括定向、模仿、整合和熟练四个阶段，技能教学的组织要根据技能形成阶段的特点进行设计。

技能的定向阶段是操作活动的气氛、节奏、姿势、动作等在学习者头脑中形成映像的过程。操作定向是操作技能形成过程中的一个重要环节，这个阶段的特点是时间短，但最为关键。准确的定向映像可以有效地调节实际的操作活动，缺乏定向映像的操作活动经常是盲目尝试，效率低下。因此，不应忽视该环节在操作技能形成过程中的作用。一旦定向出现了偏差，改正起来会十分困难。操作技能定向阶段的教学组织，一般采用个体或者小组教学的组织形式。在借助于录像、动画或者图片等教学媒体的帮助时，也可采用班级教学的组织形式。

操作的模仿即实际再现出特定的动作方式或行为模式，实质是将头脑中形成的定向映像以外显的实际动作表现出来。模仿阶段要严格要求，不能出偏差，也不要贪眼前速度，而不顾定向所确立的操作规范。因此，模仿阶段教学时，强调学生的模仿操作不能离开教师的眼睛，在教学组织上一般采用小组教学组织形式，关键技能甚至要采用个体教学组织形式。

整合即把模仿阶段习得的动作固定下来，并使各动作成分相互结合，成为定型的、一体化的动作。它是操作技能形成过程中的关键环节，也是从模仿到熟练的一个过渡阶段，还为熟练活动方式的形成打下基础。整合阶段的教学组织不宜采用班级教学组织形式，但没有必要采用个体教学组织形式，小组教学组织形式是比较有效的。教师应主要关注每个人操作的连续性和规范性。

操作的熟练是操作技能最后形成的阶段，是由于操作活动方式的概括化、系统化而实现的。在这个阶段，由于学生的技能已经十分规范，不必关注每一个人的每一个动作，只需要关注学生整体的熟练程度。为了形成学生学习的竞争氛围，宜采用大班教学的组织形式。

（三）项目教学的组织

项目教学的开展，通常会经过项目开发动员、成立项目开发小组、编写项目开发计划书、实施项目计划书、项目评估、项目总结等阶段，在每一阶段需要采取有针对性的组织形式。

在开发职业教育课程的教学项目之前，教师需要积极动员学生参与到教学项目的开发过程之中，同时，要让学生对本教学项目的开发意义与流程、实现本教学项目所需具备的知识与技能、本教学项目完成后的考核办法等进行全面的了解。对此，教师可以采用班级教学的形式，通过案例展示的办法将学生对本教学项目的相关内容进行认知，并进一步激发学生参与项目的兴趣及积极性。

在开发职业教育课程的教学项目时，教师除了要积极引导学生参与到项目开发之中外，还要成立科学的教学项目开发小组。

在成立教学项目开发小组时，要充分依据班级的人数、教学项目实现的难易以及教师的实际教学水平、学生的个人能力发展状况等。同时，在每一个项目开发小组中要选出一名组长，负责在教师指导下对本小组的项目开发计划书进行编写、对本小组成员的工作任务进行分配、对工作任务实施情况进行监督等。形式上是小组教学，实际上为了培养项目组长的领导、组织、沟通能力，培养承担不同角色的项目组组员的能力，教师应采用个别教学组织形式，针对学生扮演的角色进行个别性教学指导。

项目计划书的编制，需要教师讲解项目计划书的格式、内容、编制方法等。这属于信息传递和知识学习，为了提高教学效率，教师应采用班级教学组织形式和讲授教学法。

项目实施阶段是项目教学法实施的核心环节。在此阶段教师要及时恰当地对学生进行指导，解决学生遇到的难题，并督促学生按时按量完成项目计划书中的各个开发环节，以保证学生能够顺利地在计划内完成项目的开发，达到教学目标。为了培养学生团队意识、合作能力，教师不宜采用针对个别学生的个别教学组织形式，可采用针对项目小组的个别教学组织形式，这一点与任务教学组织中完成任务阶段教学的组织形式是相反的。

项目完成后要进行项目评估和总结，通常由分组讲解、展示项目开发成果，学生评价和教师评价构成。项目总结包括思路总结和技巧总结。思路总结可以帮助学生明晰项目完成的最佳思考方法，找到自己理论上的不足。技巧总结中，要重视各个开发环节中遇到的难题的解决方法的总结，这样，学生才能学到更多的操作技巧，全面吸收整个项目活动的精髓，另外，教师应该指导学生对项目进行拓展和延伸，针对学生以后可能遇到的类似问题能够想到用该知识进行解决。这里，无论是小组展示、学生的评价、教师的评价，还是项目总结都应采用班级教学的组织形式。

(四) 岗位教学的组织

岗位教学一般称作岗位实训，它是学生系统了解企业生产过程、理解企业生产制度、把握职业岗位职责、理解企业劳动制度、熟悉设备的功能与性能、掌握设备操作规程的有效手段；其过程一般包括明确岗位实训目标、系统理解职业岗位、履行岗位职责、形成良好的职业习惯。在对岗位教学进行组织时，可以运用以下几种组织形式：

第一，工业中心教学组织形式。工业中心、实训车间、教学工厂等，都是通过建设一些车间，将一些典型的工作岗位集中到一起，从而形成巨大的岗位教学资源。学生根据自己的时间安排和需要，经教授自己课程的教师同意后，到工业中心领取工装、工具、材料和必要的安全装备，到岗位自行进行训练。

第二，影子岗教学组织形式。在企业挑选典型岗位的优秀工作人员，将学生安排到优秀工作人员身边，像他们的影子一样，通过协助做他们每天工作，学习他们的优秀职业特质。这是一种十分有效的培养高级技能型人才的教学组织形式。

第三，工作岛教学组织形式。在企业选择一些典型工作岗位，由师傅、教师、学生组成工作小组，负责这个岗位的工作，这便是工作岛教学组织形式。在这种教学组织形式中，师傅在教师和学生的辅助下完成工作任务；教师在师傅的帮助下完成教学任务；学生通过工作完成学习任务。学生进入工作岛学习的前提是其已完成了技能学习、任务学习和项目学习，具备了上岗学习的能力。

二、职业教育教学的管理

(一) 职业教育教学的课堂管理

课堂是学校最基本的教学单位，学校要完成的教育教学工作都要通过课堂去实现。因此，在开展职业教育教学管理工作时，必须要做好课堂管理工作。职业教育教学课堂管理是一种协调和控制的过程，是管理的一种特殊形式，是指教师在教学活动中有目的、有组织地通过协调课堂内各种人际关系，吸引学生参与课堂活动，使课堂情境达到最优化，从而实现预定教学目标的过程。

1. 职业教育教学课堂管理的目标

职业教育教学课堂管理的目标，有以下几个：

第一，确保有更多的时间用于知识学习，即要保证课堂学习时间的有效使用。

第二，确保有更多的学生投入学习活动。

第三，培养学生学会自我管理，即使学生能良好管理自己的学习、情绪和行为。

2. 职业教育教学课堂管理的策略

有效的职业教育教学课堂管理可以调动学生的学习积极性，引导学生投入到学习情境中。为此，教师在开展职业教育教学的过程中需要采取以下有效的策略：

（1）明察秋毫

明察秋毫就是指教师使学生知道，他注意到了课堂里发生的每一件事，没有漏掉任何一件事。善于"明察秋毫"的教师会尽量避免被少数几个学生吸引或只与他们交流。他们总是扫视教室，与每个学生保持眼光接触。这样，学生就会知道他们一直在受教师关注。这些教师知道是谁在捣乱，甚至在板书时也能意识到身背后发生的事情。他们能预防小面积的捣乱慢慢演变成大面积的混乱，并且能准确地处理当事者，不会犯"时机错误"（等很长时间才进行干预）或"目标错误"（谴责错了其他学生，让真正的肇事者"逍遥法外"）。

（2）变换管理

变换管理是指教师采取适当而灵活的进度并多样化变换。有效的教师在课堂教学中能够避免教学内容或教学环节的突然过渡，他在处理各个教学环节方面表现得灵活而不生硬。例如，教师不会在赢得学生注意之前就宣布一个新的活动，或者在另一个活动中间开始一个新的活动。有效的教师会通过各种方式，如表情、手势、语气、走动、言语等引导学生的注意力，以完成新任务。

（3）一心多用

一心多用指同时跟踪和监督几个活动。这一方面的成功，同样也需要教师不断地监控全班。例如，当教师不得不检查个别学生的作业时，还关照到其他的学生，并督促他们继续学习，使他们不因教师去检查别人的作业而自己装样子、开小差，仍然维持在学习的状态。一心多用要求教师不仅考虑自己的活动，还要关注学生的反应和正在进行的活动。

（4）整体关注

整体关注是指教师使尽量多的学生投入适当的班级活动中。在课堂上，教师应避免把注意力集中在一两个学生身上，要尽可能使所有的学生都有事可做。例如，教师可以要求每个学生写出某个问题的答案，教师在班上走动，了解所有学生对知识的理解和运用。

（二）职业教育教学的质量管理

为国家经济社会发展培养高素质的技术应用型人才是职业院校的最根本任务，人才培养的质量关系到职业院校的生存发展，也关系到国家经济社会发展能否得到有力的技术人才支持，而教学质量是决定职业院校人才培养质量的最关键因素。因此，在职业教育人才培养工作中，教学质量管理工作具有非常重要的意义。

1. 职业教育教学质量管理的原则

在开展职业教育教学质量管理工作时，应切实遵循以下几个原则：

（1）内外结合原则

实践表明，仅仅依靠职业院校的师资、实物等办学资源，依靠书本知识学习，是难以培养职教学生的实用技能和技术应用能力的。要实现职业教育的培养目标，职业院校必须实行开门办学，开展校企合作，将企业的人力资源和设备资源充分利用到人才培养的过程之中。教学不仅局限在学校的教室，也可以到企业的车间去；教学的老师不单是学校的专任教师，还应该有企业生产一线的技术能手。同时，职业教育教学质量的提高离不开学生包括毕业生对教学工作的建议和意见，离不开家长和社会各界的积极配合。可见，只有学校、在校学生和用人单位、毕业生、家长、社会各界内外两方面一起努力，才能造就一大批具有良好职业道德、创新精神和实践能力的高素质技能型人才。因此，职业教育的教学质量管理应该建立以学校和在校学生为主体的内部管理系统，同时，还应建立以用人单位、毕业生为主体，家长和社会各界参与的外部支持系统。双管齐下，推动职业教育教学质量的不断提高。

（2）参与性原则

在开展职业教育教学质量管理工作时，教学质量管理部门必须充分调动相关部门和人员的积极性和创造性，并将质量责任落实到每一位教师和员工，使大家都参与到人才培养和教学质量管理中来。全员参与是指所有为提高教学质量所涉及的学校内部、外部人员和学校各级管理组织都要参与到教学质量管理过程中来。学校要通过加强宣传，建立健全制度，使各个部门、教学的各个环节，以及每个成员都增强质量意识，围绕着培养高素质专门技能型人才这个共同目标，积极参与，严格把好各自的质量关，才能提高教学质量，提高人才培养质量。

（3）创新性原则

职业教育是与社会经济发展联系最为紧密的一种教育类型，而在现代社会产业行业结构和技术结构的调整速度之快可谓空前。社会经济结构的变化必然使职业教育的政策环境、劳动力市场和办学条件发生变化，这必将带来职业教育专业结构、人才培养模式和目标、教学内容等方面的变化，相应地，教学质量管理的模式和方法就需要改革创新。

（4）就业导向性原则

以服务为宗旨，以就业为导向是我国职业教育发展的大方向。职业教育在很大程度上就是一种就业教育，"使无业者有业，使有业者乐业"应该是职业教育的最终目标。毕业生就业率是职业教育教学质量的最终体现。因此，职业院校在教学质量管理中要关注区域经济发展的要求，根据各专业人才培养规模变化、就业状况和供求情况，主动适应区域、行业经济和社会发展的需要，根据学校的办学条件，调控与优化专业结构布局，创新培养模式；要积极与行业企业合作开发课程，根据技术领域和职业岗位（群）的任职要求，参照相关的职业资格标准，改革课程体系和教学内容。建立突出职业能力培养的课程标准，规范课程教学的基本要求，提高课程教学质量。改革教学方法和手段，融"教、学、做"为一体，强化学生能力的培养，提高毕业生质量，努力实现高就业率。

2. 职业教育教学质量管理的内容

职业教育教学质量管理，包括以下几个方面的内容：

第一，教师教学工作质量管理，包括师德师风、职业教育观念、教学效果、教研能力等方面的状况。

第二，学生学习质量管理，包括学生的思想道德水平、公共文化基础、专业知识和技能以及自我学习、与人交往、心理调适等方面的状况。

第三，教学资源质量管理，包括教室、实训场地和设备、教材、图书资料等满足教学需要的状况。

第四，教学组织和管理质量管理，包括人才培养方案、课程标准、课程安排表的科学性；课堂教学和实践教学环节的组织和管理的科学性；教学评价的组织和管理的科学性、有效性等。

第五章 终身教育影响下职业教育师资队伍的建设

随着知识更新速度的加快和学校专业设置的日渐增多，越来越多的职业教师感受到了终生学习的必要性，开始通过参加一系列的在职培训和学习项目来提升自身的知识储备、教学技能和科研创新能力。终身教育的思想影响了职业教育师资队伍的建设，本章将对职业教育教师的角色与压力、职业教育教师的职业能力和素质要求、职业教育教师的专业化发展、职业教育教师的培养和管理进行阐述。

第一节 职业教育教师的角色与压力

一、职业教育教师的角色

(一) 对以往教师角色的反思

教师作为人类社会中最古老的行业和职业之一，在整个社会发展过程中充当着继往开来的重要角色，被誉为"春蚕""蜡烛""人梯""铺路石""园丁""托起太阳的人""人类灵魂的工程师"等。反观这些传统的教师角色的隐喻，我们发现它们更多的是强调教师职业的外在价值以及这一职业所承载的社会功能，注重社会对教师职业的工具性价值需求，并未关注教师内在的自身发展需求，如教师自我专业知识、技能和职业素养的提升，自身生命质量的价值感受等，因而教师本人难以感受到因从事这一职业带来的尊严与快乐。仅有对教师职业角色的外在工具价值的认识，不能成为教师职业发展的内在动力。

通过"园丁""工程师"这些隐喻，我们还可以感受到传统的教师角色让教师不自觉地在学生面前扮演着主动者、权威者、支配者的角色，学生成了被动的学习者、服从者，不可能有很多的自主权，在"园丁"和"工程师"们整齐划一标准的修剪和铸造下，个性迥异的学生们的问题意识和创新意识受到压抑，他们不能和教师在平等的基础上交流、对话，更不可能充分发挥自己的潜能，生动活泼自由地发展自己的个性。

因此，在对传统教师职业角色进行反思的基础上，有必要重建新型的教师职业角色。

（二）新型教师角色的重建

新时期理想的教师应该扮演以下几种角色：

1. 民主型的组织者

随着现代科技的发展，教师在知识领域拥有的权威地位逐渐丧失，网络教学的介入，更使学生获得知识的信息渠道呈现出多样化的特点。职业院校学生对新信息的敏感度高，但对学习的参与热情不高，学习动机弱。这就要求职业院校的教师审视自己以往的经验，做一个民主型的组织者，承担起激发学生学习动机、促进班级活动与课堂教学、指导学生进行学习活动、使学习得以深入等新型的责任，给学生充分的自主权，让学生去探究、去活动，给学生营造一个广阔的发展空间。

2. 学生个性发展的促进者

多数职业院校的学生学习成绩、道德素质和情感态度都有进一步提高和培养的空间。特别是一些家长把自己在家难以管教和约束的子女送到学校来，其主要目的就是希望学校能在培养他们的子女掌握一技之长的同时，优化孩子的个性品质，让孩子在学校里经过教育和学习能够从一个"失败者"转变成一个"成功者"走向社会。与其他类型的学校，尤其高校相比，职业院校教师所担负的责任更为重大，在教学过程中要关注学生的情感、态度、价值观等，全面促进学生的个性发展。

3. 学生学习的协作者

建构主义学习理论认为"协作学习"对知识意义的建构起着关键性的作用。职业教育重视对学生实际动手能力的培养，"做中学"是职业教育的特色，因此更强调学生之间、师生之间的协作交流，以及学生和教学内容与教学媒体之间的相互作用。有效地安排组织协作也是建构主义教学的关键性因素，学生在完成指定的学习任务后，教师可以根据不同的教学目标，按学生的能力和个性差异，将学生分成若干学习小组，采取多种不同的协作方式，要求他们共同合作完成学习任务。这个过程中，教师也要参与学生的小组讨论，并给予指导、帮助和评价。

4. 教育教学发展中的反思者和研究者

职业院校为了适应社会需求的变化，所设置的专业往往更新较快，这也导致教材教法缺乏，因此要保证教育教学的质量，就要对教学的内容进行深入研究。职业院校学生作为基础教育中的特殊群体，心理困惑、心理冲突相对于普高生和高中生都更为突出；职业教育作为一种开放式教育，学生是否愿意上学全凭个人意愿，国家并无法律约束，学校更没有约束力，职业院校学生厌学甚至流失现象非常普遍，教师也非常有必要对学生问题进行研究，反思自己的教育教学方法，以寻找合适的对策。

（三）教师的角色冲突

除了教师职业对教师所要承担的角色进行规范外，社会还对作为"社会人"的教师提出了角色期望。社会对教师提出较高的多重角色期望，如教师要成为社会的代言人、成为好父母和好子女等，而建立于"人民教师"基础上的角色定位，让教师承担着"学生的表率""公民的模范"之类的角色压力。这些社会角色和教师的职业角色融合在一起，构成了教师的角色集合。这个集合中，各种角色之间既有交叉，又相对独立，教师要在这些纷繁复杂的角色之间进行转换，当外界的变革加重这种角色压力，而教师在短期内又无法迅速调整时，就会出现角色冲突。

1. 多种角色同时提出要求产生的冲突

现在的学生生活在大众传播媒介迅速发展的时代，这些大众传媒以其内容丰富、形式多样、传递迅速、生动形象等特点，传播着各种知识、规范及行为方式，学生常常以自己得到的新信息嘲笑教师所传授的旧知识，这种状况在一定程度上改变了教师与学生在知识占有上的地位关系，动摇了教师的知识权威地位，迫使教师不断汲取新知识，而许多教师因为时间的压力处于知识传授者与知识汲取者的冲突中。再有就是处于学校管理最低层次的教师与担任班级管理最高领导的教师是每一名教师必须承担的两种角色，这两种角色集于一身往往造成扮演者的心理冲突，学校的各项制度、政策、规定都要靠班级管理者——教师的传达和贯彻，然而学校的政策规定与学生意愿之间常常发生矛盾。

2. 多种角色行为规范互不相容产生的角色冲突

在教师的社会角色中，他作为社会代言人往往以社会的价值观进行判断，而在教师的职业角色中，他又是家长的代理人，要求教师站在学生家长的角度看问题。管理者与朋友的冲突也存在于教师身上，管理者往往具有一定的权威，教师作为学生的朋友是以公务情感为基础的朋友，对于很多教师来说，很难同时扮演好这两种角色。

3. 单一角色内部的冲突

面对心理和行为问题都比较突出的职业院校学生，教师要关注他们的个性健康发展，社会和职业常希望教师能成为学生的心理辅导者，但是在这一角色上，教师有着太多的冲突：一是时间紧；二是学生多；三是教师缺乏心理辅导的知识和技能；四是教师自身存在各种各样的心理问题。

二、职业教育教师的压力

职业院校教师的职业压力主要源于以下几个方面：

（一）学生的不良行为

职业院校的学生主要有四类：一是学业基础差，有学习意识但自信心弱；二是喜欢动手钻研，对技能操作感兴趣；三是染有不良习惯，被家长"托管"在职校混天度日；四是对学习根本不感兴趣，只为混文凭。学生中有一半的人不爱学习，有一部分想学但底子太薄，还有一部分只对技能操作感兴趣，对理论学习不感兴趣。由此可知，职业院校的学习氛围非常淡薄，教师很难体验到工作的乐趣，难以体验到为人师者应该得到的尊重，工作热情受到极大打击。再有一些学生染有不良的行为习惯，给学生管理工作带来了极大的压力。

（二）学校生存的压力

现在许多高等职业学校面临着"就业难，生源减少"的困境。而毕业生一旦就不了业或学校招不来学生，学校就面临倒闭。不少学校将招生任务分配到每个教师的头上，并且与教师的工资、奖金、职称评定挂钩，招生艰难也给教师带来很大的压力。

（三）自我发展的压力

随着科技的发展与市场的变化，学校的学科设置也在发生变化。这就要求教师改换专业或是加深专业知识技能，需要教师再深入系统地学习，否则可能就面临被淘汰的危险。但学校一般又不愿让教师离岗进修，教师只能自己平日加班加点，一边教课，一边学习新知识，或是利用假期进修，工作压力、精神压力都让人难以承受。

此外，人际关系、角色冲突、教育改革等也都构成了职业院校教师的压力来源。当教师长期处于高水平的职业压力下，却无法有效解决的时候，就会产生职业倦怠感。所谓职业倦怠，是一种源于工作压力而产生的情绪衰竭、态度消极、行为消沉的不良心理适应状态。处于职业倦怠期的个体，情感处于极度疲劳状态，工作热情丧失；以消极、否定、麻木不仁的态度对待自己的同事或学生；出现较强的自卑感和失败感，消极评价自己工作的意义与价值，工作效能感降低。

第二节 职业教育教师的职业能力与素质要求

一、职业教育教师的职业能力

（一）教学设计和调控能力

教学是教师的基本职责，是其最主要的工作。教学能力是指教师组织和实施教学的能力，是职业教育教师的基本能力，包括加工教育影响的能力和对教育影响进行有效传导的能力，以及较强的组织管理能力。职业教育的课程体系是根据岗位或岗位群所需能力来设计的，教师要有能力根据实际需要设计和调整教学。

在职业教育的过程当中，能对学生造成影响的因素很多，但是需要注意，并非所有的影响因素都是具有教育价值的。因此，职业教育教师在教学实践中，要具有对这些影响因素进行辨别和加工的能力，找到有教育价值的影响，对学生进行最恰当的培养。

教师对教育影响和教育信息进行加工之后，要想被学生很好地接受和掌握，必须经过合理有效的传导。因此，职业教育教师在进行教学的时候，要充分地运用语言和非语言的表达能力将各种教育影响正确地传达出来。

除此之外，职业教育教师面对的是一群学生，所以，还需要有一定的组织管理能力，包括确定班级目标和计划的能力，组织教学、实习的能力，做好思想政治教育工作的能力，开展各种校内外活动的能力，尤其是要掌握一些企业管理知识，培养较强的组织管理生产实习教学工作的能力。只有联系生产实际进行教学，才能让学生对企业的生产管理有所了解，这样可以极大地增强毕业后学生对于社会和岗位的适应能力。

（二）实践教学能力

实践教学能力是"双师型"素质教师的核心能力，职业教育的办学目标主要是以社会需求为主，其导向是就业，主要培养高素质的技能型专门人才，这些人才都是生产、建设和管理等一线非常需要的人才。职业教育对校企合作和工学结合的办学模式非常推崇，特别重视第二课堂和第三课堂的教学。这对职业教育教师提出了新的要求，他们不能再像以前那样按照传统的"理论＋实验"的教学模式进行教学，而是要积极实施项目驱动、任务引导的教学方法，模拟企业现场环境，大力推广实训教学。因此，职业教育教师必须要具备可以熟练运用本学科知识解决实际问题的能力，只有这样，他们才能培养出合格的可以满足社会需求的技术应用型人才。

综上可知，实践教学能力也是职业教育教师应该具备的一项重要职能，可以分为两个方面：首先，这种能力是针对教师本身而言的，教师只有获得一定的专业资格，才能进行教学实践，获得这种资格就是使其可以将本身具备的知识应用于实践的能力；其次，教师这种能力的发挥要体现在学生身上，必须教给学生，教师的实践能力才算有用。

职业教育教师活动的基本环境是：班级、职业院校、企业，这是与其他教育明显不同的地方，教师不仅在课堂上给学生上课，而且经常带学生到企业生产一线进行实习、实训；或者由于生产工艺的需要，一个班集体又要分成几个小组开展活动，这一切都给教师的管理带来难度，客观上要求教师应具备较强的组织管理能力和协调能力。良好的管理和组织协调能力是推动教学、增强教学效果的润滑剂。

（三）教学转移能力

职业教育有区域性的特点，其专业设置必须适应地方经济和社会发展的需要，具有较大的灵活性。因此，职业教育教师必须具备专业教学任务转移的能力，当专业设置体系发生变动时，能够顺利地实现从原来所教授的专业课程转移到新设专业或相邻专业课程上来，尽快胜任新的教学工作，真正实现职教师资一专多能的目标。

（四）科研能力

职业院校的科研活动主要是教学科研、新技术推广、设备改造和技术革新等活动。职业教育教师要具有教育教学理论研究能力，主持、参与专业教学改革，用教育教学理论指导教学。现代科学技术的发展促进各学科间不断相互交叉、渗透并产生新学科；新技术不断出现，产业结构不断调整，引起新的职业不断产生，旧的职业逐步改造乃至消亡，引起社会职业结构的调整和重组。职业教育教师要通过科技项目开发，掌握新思想、新技术、新方法，提高学术水平，促进产学紧密结合，以科研促进教学，以教学带动科研，在教学中发现问题，在研究中解决问题；也要从职业变动中，开发设计新的职业课程。

因此，职业教育教师不仅要成为一名教书育人的合格教师，还要成为既具有实践教学能力，又具备专业理论知识的教学科研人员。

二、职业教育教师的素质要求

职业教育教师的素质结构是指职业教育教师所具备的各项素质要求，以及它们之间稳定的联系方式。职业教育教师要想使自己的作用在工作中发挥到最佳状态，必须具备以下各项素质：

（一）思想道德素质

思想道德素质是职业教育教师整体素质的核心内容，也是其工作的精神支柱。它决定着教师职业活动的方向和态度，影响着教师文化专业素质等的发挥，并且直接关系到学生政治思想品德的形成。

1. 优良的思想素质

在我国，职业教育教师应当具有坚定的共产主义信念和强烈的爱国热情，成为党的教育方针政策的积极拥护者和坚定执行者。因此，职业教育教师必须认真学习马列主义、毛泽东思想、邓小平理论、"三个代表"重要思想、科学发展观和习近平新时代中国特色社会主义思想，认真学习党的基本路线、方针政策，不断提高自己的思想政治和政策水平；自觉地运用辩证唯物主义和历史唯物主义的世界观和方法论，认识和掌握人类社会发展的客观规律，热情地传播并勇敢地捍卫真理，推动社会进步。

2. 崇高的职业道德

教师的职业道德简称"师德"，一般是指教师在教育活动中必须履行的行为准则和规范，是一个教师对社会和受教育者所承担的道德责任和义务。教师的职业道德是一种强有力的教育因素和教育手段，它制约着教育目标的实现和教育事业的发展。具体表现为：热爱职教，爱岗敬业；尊重学生，严而有爱；尊重同事，团结协作；以身作则，为人师表。

（二）文化专业素质

连接教师和学生的一条重要纽带就是知识，职业教育教师的文化专业素质会对其教学过程产生极为重要的影响。具体而言，职业教育教师在文化专业素质方面的要求有以下几点：

1. 广博的文化基础知识

在知识体系中，文化基础知识是最为稳定和持久的一个部分，是所有知识的基础。对于职业教育教师而言，拥有广博的文化基础知识是必要的，而广博的文化基础知识除了包括与其专业相关的自然科学之外，还包括社会科学知识和哲学人文方面的知识。

2. 扎实的专业知识与精湛的技术技能

职业教育专业教师一般都是"双师型"教师。首先，教师应该对本专业的理论知识非常精通，对其专业的历史渊源、现在的发展状况以及未来的发展趋势都要非常熟悉。其次，随着职业的不断变化，教育职业的专业设置也在不断地调整，所以，职业教育教师还要对本专业的技术技能有所掌握，培养自身较强的实践动手能力，而且要树立终生学习的观念，不断地学习新的知识和新的技术，这样才能满足职业教育培养兼有专业理论与操作技能的人才的需要。

3. 较强的解决生产实际问题的能力

职业教育有一个非常明显的特征，那就是它与生产活动是紧密联系的，教师在这个联系过程中要起到连接教育和生产的作用，所以，职业教育教师应该拥有一定的生产经验和解决一些生产实际问题的能力。然后，随着社会主义市场经济体制的不断完善，职业教育教师还需要具有一定的市场经济意识和经营管理能力。只有做到这些，职业教育教师才可以更好地适应社会的发展。

(三) 教学科研素质

教学和科研对于职业教育教师的重要性就像翅膀对于鸟儿一样，教学和科研要相互配合。职业教育教师要具备一定的教学科研素质，主要包括以下两个方面的内容：

1. 高超的教学能力

作为教育者，教师的教学能力首先也主要在教书育人的教学行为上得到体现，教师的教学行为是对其教学水平的直接体现。职业教育教师需要具备的教学能力主要包括对教学信息进行加工的能力、对教学信息进行传导的能力以及组织管理能力等。

2. 基本的教育科研素养

职业教育科学研究是一种以科学理论为指导，运用科学研究方法，揭示职业教育规律，解决职业教育发展中存在的问题的活动。从教育科学理论体系的创建和发展与教育实践所存在的密切联系来看，首先，教育实践是教育科学理论发展的直接动力和源泉；其次，教学理论的科学性和可行性又对教育实践的检验有所依赖。所以，只有从事教育实践的人，才拥有促进教育理论的丰富和发展的条件。教育实践的主体是职业教育教师，他们是最容易发现职业教育中的问题的人。具备良好教育科研素质的教师不仅对于教育科学的繁荣有所助益，而且有利于改善教育教学质量。

第三节　职业教育教师的专业化发展

一、职业教育教师专业化发展的含义

职业教育教师专业化是指职业教育教师职业具有自己独特的职业要求和职业条件，有专门的培养制度和管理制度。职业教育教师专业化的基本含义包括以下几个方面：

教师专业既包括学科专业性，也包括教育专业性。国家对教师任职既有规定的学历标准，也有必要的教育知识、教育能力和职业道德的要求。

国家有教师教育的专门机构、专门教育内容和措施。

国家有对教师资格和教师教育机构的认定制度和管理制度。

教师专业发展是一个持续不断的过程，教师专业化也是一个发展的概念，既是一种状态，又是一个不断深化的过程。

二、职业教育教师专业化发展的主要措施

应根据各职业院校教师队伍的实际情况，建立教师梯队，强调分层管理，对不同层次的教师提出不同的要求，实施不同的培养措施，从而使每一位教师的专业水平，都能够在原有基础上得到不同程度的提高，为形成专业化教师群体奠定基础。

（一）立足教师个人发展，制订每个教师的个人发展计划

教师依据自身情况和专业化成长的需要，制订专业化发展计划，可以从以下三方面入手：

1. 正确定位

教师的个性不同、环境不同、所受的教育不同，使得教师的价值观、教育观、思想方法具有明显的差异性。因此，在专业发展上，同样要体现"以人为本"的思想，不搞一刀切。教师要为自己正确定位，专业发展的方向必须因人而异；如果强人所难，只能事倍功半，或者是捡了芝麻，丢了西瓜。

2. 不断学习

在知识经济时代与信息社会，知识更新周期大大缩短，教师是教育的思想者、研究者、实践者、创新者和需要不断发展的专业工作者。作为传播知识的使者，面对着知识的快速发展，科学技术的日益进步，教师不仅要钻研精深的专业知识，领略前瞻的教学思想，还要涉猎社会自然百科，不自封，不自傲，终生学习，变"一桶水"为"长流水"。每个教师都要确立终生学习、全程学习、团体学习的观念，做到工作学习化、学习工作化。

3. 积极探索

学生不缺理想，不乏智慧，不少计划，但大多数人之所以不能成为各行各业的专家，恐怕最缺乏的是踏踏实实的行动。实践的过程是漫长的，可能还充满着困难与挫折，甚至伴随着痛苦与折磨，所以要有百折不挠的精神；实践的过程是寂寞的，没有轻松浪漫，没有掌声鼓励，所以要耐得住寂寞，经得起考验。

职业院校根据教师确定的目标和措施，有针对性地把握全校教师的整体发展方向，然后将学校确定的培训目标与教师个人申报相结合，确定骨干教师梯队各级目标对象，进行培养。

（二）注重校本培训，关注教师的实际需求

职业院校通过制定和下发《教师专业化发展学习培训需求调查表》，征求和收集教师的建议，积累校本培训的第一手资料，为确定校本培训工作的内容和形式提供依据。对教师进行校本培训，是职业院校促进教师专业化发展的一项重要工作。在内容上，职业院校要根据教师在专业知识与技能方面的弱势，将校本培训与教师的实际需求相结合；在形式上，将校本培训与建设教师梯队的需要紧密结合，分层培训，采取专家培训和自我培训相结合，走出去与请进来相结合，使不同层次的教师得到不同程度的提高。

（三）为梯队各级教师搭建展示的舞台

构建梯队的最终目的是建设优秀教师群体，促进教师专业化发展，在这个群体出现的过程中，职业院校为不同层次的教师提供不同的展示空间，通过让骨干教师多做展示课、指导课，结合自身特长进行讲座等活动，使不同层次教师的特长得到展示，从而达到互相交流、共同提高的目的。

（四）创造条件让教师在实践中锻炼和学习

职业院校的教师更强调实践动手能力，鼓励教师去做。这里的"做"不是传统意义上的教学行动，而是以研究的态度去做，去研究他们的心理、学习状态、个性及其转化矫正的方法。在研究性的教育实践中，提升自己的教育教学能力，练就娴熟的教学技艺和实际操作技能，形成适合自己个性特征的教学风格和模式。

三、职业教育教师专业化发展的实施

职业教育教师的专业化发展，应包括个人层面和组织层面的发展。

（一）教师个人层面的专业化发展

教育是一个使教育者和受教育者都变得更完善的职业，而且，只有当教育者自觉地完善自己时，才能更有利于学生的完善与发展。因此，教师要终生学习、终生发展，不断更新、演进和丰富自己的素质结构，实现自我超越和可持续发展，才能很好地完成教书育人的重任。

1. 制订职业规划，明确发展方向，做到个体有目标、学校抓落实

职业教师专业化发展主要在教学专业与教育专业两大方面。

（1）教学专业方面

首先是专业知识，即与所任教学科相关的专业知识。一方面要巩固以前所学的专业知识，另一方面要不断更新已学的专业知识，使之能跟上时代的步伐。

其次是专业能力，教师不但要发展教学专业知识，更要发展教学专业能力。没有教学

专业能力，就没有上课的完善；没有教学专业技能，就没有辅导的完美。换句话说，要想教学日臻完善，就必须发展教学专业能力。

（2）教育专业方面

教育的专业发展包括以下几点：第一，专业理想。教师为什么样的目标去奋斗，为什么样的梦想去拼搏；应该当一个什么层次的教师，做一个什么品位的教师。第二，专业思想。教师都必须产生自己的教育专业理念，形成自己的教育专业思想，而且还必须不断更新自己的教育专业理念，发展自己的教育专业思想。第三，专业品格。为了教书育人，教师必须不断探索，不断创新；为了为人师表，教师必须加强自我修养，提升自身品行。第四，专业智慧。教育是一门科学，科学需要智慧。所以，教育需要智慧。智慧来自先进的教育理论，源于坚实的教育实践，源自先进的教育理论与坚实的教育实践的融合。

2. 教师要主动到企业锻炼

新的技术、新的工艺，最先是在企业中使用，从企业到职业院校，走进课堂这个过程往往是很漫长的。书本上所谓的新技术、新工艺，在企业里，在生产过程中，往往已经不是新的了，甚至是过去时了。因此，很多书本上的知识是滞后的知识。所以，技术的更新、工艺的改变，只有到企业去，才能了解到。这些在职业院校、在实验（训）室里是无法了解和掌握的。

教师要想尽快掌握最新的知识、最新的技术，只有到企业去，在生产一线中，学习最新的技术、最新的知识，通过在生产过程的锻炼掌握最新的技术，提高自己的技能，提高工艺水平。教师在不影响正常教学的前提下，可以自己联系企业，也可由职业院校联系企业，多到企业去学习、锻炼。这对于提高自己的技能，了解行业发展等有直接的推动作用。

由于每一次到企业的时间都是有限的，教师要带着问题到企业去，制订好实践锻炼的计划。做到有的放矢，目的明确，重点突出，充分利用好时间和机会。

3. 教师要主动到实验（训）室工作

教师要主动到实验（训）室工作，在完成教学（理论或实训教学）后，还应该多到实验（训）室去操作，训练自己的技能，精益求精，不断提高自己的技能，把理论知识应用到实践中去。

教师大多是从职业院校毕业后直接来到职业院校工作的，理论水平确实不错，但是，由于没有经历过生产的磨炼，往往技能欠缺，技术不熟练。即使是在企业工作过的教师，由于离开生产一线后，技艺开始生疏，也需要经常到实验（训）室温习，经常操作设备，保持较好的技能水平。更何况新技术、新工艺不断出现，也需要教师不断学习，研究新的工艺。职业院校的实验（训）室是教师提高技能的好地方，教师在完成教学任务后，还要在实验（训）室里花费大量的时间，用以提高自己的技能。

4. 主动学习相关知识，扩大自己的知识

职业教育的性质决定了职业教育教师既要有精深的专业知识，又要有广博的文化科学知识。只有具备了深而广的知识储存，教师才能视野开阔、才思敏捷，讲起课来才能左右逢源、游刃有余。因而，对于专业知识，教师不能仅限于一般性的达到教学大纲中所规定的知识水平，教师的知识应该比教学大纲有更宽的范围和更深的深度，才能在教学过程中把自己的注意力主要投放到学生的思维过程以及思维中遇到的困难上，而不是集中在所讲授的知识本身；才能做到把握全局，唤起兴趣，使教学不再是生硬的知识灌输，而是诉诸学生的理智和心灵，这才是教育职能的核心所在。

5. 综合素质的培养

综合素质是一种难以测量、非数据化的综合的东西，不是通过程序化的学习就能轻易掌握的，它是把各种知识通过有目的的实践行为冶炼成的一种能力。综合素质是知识积淀和内化的结果，是一种相对稳定的心理品质，具有理性的特征；同时，它又是潜在的，是通过外在形态（人的言行）来体现的。因此，综合素质相对持久地影响、左右着人对外界和自身的态度，即具有相对的稳定性。这种综合素质就是在敬业和知识基础上的综合能力与情商。

教师不能只关心自己的专业发展，而忽略社会的发展。除了哲学、历史、政治、经济等方面的知识；处处要注意教师的形象，为人师表需要优良的师德、完善的综合素质。

（二）组织层面的专业化发展

加强教师的职业培训、促进教师的专业化发展，既是职业教育自身发展的必然要求，也是职业院校提高教育教学质量的重要措施。为此，职业院校要根据教学的需要和要求，从实际出发，坚持立足国内、在职为主、形式多样、讲究实效的培训模式。

教育的过程本身也应是一个终生学习的过程，这就要求教师不能把大学毕业作为教育的终点，而应视为起点，以跟上时代的需要，不断充电，不断更新自己的知识储存，坚持以终生学习为目的，像海绵吸水一样，吸取人类文化和科学发展中一切优秀的东西，不能有丝毫的懈怠。

第四节　职业教育教师的培养与管理

一、职业教育教师的培养

"双师型"教师是我国职业教育教师专业化发展过程的一个阶段性产物。目前，对职业教育教师的培养主要是向这个方向发展。

职业教育"双师型"教师的培养，应主要从观念的改变、师资的来源以及制度的保障三个方面加以把握。

（一）转变观念，提高认识

首先，教师自身应积极转变观念，积极主动争取成为"双师型"教师。目前，高职院校教师自身的观念落后。一部分教师只是一心搞学术研究，认为理论知识的学习才是最重要的，不愿接触实践，不懂与时俱进。还有一部分教师仅重视技能，认为技能才是最重要的，他们不愿提高自己的理论知识水平，进而提高学历层次。因而，要更好地建设"双师型"教师队伍，教师自身首先要转变观念，统一思想，认识到成为"双师型"教师的重要性和必要性。高职院校的教师不但要拥有一般教师所具有的"传道、授业、解惑"的能力，还要拥有技术应用能力，并能把理论与实践相结合。打铁先要自身硬，"双师型"教师要想培养出综合素质较高的人才，自身先应具备多方面的素质和能力，提高自身综合能力。

其次，学校也要转变观念，校领导要加强对"双师型"教师队伍的认识。转变观念，提高认识，是加强"双师型"师资队伍建设的基础。目前，部分高职院校领导对"双师型"教师队伍建设的重要性认识不足，他们还没有充分认识到"双师型"师资队伍建设的必要性，也不重视"双师型"教师的培养。职业教育具有特殊性，不是具备一般意义上的教师素质能胜任的。因而，领导要转变观念，重视"双师型"教师队伍的建设，充分认识到"双师型"教师队伍建设的重要性，高职院校应把"双师型"教师培养纳入院校发展总体规划之中，确立相关制度，保障培养经费，制订一系列建设规划，树立全新的理念，充分调动教师发展的积极性。

（二）多种途径，加大建设"双师"力度

第一，在源头上对新进教师严格把关。目前，高职院校"双师型"教师培养的主要途径是在职教师培训，虽然这种方式时间短，见效快，但从长远来看，不能从根本上解决"双师型"教师队伍建设的问题。要想真正从根本上解决问题，那就要从源头上把好新进教师的入口关。要吸收那些已经具备职业教育教师素质并且经过一定的专业实践训练的"双师型"教师，充实到教师队伍中来，以提高教师队伍素质。

第二，培养与引进相结合，建立专兼职结合的"双师型"教师队伍。高职院校要对本校的专业课教师进行培训，加强教师专业技能和实践能力培养，以全面提升教师的技能。同时，为弥补高职院校教师短缺的现状，提高"双师型"教师的比例，要积极深入到企业单位，将那些既有一定理论水平，能够从事教学工作，又有熟练操作技能的能工巧匠充实到教师队伍中来做专职或兼职教师。这样的人才有丰富的经验和技能，能够快速成为"双师型"教师，这样，不但能改善教师实践经验少、技能短缺的现状，还能对现有教师起到"传、帮、带"的作用。同时，专职教师也可以帮助和引导他们，提高他们的授课技巧。这样培养与引进相结合，互相帮助，取长补短，就能逐步建设一支教学水平高、实践能力强、专兼职相结合的"双师型"师资队伍。

第三，建立产学研一体化的交流机制。产学研相结合是一个促进知识相互扩散、相互集成，进而推动知识创造的过程。"产"为知识创造提供了实践锻炼和应用的场所，"学"为知识创造提供了不断更新的途径，而"研"则为知识创造提供了动力。通过产学研相结合，可不断地创造出新知识、新技术，又能使这些知识和技能得到实践的检验，保证知识

的不断形成和积累。

第四，实行高校与企业联合办学。调动企业参与"双师型"教师培养的积极性，实行高校和企业联合办学，是高职院校"双师型"教师队伍建设发展的必然结果。通过联合办学，学校可以依托企业改善自身实践能力不足的情况。同时，企业也可以利用学校的新能源、新技术，提高自己在市场竞争中的优势，企业和学校相辅相成，共同发展。

二、职业教育教师的管理

（一）抓好教师思想建设，塑造高质量的师资队伍

教师的根本职责是教育好年轻的一代。要成为一名合格的职业院校教师，应具备良好的综合素质。只有优秀的教师，才能培养出优秀的学生，这既是教学的基本目的，又是评价教师的基础。一定要重视教师队伍思想建设。

首先，教师的教育性特征决定了教师应具备较高的思想政治素质。教师的思想政治素质决定着教师职业活动的方向、态度和教师的工作效益，也深深影响着学生思想品德的形成。因此，教师要忠诚于人民的教育事业，要不断提高思想政治素质和业务素质，增强实施素质教育的自觉性，教书育人，敬业爱生。

其次，教师应具备良好的职业道德。教师要热爱教育工作，树立正确的教育观、质量观和人生观，关爱学生、诲人不倦，严于律己、为人师表，与学生平等相处，尊重学生人格，要有团结协作的精神。

再次，教师还要有广博的文化科学素养和业务知识，具备较高的教育、教学能力，具有终生学习的自觉性，掌握必要的现代教育技术手段，要遵循教育教学规律开展教学工作，积极参与教学科研，在工作中勇于探索创新。

最后，教师个人的言谈举止、仪容仪表也应注意，教师是学生的榜样，教师的风度仪表对学生具有示范性。

为建设一支思想过硬、业务素质高的教师队伍，学校管理者要重视教师思想的教育提高，通过学习党的教育方针、学习职业教育理论，及时了解职业教育发展的要求，了解社会经济发展的动态，掌握新知识，适应职业教育教学改革的需要。对教师的开会学习、教研活动要在内容和形式上做认真的准备，通过抓教师思想素质的提高，不断强化教师的育人意识，提醒教师时刻牢记职业使命，增强责任感和提高自身修养的自觉性，塑造高质量的教师团队。

（二）重视教学培训质量，构建真正的学习型组织

学校教学质量的高低，主要依赖于教师的知识能力、技能水平和工作动机，而教师的个人成功则依赖于不断有机会去学习和实践新的知识和技能。要实现学校生产率的最大化，管理者必须重视提高教师群体的质量。教师培训是提高教师群体素质的有效途径，是职业院校开发利用教师资源的主要手段，也是学校人力资源管理实现培养、促进教师个体

发展目标的基础保证。

所谓教师培训是指学校为了使教师获得或改进与教育教学工作有关的知识、技能、动机、态度和行为，以利于提高教师工作的绩效和实现教育目标，所采用的有计划、有系统的管理措施。

对人力资本的投入实践证明，教育是形成人力资源的关键。各职业院校要把对教师队伍的培训当成一项投资，而不是普通的福利，更不是负担。学校每年要保证一定比例的培训经费用于教职工的培训。为了使教师能够胜任时代赋予的新职能，不仅要使教职员工培训体系具有终生培训的性质，还要通过管理者的重视和引导，激发教师参加继续教育培训的积极性和主动性。同时，学校内部的培训也应实行制度化管理。通过培训、制度化和价值取向等手段向教师传递和落实学校文化的要求，塑造在理念和行为上与学校发展要求相一致的教师队伍。

培训的针对性非常重要，有效的学习实践能让教师实现"质"的飞跃，当教师开始一个基于普通知识的实践，并应用他们的知识使实践变得有效时，教学就成为专业。因此，对教师的培训要突出针对性和参与性，学校可根据教师队伍的情况和阶段性工作的需要来设置培训的内容和方式，提高教师培训的质量，根据教师的实际问题有针对性地进行解决，促进教师开发的有效性。

(三) 强化教师在职业教育岗位实现自我价值的意识

教师自我价值的实现最明显的特征就是培育出人才，强化教师在职业教育岗位的自我价值意识，需要在以下两方面做出努力：树立科学教育观念，正确认识教师价值；预留教师主体发展空间，拓展教师发展观。

培育出大量的高技能专门人才，以满足社会各行各业对高素质的劳动力的需求，从而促进社会经济的发展，这就是职业教育工作者自我价值实现的最大意义。所以，学校人力资源管理要让教师树立科学教育观念，认清自身的价值，个人的努力对学校发展乃至对社会的发展都有着不可分割的关系。使教师们认识到从事职业教育工作不仅是为了谋生，更是为了崇高的职业教育事业和个人的发展。学校在对教师的管理上要强调学校教育目标与教师个人目标的一致性，营造良好的学校文化氛围和上下一致、同心同德的价值取向，形成事业留人、感情留人、待遇留人的良性人力资源管理。做到既留人，又留心，使教师真正用情、用心、用力地工作，实现个人进步、学校发展。

职业院校教师身上体现着劳动方式的个体性和教育成果的集合性。然而，教师的教育成果又不是孤立的，它是学校全部工作的综合效应，有赖于教师集体的共同努力。由于培养人才的周期性和滞后性，教育影响所产生的社会价值，即教师的劳动成果及教师为改进教学所做出的种种尝试，往往要在学生进入社会并为社会做出贡献之后才能最终体现出来，因此，对教师的价值评价呈现出复杂而不稳定的状况，对此教师要有充分的认识。

(四) 运用激励效应，实现教师资源开发利用的最大化

教师具有潜质，如何调动、激发出来是人力资源管理的关键。知识和智力集结于教师

的脑内，工作成果凝结在学生身上，教师潜质的大小难以标准化衡量。教师的一举一动都是生动的教育实践，成果不光在课堂上，也在课堂外，教育讲究言传身教，春风化雨，润物于无声无形。人力资源管理者要让教师在认识自身责任的基础上，充分发挥个人的主观能动性，创造性地使用内在的知识和智能。对教师资源的开发，不能依靠口号、说教、数字式的指针管理，教师行为的有效改变通常源于内在的激励，而不是外部的压力。

激励就是通过物质、精神的手段刺激并满足人的需求，调动人的工作积极性和充分发挥人的聪明才智，即从体力和智力两个方面来增强人们行为的强度，对职业院校的教师而言，智力方面更为重要。激励有物质激励和精神激励两种。

通过对教师的能力、态度、需要等方面的激励，满足教师各种合理的需要，教师就能产生实现组织目标的行为冲动，最终实现组织目标。

（五）营造和谐健康、有利于教师发展的学校环境

美国管理学家孔茨指出："管理就是设计和保持一种良好的环境，使人在群体里高效地完成既定目标。"

学校各项政策要得到有效的实施，就必须建立在信任的基础上，信任是对教师最好的鼓励和鞭策，这是对知识分子的管理最核心的理念之所在。教师的知识分子属性使得他们既能快捷地接受知识和意见，又具有对意见的敏感性，所以，管理者对教师的管理必须注意方式、方法，讲求艺术性。人际关系紧张、人人自危是职业院校人力资源管理的大忌。

在职业院校教师资源管理中采用柔性管理的方式效果较好。所谓柔性管理是指在研究人的心理和行为规律的基础上，采用非强制性方式，在人的心目中产生一种潜在说服力，从而把组织意志变为个人的自觉行动的管理。柔性管理的最大特点在于它主要不是依靠组织权力的影响力，如上级的发号施令、成文的规章制度等，而是依靠人的心理过程，依赖于从每个员工内心深处激发的主动性、内在潜力和创造精神。一旦学校的要求转化为教师的自觉认识，学校的目标转变为教师的自发行动，就会产生巨大的内在驱动力和自我约束力。

在实施柔性管理时，要善于利用情感。管理者要热心帮助教师解决工作、学习、生活等方面的困难，工作中多一些交流，少一点官僚；多一些沟通，少一点误会；多一些热情，少一点冷酷；多一些鼓励，少一点指责。俗话说："感人心者，莫先乎情。"为了缩小与教师之间的距离，学校领导要重视与教师之间的交流与沟通，不仅要留住教师的"身"，更要留住教师的"心"实现"柔性"留人的目的。

对人力资源的管理，美国学者赫茨伯格同他的助手在调查研究中发现，人们不满意工作时，是对工作环境不满；满意工作时，则是满意于工作本身。为此，他提出了激励的两因素论。

第一，保健因素或维持因素。这种因素是维持一个合理的满意水平所需的，没有它们，职工就不会满意，但它们的存在并不构成强烈的激励。

第二，激励因素。这些因素构成对职工强烈的激励，能使职工高度满意于工作。激励

理论明确指出，人们的工作效率决定于人们的工作态度，而工作态度又取决于人们需要被满足的程度，人们的需要是否能得到合理的满足，又受到工作本身和工作环境的影响。

以人文主义为导向的管理思想就是要帮助每一个教师完善自我，让教师在实现个体发展的过程中创造出良好的工作业绩，促进学校发展的实现。营造和谐健康的学校人文环境对教师的发展、成长十分重要，教师对学校人文环境的满意，可以促使他们改变工作态度、提高工作效率，达到他们自身的充分发展。因此，在职业教育人力资源管理中，学校管理者要突出"以人为本"的管理理念，全力为教师创造和谐稳定、健康有序的学校人文环境。

(六) 增强管理的服务意识，培育学校核心文化

学校要发展，教师是关键。教育教学工作需要领导和教师协调努力，学校的发展需要教师群体的和谐共处，在学校发展过程中，为了促进教师专业化成长，需在了解教师资源特性的基础上，用人力资源管理的思想去指导工作实践。从学校管理者角度来讲，应在教师队伍中培育核心文化，以教学研究带动教师队伍整体素质的提高，鼓励教师全员参与校本教研，营造有益于教师自我发展内动力和合作精神形成的教师发展环境，使学校的发展目标和教师个人的发展目标统一起来，促进教师潜能最大化的开发，实现学校的发展。

首先，职业院校人力资源管理的职能部门应由行政权力型向服务支持型转变，淡化权力意识，增强服务功能。在结合个人发展与组织发展的基础上，对决定个人职业生涯的个人因素、组织因素和社会因素等进行分析，帮助教师制定有关个人长期职业发展的设想与计划安排。虽然职业生涯规划更多的是教师个人的事情，但学校管理部门可以通过一定的辅助措施加以指导，将教师的职业生涯规划与学校未来的发展远景统一起来，使个人能按照学校的要求与规范，谋求个人的成长和发展，为教师的成长和发展提供一个舞台，为教师提供学习、培训和施展才能的机会；平时多与教师交流沟通，对他们的工作表示关心与欣赏，对教师在教学、科研工作中遇到的困难、问题提供帮助，让教师感到自己是在充满关心支持的环境中工作。

其次，学校人力资源管理的具体部门（各系、部）的领导者应承担履行人力资源管理的具体责任，注重教职工权益的保障，尊重教师个人发展，注重人的差异性、层次性，强调人的不同需求，突出人的主体性和能动性，充分重视高层次人才的合理使用。

最后，要创造一个有利于教师发展、相互协调、团结互助的和谐人际氛围，需采取一系列有效措施，塑造、整合、培育和发展学校核心文化，用核心文化理念经营学校，强化学校的凝聚力。教育的本质在于"文化育人"，通过文化的传承和创新，使个体社会化。

基于职业院校发展的职业教育人力资源的开发和利用的问题研究是一个实践性很强的领域，不同的职业院校具有不同的管理模式，而不同的职业院校具有不同的教师资源开发和利用的具体措施和办法，这些都需要根据具体情况进行具体分析，同一个办法和措施可能在一所学校、一个地区是适用的，能够促进学校的发展，但有可能在其他学校和地区就会不合适、不起作用。这就需要职业院校管理者拓宽研究视野，用科学的方法和智慧去寻找有效解决问题的措施。

第六章 高等职业教育人才培养的制度

　　制度是要求大家共同遵守的办事规程和行动准则，是在一定历史条件下形成的政治、经济、文化等方面的体系。教育制度作为上层建筑的一部分，是社会发展到一定历史阶段的产物，它的发展受社会生产力发展水平和社会政治、经济制度的制约。教育制度是知识、技能传授的保障，亦称国民教育体制，是指一个国家依据其教育方针、教育目的所设置的实施机构及其运行的各种规章规范的总称。职业教育制度是关于职业教育的一种稳定的行为方式和结构状态，这种稳定的行为方式和结构状态是建立在有关职业教育的共识和规范之上的，并由一定的强制性或权威性的规则加以调整和约束。制度作为一种规则、程序的体现，是完善高职人才培养模式创新的基础所在。对此，实现高职教育人才培养模式的创新，以适应高职教育转型升级的需要，必须建构良好的制度环境。笔者认为高职人才培养制度就是学校与行业企业如何合作育人的制度，产教融合是高职人才培养的核心制度，是职业教育与产业界为了推动技能养成与发展而进行的资源优势互补的合作活动、关系及保障制度，体现高职人才培养的根本特征。

　　2017 年 12 月 19 日，国务院办公厅印发《关于深化产教融合的若干意见》，明确提出"构建教育和产业统筹融合发展格局"。文件强调指出："深化产教融合的主要目标是，逐步提高行业企业参与办学程度，健全多元化办学体制，全面推行校企协同育人，用 10 年左右的时间，教育和产业统筹融合、良性互动的发展格局总体形成，需求导向的人才培养模式健全完善，人才教育供给与产业需求重大结构性矛盾基本解决，职业教育、高等教育对经济发展和产业升级的贡献显著增强。"这是由国家发改委主导、教育部等部委参与制定的十分重要的文件，标志着我国教育思想的重要突破，对高等教育、基础教育特别是职业教育未来发展将产生深远的影响。产教融合，从字面上来看，"产"不单纯指企业，而是指带动社会经济提升的、相对独立的相关单位从事的生产活动；"教"不单纯指学校，是指教育相关部门以及各级各类学校的教育教学属性，在这里主要指职业教育所从事以培养人才为目的的所有活动；杨善江认为"产教"不仅包括企业与学校教育的结合，更加涵盖生产过程与教学活动的融合。"融合"是指原本不同的事物相互重组构成一种不同于旧事物属性的新事物；"产教融合"是指学校与企业两种不同的产业形态形成以学生校内学习、发展个体到走向工作岗位的组织活动。其内涵不仅仅局限于人才培养模式与合作关系，更是一种融合了教育制度与产业制度的职业教育的国家基本制度。"融合"二字意在打破过去产业和教育单独的发展模式，从产业发展方式上来说，打破主要靠产量和劳动力数量促进经济增长的方式，而把人力资本的投资和科技进步放到增长的环节中；从教育发展方式上来说，打破教育相对封闭的发展方式，把职业教育放到经济增长的过程中，内化到产业链发展的过程中。它的提出打破了企业与学校的隔阂，培养人才不再是企业的一种负担，更像是一种责任。不同于校企合作的责权分配制度，在产教融合当中，双方以人才培养为目标共同从事所有教育教学活动。产教融合的职责是教育要与地方产业协同发展、企业与学校整合双方资源为培养人才所用、双方达到深层次的紧密合作。

产教融合是国际职业教育研究的共同问题，也是许多国家职业教育发展的共同追求，由于各国的历史文化、政治经济体制、所处的历史阶段不同，所强调的重点不同，其表述也各异，中文表述包括：合作教育、产教结合、产教合作、产学合作、校企合作、工学结合、学徒制等。产教融合内涵的发展经历了从一种人才培养模式到一种教育与生产交叉的制度演变。本章从产教融合制度的内容、形式、机制、评价四个方面解析高职教育人才培养制度。

第一节　高职教育产教融合制度的内容

为适应当前经济发展，提高企业核心竞争力，亟须培养一流的高技能人才。高技能人才队伍建设是当今社会赋予高等职业教育的重要使命。高等职业教育培养的学生在具备一定理论知识的基础上，更加强调岗位操作技能，使其既能适应当前职位需求，又能可持续发展。因此，在实际教学中，构建符合高等职业教育特色的产教融合教学模式，即以学校与产业部门为主体，以平等互利、优势互补为原则，以培养高素质技能型人才为目的的教学模式。在产教融合教学模式下，学校充分利用产业部门的教育资源和教育环境，把以课堂获取的理论知识付诸实践，将教学活动与生产活动深度融合。具体表现在生产过程与教学过程相接、生产环境与教学环境相融、生产资源与教学资源相合、生产工时与课程学分相通等四个方面。

一、生产过程与教学过程相接

生产过程是指围绕完成产品生产的一系列有组织的生产活动的运行过程。生产过程的特性包括：第一，不间断性。指在空间和时间上都是连续的过程。第二，平行性。指在生产过程中对加工对象实行平行交叉作业。第三，比例性。即生产能力与生产任务相配。第四，协调性。第五，适应性。教学过程是教育者以社会发展需求及受教育者身心发展规律为依据、以教学资源为载体、以师生双边良性互动为基本形态，指导受教育者系统掌握科学文化知识和操作技能，实现学生认知、技能、情感协调发展从而达到预期教学目标的活动进程。其主要分为感知、悟知、行知三大阶段。其特征体现在双边性与周期性、认知性与个性化、实践性与社会性。

生产过程与教学过程相接是产教融合教学模式实施的有效手段。两者相接主要体现在：其一，生产流程与教学计划相接。每学期初学校教务科、技能开发科根据生产经营科的企业生产流程与生产周期制订并实施教学计划，随生产过程中不同阶段开展相应的理论和实践教学。其二，生产任务与教学内容相接。即按照企业生产任务设计相应的教学内容，通过学习和运用理论知识及技能完成生产任务，从而了解企业的生产管理过程，体会生产中的劳动组织关系。具体来说，以企业真实生产任务设计各层次实践教学内容，将企业产品件（零件、模块、单元）作为学生技能训练课题，学生全程参与企业生产过程，独立完成作业信息、计划、决策、实施、检查、评价六个模块，培养学生动手能力、工艺能力和可持续发展能力，增强学生的责任意识、团队意识和安全意识。

在借鉴传统工学交替教学模式的基础上，依托现有生产实训资源，深化校企合作、工学结合的"产教融合"的人才培养模式，通过加大生产过程和教学过程交替的频次及教学内容覆盖面，提高两者契合度。以模具专业为例，根据"产品开发—模具设计—图纸审核—工艺制定—模具加工—模具装配—试模—修模"的生产过程，分别制订相应的教学计划，为每套模具落实相应的负责人、成员和完成周期，协调好学校的教学与企业的生产之间的安排，做到生产过程与教学过程和谐相应，既不耽误企业正常生产又不影响教师的教学工作。在高等职业教育的教学模式中，它的整个教学过程不再是老师讲、学生听，也不是单纯的老师演练、学生示范，而是让学生走进工厂，在真实的生产过程中汲取知识和养分，这种"让学生在生产实践中学到所要学习的内容，相应在学习过程中又完成了生产任务"的教学方法取得了双赢，在一定程度上提高了学生学习的积极性和效率。再具体到每一个单元的工作过程亦是如此，例如在某个零部件生产过程中，首先由技术部设计零件加工工艺，其次车间主任根据产品精度、难度安排产品，最后实习指导教师根据产品加工要求安排学生加工。与此相应的教学过程是实习指导教师根据教学进度、学生特点、产品精度、产品难易度、设备性能等情况，安排学生进行加工。具体来说，首先，分析产品精度、生产周期、产品难易度等，从而选择设备与学生；其次，教师进行入门指导或授课，明确任务要求，学生分析任务和写加工工序并由教师审核工序后签名确认；再次，学生领取并使用生产工具进行首件加工，由班质检、教师、车间质检对首件产品进行检测，并签名确认，学生根据首检合格产品为样件，加工完成产品；最后，由教师进行总结。

二、生产环境与教学环境相融

生产环境指产品生产的现场，是影响零件或产品制造和质量的重要条件。教学环境是指影响教学活动的各种外部条件。广义的教学环境指影响整个教学活动诸因素的集合，包含科学技术、社会制度、家庭条件等。教学环境具有场域性、互动性和结构性。

生产环境与教学环境相融是产教融合教学模式实施的有效途径。两者的融合主要有三种形式：第一，学校工厂型。即学校基于计划组织，依据学生的所学专业和发展方向、企业的需求和实训条件，开展和企业的合作。第二，工厂学校型。即由工厂开办技校，并享有技校的产权。在这种形式下，工厂能根据自身需求，有针对性地培养人才。第三，工厂学校联合型。即技工院校与企业联合办学，双方共同协商培养目标、专业设置、教学计划、人才规格等。生产环境与教学环境相融的过程中，充分利用学校和企业两个教学场所，在硬环境和软环境上都力求做到相互交融。硬环境的融合主要体现在学生进行生产性的实训时，可以共享学校和工厂的场地及设备。而软环境的融合则表现为学生进入工厂，着力将企业文化、企业精神作为指引实训的总体方向，将企业规范及用人标准作为实训的基本要求，让学生的实训过程零距离对接企业生产，从而有效培养学生的职业通用能力，形成职业感知，增强岗位自信。以培养高技能人才的江门技师学院为例，该校生产环境与实训环境相融在一起，在模拟课堂的基础上，将课堂搬到工厂中，在生产中开展实训教学。

三、生产资源与教学资源相合

生产资源是指确保生产过程顺利进行所需的各种人力、设备、材料等。教学资源是指教学过程中被教学者利用的一切条件。生产资源与教学资源相合是产教融合教学模式实施的有效措施。如何将企业生产设备的"工件"变成学生实习、学习的"学具"是重要环节。目前高职院校主要是通过以下两种方式实现生产资源与教学资源的结合：其一是仿真性结合。由于高职院校受到资金的限制，对于更新换代频率快的仪器设备，学校没有条件也没必要长期引进。学生可以通过仿真企业生产的设备软件，全面了解生产流程和设备调试的过程，从而加强对真实生产过程的感知与体验。尽管这种形式产出的作品并非实际产品，但这种方法不仅能够解除学校资金不足的困境，同时也能保障学生的实训质量。其二是实践性结合。这种结合方式主要适用于有校办工厂的学校，学生在校办工厂真实的生产过程中进行实训，体验实训过程的"全真性"，技能训练的"职业性"，运行管理的"企业性"。在校内生产性实训中，生产任务即为实训内容，生产过程即为实训过程，生产产品即为实训结果。实训结束后，学生实训中产出的合格产品直接作为工厂的产品对外销售，学生便成为企业的员工。如果学校没有校办工厂，可以加强建设顶岗实习基地，让学生在企业实习岗位上体验真实的工作环境、工作过程和工作情景，为将来的就业奠定坚实的基础。

四、生产工时与课程学分相通

生产工时是工业上计算工人劳动量的时间单位。课程学分是用于计算学生学习量的计量单位，是学校基于专业教学计划对课程进行考核评价的标准。现代技工教育培养的是应用型、实用型人才，强调学生的就业能力和岗位适应性。产教融合教学模式下赋予学生双重身份，既是学校学生又是企业员工，因而，高等职业教育教学应探索和完善适合技能培养和产教融合的学分与工时互换模式，生产工时与课程学分的相通是产教融合教学模式得以实施的重要保障。两者的相通主要有三种形式：一是双证制度，理论课和实训课都占据一定比例的学分，实训课的学分由工时兑换，学生修完课程并达到标准后即可获得学分，累积学分达到教学计划标准后可向学校申请职业鉴定，并获取毕业证书；二是学分互认机制，即学生获取的技能证书和技能奖项可兑换成相应学分；三是工学交替，充分考虑职业教育工学结合的特点，允许学生学习时间的间断，对于学生就业或创业过程的学习经历也可以折合成学分，如同零存整取的"学分银行"，充分注意生产工时与课程学分的互换。

第二节 高职教育产教融合制度的形式

一、基于资源依赖的合作式融合

合作式融合是通过职业学校选择现代化程度较高且与自己所设专业相关的行业企业，获取实训设备及顶岗实习机会，学生接受企业师傅指导；同时职业院校通过为企业培养输送高技能人才、培训企业员工等行为，实现两者资源互换的一种双向沟通、相互依赖的融合方式。其理论基础是 20 世纪产生于美国的合作教育。1946 年，美国职业协会发表的《合作教育宣言》认为：合作教育是一种将理论学习与真实的工作经历结合起来，从而使课堂教学更加有效的教育模式。2001 年，世界合作教育协会在它的宣传资料中解释：合作教育将课堂上的学习与工作中的学习结合起来，常能在获取报酬的工作实际中将工作中遇到的挑战和增长的见识带回课堂，帮助他们在学习中进一步分析与思考。我们认为，合作教育是一种将课堂上的学习与职业上的学习相结合的教育模式，学生参加工作是整个教育过程的重要组成部分，是有领导、有组织、有计划、有步骤的教育行为。学生将理论知识应用于与之相关的、为真实的雇主效力且通过校企合作中的校与企是具有不同社会功能和特点的组织，两者合作能否实现彼此预期的目标，基于资源依赖。资源依赖是指组织在一个开放的社会系统内，不可能拥有赖以生存和发展的所有资源，而不得不依赖外部环境，从外部环境中引进、吸收、转换各种资源，进而形成组织间的资源相互依赖的关系网络。职业院校与企业的合作即是资源依赖的一种具体表现。基于职业学校与企业的资源依赖，合作式融合的原则是两者之间的行为是平等的，彼此在享受权利的同时必须履行相应的义务，这是合作的前提，也是长期依赖关系得以建立的基础。合作式融合的内容主要是行业企业为职业学校提供的设备仪器、顶岗机会及指导与职业学校为企业提供的技能人才、员工培训及技术合作。

在实践中，合作式融合作为职业教育参与企业生产最为普遍的一种形式，基于职业学校高技能人才培养需要，即加强理论素养的养成，更注重实际操作能力的训练，涌现出很多典型案例。概括起来有两类：一类是职业学校根据自身的优势专业结合行业企业开展合作，如湖南铁道职业技术学院结合电力牵引与传动控制专业与几个车辆工厂合作办学；一类是职业学校的人才培养结合区域经济发展需要展开的合作，如浙江永康职业技术学校结合地方产业发展特点及人才需求，培养大批中初级技术人才，服务区域经济发展，发挥职业教育社会服务功能。

二、基于资源共生的嵌入式融合

嵌入式融合是指为完善实践教学条件，提高人才培养质量，学校通过与企业共建生产性实训基地，或将企业生产等相关资源引入职业学校，借助真实的岗位环境，为高技能人才培养创设生产情境的一种融合方式。嵌入式融合的载体是校内实训基地，目标是培养高技能人才，核心是深度产教融合，理论基础是资源共生。共生是个体或组织为了获得生存，按照一定的模式彼此依赖、互相依存，形成共同生存、协同发展的关系。共生的形式主要包括单元、模式和环境三类基本要素发生稳定和谐的结构关系。嵌入式融合是职业学校主动选择的一种共生行为，它以校内实训基地的生产线为共生单元，以协同培养高技能人才为共生模式，以校企互利共赢为共生环境，形成学校与企业之间相互促进、互利互惠、共同发展的共生关系。基于此，嵌入式融合的原则应以产业布局为导向，坚持将岗位环境引入学校，岗位需求引入教学，岗位标准引入学习，实现产教深度融合，校企深度合作。嵌入式融合的内容是学校把企业文化、岗位标准、职业要求引入教学中来，这样才能在实践中培养学生的操作技能，在管理中养成学生的品质理念，探索"做中学，学中做"的实践教学，实现产业、行业等要素与教学的融合，逐步建立稳定的长效机制。

在实践中，由于历史、现实及观念等诸因素的影响，在很长时间里职业教育普教化的问题严重影响了高技能人才培养的路径选择。随着人们对职业教育人才规律认识的不断加深，逐步认识到职业教育高技能需要将企业相关资源嵌入到职业学校高技能人才培养中来。嵌入式融合的方式是多样的，以高技能人才培养为纽带的校企合作提供了多种融合的可能，在实践中有全面合作、订单培养、共同研发、股份合作、共建实训基地等方式。在具体实践中主要有项目式嵌入融合和整体式嵌入融合两种方式，项目式嵌入融合是指职业学校根据人才培养的客观需要将相关企业的某个生产项目引入到学校实践教学的一种合作方式；整体式嵌入融合是指职业学校根据人才培养和专业发展的需要将个别微小企业入驻到学校的一种合作方式，如云南玉溪农业职业学院根据兽医专业的需要将一所宠物医院引入，学生有了实践的平台，医院有了发展的空间，实现了学校和企业的资源共享和协同发展的局面。

三、基于资源整合的关联式融合

关联式融合是通过对各类职业教育资源的重组与整合，实现多元主体的协同与合作，特别是行业企业的有效参与，使职业学校的教学链、经济的产业链和社会的利益链互相对接，构成系统的人才培养、输出、聘用、培训体系的融合方式。关联式融合是参与各主体在平衡权、责、利的前提下，发挥自身优势，获得发展的一种自我选择。利益相关者是指影响目标实现的个人或组织，职业教育利益相关者是指与职业教育存在具有合法性的直接或间接利益关系的个人或组织，主要包括政府、企业、职业院校、学生、教师等。不同的利益相关者由于自身性质的不同决定了其利益诉求的差异，借助利益相关者理论的综合平衡、高效集约、互利共赢等原则，厘清职业教育利益相关者之间权利与责任，为培养高技能人才提供良好的对接环境。关联式融合的原则是采取一定的组织方式集中财政经费投入，整合职业教育办学资源，实现集中优势力量对接与集合，使学校与政府、学校与学校、学校与企业、教育与培训、就业与创业等对接，扬长补短，优势互补，形成合力，推进职业教育高技能人才培养的实现。关联式融合的内容是利用一定的组织形式将职业教育的利益相关者联系起来，消除长期以来职业学校学生的工作与学习空间相对封闭，无法得到融通，关联式融合可以消除学校与企业之间的障碍，解决企业与职业院校信息不对称及人才培养目标与企业需求脱节等问题。

在实践中，关联式融合的典型例子是职业教育集团的组建。为了克服职业教育人才培养过程中产业与职业、企业与学校、工作与学校、岗位与教学等的脱节，职业教育集团通过一定的组织使多个利益主体参与，实现人才培养过程中各个部分的对接。职业教育集团化办学在实践中变革传统人才培养模式，通过职业教育集团主体共同参与和制订人才培养的方案，实现职业教育高技能人才培养在专业设置、课程开发、技能鉴定等方面能够广泛征求行业企业意见，发挥行业企业的能动性，培养社会急需人才，实现政校企共同参与、协同发展的有效运行机制。其中，一些职业教育集团结合实际探索集团成员学校间中高职课程，打造集团内的"直通车"，允许职业学校学分互认，打通彼此间的壁垒，构建集团内的"立交桥"。

四、基于资源集约的共享式融合

共享式融合是为培养社会经济发展所需的高技能人才，政府借助教育公共基础建设的契机，整体规划，合理布局，综合开发，完善基础设施建设，为职业学校发展创造有利的条件，通过投入共享资源在空间上或组织上的有序有效集聚，使多个主体共同使用的一种融合方式。共享式融合是职业教育集约发展、集中建设、共同利用的一种方式。聚集经济是交易活动在市场力量作用下，资源或生产要素的空间集聚及配置，实现成本节约的一种经济形态。职业教育资源聚集有助于内部成员之间资源共享，提高资源利用效率，发挥组织功能。共享式融合的原则是提高资源的利用效率，发挥资源集聚的协同优势，通过资源共享实现职业引领与教育教学的融洽，校企合作促成现代企业与现代教育融合，工学结合推动工作规律与学习规律融通。共享式融合的内容是，为跨越学校与企业之间的沟壑，消除空间障碍，提高职教资源的使用效率。随着产教融合发展成为普遍共识，"抓经济必须抓职教，抓职教就是抓经济"的观念深入人心。为提高人才培养质量，服务区域经济的能力，各地方政府为推进职业教育进行公共投资，建设公共资源，成为产业和学校的"磁石"，在资源共享过程中提高经济效益，促进产教融合。

社会组织在不断分工的过程中促进了社会各项事务的精细化发展，同时也导致很多公共资源的分散，社会利用率降低。为了提高资源利用率，就需要我们运用理论联系实践、经济结合效率来尝试解决此类问题。在实践中，职业教育园区作为对共享式融合的一种有益探索，是以职业学校为主体，以实现资源共享、优势互补和产学研一体化为主要目标，以专业建设、人才培养、科技研发或某种资产为主要联结纽带与共同行为规范，基于地域，立足行业，依托校企合作平台，推动区域产业结构升级，实现区域可持续发展的一种集教育、科研、开发、生产、服务等功能为一体的综合性职业教育实践模式。职业教育园区与其他组织形式相比最大的特点是通过空间的集聚来实现收益的最大化，有利于实现规模效应，促进相关信息的外溢，实现主体的多样性和互补性。

五、基于资源开发的一体式融合

一体式融合是职业学校在具备一定实力或政策资金支持下，学校为培养高技能人才和长远发展而创建公司或工厂的一种行为，是集教学、培训、生产、科研等多位一体，兼顾学生实训与教师培训的一种特殊的融合方式，其典型特征是企业或工厂隶属学校。一体式融合是产教融合的高级阶段，校办企业或工厂有很强的市场性，这就需要遵循市场中企业经营的一般准则，其核心是产权，而产权交易理论是其学理基础。产权交易是指在市场经济条件下，为推动社会经济转型的规范化发展，经济主体间发生的生产要素及附着在生产要素上的产权有偿转让的经济行为。生产要素的流动是产权的转移与让渡，运用市场机制，保证校办企业产权交易的有序进行。校办企业的产权是指学校对资源所能行使的权利，以财产所有权为基础及派生的占有权、经营权、处置权、收益权等权利组成的权利集合。一体式融合的原则是，校办企业在进行正常产品生产的同时，还需要进行实践教学，两者需要兼顾，不可偏废。在发展过程中科学管理，妥善经营，力争取得良好收益，实现学校资源不断累积。一体式融合的内容是从教学角度出发，工厂依据学校人才培养计划的要求，负责学生的实习、实训和专业教师技术培训与工程实践等与教学有关的活动；从生产角度出发，进行产品生产，获得收益是其存在和发展的关键，校办企业的规模、设备条件、经营水平必须适应市场环境，获得市场生存能力，这就要求明确校办工厂的功能定位，使其功能结构更加科学合理、高效实用。

在实践过程中，职业教育工作者及研究者逐步认识到"校企合作，工学结合"是培养职业技能人才的根本路径和制胜法宝，但是校企合作的成效却不尽如人意，在很大程度上是由企业和学校的性质、产权、利益等关键要素决定的，其中企业的营利性和学校的公益性（即非营利性）是一对难以调和的矛盾，为了探索有效的校企合作方式，学校办企业或工厂是一种大胆尝试，在一定程度上消解了学校和企业之间存在的鸿沟，这也是许多学校积极创办企业或工厂的重要原因。校办工厂作为职业学校内部良好的实训基地，能够形成新的互动机制，推进产教融合，最终形成以"职业关键能力培养为核心、企业关键岗位技能深化为目标、综合知识水平提高和文化融合为宗旨"的培训方案，形成深度融合的校企一体的高技能人才培养机制。如：天津现代职业技术学院长期推行"产教融合"，即产品、产业、产销和产能与训育、训技、训体和训形结合，系主任兼车间主任，充分利用有利条件，开办工厂，可以有效地提高职业学校学生的素质，促进人才培养水平的提高。

六、基于资源衍生的内生式融合

内生式融合是行业企业结合自身产业类型，配套性地开办职业学校，有针对性地设置专业，相对独立地培养人才的一种融合方式。行业企业举办职业教育不是本质规定的社会功能，而是在拥有较丰富的教育资源和需求驱动下的一种资源衍生功能，是基于企业人力资本投资理论的一种实践。所谓人力资本是指凝结在个体中的能够迅速增值的知识和技能的总和。企业人力资本投资是以企业为投资主体的一种人力资本投资行为，它的投资主体是特定的企业，投资客体主要是企业内的员工，投资目的是提高企业现有的人力资本存量从而增强企业实力。内生式融合的原则是通过行业企业举办职业学校或开展员工培训，推动企业生产、技术进步，保证产品质量和提升科技含量，进而提升企业资产运营的能力和产品的竞争力。内生式融合的内容是行业企业了解自身现状和发展趋势，通过教学计划的制订、实施和协调。其中企业参与教育管理部门，并对教学过程中的产教融合明确规定和严格要求，确保培养、培训的质量和效果。

基于资源衍生的内生式融合在实践中主要有企业和行业办职业教育两类。一类是企业办职业教育。企业凭借自身力量，独立办学，该类型适用于处于成长和变革趋势的大型企业，因其经济实力雄厚、员工数量众多、专业素质要求高和员工培训任务重的特点，客观上需要这种企业建立独立的职业教育机构和教学体系，因为只有这样才能满足企业各类技术人员的职业教育与岗位技能培训的实际需求。例如中国一汽教育培训中心，就是由一汽职工大学、一汽党校、一汽汽车中等和高等职业院校整合而成的教育集团，其教学过程具有鲜明的产教融合特点。另一类是行业办职业教育。由于企业的情况不同，不能要求企业都以相同的方式办职业教育，应加强和发挥行业组织的职业教育协会的调控和服务作用，某一行业或同一行业的企业采取共同出资、平等互利方式，联合组建和发展。通过整合行业培训与教育的师资、财力等资源，组建行业性的企业教育培训实体，发挥行业培养及培训的教育功能，解决企业员工专业知识更新和促进职业技能素质提高等问题。

第三节　高职教育产教融合制度的机制

一、产教融合办学模式的运行机制

运行机制，是指影响人类社会规律性运动的各种因素的结构、功能及其相互关系，以及这些因素产生影响、发挥功能的作用过程和运行方式。运行机制引导和制约着决策的制定，是与人力、财力、物力相关的各项活动的基本准则和相应制度。要保证系统内各项工作目标和任务顺利实现，就必须建立一套协调、灵活、高效的运行机制。

受自身办学条件和社会认可度的影响，学校要确保实现预期的产教融合办学模式成果和实效，就必须高度重视运行机制的建立。湖南铁道职业技术学院结合自身及合作企业的实际情况，从建立不同阶段产教融合办学模式运行的子机制着手，在子机制逐渐完善的基础上，逐步探索建立推进产教融合办学模式的整体运行机制。应当高度重视产教融合办学模式过程的规范和管理，避免产教融合办学模式虎头蛇尾、零散重复，甚至形式大于内容、有名无实或无果而终的现象。

二、产教融合办学模式的动力机制

建立有效的动力机制，是推动和促进产教融合办学模式过程中各方积极参与技能型人才培养的重要保证。动力机制的功能在于激发系统内部各利益主体的利益动机，并将这种动机转化为合作培养人才的强大推动力。产教融合办学模式育人的动力机制的实质，就是通过一定的经济利益机制，充分调动和发挥系统内部各参与要素的积极性、主动性和创造性。

高职院校通过产教融合办学模式，可以有效地利用企业的各种教育资源，很大程度上缓解办学资金不足、实践教学资源短缺的问题。产教融合办学模式培养技能型人才，能打破学校以往的封闭办学模式，密切学校与经济社会之间的联系，有利于学校紧密结合区域产业结构的优化调整，特别是行业、企业的实际需求开展教育教学改革，切实提高所培养人才的社会适应性和岗位适用度；通过吸引行业、企业参与本行业急需人才培养的全过程，加快教学内容和教学方法的改革，提高职业院校的办学水平和人才培养质量。

对于行业、企业来说，通过参与人才培养的全过程，能大大缩短人才从引进到适应岗位的过渡期，有助于行业、企业量身打造符合自身需要、认同企业文化的人才。同时，这也能提高企业用人的主动性，有利于企业降低自身的人力资源成本。企业利用合作院校在场地、人才、智力等方面的资源开展技术革新、产品研发和员工培训，有助于解决自身在技术、经营、管理等方面的难题，有效地提高企业的市场竞争力。此外，积极参与产教融合办学模式，有利于企业在社会上树立良好的品牌形象，为自身发展营造良好的社会舆论环境。

三、产教融合办学模式的分配机制

企业作为经济法人实体，其最终目标是追求利润的最大化。而职业院校作为教育机构，其主要目标是培养人才和发挥社会效益。产教融合办学模式的过程，应将企业追求经济利益极大化和学校追求社会效益最大化两者紧密地结合在一起，使校企形成紧密型的利益共同体，最终实现互利共赢、各取所需、利益共享的过程。

通过产教融合办学模式，企业可以优先录取职业院校的优秀毕业生，同时可以利用学校的科研力量和资源，为企业提供业务咨询、技术服务、员工培训及科研成果转让等服务。企业还可以借助双方文化互相渗透，通过学校提炼核心文化，丰富文化内涵，提升企业知名度和美誉度。

四、产教融合办学模式的激励机制

构建产教融合办学模式的激励机制，是指通过利益驱动、优势互补、政策推进等因素，激励校企产生协同的意愿，提高协作的积极性，进而实现协同发展的有关政策、制度和运作方式。建立、健全产教融合办学模式的激励机制，可以有效地保证校企合作各主体的地位和职能的实现，是实现产教融合办学模式利益互惠的根本保障。激励机制具体包括以下几方面。

（一）实施财政激励机制

政府运用财税政策手段对行业、企业进行激励和引导，是促进校企协同发展的行之有效的方法。发达国家职业教育的快速发展，在很大程度上得益于政府为企业提供的税收优惠政策。借鉴发达国家的经验，我国的财力发展状况已经具备了给予企业税收优惠政策的可能性。在政府层面，可以给予参与产教融合办学模式的企业更多的税收减免政策，包括允许企业加计扣除培训职业院校师生产生的费用、允许企业对顶岗实习学生使用的固定资产加速折旧、允许企业因借给职业院校款项产生的利息收入减税、允许企业设立的符合条件的实习基地收入免税等。通过政府的税收激励政策，可以有效地解决企业的利益驱动问题，大大提高企业参与高等职业教育的积极性。

（二）实施权利激励机制

产教融合办学模式既要强调企业的义务，更要保障企业的权利，这是建立产教融合办学模式长效机制的有效保障。只有不断加强、完善和改进相关法律、法规，从法律上切实保障企业在校企合作过程中的地位和权利，切实维护企业的权益，才能保证企业参与产教融合办学模式的积极性。政府要通过立法的形式，明确规定企业在产教融合办学模式过程中享有的权利。参与产教融合办学模式的企业享有的权利应包括以下几个方面：享有优先获得毕业生的挑选权；利用学校资源实现职工继续教育的权利；享受税收优惠、科技优先制度的权利；在产品开发、银行贷款等方面享受优惠政策的权利；要求高等职业教育院校确保企业正常生产秩序的权利；要求实习学生尽量为企业节约成本并创造利润的权利；在学校的培养目标、课程设置、专业建设、教学方法、实训实习以及师资队伍建设等方面具有充分的话语权等。

（三）实施荣誉激励机制

荣誉激励，就是通过授予荣誉称号的形式，承认企业在产教融合办学模式过程中做出的贡献，从而提高企业的社会责任感。对企业实施荣誉激励，可以从以下几个方面着手：一是对积极参与产教融合办学模式并取得良好效果的企业授予荣誉，认定其为技能型人才培养示范基地，对企业负责人给予物质奖励；二是通过开展产教融合办学模式为社会做出贡献的企业授予社会贡献奖，并在企业人才培养创新、技术创新立项上给予政策倾斜；三是在企业信用等级评定、企业综合实力评估和人力资源开发战略实施上给予倾斜或奖励。

第四节　高职教育产教融合制度评价

为了进一步完善产教融合办学模式，提高学生自主学习、自我教育、自我管理、自我服务、自我完善的自觉性和实效性，全面提高学生的综合素质、提高学校教育教学质量，根据调研情况我们设计了高等职业教育学生知行一体的评价模式。

一、评价理念

以科学发展观为指导，充分发挥产教融合评价模式对提高学生知行一体的能力和对全面提高学校教育教学质量的重要作用。充分发挥产教融合评价模式对改进学生管理工作、日常教育教学实践的功能，优化学生管理的工作制度，转变教育教学观念，改善教育教学方式，不断提高教育教学工作的效率和效果。逐步完善产教融合评价模式结果的应用，使之与学生评优、奖励、扶助、实习（就业）推荐、参军、毕业资格审核等结合起来，充分发挥产教融合评价模式的激励作用和导向作用。

二、评价原则

发展性原则：评价制度不是面向过去，而是面向未来，以发展为目的，其最终目标是充分调动学生的积极性。

导向性原则：树立正确的学习观、实践观、人生观、世界观。

多元性原则：评价的内容和方法要表现出动态、发展、多元化。

人本性原则：体现以人为本的评价理念，重视个体的差异性，突出评价过程中的学生主体地位。

过程性原则：要在动态过程中，把形成性评价与终结性评价结合起来，使发展变化的过程成为评价的组成部分。

全面性原则：内容和标准必须有利于学生的全面发展，既要体现群体的互助协作，又要尊重学生的个体差异，促进学生个性发展。

三、评价主体

（一）学校产教融合评定工作领导小组

由学校行政领导、教学处干事及学生处干事等人员组成。其主要职责是：

确定全校学生的产教融合考评方案。

指导、督促开展相关工作。

组织全校学生的产教融合评定结果的统计分析，形成反馈意见，指导改进教育教学。

对评定中出现的分歧予以仲裁。

（二）师生评定工作小组

每个班级成立评定小组，由班主任、任课教师、学生代表组成，人数为 5~7 人。具体人员由班主任确定，并报学生处备案。

其主要职责是：

制订并适时调整班级考评的评价方案和标准。

组织本班开展包括评价、记录、打分、汇总等工作。

反馈评价过程中出现的问题，上报考评结果。

工作小组中的教师必须是任课教师，对学生应有充分了解，同时具备较强的责任心和较高的诚信素质。小组中的学生不参与教师评分，但应参加实证材料审核、评价细则讨论等决策过程。小组名单要在考评工作正式开展前向被评班级所有学生公布。

（三）家长评定

每个学生的产教融合评价都需要家长的参与。

其主要职责是：

协助学校开展产教融合评价工作。

参与学生评价工作，反馈学生各方面的表现。

（四）行业企业评定

其主要职责是：

对实习生的实习情况评定，包括记录、打分、汇总等工作。

反馈实习过程中出现的问题，上报考评结果。

四、评价内容

总体内容包括基础能力、专业能力、社会能力、潜在能力、发展能力。

（一）学生基础能力评价

学生基础能力评价的目的是让学校对刚入学的学生有一些了解，同时让学生对自己也有所了解。

1. 公共基础课程测评

主要内容包括语文、数学、英语、计算机应用课程，前三者采取笔试，计算机应用课程采取机试。学校应该根据每个专业对公共基础课程要求的不同和中高级部的不同来命制试卷的难易程度，比如计算机广告制作专业对计算机应用的要求就相对高一些，测评难度就需要相对增加。针对测评结果分析，用作教学调整的参考依据。

2. 职业生涯规划

每个新生入学后一个星期需要填写自己的职业生涯规划书，一式两份，一份交给班主任，另一份学生保留。职业生涯规划首先需要学生进行自我评估，结合专业性的生涯规划机构，借助于潜能、人格、兴趣测验，判断自己的发展方向，确定自己未来的发展目标，进行正确的生涯设计，然后制订出恰当的行动计划，认真执行，并且不断做出评估与反馈。学生在刚入学期间制订职业生涯规划有助于学生树立目标，同时有助于学生时刻对自己进行测评，在不断的学习过程中更加深入地明晰自己的职业方向，并且在校期间进行不间断完善和补充，使自己与社会发展、所学知识与专业进步、自身潜力与将来发展能够同频共振。

3. 心理健康测评

目前国内以专门测定心理卫生的 90 项症状自评量表 SCL – 90 为测量工具，操作方法及测试结果分析参照《心理健康症状自评量表操作手册》。如果是团体测评，所得数据用 SPSS19.0 统计软件进行处理和分析。

（二）学生专业能力评价

学生专业能力要素包括专业态度、专业知识和专业技能三个方面。具体方法如下：

1. 专业态度水平学期评价方法

评定工作以一个学期为一个循环，每学期统计一次。

学生专业态度评价分，由平时表现、同学互评、老师评议、社会（包括家长、企业）评议四项之和组成，四项总分 100 分。

平时表现记分，根据学生平时表现进行打分，满分 50 分，根据学生平时违纪情况按扣分标准进行扣分。期末计入学生该学期专业态度分。

同学互评，由同学进行民主评议，满分 10 分，根据评议分数直接计入该学生学期专业态度分。

老师评议，由该班班主任和各科任教师进行评议，满分 30 分，期末计入该学生学期专业态度分。

家长根据学生平时在家的表现情况、企业根据学生实习的情况等对学生进行评议，满分 10 分，期末综合起来计入该学生学期专业态度分。

学校根据学生平时表现按扣分标准进行扣分，对违纪扣分的学生采取帮助、批评、教育、处分等措施督促学生摒弃不良习惯，改正错误。

2. 专业技能水平学期评价办法

为提高学生技能水平，学生除参加市技能抽考外，学校每学期在全校范围内进行技能抽考，当期不参加学校组织的该科目的技能抽考，但需参加其他科目技能抽考。学校根据技能抽考情况对学生进行技能水平评价。

（1）成绩评定方式：技能水平采用平时学习过程考核与测试、考试、考查结果相结合的办法进行评定。

期评成绩 = 平时成绩 × 30% + 期中成绩 × 30% + 期末成绩 × 40%。

平时成绩：包括上课、作业、小测试及课堂出勤考核。

学期成绩评定：

优秀：技能考核成绩优秀者。

合格：专业技能科目抽考及格，或经补考后合格者。

不合格：专业技能科目抽考经补考后仍不及格者。

第七章　以订单式校企合作促进校企共育人才培养

高职院校在实施人才培养中离不开与企业开展校企合作，并希望企业实质参与人才培养活动及过程，以提高人才培养质量，满足经济建设与社会发展对高素质技术技能型人才的需求，应该说这是高职教育的共识。然而，企业在高职人才培养中的参与程度不同，会形成不同的人才培养模式，并影响人才培养的质量。教育部提出要"将毕业生就业率、就业质量、企业满意度等作为衡量人才培养质量的重要指标"，因此，高职院校应结合区域经济的实情发展订单式校企合作，并以订单式校企合作为基础构建校企共育人才培养模式，共同培养合作企业所需要的高素质技术技能型人才，切实提高毕业生就业率、就业质量和企业满意度等，按照"以服务为宗旨，以就业为导向，推进教育教学改革"的要求办出特色，提高人才培养质量。

第一节　订单式校企合作与校企共育

"订单式校企合作"属于办学模式概念，它是将订单培养与校企合作相互融合的一种办学形式，可理解为是深层次紧密型的校企合作，也可理解为是合作共育型的订单培养。订单式校企合作是以合作企业的人才需求订单为纽带，发挥高职院校与订单合作企业双方的人才培养资源优势，共同参与订单人才培养全过程的人才培养合作。在订单式校企合作中，由订单合作企业根据人才需求，规划选择未来员工组建订单。现校企双方共同参与针对订单班的人才培养方案制订、师资队伍建设、教学过程实施与监管、实践教学条件建设、学生学业评价等，共同培养满足订单合作企业职业能力需求的高素质技术技能型人才。通过订单式校企合作，不仅能将高职院校的人才培养同订单合作企业的人才需求紧密结合，形成"人才供需联合体"，而且还能加强校企双方在人才培养中的权利和责任，确保订单人才培养的质量。

"校企共育"则属于人才培养模式概念，它是基于区域产业经济发展对人才的现实与未来需求，由高职院校与区域行业、企业共同参与的面向行业、企业培养高素质技术技能型人才的一种人才培养范式。具体地讲，校企共育需要区域行业、企业与高职院校共同参与人才培养方案的制订、课程的开发与建设、师资队伍的建设、实践条件建设、教学实施以及教学与学业的评价等。高职院校实施校企共育的目的是推进教育教学改革，为区域行业、企业的生产第一线培养"下得去、留得住、用得上"的职业能力强、综合素质高的技术技能型人才，有效提升区域经济发展所需技术技能型人才的培养质量，并营造校企互动共赢格局。

其实，订单式校企合作解决的是"与谁合作、合作什么和怎样合作"的问题，而校企共育解决的则是"为谁培养人才、培养什么样的人才和怎样培养人才"问题。

第二节　订单式校企合作的内涵与特点

一、订单式校企合作的内涵

"订单式校企合作"的内涵是，以订单式合作企业对职业岗位（群）的能力需求作为培养目标，以面向订单式合作企业职业岗位（群）的职业能力培养作为主要内容，以教学活动同订单式合作企业生产实际紧密结合作为主要途径，以人才订单作为毕业生的高就业率保障，通过校企双向互动式参与，为订单式合作企业培养高素质技术技能型人才的一种办学模式和人才培养合作形式。也可以这么说，"订单式校企合作"是由订单式合作企业与高职院校共同确定的订单人才数量、人才规格要求、人才培养目标、课程体系及其教学内容、培养方法途径、实习实训方式、考核评价体系、质量监控体系、毕业生就业保障、校企合作保障机制等的总和。

二、订单式校企合作的特点

"订单式校企合作"具有以下主要特点：

（一）人才订单，保障学生充分就业

人才订单是订单式校企合作区别于其他校企合作形式的关键要素之一，它要求校企双方共同签订关于人才培养数量、规格要求等的订单人才培养协议，形成委托培养、定向培养关系。通过签订订单人才培养协议，明确校企双方的职责，院校按照订单式合作企业的用人要求培养人才，订单式合作企业保证录用符合企业用人要求的合格人才。有了人才订单，高职院校培养的学生就业就有了保障，订单式合作企业也不用为选择不到符合企业用人要求的一线人才而发愁，使高职院校的人才培养真正实现"以就业为导向"。

（二）按需培养，共同确定培养方案

高职院校的专业设置和能力培养本来就是为了满足社会人才需求的，而"订单式校企合作"更能满足订单式合作企业的人才需求，因而其专业方向、课程体系和能力培养等更具有针对性。实施订单式校企合作，院校根据订单式合作企业的需要设置专业培养方向，并对合作企业的相应职业岗位进行深入调查分析，提炼需要重点培养的学生职业能力，据此由双方共同确定人才订单专业的培养方案，以保证订单人才职业能力的针对性培养，实

现能力培养与能力需求的有效对接。

（三）校企共育，确保人才培养质量

"校企共育"是校企双方共同参与的人才培养方式，是订单式校企合作对校企双方的基本要求，校企双方只有通过双向参与的校企共育人才培养才能体现出校企深度性合作。校企共育，包括校企双方共同参与共育订单班的组建，共同组建校企共育人才培养工作组织，共同参与专业和课程开发建设，共同制订教学计划、确定教学内容，共同参与人才培养活动、参与共育订单班的教学和管理，共同组建由院校教师和企业专家组成的师资队伍，共同开展师资培养、技能培训，共同提供教育环境和教育资源对学生实施培养，共同融入校园文化和企业精神、服务理念等方面的教育，共同参与教学监管与学业评价等，以提高共育订单班学生的培养质量，提高订单式合作企业未来技术技能型人才的全面素质，等等。也就是说，校企共育体现的是校企双方在订单人才培养方面的全程参与、实质参与，共同培养符合订单式合作企业需要的高素质技术技能型人才。

第三节　订单式校企合作对校企共育人才培养的促进作用

为了促进高职教育的校企共育，我们在实践探索中得出这样的结论，即高职教育不仅要坚持"以服务为宗旨"，为区域经济建设与社会发展培养高素质技术技能型人才，而且更重要的是要坚持"以就业为先导"，主动积极地面向区域行业、企业发展订单式校企合作，以此吸引用人单位实质性地参与其未来一线技术技能型人才的共同培养，有效推进校企共育，切实提高人才培养质量。也可以这样理解，只有将订单式校企合作作为校企共育的桥梁，校企共育才能名副其实并有效开展，才能确保无缝对接式人才培养的质量。

订单式校企合作对校企共育人才培养具有重要促进作用，并主要体现在以下几个方面：

一、有利于增强校企共育的稳固性

校企合作在高职院校办学中扮演着重要角色，校企共育在人才培养中发挥着关键作用，这是毋庸置疑的，然而校企共育的稳固性会受到校企合作程度的影响。我们从面向区域企业和高职院校的调查中发现，目前高职院校开展的校企合作多为普通式校企合作，在这种合作方式下，企业更多地充当着校外实习场所的角色，至于是否开展合作共育并非企业的主要考虑，实习学生能否到企业就业也是企业的担忧，因而建立在普通式校企合作基础上的校企共育合作关系极不稳固，企业随时可能退出合作。

然而高职院校与企业开展的订单式校企合作则不同，由此建立的校企共育合作关系是很稳固的。因为订单式校企合作强调将合作企业的人才战略需求前置实施，并通过提前介入高职院校的人才培养来获得预期人才。高职院校与区域企业共同研究制订可行的订单式

校企合作方案,研究并明确包括订单人才数量与规格,共育订单班组建时间与方式,双方人才培养资源如场地、设备、师资等的利用,企业版人才培养方案的制订,核心课程与教学内容的开发,教学模式的选择,共育过程的实施与监督以及科研与培训的合作等一系列合作事项,且双方在校企共育中的责任与义务也是十分明确的。实际上,订单式校企合作找到的是校企双方的利益契合点,合作企业愿意积极与高职院校开展共育合作,双方按照"合作办学、合作育人、合作就业、合作发展"的要求共同策划、参与共育性人才培养活动,由此促进校企双方形成相互依存的关系,因而双方的共育合作关系会更加紧密和稳固。

二、有利于增强人才培养的针对性

人才培养模式解决的是为谁培养人才、培养什么样的人才和怎样培养人才的问题,其中,为谁培养人才和培养什么样的人才便涉及人才培养的针对性问题。通常高职院校按照社会普遍需求开展人才培养工作,即高职院校在开展某个专业的人才培养之前通常面向相关行业、企业开展职业岗位能力需求调研,进而将各类职业能力归类,设计相应课程体系以培养学生的知识与技能,而且核心课程体系是按照培养具有专业普适性的要求来设计的,所培养学生的职业能力对多数企业是通用的。然而调查发现,毕业生进入具体的用人企业后,企业会认为他们不能适应企业岗位的用人要求,往往在正式上岗之前需要对他们开展岗位培训,并经过一段岗位适应期后才能完全适应企业生产岗位的需要。之所以有此情形,不是因为学生的职业能力欠缺,主要是高职院校开展的某专业学生的职业能力培养不可能全面覆盖某些行业所有企业类型的所有职业岗位的职业能力需求,自然会出现学生的职业能力满足了一些企业的某些职业岗位的需求,而又不能满足另一些企业的某些职业岗位的需求。也就是说,学校的人才培养与特定企业的人才需求通常没有"对接",不是按"量身定做"要求培养人才,当然会出现学生职业能力与特定企业岗位所需能力的"错位",人才培养的针对性自然就不强。

实践表明,开展订单式校企合作,校企共育就有了根基,人才培养的针对性自然会增强。在校企共育人才培养中,高职院校与合作企业都会按照培养企业未来一线技术技能型人才的角度思维,双方会将企业未来人才的知识、能力和素质要求融入到企业版人才培养方案中,共同开发课程与教学内容并采取工学结合、工学交替等教学模式来实施人才培养,以实现学生的职业能力培养与企业岗位的职业能力需求有效"对接"。同时,校企双方的人才培养资源包括场地、设备、师资等都会应用于企业人才培养之中。应该说,通过订单式校企合作,校企双方共同按照"量身定做"要求开展校企共育人才培养,其针对性是不言而喻的。

三、有利于促进校企共育的有效开展

通过开展订单式校企合作,双方共同组建校企共育管理与服务组织,共同研究制定校企共育相关制度，共同制订企业版人才培养方案，人才培养的目标与规格按照企业对员工的素质要求共同设定，课程体系及课程标准按照企业岗位的能力需求共同开发，教学模式按照校企共育宗旨共同选择，师资队伍由校企双方共同组建和培养，实训条件在发挥双方优势的基础上共同建设，教学场地按照有利于企业未来人才的培养共同选择和利用，共同开展教学过程监管，共同开展教学评价和学业评价，等等。也就是说，凡是涉及订单合作企业未来技术技能型人才培养的相关事宜均由校企双方共同研究、共同实施和共同管理，以促进双方共同参与符合企业岗位能力需求的高素质技术技能型人才的培养过程。

订单式校企合作是高职院校实施校企共育人才培养的重要选择，因为它符合校企双方的共同利益，能够促进校企双方形成"人才供需联合体"，能够吸引企业真实参与校企共育过程。我们在实践中发现，如果没有订单式校企合作的保障，不是针对特定企业培养人才，企业是不会真实参与高职院校的人才培养的，原因在于企业在目前的体制下不愿意承担人才培养的社会责任，即使开展校企共育也多流于形式。因此，我们认为，只有开展订单式校企合作才能促进校企共育的实质性开展与有效实施。

四、有利于提高人才培养的质量

教育部明确提出要将"毕业生就业率、就业质量、企业满意度等作为衡量人才培养质量的重要指标"。高职院校发展订单式校企合作并通过校企共育开展人才培养，既能提高毕业生的就业率和就业质量，还能提高企业满意度，无疑是促进人才培养质量提高的重要措施。

其一，订单式校企合作提高了毕业生就业率。高职院校以服务区域产业经济为宗旨，面向地方行业、企业开展订单式校企合作，明确以组建共育订单班为基础开展合作，并由校企双方共同承担订单人才培养工作，这本身是将毕业生就业工作前置化的工作措施，既为地方经济建设提供人才培养服务，又能促进高职院校毕业生的就业率，一举两得。因此，订单式校企合作在服务地方经济发展的过程中达到了提高毕业生就业率的目的。

其二，订单式校企合作提高了毕业生的就业质量。共育订单班是通过企业与学生双选组建的，学生接受企业培养后对其认同感很强；学生接受定向培养，其专业及个人能力符合企业需求，实现学以致用、专业对口、能力对接的就业；学生毕业后直接到企业就业，就业稳定性好，工作待遇有保障；学生接受企业培养，能让学生对企业的发展前景充满信心，其个人职业发展方向更为明确，等等，这些都是毕业生就业质量提高的具体体现。

其三，校企共育提高了企业用人满意度。通过实施校企共育，共育订单班学生既接受高职院校教师的培养，也接受用人企业教师的培养；既学习专业普适性知识与技能，又学习订单企业岗位所需的知识与技能；既接受高职院校的德育塑造，又接受企业文化与企业精神的熏陶，因而毕业生的综合素质高；通过校企共育，共育订单班学生朝着符合订单企业人才需求的方向进行培养，实现学生职业能力培养与订单企业岗位职业能力需求的高度融合与有效对接；学生毕业之前通过进入订单企业进行教学性实习和轮岗性顶岗实习，既熟悉了企业用人岗位，又锻炼了他们的岗位适应能力，学生毕业进入企业能"下得去、留得住、用得上"，当然可以提高企业对毕业生的满意度和对学校人才培养工作的认可度与满意度。

第四节　订单式校企合作的组织实施过程

近年来，我院积极与地方区域企业开展"订单式校企合作"办学，通过实践取得了比较好的成效。结合开展"订单式校企合作"的实施情况，我们认为"订单式校企合作"办学的实施过程可分为六步，即明确合作关系签订合作协议、组建校企合作共育组织、校企双方共同制订人才培养方案、共同选拔学生组建"共育订单班"、校企双方共同实施人才培养、优选毕业生安置就业等。

一、明确合作关系，签订合作协议

第一，选择合适的合作企业。为了保障"订单式校企合作"能规范、有效和成功开展，高职院校选择好合适的订单式合作企业是先决条件，必须将眼光瞄准当地拥有雄厚实力且有人力资源战略规划的企业，并对其生产实力、技术实力、市场实力和社会声誉度等进行全面考察和综合评价后予以确定。

第二，与企业协商合作事宜。校企双方需要对"订单式校企合作"中的订单人才数量需求、人才规格要求、合作专业（群）、校企双方的职责与义务、教学师资队伍配备、教学实习和顶岗实习的开展形式、双方资源的使用方式、毕业生就业岗位安排及相关待遇等进行协商并达成共识。

第三，签订"订单式校企合作"协议。在校企双方经过协商、探讨并取得成熟方案后，由双方正式签订"订单式校企合作协议"，明确合作关系、合作内容及双方的职责义务等。

二、组建校企合作共育组织

校企合作共育组织由高职院校与订单式合作企业双方的专家共同组成，可以命名为"校企共育委员会"或其他名称，它是校企双方共同实施人才培养的保障性组织。校企合作共育组织中，高职院校的专家应包括订单培养专业的专业带头人、技术课教师、实验实训教师中具有中高级职称的骨干教师等，而订单式合作企业的专家应包括与订单培养专业相关联的技术岗位（群）的工程师或高级工程师、技师、高级技师等。由这两支队伍共同组成的"订单式校企合作人才共育委员会"，由订单式校企合作双方共同指派负责人，定期或不定期召集双方专家共同研究人才培养中的相关问题，让订单式合作企业真正参与高职院校的人才培养过程，切实履行其职责，有效实现人才培养与人才需求中的"能力对接"，把共育订单班学生培养成为订单式合作企业生产、建设、管理和服务第一线真正需要的高素质技术技能型人才。

三、校企双方共同制订人才培养方案

订单式校企合作的人才培养方案由"订单式校企合作人才共育委员会"负责制订，包括共育订单班的组建程序、订单人才的培养目标与规格、毕业生技能等级要求、订单培养专业的课程体系、教学师资队伍组建、教学内容选择、理论教学和实践教学的形式、学习时间安排与协调、考核评价体系等，让校企双方的教学参与者在合作共育的主要环节上有章可循，充分发挥校企双方的优势教学资源，共同实施订单人才的培养。

特别指出的是，高职院校要主动牵头进行"共育订单班"的课程体系设计与开发，应首先明确订单式合作企业的培养意向和培养目标，并组织校内教师深入订单式合作企业开展职业岗位（群）调研，进行职业岗位（群）能力分析、一线成熟技能型人才的技能构成分析，从而归纳出"共育订单班"学生需要具备的思想素质、专业知识、岗位技能及综合能力等；其次是主动征求订单式合作企业对人才培养方案的建议和意见，并由企业专家结合企业自身生产技术状况和产业发展技术趋势与要求，将必需的新知识、新技术、新材料、新工艺及新方法等加以选择提炼并融入课程体系及其教学内容中，同时还应将企业文化、企业理念、企业管理等内容融入相关课程中；最后由"订单式校企合作人才共育委员会"对人才培养方案进行论证审核，最终确定订单式校企合作人才培养方案并付诸实施。

四、共同选拔学生组建共育订单班

"共育订单班"的组建应在"订单式校企合作人才共育委员会"的领导下进行，并通过宣传发动、学生自愿报名、企业组织文化知识考核、企业组织面试、校企双方共同研究确定等环节进行公开选拔。通过提前选拔组建的"共育订单班"，其学生的基础素质比较好，经过培养后的毕业生素质比较高，也有利于吸引更多的企业参与这种订单式校企合作和校企共育人才培养。为了共享企业品牌资源和增强学生的认同感，"共育订单班"可用订单式合作企业的名称给予冠名，并单独编班开展教学活动。

五、校企双方共同实施人才培养

"订单式校企合作"中校企共育人才培养的核心环节体现在"共育订单班"的教学工作落实之中，它必须以"订单式校企合作人才共育委员会"审核确定的人才培养方案组织实施，并时时处处体现出校企双方的双向参与和优势互补。

在人才培养的具体实施中，师资队伍及其教学组织有两种方式：其一，学校教师负责技术理论课程及其校内实训教学，企业教师负责生产实习课程教学。学校教师重点对学生进行基础知识、技术理论知识及相关实训的教学，而企业教师则利用企业的工作场地、生产设备对学生进行实践操作技能的培养，每一学期都可以给学生提供一定时间的企业实践机会，以实现工学交替。其二，学校教师负责一部分技术理论知识、校内实训与生产实习课程的教学，企业教师负责另一部分技术理论知识、校内实训与生产实习课程的教学。但

第二种方式对于学校教师和企业教师的要求都较高，不仅需要学校教师具备企业生产工作经历、经验尤其是生产技术、技能，而且对于企业教师也需要具备学校教学的经历和经验，包括掌握教育教学的相关理论及教学技术、艺术等。

在人才培养的具体实施中，学校教师需要经常性深入企业，与企业教师一同研究教学工作，结合订单式合作企业的生产实际充实课程教学内容及技能训练要求，而且根据产学结合需要可以把部分课程或部分教学课堂设在企业，由学校教师与企业教师共同为学生教学，突出教学过程的实践性、开放性和职业性，以便收到更好的教学效果，使"共育订单班"学生的专业知识水平和技能水平都能达到订单式合作企业的用人标准要求。

在人才培养的具体实施中，必须充分发挥合作企业的人力资源、物力资源以及技术资源在合作共育中的作用，让学生拥有充分的时间与空间，在合作企业的岗位实践课程学习中增长才干和提高技能。在教学管理方面，校企双方通过"订单式校企合作人才共育委员会"共同参与教学过程监管，建立由日常巡教与教学督导相结合的培养过程监控机制，以保证订单人才合作共育的有效性。将企业评价与学校评价有机结合起来，建立校企共育教学质量监控体系，保障人才培养能够真正满足校企双方共同制定的人才培养目标和规格要求，提高"共育订单班"学生的培养质量。

六、优选毕业生安置就业

"共育订单班"是直接面向订单式合作企业培养人才而组建的，但在组建过程中一般需要放大一定比例人数，以便学生毕业时订单式合作企业能够选足符合企业用人要求的人才订单数量；因此，高职院校和订单式合作企业必须按照共育订单班学生的职业能力评价要求，在学生毕业时对其进行综合评价，以满足订单式合作企业选择思想素质好、知识水平和技能水平高、综合能力强的毕业生作为员工的要求。

总之，"订单式校企合作"是将"订单培养"与"校企合作"融为一体的办学模式，它能够促进"校企共育"人才培养，不仅可以提高毕业生的就业率和就业质量，而且能够切实提高学生的实践能力、技能水平，实现学校人才培养与企业人才需求的"能力对接"，有效提升企业用人的满意度，从而提高订单人才的培养质量。

第八章 校内实训基地的建设与管理

第一节 校内实训基地的分类

一、实训基地的建设情况概述

实训基地又被称为实践教学基地，它是实现高等职业教育目标的重要条件之一，其教学基础设施与工作状况直接反映学校的教学质量与教学水平，其开发与建设的成功与否，是高职教育能否真正培养出适应社会经济发展需要的应用型技术人才的关键。

近年来，随着社会对高职教育认识的深化，国家对高职教育的发展也越来越重视。从中央政府支持的职业教育实训基地建设项目的执行情况看，大致经历了以下四个阶段。

（一）起步阶段

这一阶段主要是指 2002—2003 年。据研究分析，最早以中央财政专项资金的形式用于实习实训基地建设是在 2002 年。教高〔2002〕11 号文件宣布，启动国家高等职业教育实训基地建设项目。如四川机械电子工程实训基地、河南数控技术实训基地等成为建设的第一批实训基地。这些实训基地分别依托成都电子机械高等专科学校和郑州工业高等专科学校等院校建立，并投入启动资金。同时，上海职业技术教育实训基地等 10 个基地的筹建项目也开始启动，启动经费由各单位自筹，对于筹建的基地项目，教育部根据 2003 年各单位经费落实情况、项目运行情况给予一定的经费支持。

（二）初步发展阶段

这一阶段主要是指 2004—2006 年。从 2004 年起，中央财政投入专项资金支持各地职业教育实训基地建设，作为各级各类实训基地建设中的重点项目，明显改善了职业院校实践教学条件，伴随着高职教育规模的跨越而实现了高职院校教学资源水平的提升。

2004—2006 年，仅实训基地建设一项，中央财政就投入专项资金 13.6 亿元，地方建设资金 17.9 亿元，实际设备投资总值共计 31.5 亿元，支持了 763 个实训基地建设项目，平均每个项目投资总值为 413 万元。其中，高职院校的实训基地建设共投资 15.7 亿元，建设项目为 337 个，平均每个项目投资约 466 万元，投资力度普遍较强。而在高职实训基地建设项目设备投资总金额中，中央财政投资 6.5 亿元，地方投资金额 9.2 亿元。其中，学校自筹经费为5.8亿元，占63%；地方财政投资2.7亿元，占29.3%。各实训基地的设备投资金额存在明显差异。337个高职实训基地项目中，投资金额达1 000万元的有24个，占总数的7.1%；而投资金额低于200万元的实训基地有15个，约占总数的4.5%。大部分实训基地的投资金额为200万～399万元，占58.7%，投资金额为400万～599万元的占20.8%。

337个高职实训基地项目覆盖了全国31个省、市、自治区，专业分布主要集中于数控技术、计算机应用与软件、电工电子与自动化、汽车运用与维修、生物技术、建筑技术、护理、园艺技术、煤矿安全等九大类。实训基地数居前3位的专业是数控技术、计算机应用与软件、电工电子与自动化，合计为184个，占总数的54.6%。其次是生物技术、汽车维修、建筑技术，合计86个，占总数的25.5%。护理、园艺技术、煤矿安全三类专业实训基地合计31个，约占总数的9.2%。区域综合性大基地10个，其他旅游、物流等实训基地20个，专业分布较广。投资金额最大的是数控技术，投资金额达4.7亿元，建设实训基地79个，平均每个实训基地投资达590万元，投资总金额超过1亿元的专业实训基地项目还有计算机应用与软件、电工电子与自动化、汽车维修。单个项目投资金额最高的是区域综合性大基地，10个大基地项目投资金额1.3亿元，平均每个项目投资达1 260万元；其次是数控技术、护理专业。

（三）质量提升阶段

这一阶段主要是指2006年底至2010年。2006年教育部、财政部落实《国务院关于大力发展职业教育的决定》精神，启动实施了"国家示范性高等职业院校建设计划"，按照"地方为主、中央引导、突出重点、协调发展"的原则，遴选100所高职院校进行重点建设，其间中央财政至少安排专项资金20亿元。

国家示范性高等职业院校建设计划从2006－2010年实施，按年度、分地区分批推进，稳步发展。中央财政对入选示范院校实行经费一次确定、三年到位，项目逐年考核、适时调整的做法。对年度绩效考核不合格的院校，终止立项和支持。中央财政预留部分资金，对项目执行情况好的院校实行奖励。

2006年12月8日，教育部、财政部正式发文确定了深圳职业技术学院等28所院校为第一批国家示范性高等职业院校建设单位。中央财政根据项目建设进度安排资金，地方财政按职责划分对示范院校项目进行重点支持。

2007年8月20日，教育部、财政部发出通知，确定北京工业职业技术学院等42所高等职业院校为2007年度"国家示范性高等职业院校建设计划"立项建设单位，项目建设期为3年。中央财政根据项目建设进度安排资金，地方财政按职责划分对示范院校项目进行重点支持。

2008年7月18日，教育部、财政部联合发出《关于公示"国家示范性高等职业院校建设计划"2008年度立项建设院校名单的通知》，将北京农业职业学院等30所2008年拟立项的国家示范性高职院校向全社会公示。中央财政根据项目建设进度安排资金，地方财政按职责划分对示范院校项目进行重点支持。同时，通知还公布山西煤炭职业技术学院、上海医疗器械高等专科学校、江西现代职业技术学院等9所院校，将作为重点培育的高等职业院校来进行建设。

2009年，继续执行第三批示范院校的项目建设，完成第二批示范院校的项目建设并进行验收。中央财政根据项目建设进度安排资金，地方财政按职责划分对示范院校项目进行重点支持。

2010年，完成第三批示范院校的项目建设并进行验收。对因考核不合格而淘汰院校的空缺数额进行滚动补充，安排预留经费对项目执行情况突出的院校进行支持和奖励。

从对这三批"国家示范性高等职业院校"的建设可以看出，我国加大了对职业教育的投入，从中央到地方各级政府投入了大量资金装备学校，极大地改善了学校的办学条件，有许多高职院校针对相关专业进行升级改造，建立了一大批各种专业的国家及省级实训基地，为高等职业教育的发展创设了新的舞台。

（四）继续推进阶段

这一阶段主要是指从2011年至今。为更好地适应我国走新型工业化道路，实现经济发展方式转变、产业结构优化升级，建设人力资源强国发展战略的需要，教育部、财政部决定继续推进"国家示范性高等职业院校建设计划"实施工作，扩大国家重点建设院校数量，加快高等职业教育改革与发展，全面提高人才培养质量和办学水平，更好地发挥高职院校在培养高素质高级技能型专门人才，促进就业、改善民生，构建终身教育体系和建设学习型社会等方面的重要作用。

2010年7月，教育部和财政部联合下发了《关于进一步推进"国家示范性高等职业院校建设计划"实施工作的通知》，在原有已建设100所国家示范性高等职业院校的基础上，新增100所左右国家骨干高职院校，以此继续推进"国家示范性高等职业院校建设计划"。骨干高职院校建设按照地方推荐、评审立项、年度考核、动态管理、分期安排经费的方式，分年度、分步骤实施。2010年遴选40所左右高职院校立项建设，2011年、2012年再分别遴选30所左右，2015年完成全部项目验收工作。

2010年11月，经各地推荐、专家评审，教育部、财政部确定北京信息职业技术学院等100所高等职业院校为"国家示范性高等职业院校建设计划"骨干高职院校立项建设单位（以下简称建设院校），从2010年开始分三批开展项目建设工作，每批项目建设期均为3年。

总的来说，高等职业教育经过40多年的发展，取得了很大成绩。在实训基地建设上，不仅各级政府的财政投入大，在思想认识方面也有了很大转变。

二、校内实训基地的分类

校内实训基地主要承担高等职业教育日常教学实习和仿真训练，应拥有先进的仪器设备、健全的管理制度，并配备相应的实训指导教师和教材，能够较好地满足教学计划对能力训练的要求。校内实训基地的建设通常分为两种类型：一种是生产性的实训基地；一种是非生产性的实训基地。

（一）生产性的实训基地

1. 校内生产性实训的定义

2006 年，教育部《关于全面提高高等职业教育教学质量的若干意见》明确指出"要积极探索校内生产性实训基地建设的校企组合新模式，加强和推进校外顶岗实习力度，使校内生产性实训、校外定岗实习比例逐步加大，提高学生的实际动手能力。"

对于什么是校内生产性实训基地，不同学者有不同的解释。《2007 年度国家示范性高等职业院校建设推荐预审标准（试行)》指出，校内生产性实训是指"由学校提供场地和管理，企业提供设备、技术和师资支持，校企合作联合设计和系统组织实训教学的实践教学模式"。该定义认为校内生产性实训是校企双方利用各自的优势联合在校内建设的适用于实践教学的一种教学模式。该模式尽管在一定程度上反映了校内生产性实训的基本特征，但还缺乏对其本质内涵的反映。校企联合共建并非是校内生产性实训的本质特征，校内生产性实训所强调的：一是实训教学的生产性特点，二是在校内进行的实践教学。校内生产性实训基地可以是学校自身投资建设，也可以是学校与政府、行业、企业联合共建。从政府导向和未来发展趋势看，联合共建是校内生产性实训的发展方向，因为它有利于充分发挥各方的优势。

基于对校内生产性实训本质特征的认识，我们将校内生产性实训界定为：高职院校充分利用自身的优势，独自或与政府、行业及企业联合，在校内建设具有生产功能的实训基地，通过生产产品、研发技术、服务社会等生产性过程，实现经济效益，并在生产过程中培养学生的实践技能，提高学生的综合职业能力的一种实践性教学模式。校内生产性实训不但为师生创造了真实的职业环境，还可以利用其创造的经济效益购置设施设备、改善教学条件、加强技术研发等，这样就变消耗性实验实习为创造效益的生产经营活动，为实训基地的可持续发展奠定了坚实的基础。

2. 校内生产性实训的特点

第一，由高职院校按照新的高职教育理念配置教育资源创设的实训条件。这种实训条件的建设可以通过共建的方式来完成：由院校提供场地（土地、建筑、能源等基础设施条件及管理人员、管理机构），企业提供设备、实训师资、生产任务、技术标准、原材料等，这样院校减少了设备、师资的投入和原材料的消耗及真实生产实训环境的其他建设投入，企业减少了征地、基本建设、配套设施的投入，获得低成本的劳动力和技术研发的合作伙伴，缩短了项目从投资到投产的周期，是一种生产要素和职业教育要素优势互补、资源配置效益最大化原则的具体实现和直接应用。

第二，是校企合作实施的基于工作过程的职业教育的重要环节，是对传统培养模式的一种全面革新。（1）院校进行教学管理，企业进行生产组织，教学与生产交替实施，训练、生产一体化；（2）实训的内容以企业生产任务为中心，具有任务明确性、训练全面性、内容生产性、产品应用性的实践特点。(3) 改变按照专业、年级、班级管理的常规模式，按照生产要求建立生产组织管理模式；（4）不是纯消耗性的技能操作重复训练或模拟，而是有产品质量标准要求，可计算出经济效益、顶岗操作的实际工作或部分有偿劳动；（5）在真实的生产环境、企业文化和职业体验条件下，按真实的生产要求生产真实的产品；（6）实施按照企业的管理标准、产品的质量标准、效益的评价标准、项目的训练标准进行多维度的考核。

第三，按照市场经济规律建立保障性机制。校内生产性实训基地建设是遵循市场经济规律和教育规律建设的，即按照生产要素和教育要素配置方法，追求多赢的目标，因而形成了协调、持续的保障性机制。一是有利于学生，体现以学生为本的育人理念。只有在这种真实的生产环境中才能体现"学生校内实习与实际工作的一致性"，才能最有成效地培养、提高学生的职业技能和综合职业素质。同时，由于一些生产性实训还会给学生带来部分补贴，提高学生的自立意识、自立能力和成就感。二是有利于高职院校的全面、协调、可持续发展。高职院校高水平实验场地等基础设施的长期利用，降低了设备的投入成本，减少了实训教师和生产组织管理人员的人力投入，提高了办学的方向性、目的性和实效性，解决了严重制约人才培养质量的实训条件问题。高职院校可以用更多的精力和更大的财力投入新型课程建设和教学改革，全面提高办学水平和人才培养质量，更高程度实现职业教育的社会服务功能。三是有利于企业的发展。企业减少了对基础设施的投入，大大缩短了投资周期，得到了成本较低的劳动力。对于企业支付给在校内生产性实训基地实习学生的报酬，可以按照《国家税务总局关于印发〈企业支付实习生报酬税前扣除管理办法〉的通知》的规定在计算缴纳企业所得税时扣除。如果发展校企对人才的"订单培养"，更为企业减少了培训成本的支出，并提供长期有力的人力资源保障。四是有利于社会的发展。这种生产要素与教育要素的科学合理配置实现了以最小的投入实现最大效益的原则和目标，减少物资、资金及其他要素的浪费，是建设节约型社会的一大创举。同时，真实的生产环境能培养学生较强的职业技能、职业素质、劳动意识、质量意识、责任意识，使其有更明确的职业目标和更强的职业发展动力，有利于实现培养有良好职业素养的高技能人才的目标，为经济发展提供技能人才支持。高水平的职业教育作为社会发展的重要领域，也是社会发展和进步的重要标志，因此，可以说社会效益是校内生产性实训产生的最重要的效益。

3. 校内生产性实训基地建设原则

校内生产性实训基地要营造真实的职场环境与职场氛围，必须具备与生产、建设、管理、服务第一线一致的"职业环境"。但当前生产性实训基地存在如下问题：

①实训基地设备与行业企业实际不一致，不能开展行业先进训练项目，难以与生产一线的实际工艺衔接；②缺乏具备实际生产操作经验的实训指导教师，与企业生产实际存在差距；③课程内项目与项目之间、课程间项目与项目之间缺乏系统性和关联性，学生的综合能力难以得到系统有效提升；④实训基地缺乏开放性，实验实训设备利用率低；⑤生产

性实训基地中存在生产性与教育性、利益性和教学效果之间的矛盾。

因此，在生产性实训基地建设中要注重相关要素的建设，遵循建设目的明确性、人才培养系统性、教育资源开放性、实践环境真实性、服务地方发展的原则，牢固地贯彻以人才培养为根本目的、以学生实践能力的提高为核心、以实训资源开放共享为基础的思想，建设与行业企业实际高度一致的实训条件，充实和提高实践教学师资队伍、提高实践教学质量，正确处理生产性与教育性之间的关系，实现教育资源利用最大化和产出效益最大化。

（二）非生产性的实训基地

非生产性实训基地常称为模拟仿真实训基地，是指用于学生实习实训的场所，不具有产品生产的性质和功能。

1. 非生产性实训基地的类型

这类实践教学基地的建设是由于各种原因的限制使学校不能在校内建立起具有生产性质的实训基地，通常包括以下几类。

（1）受法律法规限制

由于一些专业面向的岗位的特殊性，这些岗位不仅难接受学生批量的实践教学，还因为岗位的准入门槛受到法律法规的限制，难以在校内建立生产性的实训基地。比如，金融、保险、法律类等。这些专业实训只能通过购买相关教学软件，建立虚拟企业，通过仿真模拟进行实训。比如，金融类专业建立财政模拟实训室、证券投资模拟实训室、税收模拟实训室等；保险类专业建立保险业务模拟实训室；法律类专业建立法庭模拟实训室等。

（2）受资源投入限制

有一些专业，如航运类专业、电子电路类专业、医学护理类专业、土木工程类专业等，受资源投入限制难以建生产性的实习实训基地。这些专业要建立生产性实训基地，需要投入巨大的建设费以及后期的实训费，因此，受学校的资金、技术、人才、土地等资源投入的限制，使得这类专业的实训基地建设只能通过考虑计算机软件仿真模拟的形式或设备实物、物理模型来模拟生产现场。

（3）实训内容的特殊性

由于学生实训内容的特殊性，使得学校难以建立校内生产性实习实训基地，也只能通过建立模拟仿真类实训来解决学生技能训练的问题。学生实训的特殊性一部分是由于实际的活动难以在学校复制，如国际贸易活动中的许多业务流程、企业市场营销活动、电子商务活动、会计审计、导游活动等。因此，这类专业只能通过建立模拟实训进行大量的操作训练。

2. 非生产性实训基地的特点

非生产性实训基地具有下列主要特点。

第一，聘请知名企业的管理者成立专业教学指导委员会，提供企业对人才规格需求的信息，共同进行职业分析、工作分析、能力分析，与行业、企业联合开发课程，确定统一教学计划、培养目标、教学大纲及实训计划、实训大纲。

第二，建立师生双重身份制。教师兼有公司机构中管理者身份，学生兼有被公司雇用职员的身份。这种模式的意义在于最大限度地发挥学生的主体性作用，提高学生技术知识和实践能力的养成。这种模式中强调师师合作、生生合作和师生合作，将教学活动定位在一种互动的复合活动上。

第三，改革实践教学方法和手段，由模拟型向实战型教学转变。把模拟型的实训教学改革成为同企业管理运作相一致的教学。这样既培养了学生的市场运作能力，又避免了单纯消耗性实习的弊端，节约了大量的实习经费。

第四，培养学生综合职业能力，同时注重个人品质在职业活动中的作用。人际交往与合作共事的能力，组织、规划、独立解决问题与创新能力等作为职业能力的重要构成要素。

第五，具有终身教育、创业教育的特性。"模拟仿真"的教学既适用于职业技术的学历教育，也适用于成人上岗、转岗培训和技能提高的终身教育。

3. 非生产性实训基地建设原则

非生产性实训基地是行为导向教育哲学思想的具体体现。在教学中，行为导向意味着在整个教学过程中，创造出教与学和师生互动的社会交往仿真情境，在这种情境中，他们通过反复练习，进而形成自然的、符合现实经济活动要求的行为方式、智力活动方式和职业行为能力，即在专业能力、方法能力、社会能力和个性方面得到发展。这种实训基地模式的效果已经得到了实践的验证，如德国最新的"办公学校"模式、丹麦的"模拟公司"等。它们的共同特点都是首先创造一个真实的职业环境。

在这些模拟实训基地的建设中，应注重真实职业环境的建设，在实用技能的训练设计方面努力"贴近一线的生产、技术、工艺"，从设备、厂房建筑、工艺流程、管理水准、人员配置和要求、标准化以及质量与安全等方面模拟或接近职业环境，使学生进入实训场地就能感受到一种职业的氛围。

第二节　校内实训基地的建设模式

面对社会的竞争，校内实训基地必须打造并形成自己的基地品牌。纵观西方近百年的职业教育，无论是德国的"双元制"，还是美国的"合作教育"等都把工学结合作为学历教育的重要组成，毕业生之所以受欢迎，得益于他们在校时有一个很好的实验、实训场所做基础，为学生将来从业提供保障。可见，高职院校实训基地的建设，直接关系到能否适应社会需求、能否办出特色、能否培养出高素质高技能有创新能力的人才。

一、政府、企业与社会、学校多方投资共建型

（一）政府、企业与社会、学校多方投资共建型的内涵

政府、企业与社会、学校多方投资共建型是指一部分高职院校的校内实训基地是由政府、企业与社会、学校多方共同投资兴办的。

具体的建设项目、各方投资的比例根据不同情况由各方协商确定。

（二）政府、企业与社会、学校多方投资共建型的特点

在建设主体上，属多方共建型，即学校在特定专业与多家企业或行业、政府部门同时开展合作，分别以不同的形式进行有利于人才培养的校内生产性实训基地建设。

在合作方式上，属自由合作型，即学校有针对性地选择企业、行业协会或政府部门，只要双方有需求，就可以开展各种形式的合作。合作形式相对比较自由，或由学校为主进行建设，或由企业或行业为主进行建设。

在运行管理上，有共同经营型，即校企双方共同出资建设和经营生产性实训基地，基地以企业的名字冠名，如餐饮专业在校内经营餐厅等业务；有任务驱动型，指教师主动收集和获取企业的信息，把某一企业的产品设计要求拿到课堂上来，由学生根据企业的要求进行产品的设计和研发，学生完成设计作品后，由企业进行评选、认定。如服装、制鞋、家具等专业的学生设计的作品中经常会有部分创意元素被企业采用，有的设计会被企业买断并投入批量生产。

（三）政府、企业与社会、学校多方投资共建型的优缺点

1. 优点

可以充分利用行业部门、企业的职能、信息、技术、资金等，开展各种技术培训和技术监测，提升实训基地的生产水平。相关利益主体根据各自需求开展合作，形式灵活，见效快，学校主动性也相对较强。

2. 缺点

合作效果人为因素大，随意性大，合作基础不牢固，管理协调复杂，需要较完善的实训基地建设、运行管理和绩效考评机制和有效的管理办法。

（四）政府、企业与社会、学校多方投资共建型的学校案例

从所有通过政府、企业与社会、学校多方投资共建型的模式建设校内实训基地的学校来看，最具代表性应该是湖南铁道职业技术学院。

2002年，教育部确定了12家国家高职高专学生实训（师资培训）基地建设项目，这一年，湖南铁道职业技术学院在自己的主管部门——中国南方机车车辆工业集团公司的支

持下，由省教育厅推荐，学院的实训基地被教育部批准为国家高职高专先进制造技术学生实训（师资培训）基地建设项目，这是中南五省唯一的国家级实训基地建设项目。

在建设国家实训基地时，组织了教育厅领导、行业和企业的技术专家、兄弟院校的代表，共同确定实训基地的建设方案。在国家实训基地实训建设项目的设置中，体现三方的需求，设置了机电基础实训中心、电牵与传动控制实训中心、数控与模具实训中心、电气自动化实训中心、电子信息实训中心、制冷与暖通实训中心、校办企业公司、经贸管理实训中心等 8 个重点建设项目。

在国家实训基地建设的过程中，政府、行业、学校三方共同承担建设经费。先进制造技术实训基地项目由教育部、省教育厅、主办行业、学院四方共同建设。一期工程所需经费为 1 688 万元，二期工程需经费 2 679 万元，三期工程需经费 1 873 万元，共计 6 240 万元。行业主管南车集团公司投入项目经费 300 万元，每年拨付办学经费近千万，三年共计 3 000 多万元。株洲市以优惠价格提供土地 110 亩。2004 年中央财政资助 264 万元用于购买数控设备。

经过四年建设，建筑面积达 4.93 万平方米的先进制造技术学生实训（师资培训）基地已经建成。一个设施先进、功能齐全、特色鲜明、辐射周边、产学研相结合的区域共享型国家实训基地已经投入使用。

二、校企合作共建型

（一）校企合作共建型的内涵

校企合作共建型是指校企双方通过多种形式在学校内共同建设面向不同专业培养学生相关技能的实训基地。这是一种比较自由的组合形式，校企双方只要有需求，就可以开展各种形式的合作，共建共享校内实训基地。

（二）校企合作共建型的特点

投入的主体是学校和企业，属校企一体型，即校企双方共同投资建设生产性实训基地，实行企业化运作，以企业为主组织生产和实训，学校主要负责管理和理论教学。

在运行方式上，属引企入校型，即当学校拥有先进的生产性设备，但运行成本较大，且缺乏高水平指导教师时，学校就会主动引进企业，学校主要提供场地和管理，由企业提供相关设备、原材料和技术人员，组织学生开展生产和实训。

具体有两种形式：一种是校企共同体，即学校和企业组建校企共同体——以企业命名的二级学院，开设订单班，校企双方签订人才培养协议，企业全程参与学校的人才培养过程，学校负责理论教学，并提供场地和管理，行业企业提供设备，并选派高级技术人员到学校组织生产和实训。另一种是股份制实训基地，即学校和企业按照现代企业制度，以生产要素股份、资本股份、智力股份的构成，对校内实训基地进行股份制改造或直接建立具有实际生产经营资质的股份制企业，以增加实训基地的自我造血功能，增强滚动发展能力，保证实训基地的可持续发展。校企合作共建型模式主要适用于工科类紧缺专业人才的培养。

（三）校企合作共建型的优缺点

1. 优点

在于经营管理企业化，产权明晰，学校可以较少的投入赢得企业丰富的资源，企业的资金投入、设备更新和实训指导均有保障，而且生产功能强，管理水平高，有利于提升实训基地水平。

2. 缺点

学生的生产性实训可能会因为企业的生产任务而受影响，可控性不强，管理协调比较复杂，在教学上难以兼顾"学"的需求，引进的企业会更多地考虑经济效益，实习内容流于形式。

（四）校企合作共建型的学校案例

采用校企合作共建型模式建设校内实训基地的学校有很多，这里以温州职业技术学院为例。

温州职业技术学院作为国家示范性高职院校建设单位，一直按照教育规律和市场规则，紧密联系行业企业，不断改善实训、实习基地条件，积极探索校内实训基地建设模式，在实践方面积累了一些建设经验，取得了明显的效果。

该院在校企合作共建型模式下采取了多种形式。

1. 共同经营型

共同经营型主要是指校企双方共同出资建设和经营生产性实训基地，基地可以以企业的名字冠名。如该院主动加盟上海华联超市公司，建立了上海华联温职院实验商场；酒店管理、旅游管理专业与学院后勤四方公司合建，承担经营中餐厅、西餐厅、住宿等业务。

2. 优势互补型

优势互补型主要是指由学校、企业共同提供设备或师资，共建共用实训基地，实现优势互补。例如，该院与温州万通机械设备有限公司合作建设的培训基地，由企业提供数控设备，校方提供场地和师资，双方优势互补合作共建。作为培训和实训基地，除对客户培训外，培训中心还面向社会开展短期培训。

3. 任务驱动型

任务驱动型主要是指教师在教学过程中，主动收集和获取企业的商业信息，如把某一企业的产品设计要求拿到课堂上来，由学生根据企业的要求进行产品的设计和研发，学生完成设计作品后，由企业进行评选、认定。如该院服装、制鞋、家具等专业的学生设计的作品中经常会有部分创意元素被企业采用，有的设计会被企业买断，并投入批量生产。

三、政府与高职院校共同出资建设型

(一) 政府与高职院校共同出资建设型的内涵

政府与高职院校共同出资建设型是指以各级政府的财政投资与高职院校自筹资金相结合建立的各级各类校内实训基地。

中央财政的经费主要起扶持、引导和示范作用，目的是鼓励和促进地方加大实训基地建设的经费投入力度，加快基础能力建设，改善学校的办学条件，为经济社会的发展提供高质量的人力资源。

(二) 中央财政投入的建设模式

中央财政专项资金支持的职业教育实训基地建设将采取两种模式。

第一种是区域综合性实训基地（建设型大模式）。

按照国家五大经济带分布，与国家西部地区大开发、振兴东北老工业基地、中部崛起等发展战略的要求相配合，通过几年的逐步投入，在职业院校相对集中的中心城市，建设若干投资额度需求较大、设备配备较全的区域综合性实训基地。这种基地应以地方政府为主统筹规划和建设。地方政府对基地建设的日常维护运行要建立保障机制。教育部、财政部只对即将建成的或已建成并符合标准的基地给予奖励、支持。

第二种是专业性实训基地（建设型小模式）。

选择在当地某一专业领域能起骨干示范和辐射作用的职业院校，通过一次性投资，支持建设一批以服务本校为主，又能与周边职业院校共享的专业性实训基地。

(三) 地方财政投入的建设模式

政府与高职院校共同出资建设型模式在实际建设中，以中央财政投入为主、地方财政投入与高职院校投入为辅，地方财政投入为主、中央财政收入与高职院校投入为辅，学校自筹投资为主、地方财政投入为辅等几种模式。

中央财政投入资金发挥的引导作用，能够激发地方财政以及企业、院校建设实训基地的积极性。如江苏省，2004—2010 年中央财政投入资金 1.8 亿元，而地方财政、职业院校、行业企业投入建设资金超过 7 亿元，约为中央财政投入资金的 4 倍。典型的案例是江苏某高职学校的流通现代化工程实训基地，中央财政投入 140 万元，而地方财政投入 400 万元，学校自筹资金 732.5 万元，行业、企业投入 438.5 万元，项目资金合计达 1 711 万元，为中央财政投入资金的 12 倍。各省级政府对实训基地建设非常重视，有些地区制订了实训基地建设规划和配套的专项政策。如浙江省实施"浙江省高等职业学校实训基地建设行动计划"等，新建了 100 多个省级实训基地、省级综合性公共实训基地。

四、学校投资主导型

（一）学校投资主导型的内涵

学校投资主导型是指以高职院校投资为主，以各类政府补贴及企业投入为辅的一种实训基地建设模式。这种模式大多是以学院专业师资、技术专利或校办企业为依托，通过吸引社会各方面的资金建设具有一定的市场前景、能够满足学生实训的基地。

（二）学校投资主导型的形式

学校投资主导型模式包括学校自筹资金、社会赞助、企业捐助等形式。

1. 自筹资金型模式

自筹资金型模式是典型的学校主导型模式。由学校（师生）出资，在设备、管理等方面建立与现代企业相同生产（经营）性实训基地。广州松田职业学院建立的以商棚为平台的跳蚤市场，以创业园为平台的生产性实习基地，基于校园电商平台为主题的线上、线下一体的生产性实习基地，以及"日日鲜"保鲜蔬菜连锁超市、机电系汽车服务中心、财经系会计服务中心等都属于这种模式。

2. 社会赞助型模式

社会赞助型模式是指企业或企业家、社会知名人士在一定的条件下无偿赞助学校建立相关的实训基地。一些有远见的企业或企业家，为支持学校办学，推广和宣传本企业的产品，会无偿赞助或以半赠送的形式向学校提供该企业生产或营销的仪器、设备等，以企业投入为主建设校内生产性实训基地。一方面，企业通过无偿赞助的形式，树立了良好的社会形象；另一方面，学校培养了一批熟悉该企业和该企业产品及操作性能的专门技术人才，这些人才会成为该企业产品的义务推广者、活广告甚至是忠实的用户；学校还可以为企业提供客户培训、优先推荐毕业生等。比如广州民航职业技术学院用于实训的大中小飞机、发动机均是各民航企业赞助的。

3. 企业捐助型模式

企业捐助型模式是指一些热心慈善事业、热心教育事业或社会知名人士为支持教育事业的发展以无偿捐助的形式帮助学校建立的实训基地。

（三）学校投资主导型的特点

生产经营和实践教学，主要由学校负责、统一安排，便于实施教学计划。广州松田职业学院物流实训室得到广州顺丰速运有限公司的支持，公司赞助设备价值数万元；创业园得到天猫公司赞助，建立"天猫小邮局"实训基地；机电系得到广州兆方汽车销售有限公司的赞助，建立汽车服务中心。

这类学院具有较强的自主性和使用的便利性，其发展前景主要取决于其管理运行机制是否灵活、科学、适用。

五、学校独资建设型

在高职院校的实训基地中，有一些实训基地是由学校独立投资建设的。特别是在一些隶属于企业办的高职院校和部分民办高职院校中，这种情况较多。

受资金影响，学校独资建设的实训基地通常以模拟仿真实训基地为主，以生产性实训基地为辅，建设规模一般不大。

第三节 校内实训基地的建设管理

一、校内实训基地建设的前期管理

校内实训基地建设的前期管理主要是指编制实训基地的建设方案。在编制实训基地的建设方案时，需经历校内实训基地建设的分析论证、初步设计、制订方案等方面。

（一）校内实训基地建设方案编制思路

1. 基于职教课程方案

实训基地建设方案的开发，要充分建立在对相关课程理论与课程方案理解的基础上；要依据特定的课程方案来确定实训基地的功能与装备标准。

2. 基于工作体系

以个体职业准备为目标、突出工作岗位需求来培养学习者的各种综合能力，而这些能力的培养必须以具体的行动导向、职业领域、实际情境为基础，突出实践性教学。

强化实践性教学，则必须建设加强职业教育各种实训基地的建设，实训基地建设方案的开发则必须以职业岗位的工作任务为技术手段。

3. 遵循学习规律

基于学习理论，强调知识的建构性、社会性、情境性、复杂性和默会性，强调鼓励知识创新，以培养知识创新人才。

（二）校内实训基地建设方案编制原则

在校内实训基地建设项目方案的拟订中，应坚持以下原则。

1. 实用的原则

校内实训基地必须实用，必须紧贴地方经济发展重点，体现职业能力和技能培养的特点，为各专业学生的培养目标服务，避免追求场地配套上的华而不实，以最大限度地用好有限的资源、经费。

2. 综合的原则

实训基地的建设不能走以前普通高校按课程设置实验室的老路，要按专业大类、专业能力和技能的培养主线，形成系列，适用性要强，能进行多学科的综合实训，相关专业尽可能通用，以发挥综合利用的优势。如在建设商务实训中心时，就将法律文秘类和语言类专业的情景实训室有机结合进去。

3. 先进的原则

紧跟时代发展前沿的综合性职业技能训练项目，体现新技术、新工艺，瞄准实际应用型人才缺乏的高技术含量和新技术行业的职业岗位，在技术要求上具有专业领域的先进性，适当考虑超前性，使学生在实训过程中，学到和掌握本专业领域先进的技术路线、工艺路线和技术实际应用的本领。设备先进、技术先进、思路要先进。先进不等于花大价钱买高精尖的设备。

4. 体现真实职业环境的原则

尽可能贴近生产、建设、管理和服务一线，努力体现真实的职业环境，让学生在一个接近真实的职业环境下按照未来专业岗位群，对基本技能的要求，得到实际操作训练和综合素质的培养。

5. 可持续的原则

对资金投入量大、需分步实施、跨年度的实训基地建设项目，应先整体规划，后逐步到位，既满足当前的教学需要，又为以后专业发展和技术升级留有空间，要把可持续发展的思想贯彻到校内实训基地的建设中。

6. 开放的原则

在环境和总体设计上要有社会开放性，不仅可以为校内学生提供职业技能实训，而且能承担各级各类社会职业技能的培训任务，为地方经济发展提供多方位服务，成为对外交流的窗口和对外服务的基地。

(三) 校内实训基地建设方案编制路径

1. 分析论证

分析论证是进行实训基地建设的可行性研究。可行性研究是确定建设项目前具有决定性意义的工作，是在投资决策之前，对拟建项目进行全面技术经济分析论证的科学方法，在投资管理中，可行性研究是指对拟建项目有关的自然、社会、经济、技术等进行调研、分析比较以及预测建成后的社会经济效益。在此基础上，综合论证项目建设的必要性，财务的盈利性，经济上的合理性，技术上的先进性和适应性以及建设条件的可能性和可行性，从而为投资决策提供科学依据。这里的可行性研究主要弄清实训基地建设的必要性和可能性。

2. 初步设计

初步设计是在分析论证的基础上，根据院校的实际情况确定相应的设计观念、设计目标，根据教育基本原理和专业特点确定拟建实训基地的设计方案。进行初步设计时，要充分展现实训的职业环境、工作和生产经营流程与企业文化；所用设备和技术在相应领域内具有一定的超前性、前瞻性，并充分体现国家化原则，体现职业与职业教育的发展趋势。

3. 制订方案

制订方案是指编制拟建实训基地的建设方案，包括建设方案设计图、资金投资预算、建设进度、保障措施和预期效果等。建设方案制订后，即可进行招标程序。

二、校内实训基地的建设管理

校内实训室的建设是一个刻不容缓的事情，因为单纯依靠校外实训是不能满足高职教育对于实践比例的要求的。所以我一直在思考，无论是院级还是系部专业的实训室建设，仅仅靠耗巨资购进一些设备、买进一些计算机、购置一些软件就可以了吗？答案是否定的，硬件和软件的配备固然重要，但是如何有效利用这些资源，如何在有限的时间内提高其利用率，发挥其价值，如何有效避免校内实训室流于形式，如何真正切实地锻炼学生的动手能力，这些问题无疑是摆在各大高职院校面前的共同难题。其中涉及规划、管理、制度等一系列问题，应在建设之初就明确实训的任务和目的。以下从几个方面简单阐述校内实训室建设需要考虑的问题。

（一）校内实训基地建设原则

按照"科学规划、统筹安排、突出重点、合作共建、资源共享、分步实施"的基本原则进行建设。在建设过程中，应坚持如下原则：

1. 导向性原则

实训基地建设要发挥导向作用，要考虑把优质教育资源与行业企业生产有效结合起来，以项目建设的形式完善学院重点专业实训基地建设，通过真实或仿真的职业环境，按照与职业岗位群对接的要求，开展各种职业技能和职业素质训练。做到先进性、真实（仿真）性、实用性、开放性、生产性相结合。

2. 共享性原则

实训基地建设目标定位要准确，要综合利用现有资源，最大限度地实现资源共享、辐射周边，充分体现开放性及社会服务功能，使之成为技能型紧缺人才的培养训练基地、农村劳动力转移培训的课堂、校企合作的载体、产学结合的平台。

3. 效益性原则

实训基地建设应与学院人才培养规模和市场对技能型专门人才需求状况相匹配，要注重社会效益和经济效益的统一。要创新管理理念，注重开辟新思路、实行新机制、采用新模式，提高实训基地的投资效益，走自主发展、自我完善、自我管理的道路。

4. 持续性原则

实训基地要通过多种途径，提高软、硬件建设水平，增强实践教学和社会服务能力。

特别是重点特色专业实训基地，必须高度重视其持续运行能力，要坚持依靠专业办产业，办好产业促专业的原则进行建设，在保证完成实践教学的前提下，创新实训基地管理体制和运行机制，实行专业化生产经营，企业化服务管理，形成管理、运行、发展的长效机制，使其成为集教学、培训、生产、科研为一体的多功能教育实体，确保基地的可持续发展。

5. 动态发展原则

结合专业和师资队伍建设，学院对运行规范、效益良好、示范作用显著、发展前景广阔的实训基地重点发展，支持其进一步提高水平和扩大规模。重点建设专业性、生产性实习实训基地，力争发展成为区域性基地。积极创建、申报省级、国家级示范基地，适时淘汰不适合市场需求、共享和辐射作用不显著、无可持续发展能力的基地，实现实训基地的动态发展。

（二）明确实训目标和任务

各专业在建设校内实训基地时，首先均需明确本专业学生应具备的核心能力，因此既然要投资要建设就要把钱花到刀刃上，所购置的软硬件一定要吻合人才培养目标，在建设初期要深入企业，了解当前企业的技术水平和工人的技能要求，以使所配置的设施设备跟上时代要求。

在明确了各专业的实训目标的基础上，要合理考虑经费的投入，采取分阶段逐项投资的方法，确定实训室的面积、布局、设备的型号、教学软件的种类等问题。

根据专业性质的不同，校内实训室可分为真实场景实训室、虚拟实训室两种。真实场景实训室是指所购进的设施设备是企业真实采用进行生产的设备，可直接进行操作和生产，这种实训室更像校园工厂，但是要想建造一个成功的真实场景实训室必须注入巨大资金，因为要考虑场地面积、设备型号、数量等多种现实问题；虚拟实训室是指运用教学软件和设备模型来满足教学要求，教学软件既可是软件公司针对专业特色模仿企业流程的操作软件，也可是企业真实应用的软件，而模型则是列为参观了解的实物，虚拟实训室在一些管理类的专业中应用最为广泛，如物流管理、营销策划、电子商务教学软件的应用，物流设施设备的模型等。虚拟实训室的开发必须要依托信息技术和网络技术，要有巨大的数据库的支持。

（三）明确主干课程实训、专项实训和综合实训

各专业实训教学的展开，首先必须要确定专业主干课，每个专业通过对院校调研、专家咨询、毕业生岗位调查等手段来确定主干课。从分析各届毕业生的就业去向、各专业的就业岗位群着手，确定专业的培养目标，根据其相关岗位所需要的专业素质、专业能力和执业技能等要求构筑实训课程体系，展开实训教学。

设置人才培养计划时，需要对这些主干课加大课时量，在课程讲授过程中利用校内实训室对相应的技能进行实训，实现边学习边动手、边理论边实践的结合，从而在学中做，

做中学，达到做学结合的目标。

实训不仅包含课程实训，还包括专项技能实训和综合实训。各种实训形式要分阶段、分层次，采用先易后难，从专项到综合、循序渐进的方式进行。

无论何种专业、何种形式的实训，一定要解除学科体制的束缚，避免学科体系中重理论轻技能的弊端，根据企业行业岗位需求，开发各种实训项目。

（四）科学编著实训文件资料

实训教学要求其教材应及时反映科学技术与行业的发展进步，符合企业对人才的实际需要。

实训文件包括实训教学大纲、制订实训教学计划、设置实训项目、实训教材等资料。实训文件的编写要在企业有关专家的指导下科学制定，参考一些行业的技术标准。在实训基地内对实训资料和实训教师进行统一安排。

实训教学大纲对于实训的任务、目的和性质应有明确的规定，其对于整个实训任务的实现具有统筹指挥和规划作用。在实训大纲的指导下，对各个课程设置任务，利用任务驱动的方法进行项目化教学，通过每一个具体项目的实施，使学生掌握基本的操作技能，从而达到实训的目的。

所有的实训文件必须与时俱进，不能脱离行业最新形势，必须密切和企业行业的合作，随时更新。

（五）大力培养双师型教师

现代职业教育课程观强调一体化教学，因此双师型的教师在其中起着重要的作用。校内实训室硬件条件具备之后，还必须要有既懂理论又懂实践的教师对学生进行现场指导。

双师型素质教师的重要性毋庸置疑，但目前多数高校这种高素质的教师所占比例并不高，为适应职业教育新形势的要求，各院校必须通过多种形式鼓励中青年教师到各大企业顶岗实习，通过至少半年以上的实际锻炼来提高教师的实践技能水平，在掌握了充分的理论知识的基础上又具备了实践动手能力，这样，双师素质教师在指导学生实习实训的时候就更具说服力，而具备双师素质的教师从教也会更加得心应手，因此，职业院校必须制定一些政策，鼓励中青年教师转型为双师教师，或者从企业引进一些能工巧匠，来提高自己的双师比例，高职院校要想更快更稳地发展，非此不可。

此外，管理手段、体制和方法的创新也同样重要，利用率相对较高的校内实训室必须采用多媒体、信息技术，实现网络化管理。总之，校内实训基地的建设是一个巨大的工程，非一朝一夕可以完成，必须有步骤有计划地逐项完成，因此也必须要有脚踏实地的务实精神。

三、校内实训基地建设工程验收管理

实训基地建设项目完成或项目中某一独立环节完成且试运行一段时间后由项目立项人

向学院实践教学委员会提出验收申请。

项目验收包括场地设备验收、功能验收和资料验收等。

(一) 场地设备验收

场地设备验收主要从硬件上检查场地的改造、装修和设备的选择、型号、规格、数量、安装是否达到立项书和合同的要求。

(二) 功能验收

功能验收主要检查是否达到项目建设目标和预期的实训项目，由项目负责人及其成员逐项或挑选演示实训项目，采取一票否决制，即只要有某一项预期实现的实训项目没有成功，功能验收就不合格。

(三) 资料验收

资料验收时必须提供：验收申请、项目建设总结；项目申请书；所有合同和资金使用情况表；

项目能进行的实验、实训、实习课题清单；项目能进行的实验、实训、实习课题的大纲、指导书；项目能进行的实验、实训、实习课题的实测报告。

验收合格后，将上述材料归档，项目整体移交实训处管理。

第四节　校内实训基地的日常运行管理

一、校内实训基地的管理体制

(一) 学校管理

学校管理模式是指实训基地的土地房产和主要设备由校方投资，按照现代企业制度的要求，实行所有权与经营权分离，即校企分开的管理体制，学校单独设立具有企业性质的实训基地管理机构，或者成立具有独立法人资格的经济实体。学校作为出资主体享有选择管理者、资产受益和做出重大决策等主要权利，保证投资目的得以实现；学校不再直接干预基地的生产经营活动，而是积极引导其走向社会、服务大众，激励其生产的产品或提供的服务参与社会竞争，协助其挖掘潜力、增强活力、提升竞争力。基地作为独立经济实体拥有学校出资所形成的法人财产权，逐步发展成为独立享有民事权利，承担民事义务的法人实体和市场主体，实行自主经营，自负盈亏，对出资者承担资产保值增值责任；基地内部形成责权分明、管理科学、激励与约束相结合的管理机制，激发职工的生产积极性，按照市场需求进行研发、生产、销售、经营以及对外合作等活动，同时按照学校要求做好生产与教学科研之间的协调工作，完成学生职业技能训练任务。基地经理人员由学校聘任，享有企业法人的所有权利和义务，履行相应的职责，在用工、薪酬等方面与校内教师完全分离。学校采用目标责任制的考核形式，以产生经济效益和完成实训任务为依据，用以考核和评价基地管理部门的实绩；根据其所提供准确的财务报表，用以考核和评价经理人员的经营业绩和管理水平。

（二）企业管理

企业管理模式是强调企业在校内生产性实训基地管理中的核心地位，校方提供生产场地，企业通常为基地的投资主体，由于其生产规模不大，加上地方中小企业所处的特定环境，所有权与经营权合一的管理体制比较多见，凭借其自身的设备、技术、营销、管理等方面的优势，在保证完成生产任务的同时，发挥学生职业技能训练的功能。企业把整条生产线或一个车间设在学校，可以节省大量资金投入到基础设施建设，借助高等职业院校的社会影响力和知名度，极大地提高企业的品牌效应；同时利用学校的科技研发能力和特殊的优惠政策，以及质优价廉的劳动力资源，最大限度地降低生产成本，提高产品竞争力。学校与企业之间必须形成书面协议，明确双方的责任、权利和利益分配，相互约束，共创双赢。协议内容主要体现以下几个方面：①企业投入的设备在一定期限内享有使用、经营和管理的权利，到期后产权归学校所有；②学校有偿提供生产所需的水、电等必备资源，在生产、运输、仓储、销售等环节提供方便，协助企业办理相关营业许可手续；③学校每年向企业收取一定的场地使用费或管理费，用于基地建设；④企业必须明确校内基地的生产项目和产品名称，依法经营，自负盈亏；⑤企业在进行生产的同时，须保证有一定数量的工位和规定的时间，用于学生的职业技能训练；⑥安排学校的专业教师参加生产实践，安排能够胜任生产活动的学生参加顶岗实习，并给予适当的劳务津贴；⑦其他事项如确保安全生产、符合环保要求以及违约责任等条款。

（三）校企共管

学校与企业共同管理模式是指校企双方本着互惠互利原则，共同出资、协作管理校内生产性实训基地的一种形式，实行股份制是一种比较理想的管理体制，该模式综合了以上两种模式的优缺点，是目前校企合作管理实训基地的主要途径。校企双方通过契约形式，明确各自的权利与义务，可以设立基地管理委员会，由双方选派代表参与重大经营问题的决策。学校方面积极参与企业职工的技术培训，引导企业进行技术研发、产品更新等工作，协助企业开展科学化管理和运作，提高市场应变能力和竞争力，在提供学生职业技能训练的前提下，遵循循序渐进的原则，进行分层次教学，保证产品质量和经济效益，从而调动企业参与校企合作的积极性，提高基地的生命力和可持续发展。

借鉴现代企业管理制度，建立"董事会领导下的基地长官负责制"管理体制，不失为一种行之有效的模式，其特点是：①产权独立，可以使基地脱离对学校或企业的依附，进行独立经营；②所有权与经营权分离，使经营者专心从事经营，避免发生短期行为；③管理过程更加民主、科学。

二、校内生产性实训基地运行机制

（一）学校与企业合一

校内生产性实训基地运行过程中，学校与企业不是两个并列的机构，而是体现双重功能的同一个实体；通过实训基地这个平台，学校与企业之间是相互依存、相互补充的融合体。

1. 以人才培养为基础，形成动力机制

企业单位在市场经济中的竞争往往体现为人才和技术的竞争，企业所拥有的技术人才和劳动力的数量、质量是决定其生存和发展的重要条件。企业单位通过与高职院校合作，形成长期稳定的人才培养基地，一方面有利于技术改造、产品研发，另一方面能满足企业用工需求，保证工人质量，避免出现技工慌、招工难的状况，同时节省人力资源的培训费用，产生经济效益。

高职院校所从事的是为社会培养生产、建设、管理、服务第一线技术应用型专门人才和熟练劳动者的职业教育，校内生产性实训基地通过引进先进完整的设备、产品生产、实训指导师傅、企业管理模式、职业文化氛围等软硬件设施，提升学校的办学水平，增强办学活力，使学生在产品生产中进行真枪实战，提高职业能力。

2. 以基地为中心，形成共建共管机制

校内生产性实训基地的运行必须充分调动校企双方的积极性，在制订基地建设规划之初，学校要主动邀请企业人员参与讨论，广泛征求企业专家的意见，充分体现企业方面的意愿，明确基地建设目标。对于某一个基地建设，可以由校企双方共同制订方案，共同参与方案论证，共同承担建设费用，共同分担运行成本。在基地运行过程中，成立由校企双方人员组成的独立机构，共同参与管理，例如共同制定规章制度、产品质量标准和生产流程，共同制定教学目标、教学计划和教学大纲，共同编写实训教材，共同承担训练任务等。

（二）实训与生产同步

校内生产性实训基地的运行模式突出实训与生产同步进行的特点，在实训的同时进行着生产，在生产的过程中进行着实训，两者不分时空，有效地避免了教学与实习脱节、实训与生产脱节的问题，有利于培养学生的职业技能。

1. 健全规章制度，保证基地顺利运行

根据校内生产性实训基地的特点和定位，必须建立健全一整套规章制度，主要包括以下几个方面。一是综合类制度，如《校内生产性实训基地管理条例和细则》《校内生产性实训基地工作目标考核办法》《校内生产性实训基地工作常规》等；二是行政工作管理制度，如《会议制度》《行政值班制度》《教职工考勤制度》《采购制度》《财务管理制度》等；三是教育教学常规管理制度，如《学生学籍管理办法》《教学工作规程》《教学质量管理制度》《学生学分制实施办法》等；四是实训管理制度，如《生产性实训管理制度》《生产性实训安全文明管理制度》《生产性实训考核制度》《生产性实训教学检查制度》《校内生产性实训设备管理制度》《校内生产性实训工、量具使用管理制度》等；五是其他相关制度，如《仓库管理制度》《易耗品领用制度》等。

2. 建立质量保障体系，保证基地实训教学

结合校内生产性实训基地特点与规律，应把开展目标管理与实施 ISO9000 系列标准有机结合起来，以 ISO9000 系列标准为框架和基础，全面渗透目标管理的思想，在涉及生产和实训的每一个环节，尽可能制定出切实可操作的总目标、层级目标以及子目标，把一切影响到生产性实训质量的因素，全部处于受控状态。校内生产性基地质量保障体系应由基地内部质量管理、政府质量监控、行业企业质量评价三方面共同组成，其中基地内部质量管理是核心，通过建立质量管理体系，加强对生产性实训的管理，确保实训教学质量，培养高质量技能型人才；政府质量监控是导向，政府通过各类评估以及对技能等级证书和职业资格证书等的审核发放，达到生产性实训基地的间接掌控；行业企业的质量评价是主要依据，因为行业企业评价完全根据真实职业岗位所需要达到的技能要求进行严格把关，培养出的学生能够适应企业需求，说明实训教学质量达到要求。

（三）育人与盈利双赢

企业需转变观念，由关注用人转变为关注育人，从订单培养向全程参与延伸，学校需强化市场意识，挖掘身边资源，采取多途径、多方式积极寻求企业合作。校内生产性实训基地一方面是一个教学场所，通过科学有序地指导学生实训，达到培养社会所需要的技能型人才的育人目的；另一方面也是一个企业，通过生产产品盈利和培训社会员工盈利，达到创收的目的，运行的结果既使学生学到了技能，又使基地获得了经济效益，真正实现了育人与盈利共赢。

1. 以学生为中心，实现全方位管理

校内生产性型实训基地最终目标就是为了更好地培养出高素质技能型人才，教学环境和训练方法的改变，最终目的是把学生培养成一个符合时代要求，为企业所欢迎的有用人才，因此基地运行过程中要注意调动学生积极性，帮助学生树立自信，进而激发学习动机。校企双方必须坚持以学生为本的思想，从"以物为中心"转变为"以人为中心"，从"监督管理"转变为"自主管理"，从"纪律约束"转变为"措施激励"，进而培养出能够适应生产实际所需的知识、能力、素质和个性发展要求的人才。

2. 以效益为先导，体现互惠互利原则

学校与企业长期顺利合作的关键是能否真正体现双方的利益。学校要为企业提供合适的生产环境、提高企业的研发能力、减低企业的生产成本、输送合格的员工，使企业规模

不断壮大，生产设备不断更新，生产工艺日趋先进，从而促使学校采用更加先进的教学手段和方法，不断更新教学内容，以培养出为企业所需的高素质技能型人才，使学校的教学水平不断提高。同时一大批具有高素质、强能力、技术娴熟、适应快的优秀毕业生充入企业，改变了企业职工的结构，提高企业职工的整体素质，使企业增强了参与市场竞争的能力，也直接为企业的发展产生了效益，实现双赢。

校内生产性实训基地的建设和运行，真正实现了教学内容与生产实际的零距离对接，让学生感受到真实的职业环境，它所形成的"教室与车间合一，作业与产品合一，教师与师傅合一，学生与学徒合一"运行模式，是职业教育技能型人才培养的新型模式。

第九章　校外实训基地的建设与管理

第一节　校外实训基地的建设

一、校外实训基地的概念

校外实训基地主要承担高等职业教育岗位实务训练，通过开展产学合作，建立相对稳定的，能够反映岗位、职业、行业发展方向和水平的实训基地。

关于校外实训基地的概念有两种说法。

第一种是从地理位置来说。不论投资主体是谁，凡是建立在学校校园内的用于学生技能训练的实训基地，都是属于校内实训基地。相反，凡是建立在校园外面的实训基地都属于校外实训基地。

第二种是以实训基地的所有权的归属为依据划分。凡是高职院校投资建立的实训基地或是高职院校投资占主体的实训基地无论是否建立在校园内都属于校内实训基地。在这种观点下，即使是建立在校园内部的实训基地，只要是通过引进社会资本兴建，而且学校的投资股份不占主体都属于校外实训基地。

鉴于第一种观点更直接，易理解，因此大多数人更认可第一种概念，即校外实训基地是指建立在学校校园以外的实训基地，并以生产性为主，仿真模拟等非生产性基地较少。

二、校外实训基地对高职院校的意义

校外实训基地是高职院校实训系统的重要组成部分，是高职学生与职业技术岗位"零距离"接触，巩固理论知识、训练职业技能、全面提高综合素质的实践性学习与训练平台。基地除了作为实训教学、职业素质训导、职业技能训练与鉴定等平台外，还是开展教学改革、科学研究、就业指导、服务社会等工作的多功能场所。

（一）弥补校内实训基地的不足，提供真实或仿真实的实训场景

校外实训基地是对校内实训基地设备、场所和功能缺陷的有效补充，能有效解决学校实训基地建设所需经费和空间不足的矛盾。由于校外实训基地的运行往往由企业技术骨干作为兼职教师共同参与，并能指导学生的理论与技能学习，也能减轻校内实训教学安排上的压力。更为重要的是，由于学生在校外实训基地接受的是一种直接在生产和实际工作的

现场培训，所以十分有利于他们掌握岗位技能、提高实践能力、了解岗位的社会属性。

（二）提高学生就业竞争力，缩短工作适应期

现在，用人单位对毕业生的实践动手能力和工作经验要求越来越高。学生通过在生产、建设、管理、服务第一线的校外实训基地的工学交替、顶岗实习，可以接受现代企业氛围的熏陶，熟悉相关行业先进的设备、技术路线和生产工艺，尽快掌握相应岗位所需的基本技能与专业技术，取得实际工作经验，巩固、综合、强化实践能力，并能培养现代化生产和科技发展倡导的团队协作精神、群体沟通技巧和组织协调能力等综合素质。同时，校外实训基地所在单位的一系列规章制度及员工日常行为规范，也可以为学生提供形成综合实践能力、职业素质、职业道德、职业意识的实践氛围。总之，在真实的工作环境中，按照规范的职业标准开展项目实训，能够提高学生就业竞争力，缩短他们的工作适应期。

（三）促进学校教育教学改革，提高整体办学实力

校外实训基地为高职院校"工学交替"准备了条件。另外，通过校外实训基地的建设和运行，学校可以及时了解社会对人才培养的要求，发现学校师资培养、专业设置、课程目标与内容、教学计划与方式等方面存在的不足，从而有针对性地开展教育教学改革，提高人才培养质量和整体办学实力。如通过选派教师到基地企业挂职锻炼和聘任企业技术骨干担任兼职教师的互动方式，提高学校的师资水平；聘请企业专家参与调整专业设置、调整教学计划、开发工学结合课程和编写校本教材等工作。

（四）增强社会服务能力，扩大学校影响力和辐射力

高职教育的生命力在于贴近人才市场需求，服务当地社会经济发展。学校将校外实训基地建设、技能型紧缺人才培养、农村劳动力转移培训和科技服务等工作有机结合起来，就充分发挥校外实训基地的系统功能和作用，提高科技服务能力，为区域经济和社会发展服务。校外实训基地还能为学校老师开展科学研究和科技推广创造有利条件。老师们把先进的生产技术、新品种、新工艺等科研成果，通过校外实训基地在地方推广和应用，为地方经济发展提供技术支撑，增强了社会服务能力，能产生良好的经济效益和社会效益，又能扩大学校的影响力和辐射力。

三、校外实训基地的分类

在校外实训的建设过程中，按照与企业的合作程度，校外实训基地分为"紧密型""半紧密型"和"协议型"三类。目前，校外实训基地建设的基本原则是减少"协议型"实训基地，维持"半紧密型"实训基地，大力发展和建设与专业规模相适应的"紧密型"实训基地。

(一)"紧密型"校外实训基地

"紧密型"校外实训基地是指与学院有长期稳定的合作关系，签订了规范的合作协议，有频繁的双向交流，能充分发挥校外实训基地的基本功能，能较好地完成实习、实训任务，并连续多年接收学生进行认识实习和专业实训，能够定期接受学生顶岗实习，能够选派实践指导教师，能够接收毕业生的校外实训基地。

紧密型实训基地和校内综合实训基地具有相同的作用，或者是具有相同功能的不同组织形式。同样在科研转化、双师型教师培养、技能培养和社会培训等方面发挥着重要作用。紧密型实训基地在工作环境和工作过程的实现方面具有更大优势，因为它本身就是一个有运行和管理机制的社会实体。

(二)"半紧密型"校外实训基地

"半紧密型"校外实训基地是指与学院有稳定的合作关系，签订了规范的合作协议，能坚持双向交流，能够接受学生现场参观、认识实习等，能够选派实践指导教师的校外实训基地。

(三)"协议型"校外实训基地

"协议型"校外实训基地是指与学院签订了规范的合作协议，有初步的合作意向，但只能有限安排或未能安排学生进行实习、实训，同时又具有很大发展潜力的校外实训基地。

分散型实训基地可以成为就业基地，特别是在学生毕业前的顶岗实习过程中，既是实习教学环节的实训过程又是就业前期的岗前培训。

第二节　校外实训基地的运行与管理

一、政府投资建设的共享型公共实训基地的运行与管理

区域共享型实训基地是指在某一区域内建立开放的、共享的、合作型综合实训基地，它建立在区域经济基础上，并服务于区域经济。共享型实训基地的实质，是在确保学校教学的前提下，面向区域内向社会全方位开放，最大限度地实现资源共享，成为服务社会的窗口、校企合作的载体和产学结合的平台。共享性与开放性是其两大本质属性。

(一)区域共享型实训基地建设现状及存在问题

各级政府、教育机构在探索实训基地建设方面，已经取得了一定的成果。最著名的是上海市建造的市职业培训公共实训中心。实训中心通过政府集中投资，建立一个面向社会

培训机构免费开放、无偿使用、功能齐全、技术先进的公共实训基地，避免资源浪费，实现培训资源共享。

但在区域共享型实训基地建设过程中，还存在着一些问题。

1. 本位思想严重

许多高职院校实训基地建设不是以学生职业技术能力的形成为基础，而基本是满足课程教学，根据所授课程来建设实训基地，无法体现共享型实训基地的功能和特点。

2. 资金不足

共享型实训基地建设前期投入很大，尤其像机械类工科。从目前来看，缺少资金投入是各高职院校共享实训基地建设存在的最大难题。

专业设置与区域经济结构之间的吻合度不高。职业教育为区域经济服务能力的强弱，取决于职业教育及实训基地专业设置与区域经济结构之间的吻合度，即吻合的现实性与超前性。

资金投入方式单一，校企合作不充分。发挥行业在职业教育发展中的引领作用，是发达国家发展职业教育的普遍做法。但在我国，企业本位的发展模式"先天不足，后天营养不良"，这就决定了我国在今后相当长一段时间内，学校本位的职业教育仍将占据主导地位，政府财政经费投入仍为主渠道。

实训基地缺乏社会开放性，不能完全满足社会的需要。根据区域经济的需要，职业学校既要发展学校形态的职业教育，又要发展职业技术培训，两者并举，协调发展。这就要求实训基地要对社会开放，开展与经济发展相对应的失业人员、就业人员、新生劳动力、农民工培训以及高技能紧缺人才培训等职业培训项目。

（二）区域共享型实训基地建设和运行对策

理顺管理体制，统筹安排、专业规划。这是建设区域共享型实训基地的首要问题。在政府主管领导的主持下，教育行政部门牵头，由财政部门、劳动部门、责任学校、行业企业等相关负责人组成筹备小组，以职业教育专家组成专家组进行专业论证，在此基础上，确定区域共享型实训基地的专业建设方向。在运行过程中，教育行政主管部门统一规划和指导，大力提倡区域内各个职业学校以区域共享型实训基地为轴心进行整合，开展多领域、多层次、多形式的横向联合与协作，通过校际联盟、校企合作共同建设，并向其他学校、农村劳动力培训、企业职工培训全面开放。

健全投入机制，保障经费来源。要坚持以政府投入为主，完善政府、企业、社会分担实训基地建设成本和培训成本的保障机制。一是加大公共财政的投入。经费投入应由政府统一安排，统筹拨款渠道，做出经费投入具体规划，加大公共财政投入，解决实训基地建设经费投入不足问题。二是改变单一由政府投资的办学格局，注重制度创新，盘活资源存量，建立和完善社会参与机制，发挥社会力量办学的作用，为社会各方投资办学提供有效的政策支持和畅通的渠道保证。三是激发企业办学的积极性，保障健康发展。

以学生为主体，开展实训教学。实训教学必须依赖现有学校的软硬件设备和师资队伍。根据学生所学专业与将来从事岗位的性质，明确学生需要掌握哪些职业核心能力，在目标明确的前提下，让学生进入相应实训室接受技能训练。可采取两种模式。第一种，一体化实训场所建设模式，包括实训区、讨论区与教学区。实训区配备实训装备，学生在该区域完成工作任务；教学区配备桌椅和其他教学设备，引领学生学习专业知识、了解工作任务等；讨论区让学生讨论完成工作任务时出现的问题，与同学、老师交流，找出解决问题的方案。第二种，在一体化实训场所外，建设生产性顶岗实训区，为学生提供完全真实的实训环境，促使学生在走上就业岗位前做好充分准备。

以现代企业管理制度为模型，采用企业化运行机制。一是采用股份制管理模式。实训基地借鉴现代企业管理模式，实行董事会领导下的校长负责制，董事会为管理决策机构，依法行使决策权；校长按职业教育规律、市场运作规律依法行使实训基地的教育、生产和管理权；实训基地下辖教学部、生产部和行政部，建立对接产业、服务产业、工学结合的人才培养模式新机制。二是教学部及教学管理部门、各职能部门、教学质量监控中心、各行政部门等，下设各专业教学工作室，按职业学校的教学规律运行；生产部下辖公司以及职能部门，遵循市场规律按企业方式运作，建立基于校企合作、产学结合、工学结合条件下"学校+企业"两种运作模式紧密结合的新型管理体制与机制。三是在董事会领导下，将人才培养体系和企业产业生产体系融为一体，逐步形成"前店后厂"工学结合的人才培养体系。按照两个机构、一套班子的运作模式，实现校企合作体制与机制一体化的紧密结合。四是实训基地遵循市场经济运行规律，充分利用实训资源，在完成教学任务的同时完成企业生产任务。

共享性实训基地每年设立专项教师培训基金，鼓励教师参加各种进修、技能培训、校企合作研究和下企业锻炼；设立专用项目经费，用于教师参加实训室或企业科研开发、项目建设，为企业提供技术服务。

二、校企合作型实训基地的管理

（一）校企合作实践教学管理机制存在的问题

目前，虽然校企合作实践教学管理在我国各个高校中摸索出了一些成果，然而随着高校教学环境的快速完善，教学水平的快速提升，教育事业的快速发展以及高校规模的不断扩大，校企合作实践教学的管理难度也在不断增加。实训消耗材料量多价高，实践教学基地的建设资金投入量大，无法仅仅依靠政府的投资来完成。校企合作对于促进校内实践教学基地建设、改善学院的办学条件，体现出了重要的作用，并且借助学院的人员、设备与技术优势，可以增强校内实践教学基地自身的功能优势，也可以为企业创造良好的经济效益，提供多种形式的服务。校企合作实践教学环节的管理，尚且存在如下几个方面的问题。

1. 校企合作实践教学管理中的评价不合理

在校企合作实践教学环节的管理中，合理评价体系缺乏，因此导致教师无法对教学过程中学生的实践能力进行科学、合理的评价，这不利于实践教学中的管理。校企合作实践教学过程中采用的教学方式也因专业不同而存在差异，并且实践教学的形式、内容也多种多样。对于实践，学生完成的效果不好估量，但是往往都能按照要求在规定的时间内完成。在这个过程中，教师要根据实践教学给学生一个合理的评价成绩也是一件困难的事情，因为教师难以准确把握学生的实践；到底是简单重复其他同学的实践结果，还是通过自己的思考后完成的。因此，对于实践教学的成绩来说，大多是教师按照等级来评定的，是无法像别的课堂教学那样给出学生标准化成绩的。

2. 企业合作实践教学管理的观念滞后

在实践教学环节的管理中，教师忽略了管理的意义，而只重视对相关事务的管理，管理观念滞后，没有正确认识到实践教学环节的管理。目前，某些教师对实践教学基地的建设有诸多挑剔，并没有认识到校企合作共建的实践教学基地的必要性和重要性，这些主要都是因为受到传统学科教育的影响。从目前来看，许多教师不注重实践水平，反而是将精力集中在所谓的科研上，然而，大多数都是为谋经费而搞课题，为评职称而写文章，研究出来的许多成果不具有原创性，同时也不具备应用价值，造成科研与教学相互对立，没有将研究建立在理解实践与把握前沿的基础上。某些高校轻视实践性教学重视理论性教学，轻视教学重视科研，从而使得教师在实践教学方面积极性较低。

3. 实践教学管理中的职责不明确

在校企合作实践教学环节的管理中，管理局面混乱，各个教学部门不明确自身的职责。某些用人单位对校企合作实践教学存在一些担心和误解，比如要为学生承担什么风险？作为学校的实训基地可能需要承担多大的责任？当然，校企合作后，用人单位在某些方面是无利可图的，也存在一定的义务与责任，比如企业要对专业的发展和建设提供指导性意见，或是无偿地指导学生实习，为学校提供学生实习场所等。然而，从另一方面来说，企业可以得到学校专业相关方面的技术开发研究和科研咨询等方面的合作，或是为企业储备一些实用型人才。因为实践教学是学校和企业共同建立的，所以这两者之间在管理的过程中，不应该出现谁是下属、谁是领导的事情，学校和企业位于同样的地位。因此，让企业真正明白自己的义务和权利，做好企业和学校之间的沟通工作，才是校企合作实践教学的关键之处。

（二）校企合作实践教学的管理探索

在校企合作实践教学的过程中，需做好观念的转变，找准高校和用人单位相互之间持续合作的激励点与利益平衡点，抓好运行机制与管理体制，始终抱着提升学院内涵、提高人才培养质量、搞好服务的诚信态度，始终抱着企业和学院共发展的思想。所以，在校企合作实践教学的管理机制方面做了如下的研究。

1. 加强实践教学的运行管理

高校可以邀请领导和学者、政府主管部门、行业协会、企业（尤其是各专业挂牌校外实习基地企业）等的专家共同组成专业管理委员会，对校企合作实践教学的运行进行有效管理，高校向专业管理委员会的每位专家颁发聘请证书。建立了专业管理委员会之后，每2年换届一次，每年召开1~2次会议，将其作为用人单位和高校共同合作实践教学的纽带，由委员们对教学内容与课程设置的安排等提出有用的建议，指导学校的教学工作、教学计划等，同时提供相应的咨询，为专业建设出谋划策，让学生更符合用人单位与社会的要求。借助校企合作的优势，加强实践教学和专业教师的紧密联系，多安排教师到企业实习，教师在用人单位的磨炼会帮助自己向学生更好地学习生产第一线的新方法、新工艺与新技术，会帮助学生更好地开展实践教学工作，为后期的教学工作奠定良好基础。高校还需要对实践教学成果良好的专业、系部提供相应的奖励，认真推广与总结好他们的经验与做法，并加以实施推广。此外，还需从制度上对各个专业开展的实践教学做出严格的规定，这些都可以帮助开展实践教学。

2. 合理构建实践教学考核评价体系

因为实践是创新的基础，高等学校应着力提高大学生的创新能力、实践能力与学习能力，注重能力培养，坚持协调发展素质、能力、知识，着眼于人的全面发展与国家发展需要。首先，从学生心智发展实际出发，因材施教，有针对性地制订相关培养计划和措施，加快建立新体制下学生能力成长的保障机制，加大对学生实践与科研活动的支持力度，鼓励学生在不影响自身学业的情况下自主创业，不放任自流而深化改革。其次，多加鼓励教师改革与摸索教学方法与内容，并在课堂教学中多加应用信息技术、多媒体技术、案例教学、外语等。因为各人的听课形式、时间、对该学科知识的了解程度以及观点、立场的不同，因此得到的加权结果就无法体现各自的真实水平，不具有合理性。所以管理部门应该只需做好例外评估，即投诉检查与监控性抽查等，而让学生做好最重要的实践教学的常规评估。投诉检查重在维护双方权益，澄清事实，在收到相应投诉申请时才进行检查，旨在解决教学中存在的问题。对于监控性抽查来说，如果没有发现什么特殊情况就不必提出意见，除非发现较大教学质量问题等，才会不将此结果作为考核评分的依据。年终考核也取消上级评议与同行评议，此外学生基本不带有功利性，每时每刻都会关注与检验教师的行为。学生对教师的约束是一直存在的，因此学生做出的评价才更符合客观实际。为了让教学考核激励教师，只有保证实际和考核结果的吻合，才能促进教学质量的提高。对于实践教学来说，也是一样的道理，但还是需要加大奖励力度，实行目标考核，采用细化的标准。此外，为了真正做到学研相长，加快改革横向课题管理办法与产学研合作，还可以制定优惠政策，广泛征求意见，激励教师有机结合科研与实践教学。因为发展水平与国情差异，目前我国大多数高校还无法采用西方高校普遍采用的教师考核聘任制度。过度量化与过于频繁、轻培养重使用、以减人为目的的考核只会加速扭曲正常的考核机制，无法实现学术自由，不利于教师真正学术水平的积累，减少教师对教学的投入。所以，可以做好在岗教职员的分类，适合搞理论研究者搞研究，适合搞实践教学者搞实践教学，为教师制定不同的考核要求。搞科研者分应用科学与基础科学，决不能将著作与论文作为考核的唯一标准，而是应该集合研究项目与个人情况采用不同的考核周期，争取得出精品与成果。搞教学者考核期可以短些，需要做好实践、科研、教学的有机结合，重点关注应用课题研究。校企合作实践教学的管理，对于学生和企业的发展有着非常重要的意义。它能够有效地促进实践教学的发展，提升实践教学的质量水平，实践教学中的良好管理机制，在校企合作实践教学中意义重大，可以形成共同培养高素质技能型人才的良性机制，维持校企合作实践教学在发展过程中的持续稳定，实现学校与企业的互动，取得较好的社会与经济效益。

三、松散型实训基地的管理

（一）"松散型"实训基地的特点

由于企业承受能力有限，不可能在短时间内解决众多的实习生集中实训，因此职业院校要考虑采取"松散型"的实训方法。

1. 减轻企业负担

许多企业承认有培养人的社会责任，而且企业高中层管理人员几乎都受过高等教育，也亲身经历过毕业前的实训全过程，但企业为了生存必须面对市场的激烈竞争，搞好经营管理工作，争取更大的经济效益。有的企业高层领导表示愿意接收实习学生，认为这是企业的社会责任，但在实训过程中一些部门管理人员提出影响工作，企业行政和后勤部门要研究和负责学生的吃住行等诸多问题，业务和生产部门要研究对学生的培训，尤其在业务紧张的情况下，可能会影响或降低到实训的标准及目的，同时给企业正常工作带来额外负担。建立"松散型"实训基地可以由学生承担一些费用，在企业需要的时间和岗位，对学生进行实训，在不影响企业正常工作的前提下，使学生得到锻炼。

2. 减轻学生负担

在校企合作集中实训时，可能与学生的专业、环境、兴趣、岗位和时间等发生冲突，尤其在毕业前夕有的学生要考研、出国深造、写毕业论文和找工作等，校企合作在毕业前进行实训可能增加学生负担。建立"松散型"实训基地，可以利用寒暑假期和学生们的业余时间在企业进行实训，提高实训的效果，达到实训的标准和要求。根据企业特点和学生兴趣，在条件允许的情况下，学生在学校期间可以选择多个"松散型"实训基地，通过有意义和有目的的社会实践活动，使学生积累更多的社会工作经验，对以后的工作和发展是十分有益的。

3. 更加有利于教学和科研

校企合作集中实训一般在毕业前进行，然后大部分学生开始紧张地找工作就业，没有充足的时间在课堂上进行实训交流和互相学习，直接踏入社会，学校没有时间在实训后及时进行总结和教育，使学生很难适应社会。"松散型"实训基地，针对实训中存在的各种问题，在教学过程中辅导和教育，案例分析或进行讨论，解决学生们在实训过程中存在的各种思想问题，把企业有益的经验和学生在实训中不理解的事情，以及搞不清楚业务流程和生产工艺，在课堂和实验室教学过程中积极引导，及时总结和充分讨论，提高思想认识和理论知识水平，对学生今后就业、工作和岗位的再学习会有一定的帮助。

（二）"松散型"实训基地的优势

1. 发挥学生的资源优势

职业院校要根据理论课程的教学进度和安排，对学生讲解实训的意义和要求，发挥学生们的主观能动性，利用学生家庭和社会的各种实训资源，建立"松散型"实训基地，积极参与及早准备。珠三角地区和长三角地区外资企业和民营企业较多，利用学生自身资源优势是可以建立多个"松散型"实训基地的。

2. 发挥周边企业资源优势

职业院校对学生的培养始终以就业为导向，最终实现学生职业素养与企业岗位零距离。由于一些职业院校没有充分重视学生培养的实训环节，没能建立高效、实用的实训基地，造成毕业生理论性强而实践动手能力差，学生的职业综合素养没有达到企业要求，使学生直接就业遇到障碍和麻烦。职业院校周边有一些制造业、商业和物流业等企业，这些企业有时需要一定的员工，学生可以按照企业规定的时间和岗位进行实训，职业院校应与这些企业协商建立"松散型"实训基地，学生在实训过程中，按照企业的要求最大限度地提高自己的职业素养，满足企业用人的要求。当职业院校与企业建立长期"松散型"实训基地后，在条件成熟时，可以由"松散型"实训基地转变为"合作型"企业实训基地。

3. 发挥历届毕业生优势

职业院校每年有大量学生毕业，就业在社会不同岗位上，这是职业院校的巨大财富。虽然这些毕业生在短时间内，不可能在工作岗位上取得惊人的成绩，为职业院校建立实训基地做出贡献，但随着时间的推移和毕业生不断成长，职业院校通过历届毕业生，建立"松散型"实训基地是完全可能的，关键是职业院校要与众多的毕业生保持长久的联系。

4. 发挥教师的资源优势

虽然职业院校教师有繁重的教学任务，但是各种类型实训基地的建立，是每个职业院校教师不可推卸的责任。一方面教师要调动学生们的积极性，大力宣传实训的意义和作用，利用学生的社会资源建立多个"松散型"实训基地；另一方面教师通过接触社会寻找更多的"松散型"实训基地的信息，例如外出开会学习，走访企业和联系历届毕业生等，争取建立多个"松散型"实训基地，同时主管部门也要给予该项工作支持，特别在时间和资金上给予保证。

（三）"松散型"实训基地建设管理的对策

职业院校各种实训基地建设涉及不同行业。由于区域经济发展不平衡，各区域行业发展规模不相同，"合作型"实训基地需要的岗位和人员数量也不尽相同，有的企业不愿意也没有能力，在同一时间内接受大批实习生。"松散型"实训根据学生的资源优势，选择个人喜欢的行业、岗位和实训时间，不影响企业的正常工作。

1. 加强指导

职业院校建立"松散型"实训基地，要有组织领导和统一安排，要调动各方面的积极性走向社会，寻找和建立符合教学要求的"松散型"实训基地，使理论与实践相结合。对已经建立的"松散型"实训基地要归类、总结和提高。在实训时，职业院校要加强对学生的指导，按照企业的文化、规章制度和行业标准对学生进行实训、管理和考核，同时"松散型"实训基地要把自己的文化、生产流程、经营管理特色融合到学校教学过程中，使培养出的学生更贴近市场需求。

2. 建立畅通机制

"松散型"与"合作型"实训基地，在实训人数、时间和管理模式上都有所区别，甚至有些"松散型"实训基地职业院校根本没有接触，是由学生通过自己的渠道建立起来的。但是，无论由何种渠道和方式建立起来的"松散型"实训基地，只要有本院校的学生在实训，都要设法与该企业经常沟通，建立畅通联系机制，了解学生的实训情况，了解企业对学生的要求以及对学校教学和课程安排的建议。通过建立畅通机制，确保"松散型"实训基地正常运转，为以后实训打下基础。

3. 加强协调和转换

职业院校实训基地建设可以"合作型"为主，"松散型"为辅，在狠抓"合作型"实训基地的基础上，加强"松散型"实训基地的建设。要调动学校、企业、教师、学生和学生家长们的积极性，不断建立更多的"松散型"实训基地。既要稳定"合作型"实训基地，也要重视"松散型"实训基地的建立，这是一项长期复杂的工作，要加强"合作型"与"松散型"实训基地的协调与转换。注重当条件成熟时，由"松散型"向"合作型"实训基地的正向转化；同时还要注意因为各种原因导致"合作型"实训基地失败后，要利用各种关系和渠道，由"合作型"向"松散型"实训基地逆向转化，不要放弃对各种形式实训基地的建立，要使学生有更多的实训基地进行实习。

第十章 "一带一路"对中国高等职业教育国际化的影响

第一节 "一带一路"倡议下中国高等职业教育国际化的机遇与挑战

国际化人才的培养离不开教师国际化,建设一支具有全球化视野和意识、掌握国际化人才培养标准、了解本专业国际发展态势、熟练掌握沿线国家和地区语言、能够参与国际事务和国际竞争的国际化教师队伍成为当前迫在眉睫的任务和长久使命。高职教师专业化发展是一个持续动态的过程,要通过不断地为教师提供各种教育与实践的机会,帮助其在教学、研究、服务、管理等方面不断提高,从而最终提高学校的办学质量和软实力。教育国际化可以扩大高职教师的国际化视野,将国外高职教育的教学模式、课程开发和教学标准等成果应用于教学实践中,进一步促进教师了解专业领域发展的前沿动态,从而提升高职教师专业化发展水平。

一、"一带一路"倡议下中国高等职业教育国际化的机遇

"一带一路"倡议为职业教育的国际化发展提供了重要机遇,是实现我国职业教育"走出去"战略的坚实一步。长期以来,我国职业教育国际化坚持"引进来""走出去"的双向路径。"引进来"主要是借鉴德国、美国等发达国家的职业教育经验。"走出去"主要是将我国职业教育输送到传统的第三世界国家,通过技术援助方式来实现、巩固国家间的传统友谊。虽然"中国制造"已经享誉全球,但是出口的产品或服务相对比较低端,技术含量不高。在全面建设小康社会的历史时期,我国更加重视科技强国、人才兴国,"中国制造"正在升级换代,诸如中国高铁、中国航天等技术含量较高的产业正在走向世界。在我国经济持续高速增长中,国家对基础设施建设的投入是重要的引擎,我国在基础设施建设方面已经拥有成熟的技术和丰富的劳动力资源。"一带一路"倡议是我国处于国内经济转型时期的发展引擎,也是我国职业教育国际化发展的突破口。"一带一路"倡议为职业教育的国际化发展提供了重要机遇,是实现我国职业教育"走出去"战略的坚实一步,将有利于我国职业教育国际化品牌的塑造。

从文化差异角度来看,"一带一路"倡议需要有实现多样化文化交流的一体化载体。"一带一路"沿线各国的国家制度、社会发展、宗教文化等存在差异和多样性特点,都要

求通过职业教育的"走出去"战略,实践"求同存异"的国际交往智慧,为不同文化的交流寻求一体化的现实载体,为实现多层次的相通互信、合作共赢提供战略保障和坚实基础。所以,目前中国兴办的世界上最大规模的职业教育,便自然而然成为"一带一路"制造业和工程建设等领域培养输送人才、实现文化交流的主渠道和主阵地。

(一)"一带一路"为中国高等职业教育带来的机遇

1. 开展人才培养培训合作,加大来华留学生项目投入

为此,我国教育部实施"丝绸之路"留学推进计划,设立"丝绸之路"中国政府奖学金,为沿线各国专项培养行业领军人才和优秀技能人才。以此全面提升来华留学人才培养质量,把中国打造成为深受沿线各国学子欢迎的留学目的地国。并根据当地的实际需求,鼓励中国优质职业教育连同高铁、电信运营等基础建设行业企业走出去,培养当地的基建人员,提升基础建设能力,助力我国优质产能走出去。探索多种形式的境外合作办学模式,合作设立职业院校或分校,开展多层次职业教育和培训,培养当地急需的职业人才,有利于我国探索对发展中国家开展职业教育援助的渠道和政策。

2. 建立完善的国际交流合作平台

在过去的几十年时间,本科院校借助掌握的优质资源,开展了丰富多彩的国际交流活动,搭建了双边对话平台,承办了不少国际化的项目,积攒了丰厚的资源和经验,而高职院校是一直被忽视的对象。经过多年对职业教育道路的探索和中外合作办学攫取来的经验,我国的职业教育也要走出有自己特色的国际化道路,丰富不同层次人才教育需要。

通过"一带一路",高职院校可以加强沿线国家人文交流高层磋商,商定"一带一路"职业教育合作交流总体布局,协调沿线国家建立职业教育双边或多边的合作机制,统筹推进沿线国家职业教育共同行动。把职业教育作为中外教育交流合作的新内涵,有对象、有目标地培养职业人才,与当地企业合作办学、合作育人、合作发展,广泛建立职业院校交流合作平台。

3. 展开区域特色职业教育国际化布局,坚持引进优质职业教育资源

我国区域特色高职教育国际化雏形已经显现,结合"一带一路"框架架构,东部及沿海发达城市需进一步提升职业院校国际化水平,加强与德、澳、新加坡等先进制造国家或发达的职业教育国家合作,引进优质的教育资源,提升我国职业教育教学水平,提升学生的国际能力,为建设成为有全球影响力的经济区和制造基地提供基础人才的支撑。高职教育要加大开放力度,对接外向型产业集群,侧重发展本地特色职业人才培训。

(二)"一带一路"倡议,为中国高等职业教育教师带来的机遇

"一带一路"产业作为进一步提高我国对外开放水平的重大战略构想,也为进一步推进我国高等职业教育国际化、深化高等职业教育领域综合改革、提高教育质量提供了重大战略机遇。毫无疑问,该倡议也为高校教师的发展提供了众多发展平台和研究资源。

1. 提供新的学术研究热点

"一带一路"倡议包括沿线 60 多个国家和地区，涉及金融、人文、信息、旅游等广泛领域，是我国将来很长一段时间内的重要倡议，前景可观。该倡议自推出以来便在学术界引起广泛关注，国内许多知名期刊特设《一带一路》专栏。目前中国知网上以"一带一路"为主题的文献已近三万篇，研究内容主要分为："一带一路"倡议分析和顶层设计、"一带一路"与我国经济和外交政策、"一带一路"和区域一体化、"一带一路"与我国的教育开放和国际合作、"一带一路"与西部如新疆等地的教育发展、"一带一路"与供给人才的培养等。国内外以"一带一路"为议题的学术会议也百花齐放：中东推进"一带一路"建设的机遇与挑战学术研讨会、"一带一路"空间认知国际会议、"一带一路"国际学术研讨会等，可见"一带一路"是一座亟待开发的学术富矿，高校教师可借此国家倡议联系自身的研究兴趣，探索出新的研究领域、申请相关课题，并利用研究过程中所得学术成果来反哺"一带一路"，形成学术与倡议相互促进、相辅相成的良性循环。

2. 增加国际合作交流机会

"一带一路"倡议提出后，我国与各国的学术往来交流，加速了我国高等职业教育的国际化进程。政府注重打造国际化的学术交流平台，吸引各国专家学者、青年才俊来华进行学术研究和交流，以推进"一带一路"国家教育合作互通，共同发展。学术交流平台的建设有利于学术资源的聚集，形成学术阵地，为我国高职院校教师加强国际交流合作、走在世界科研的前沿提供条件。近年来，许多重要的国际学术会议也选择在我国举办，如"第十六届世界比较教育大会"等。另外，"一带一路"初期大量的基础建设工程需要来自工程、管理、经济、政治等各领域的专家的协作，我国高职院校教师也走出海外与"一带一路"国家专家合作，为"一带一路"沿线国家的人才培养提供支持。目前已有部分领域教师被派往相关国家负责当地技术培训，如江苏海事职业技术学院派出中国教师去往几内亚为当地学生进行语言和航海技术培训。

3. 提高国际认可度

"一带一路"倡议的实施需要依托高职院校教师所培养的人才的供给，人才在我国与"一带一路"国家的经济合作、基础设施建设、人文合作中起着重要作用，也为沿线发展中国家的经济发展做出重大贡献。这些建设人才展现的不仅仅是我国高等教育的质量，还有我国高校教师的教学水平。海外分校的设立和国际合作项目的增多，也让我国高职院校教师有更多的机会走出国门，为当地的人才培养和经济发展出一份力。除此之外，"一带一路"倡议的推进还有利于我国与部分国家教师资格统一认证标准的确立，使得国内外教师自由流动成为可能。而且，"一带一路"高校联盟已经成立，这也为我国教师更多地参与到国际高等教育当中提供机会，并给我们带来更高的国际地位和更多全球化的资源。

4. 提升国际化意识

新的经济发展格局要求高职教师队伍充分认识"一带一路"倡议的内涵，明确高职教育未来的发展趋势及挑战，拓宽国际视野，掌握高职教育国际化趋势，清晰自身责任。有了充分的思想认识，才能有力促进高职教师充分发挥能动性，促进高职教师创新教学理念，促进高职教师提升综合业务水平。

5. 提高高职教师队伍综合能力

"一带一路"倡议实施过程中，中国和沿线各国在基础设施建设、能源资源深加工、农林牧渔、信息技术、生物、新能源、新材料等许多行业领域将实现深入合作。培养战略实施的国际化人才，首先要有一支具有全球化视野与意识，了解本专业国际发展态势，掌握国际化人才培养标准，掌握沿线国家和地区语言、文化、法律法规，可以参与国际事务和国际竞争的国际化教师队伍。

6. 提升高职教师国际合作办学能力

《推动共建丝绸之路经济带和 21 世纪海上丝绸之路的愿景与行动》指出中国将与沿线几十个国家扩大相互间留学生规模，开展合作办学，深化沿线国家间人才交流合作，促进民心相通。这将意味着亚欧大陆等沿线国家的教育理念、教育技术、教育资本会被"引进来"，给我国高职教育输送更新鲜更丰富的营养，促使我国高职教育顺应国际化潮流不断改革。同时，"一带一路"沿线国家大多是新兴经济体和发展中国家，职业教育相对滞后，人才培养质量普遍较低，对职业教育有较为旺盛的需求，这为我国的职业教育"走出去"提供了重要的机遇和平台。面临"引进来"和"走出去"的高职教育，在不断探索与沿线国家及地区合作办学的实践道路上，不可避免会遇到各种问题和困难，这就需要高职教师不断应用智慧和发挥能动性解决各类问题，提高合作办学的能力。

二、"一带一路"倡议下中国高等职业教育国际化的挑战

尽管中国高等职业教育对外开放取得了一定进展，但由于教育规模基数大、各层次学校水平参差不齐等，也存在管理体制与国际不接轨、专业设置落后、优秀人才流失严重等难题。面对"一带一路"建设这项长期性、系统性的战略，中国高等职业教育的国家化发展之路，机遇空前，挑战也同样空前。

随着"一带一路"倡议的顺利施行，很多跨境企业面临人力资源严重不足的问题。"一带一路"沿线国家的经济发展水平普遍较低，没有发达的工业和完善的人才培养体系，导致跨境企业中符合相关标准的技术、技能工人较少，且工人操作能力较差，造成企业生产滞后、稳定性较弱、各项成本较高等问题，严重影响了企业的生产效率，给很多跨境企业带来了巨大压力。所以，大多数企业纷纷采取各种措施提高员工的操作技能。同时，"一带一路"倡议实施，必定要求职业教育跟进这个倡议，大力培养职业院校学生，使其成为与"一带一路"对接的国际性人才。

（一）"一带一路"对中国高等职业教育未来的挑战

"一带一路"倡议的实施需要大量熟悉国际规则的物流、商贸等高素质综合型人才和技术工人，但目前我国职业教育多注重学生操作技能的培养，从而忽视了学生隐性技能的

培养。这导致部分职业院校学生文化理解能力较弱、问题解决能力较差和自主学习能力缺乏，学生能力结构单一、发展潜力和后劲不足，难以达到"一带一路"倡议所需的人才要求。因此我国职业教育亟须变革，重视学生的隐性技能，培养熟悉国际规则且具有中国情怀、了解本土文化、掌握企业生产管理标准、实践操作能力强的高素质人才，为"一带一路"倡议的实施提供人才支持。在"一带一路"倡议背景下，我国一些职业院校"关门办学"的做法已极不适应当前的时代要求。相对封闭的办学形态难以拓宽学生的国际视野，无法提供"一带一路"倡议所需的人力智力资源。我国职业教育应与时俱进，进行国际化变革，加快文化、教育输出，为"一带一路"倡议提供智力支撑。

1. "一带一路"国家文化差异大

"一带一路"沿线国家民族宗教各异、地缘政治复杂，在推进高职教育国际化的同时，要注意尊重当地文化。这些国家多为多民族国家，不同民族有不同的风俗习惯和宗教信仰，一些宗教内部还存在不同教派，教派之间纷争复杂。在对这些国家学生进行授课时，要注意课程设置和课本的使用，避免有引起文化误解和政治问题的案例出现。

2. 师资团队国际化意识薄弱

现代的职业领域强调的是团队的打造，通过强有力的团队进行延伸和外扩，高职教育领域也需要师资团队的力量。师资团队的培养，既是高职院校的核心竞争力，也是我国高职教育走上国际舞台的关键。国际化师资团队要求教师首先具备国际化的能力和视野，不仅在语言上有要求，更在专业知识、技能方面要求既有理论的高度又有实践的经验，并掌握一定的国际行业或当地行业知识，了解当地企业。只有这样，才能培养出国际化的职业技术人才。而国际化师资团队的构建，还要求团队中的成员各有所长、各补所短，教师的功能不仅仅局限在教书育人上，还应在文化交流、创办当地校企合作基地以及帮助学生就业等方面发挥积极作用。

3. 管理体制与国际脱节

当前，世界高等教育改革的一个重要趋势是政校分开，学校自治，扩大学校办学自主权。而在我国，一些高校内部行政化倾向较严重，学术权力弱化。实施"一带一路"倡议，面对与发达国家教育市场的激烈竞争，"行政至上"高校管理模式将阻碍我国高等教育的发展。

4. 专业与课程设置综合性不强

现代化社会，科技与生产的发展是综合化为基本特征，反映到高等职业教育就是专业以及课程设置的综合化。世界各国已经采取有效措施，实施通识教育，推动高职院校专业、课程的综合化。但在我国，专业还存在划分过细的问题，虽几经删减，但专业数量仍超出其他国家，课程之间缺乏系统联系，导致学生掌握的知识狭窄，难以满足国际社会对应用型、通用型人才的要求。

5. 师资队伍国际化水平低

与发达国家相较而言，一方面，我国没有完善的设施、制度以及丰厚的待遇吸引国外优秀师资来华从事教学开展科研；另一方面，发达国家凭借良好的科研教学平台、优厚的薪酬待遇等对国内优秀教师有很强的吸引力，造成优秀师资的单向流失。

6. 人才市场竞争加剧

实施"一带一路"倡议，，开放教育市场和人才市场，各国间的竞争也是人才的竞争。一方面，我国面对的生源市场竞争日益激烈，出国留学生逐年递增，生源流失严重，呈现"顺差"现象。另一方面，我国流向海外人才市场的大部分人是掌握高科技、接受过高层次教育的人才。高层次人才的流失对我国高等教育的长远发展非常不利。

"一带一路"倡议的提出展现了中国进一步对外开放的大国姿态，合作、包容、开放、共赢成为沿线各国共同的发展议题，这对于规模庞大、发展水平不一的中国高等教育来说，是难得的历史机遇亦是一次严峻的挑战。如何把握共建"一带一路"的倡议契机，紧紧抓住高等教育国际化的历史潮流，将劣势转化为优势，提高教育对外开放水平，深化人文交流合作，走中国特色高等职业教育国际化之路，在国际舞台上彰显大国教育的自信，这是当下我国高等职业教育肩负的新的使命与责任。

（二）"一带一路"倡议下中国高职院校教师面临的挑战

不可否认"一带一路"给我国高职院校教师带来了更多的机遇，但由于该倡议还处于初级阶段，为保障它的实施，高等职业教育肩负着多种职责，我国高职院校教师也需应对各方面的压力。

1. 教师职业竞争加剧

为配合"一带一路"倡议的实施，我国各高职院校尤其是沿线高校需要增加通信、金融等领域的专家和教师的援助以满足留学生数量的增加，以及参与相关工程和课题。师资力量不足的高职院校需要从其他高职院校聘请教师和专家，争夺优秀教师资源，我国将迎来新一轮的高职院校教师流动高潮。长期以来，一直是东部和中西部互引教师，现今除了争夺国内的教师资源，我国高职院校国际引援即"引进来"的速度也正在加快。近年来，东部高职院校不断加大从国际学术劳动力市场直接引进师资的力度，部分高职院校国际引援力度甚至已经超过国内引援，北京一些高职院校已经开始从国际学术劳动力市场直接引入外籍人士（而非之前的华人或华裔学者）。我国高职院校教师要面临激烈的国内竞争，同时还要应对来自国外同行的竞争压力。

2. 指导能力要求提升

"一带一路"和国际化进程的叠加使得大量国外学生来华学习，留学生数量明显增多且来源多样化，学生求学的专业也越来越广泛。调查发现，"一带一路"沿线发展中国家学生在我国更倾向于攻读医学、工程等实用专业，发达国家学生更偏重语言学习。面对文化背景迥异、学习需求各不相同的世界各国的学生时，教师应如何设计留学生的学习内容、如何进行教学、怎样评估学习效果、又该如何指导他们根据本国的实际情况学以致用呢？另外，面对"一带一路"中的"五通"原则所要求的人才，教师要如何指导本国学生才能帮助他们获得面对当今需求复合化、多样化的社会的能力？要处理好这些方面，对于教师的教学能力尤其是外语教学能力、文化知识、课堂操作能力、专业能力等是一项不小的考验。

3. 课程创新任务紧迫

"一带一路"倡议现阶段的实施急需大量对外开拓性的专业人才。包括数以十万乃至百万计的工程建设、设计施工、质量控制与保障、经济管理人才，大量通晓东南亚、南亚、中亚、东北亚乃至西亚国家语言，熟知当地政治经济文化风俗和人文地理的人才，以及国际贸易人才。我国高等职业教育和职业技术教育需要迎头并进，共同承担起培养开拓创新型人才的责任。如何保证对外推进合作项目所急需的外向型人力资源和创新人才快速跟进，已经成为我国教育深层改革的新课题。为了应对这些挑战，我国高职院校需要开始新一轮的课程和教学的改革与创新。如何提高高职院校教师的国际化教学水平，开设国际化课程以分担留学生在我国高职院校的就学压力是教师的重要职责之一。

三、职业教育耦合"一带一路"的发展策略

(一) 职业教育适应"一带一路"经济推进的课程系统

职业教育的经济功能是指职业教育对经济发展所起的作用，不仅包括职业教育自身系统投入与产出所创造的 GDP 增长、从业人员受教育水平的提升，也包括"职业教育综合运用技术、人才和资源参与国民经济产业决策环节和实施环节的具体过程"。例如，河南南阳农业职业学校经过对武安市当地旅游业市场的大量调查，瞄准乳品业生产项目，开发了集畜牧养殖、乳品生产加工、销售物流为一体的特色职业课程，并创办校办企业，直接参与乳品业项目，建立乳品产品生产的实践基地，不仅培养了大量生产、销售和管理乳制品的专业人才，还带动了当地 7 个乡镇、20 个村农户的畜牧业养殖加工生产链，迈出了职业教育办学从理念到实践的步伐，在实现自身经济功能的过程中获得了更广阔的发展空间。可见，职业教育必须融入社会经济，保持与经济成长的互动关系，这种经济功能一般表现为对本地产业发展的推动。"一带一路"倡议在"设施联通"方面打破了交通枢纽的关键通道和关键节点，解除了经济发展中的路段瓶颈，对职业教育的经济功能拓展表现为促使中国制造的产能输出转移，尤其是国内过剩产能转移。"一带一路"推动国内产业结构的升级为中国制造和中国资本带来了机遇，要求职业教育提供大量的工程师和技术工人。"'一带一路'的近期目标是道路和能源管线、港口等基础设施的共建和互联"，大量基础项目的实施打开了职业教育开展重大科技攻关，提供创业培训、职业技能开发、社会保障管理、公共服务等务实合作的对外经济扩张之路。

职业教育在"一带一路"触发下的经济功能扩展途径，表现为借助"一带一路"平台实践职业教育的大区域步骤。针对我国现有装备、技术、管理和人力资源的对外转移，职业教育作为人才培养的高地，要树立面向国际大市场的发展思路，大胆革新那些只能与

传统产业、产能相匹配的旧课程体系,从以下三个方向创立适应"一带一路"人才输出类型和标准的课程系统。第一,我国发改委评估报告显示,2011—2020 年,我国预计投入2.29 万亿美元用于 900 多个交通运输项目和 80 多个能源跨境项目的设施建设和维护。职业教育应加大工程技术、项目施工和管理人才的培养规模。目前我国职业教育中土木水利类的钢筋混凝土结构课程开发并不乐观,我国职业教育领域尚无土木水利工程科目的中英双语实验报告、课程设计实例以及网络课程,当务之急是打造与国外混凝土结构课程理论和实践水平相当的双语课程和教学团队,特别是在工程施工、国际贸易方面增设小语种课程已是大势所趋。第二,"一带一路"所涉及的亚太地区由发达经济体(日本、韩国)、欠发达经济体(老挝、缅甸)、新兴经济体(中国、东盟五国)共同构成,具有商贸发展水平、发展速度和规模不一的复杂特征,要求职业教育培养熟悉国际贸易知识和贸易规则的复合型人才。以"一带一路"的航运经济为例,除了传统海洋经济、财务管理等课程外,还需要设置海上保险、航运保险、海商法等配套课程以及提供物流与供应链管理、班轮运输、多式联运等航运业务课程支持。第三,"一带一路"倡议的推进要依靠国内产业的积极转型。我国职业教育具有"船小好调头"的优势,特别是高职院校发展时间较短,可认真研究当前形势,及时调整专业结构,积极参与国(境)外知名高校合作办学,更好地服务国家人文外交,创建诸如观光农场、医疗护理、传统手工艺等特色专业课程。

(二)"一带一路"文化驱动的"大国工匠"职业教育融入

"一带一路"作为经济大走廊、大系统工程,不仅是经济命脉所在,也是文化命脉所在。中国古代丝绸之路奠定于两汉时期,"由唐德宗贞元年发轫,宋元达到一定规模,至明成祖朱棣永乐年间郑和七下西洋",无论是陆地还是海上,丝绸之路都是中国和亚欧各国友好贸易往来的文化交流通道。"一带一路"倡议可推动职业教育从传承职业文化走向传承民族文化之路。过去由于社会机制障碍、统筹协调不足、法律供给缺陷以及校企合作质量的保障体制落后,我国职业教育的顶层设计几乎没有,"一带一路"将古今中外的"工匠精神"起源和发展需求置于"供给侧"的结构性改革命题之下,催生了"大国工匠"的职业教育培育方向。

首先,"一带一路"让中国制造走向世界。我国自古便有"庖丁解牛""班门弄斧"的工匠技艺典范,"《考工记》《天工开物》等中国古代科技文明对西方工业革命影响深远"。"一带一路"视域下的"中国制造2025"是中国工匠精神的筑梦空间,它的本质是中华文化、文明的传承。2016 年我国第一次将"工匠精神"写入政府工作报告,明确指出"工匠精神"是国家制造业的灵魂。在"一带一路"倡议推进和产业调整升级的"新常态"下,要求现代职业教育的技术理性与"精于工、匠于心、品于行"的工匠文化价值相统一,摒弃"唯学历论"和片面追求利润、发展的功利取向,在复兴人才器物层面的精湛技艺之上,更要推崇精神层面的匠人精神,不将国家传统手工艺术和独特文化形态排除在现代科技文明之外,完成学校专业与地方特色文化产业的对接。例如,江苏省宜兴丁蜀职业学校结合当地陶艺产业,将紫砂陶艺这个传统手工文化品类纳入现代职业教育体系，建立了陶艺设备生产工艺、陶艺原料制造工艺、彩陶紫砂壁画美术以及培养、培训陶艺教师的完整职业课程体系。在教学组织形式上，由于传统职业技术培训的流水线操作无法满足手工作业的需要，该校将"学徒制"引入现代职业教育，聘请师傅现场作业、言传身教，每一个学生都需要从识别材料、打磨修理工具的基本活做起，从职业教育的产业化工人培养系统转向个体化的艺术创作者培养方式，用职业教育的窑烧古老的壶，建立了集身心、美学与文化为一体的职业教育模式，以"手工造物"为中介，探索我国传统民族文化的职业教育融入。

其次，"一带一路"使中国社会发展由"资源驱动"走向"文化驱动"。职业教育在"互联网＋"和"双创"时代的今天，面临着跨文化交往教育的巨大发展空间，包括创立民族特色文化传承项目，促进沿线国家学术交流；加大海外办学力度，扩大中国民族文化影响力；发展来华留学生教育业务，打造中国职业教育品牌；开发非通用语教育资源，扫除语言文化互通障碍等，其根本目的是让中国文化"走出去"。特别是艺术职业教育"讲好中国故事"，创造与当今时代精神相契合的文化教育内容，在奉献文化精品和传播中国社会团结奋进的正能量方面，可促使艺术职业院校将学业与就业、学校与团队、演练与创作有机结合。例如，自2013年国家提出"一带一路"倡议后，山西艺术职业学校的舞蹈表演专业便相继推出了《粉墨春秋》《一把酸枣》等大型舞台剧。这两部舞台剧从创作成功到今天已共计演出了1 000多场，被纳入山西"文化强省战略"的重点文化成果，先后在欧、亚、非、美等20多个国家演出，沿着"一带一路"沿线国家和地区传播中国声音。山西艺术职业学院探索了一条课堂教学、艺术创作、市场检验的整合培养模式，通过"团带班""演带练""创带学"，让艺术文化本身成为职业教育发展的驱动力。

（三）职业教育响应"一带一路"服务格局的技术对接

"一带一路"促使社会产业分工深化，改变了现代服务业的特征，由过去以生成性服务为主导的服务业布局向现代消费性服务业布局过渡。"一带一路"要求中国货物贸易与服务贸易同步推进。2015年我国服务贸易额在国际服务贸易总额中所占比例为13.1%，未来五年中国要实现占比20%的服务贸易目标才能在国际双边、多边自由贸易往来中发挥作用，对此"中国职业教育布局的重点重镇，包括中国职业教育改革试验区、职业教育改革创新示范区、职业教育先进集聚区域都在'一带一路'战略布局的重要节点上"。无论从职业教育满足现代消费性服务行业的职业培养需求，还是从中国职业院校地理布局来看，职业教育都面临着耦合"一带一路"的服务功能拓展责任。

一方面，"一带一路"倡议促使大批新型服务业的涌现，如社会中介服务、法律咨询服务、科技咨询服务、资产评估服务、物流服务业、远程信息服务、D游戏设计师、手机增值业务测试员、行业分析员等，并产生了许多高端复合岗位，如软件工程师与项目经理，既要有软件技术开发知识，又要有管理能力。从表面上看，职业教育应对"一带一路"的新型服务业涌现可以通过专业开发、课程设置和岗位培训完成，但深入分析新型服务业的类型可发现"一带一路"带来的是服务职业的信息化格局，诸如中介服务、咨询服务、评估服务等，它们的共同特征是依傍现代互联网通信的大数据背景。因此，职业教育实际面对的不是新型服务行业的增减问题，而是服务行业的信息化变革。将原有的服务产业教育课程放置在"互联网+跨境电子商务""互联网+跨境物流合作"等网络互联和国际互通视野中会发生何种变化？职业教育应该怎样应对传统职业教育的数字化鸿沟？这才是问题的关键所在。例如，传统职业教育中的电子商务课程通常表现为"公共基础课+专业基础课+专业课"的三段结构，这种沿用学科本位的课程模式是本科院校电子商务专业课程的"压缩版"，不仅忽略了"职业"特征，亦无法满足现代信息服务的实用型人才培养需要。根据"一带一路"的电子商务行业发展前景和服务要求，现代职业教育的电子商务专业教学应采取跨学科、综合集成、直接对接电子商务行业的教学模式。例如，浙江经贸职业技术学院的专业核心课程均采用校企共建的方式来直面真实行业需求，其中电子商务网站规划直接向浙江本地信息技术公司申请案例、课程标准和技术指导；电子商务网站建设也由浙江本地信息技术公司提供真实项目，合作成立专门的校内项目工作室，学生按要求为电子商务企业和网店商铺制作和设计网页；网络营销课程和电子商务客户服务课程亦以中国移动集团浙江分公司和淘宝网的行业标准为依据，寻求视频、录音案例和固定的合作授课机会。

另一方面，"一带一路"的国际服务业竞争既是有形服务的竞争，又是无形服务的竞争，表现为职业规范意识、责任意识、创新意识、契约意识等软实力。相较过去服务业岗位培训，国际服务业的岗位标准和人才要求极大地提高，如全球快递业限时传递的大都是重要商业信息，一旦延误就会造成严重损失。职业教育在对学生职业精神的提升方面要有针对"一带一路"服务性质定位的全局性、系统性决策参照。以海南农产品第三方物流业发展为例。"一带一路"勾连了海南旅游业、渔业、电子商务业和物流业的产业链条，为海南省农产品外包物流（第三方物流业）发展提供了广阔的空间。但现代物流的服务效率和质量绝不仅仅源自将客户当作上帝的服务意识，究其根本还是要提升服务技术含量。例如，海南农产品的第三方物流大多表现为提供运输和仓储的基础性服务，"很少涉及商品流通加工、国际物流网络互联、库存合理管理等综合性服务项目"，信息化程度不足导致抗风险能力低，一旦出现价格波动或冷链系统故障将很难消化市场压力。职业教育应看到影响第三方物流业服务水平的行业局限，即设施设备的全自动化和国际物流集团数据交换平台的实现，从而在物流教育课程开设中强化物流设备设施和数据交换系统的架构模式、突出端到端数据交换服务、重视保持基础数据一致性的编码类型教学等。可见，"一带一路"革新了衡量服务行业和岗位水平的通用指标，职业教育只有真实面对行业、对接行业才能做到有的放矢，从职业教育技术的封闭走向开放。

第二节　"一带一路"倡议下中国高等职业教育国际化的路径

一、适应国际规则与制定新规则相结合

高等职业教育国际化，必然首先适应现行国际规则，在规则的范围内，展开国际交流合作。但高等职业教育国际化之路不仅仅是简单适应国际规则的过程，也要结合自身情况和具体实际创造性地制定中国标准和规则。尤其是"一带一路"倡议，本身就带有在国际社会上制定规则的属性。其实，规则之争是发展权之争，是制度和领导力之争，是一种高端竞争。我国职业教育国际化，主要是合作，但也是一种竞争，不但要走向全球，更要引领世界。所以，在国际化过程中，要把适应国际规则与制定国际规则相结合，以彰显我国在职业教育中的优势与自信。

二、文化输出与文化输入相结合

"一带一路"倡议合作国家的文化多样，各具特色，势必呈现出多元文化的碰撞与融合。在职业教育国际化发展的道路上，国内职业教育机构在引入国外院校合作办学的同时，有责任加强对本国优秀文化的输出。如打造以"汉字、汉语"为切入点的"中华优秀文化"的输出，逐步拓展对外文化培训，将中国优秀文化和价值理念传播出去，让更多国家和人民进一步认识中国，从而使他们更加清楚地了解中国"一带一路"倡议的更深层次的内涵。此外，也要注重国外文化的引进，把加入"一带一路"合作发展国家的优秀文化引入中国，让国人更加了解他们的文化。一方面要结合自身办学优势，开展职业技能培训的同时，重点培养文化创意人才、基层文化人才，传承创新民族文化与工艺，加强中国文化课程教育，组织编写几国文字对照、通俗易懂的中国传统文化丛书；另一方面，结合异地办学优势，在"一带一路"合作国家开展培训，开设合作国家文化传统教育，引入优秀的课程和成功经验。同时，高职院校加强民族文化和民间技艺相关专业的建设和人才培养，尤其是提升民族地区的高职院校支持当地特色优势产业、基本公共服务、社会管理的能力。

三、国际化人才培养与引进相结合

国际化人才培养的方向是什么？这是应当首先明确的问题，我国在职业教育制度输出上，可以建立"以人为本"的职业技术知识与实践操作、创新能力相结合的应用型专门人才培养的职业教育模式。"一带一路"倡议能否达到预期效果，人才是关键因素。培养适应国际化发展的专门人才，是"一带一路"深层推进的必然要求。语言是沟通与交流的纽带，培养一批技术水平高、适应能力强、精通相关外语又具有国际视野的国际化人才，是

当前一项非常紧迫的任务。同时，对合作国免费推出实用汉语培训，将汉语作为"一带一路"合作国家的合作官方语言之一，实现语言无障碍，便于职业教育的推广和推进实施更多的合作项目。因此，推进"一带一路"倡议实施，必须坚持人才优先。职业教育机构应当结合自身办学特色和技术资源优势，突出重点，深度参与到"一带一路"倡议的具体实施上来。一方面，要加快培养我国的国际化人才，加快推进适应"一带一路"沿线国家工作环境的专门人才培养，为中资企业"走出去"提供支撑。另一方面，要围绕"一带一路"沿线国家发展急需的专业开展来华留学生教育，扩大"一带一路"沿线国家来华留学生招生培养规模，造就完备的留学生教育管理制度体系，培养出一批知华友华、学有所成的国际化人才。

发展留学生教育是高等职业教育国际化的必然要求，也是高等职业教育院校教育水平的重要体现之一。高职院校接收外国留学生的数量和层次，反映学校整体水平的高低和国际地位。受地方高校观念滞后、地区经济欠发达和留学生管理水平有待提高等因素的影响，地方高校留学生教育现状难以让人满意。国家发展改革委、外交部、商务部联合发布的《推动共建丝绸之路经济带和21世纪海上丝绸之路的愿景与行动》称，"扩大相互间留学生规模，开展合作办学，中国每年向沿线国家提供1万个政府奖学金名额"，为高职学校开展留学生教育提供了机会。特色地方高校在化工、油气、地矿等学科研究和教学方面有悠久历史，有深厚的教学经验和独特的教学方法，而"一带一路"沿线的中东、东南亚、中亚的国家和地区资源丰富，地方高校应树立自信，瞄准自身特色使其成为留学生招生优势之一。同时，要加大改革力度，吸收借鉴他国优秀教育理念，理论与实践相结合，国内教育与境外实践相结合，着力培养"宽领域、多层次、国际化、复合型"人才。

为适应建设人才强国的需要，我国明确提出建设具有中国特色和世界水平的现代职业教育的目标。"一带一路"倡议的提出为进一步推进我国职业教育国际化，深化职业教育领域综合改革、提高教育质量提供了重大战略机遇，赋予职业教育新的历史意义，使我国职业教育站在了国际化发展的历史新起点上。我国职业教育一定要站在面向世界、引领潮流的高度，借"一带一路"之东风，集全球之力量，加快构建中国特色现代职业教育体系，开创国际化发展的新局面。

改革开放以来，我国经济迅速发展，政治稳定，高等教育国际认可度日渐提升。根据教育部公布的数据显示，2016年在华留学生生源国家和地区总数为205个，创历史新高。前10位生源国稳中有变，依次为韩国、美国、泰国、巴基斯坦、印度、俄罗斯、印度尼西亚、哈萨克斯坦、日本和越南，数据显示"一带一路"沿线国家在华留学生处于领跑地位。可以预见，"一带一路"沿线国家将成为来华留学的重要发力点。

"一带一路"沿线与中国经济往来活跃的国家逐渐受到中国留学生关注，随着"一带一路"倡议的深入，沿线国家的留学生将会成为核心稀缺人才，亚洲地区教育市场的潜力还是非常巨大的。高校要把握机遇，乘势而上，做好出国留学和来华留学工作，注重教育产品和服务的开发，加强专业教育、学历教育等不同教育产品和服务的开发，满足"一带一路"沿线国家的留学需求，打造"留学中国"品牌。

（一）打造"一带一路"特色专业

在与沿线国家重点开展的资源开发、金融合作、生态保护、海上合作等重点合作项目中，结合高校自身的传统优势与资源，开发一批对外有吸引力的特色品牌专业，为沿线各国培养当地迫切需要的技能型人才。

（二）设立留学生教育基地

针对"一带一路"开放教育市场的需要，在条件较为成熟、经济发展水平相对高的上海、广州等地，选取一批高校设立留学生教育基地，设立专门的机构负责留学生的招生、学籍管理、奖学金发放等，提高高校内部留学生服务的水平。

（三）提高留学生奖学金标准

2015 年，国家出台《推动共建丝绸之路经济带和 21 世纪海上丝绸之路的愿景与行动》，提出中国每年向沿线国家提供 1 万个政府奖学金名额。各省（市、区）也纷纷出台了相应的政策，加大"一带一路"沿线国家留学生的招生力度。如 2017 年，北京市设立外国留学生"一带一路"奖学金项目，到 2020 年将支持 100 个项目，涉及航天、铁道运营、中医等专业。高校可根据自身实际情况设立专门的国际留学生奖学金，吸引"一带一路"沿线国家高端人才来华留学、就业。

第三节　中国与"一带一路"国家的高等职业教育合作

一、扩大与"一带一路"国家学生的往来

"一带一路"倡议广泛开展文化交流、学术往来、人才交流合作、志愿者服务等，包括扩大相互间留学生规模为深化多边合作奠定坚实的民意基础。目前我国各高校"一带一路"沿线国家留学生数量逐年增长，沿线城市尤为明显。如甘肃省目前有来自 18 个"一带一路"沿线国家留学生 609 人，占全省留学生总量的 60%。东部城市的留学生数量也很可观。以上海为例，东华大学的近 5 000 名留学生中，有 1/3 是来自苏丹、巴基斯坦、哈萨克斯坦、孟加拉国等"一带一路"国家的学生。在积极"引进来"的同时，我国也倡导学生"走出去"，2015 年度我国出国留学人员总数为 52.37 万人，中国到东盟尤其是"一带一路"国家的留学生总数达到 12 万。我国计划未来三年，每年向"一带一路"沿线国家公派 2 500 名留学生。

二、促进与"一带一路"国家的语言互通

要达到与"一带一路"国家的互通合作，人心互通是重点。我们不仅需要加强双方人

员的往来，更需要借助语言来促进双方合作，拉近彼此距离。基础设施建设是我国与"一带一路"国家的重要合作方面，项目的正常进行需要双语人才的帮助，因此，推进"一带一路"建设需要大量的双语人才，增强我国与"一带一路"国家的语言互通迫在眉睫。为填补我国小语种人才培养的空白，我国外语类大学积极推动"一带一路"沿线国家语言专业的开设。2015 年我国的 158 所高校开设了 356 个非通用语种本科专业点，派往 33 个国家、覆盖 38 种非通用语的小语种专业的留学生也达到了 939 人，已经超过了 2013 年、2014 年两年的总和。我国已经在全世界 183 个国家开办了孔子学院推广汉语。其中"一带一路"沿线的 51 个国家分布了 126 所孔子学院，未来孔子学院还将争取覆盖全部"一带一路"国家。

三、加强与"一带一路"国家的多样化合作

在储备我国支撑人才的同时，还要积极开展各项教育合作以带动"一带一路"倡议中教育区域一体化的进程。为此，我国高职院校、省政府以及教育部纷纷采取了一系列的行动。西安交通大学将与韩国釜山大学、芬兰坦佩雷理工大学、泰国清迈大学、意大利米兰理工大学等国外高校签订共同推进人才培养、学科建设、师资队伍建设的国际化发展的协议。新疆致力于扩大汉语国际推广中亚基地的规模和影响力并将申请定期举办国际论坛和大学校长论坛；还在境外筹划建立中亚中国大学，国内筹建丝绸之路国际青年交流学院、丝绸之路职业教育学院等。我国政府支持老挝苏州大学、厦门大学马来西亚分校、云南财经大学曼谷商学院和北京语言大学东京学院 4 个境外办学机构，90 余个境外办学项目。我国还与 180 多个国家和地区建立了双边和多边教育交流合作关系，与 41 个国家和地区签署了学历学位互认协定。

第四节　中国高等职业教育国际化发展的对策及建议

一、高等职业教育国际化发展的战略目标

实践证明，高等职业教育国际化是世界高等职业教育发展的大趋势，是历史和现实的必然选择。开放教育市场是国家之间的互动、互利、互惠行为，不仅可以促进本国以及世界教育的发展，加强国际交流与合作，又能提高自身的教育质量和国际竞争力。作为世界上最大的发展中国家，我国应进一步更新观念，努力适应高等职业教育国际化的趋势，站在"教育强国"的战略高度积极行动起来，在高等职业教育国际化的潮流中掌握主动权，走出一条有中国特色的国际化发展之路。

（一）高等职业教育国际化发展的战略

到目前为止，我国没为高等职业教育的国际化发展制定专门的战略目标，也没有具

体地提出其战略实施计划。关于该问题的阐述，零星地散布于各个相关文件和法律法规中。

在全球化背景下，全球竞争格局不断发展变化，高等职业教育的国际化发展已是共识。我国高等职业教育国际化活动的研究与开展，不应仅仅是一种"片段式的、细节性的、具体做法上的简单借鉴与分割性实施"，而应在对高等职业教育国际化的内涵做深刻的理性解读基础上，追寻隐匿于具体国际化实践背后的深层框架，挖掘高等职业教育国际化的本体之道，并由此更加系统、更加完整、更具理性地对各种具体措施进行分析、实施与评价，最终真正走出一条适合中国本土的高等职业教育国际化的发展之路。为了达到该目标，特提出现阶段我国高等职业教育国际化发展的战略目标：以切合国家战略需求促进民族振兴和社会进步为基本原则，以追求国际资源优化配置为导向，以民族化和多元化为基调，以最终实现教育强国为目标，形成一批具有中国特色的高质量的高职院校。

首先，高等职业教育的国际化发展必须以切合国家战略需求促进民族振兴和社会进步为基本原则。虽然目前我国经济增长速度较快，但仍属于发展中国家。如何在 21 世纪经济全球化的背景下实现中华民族的伟大复兴是我国需要重点思考的国家战略，当前国家倡导"一带一路"，提倡"人类命运共同体"，高等职业教育契合国家战略发展。在新的世界经济和政治格局中，如何进一步促进社会进步也是我国战略层面需要考虑的问题。因此，高等职业教育的国际化战略目标必须服从国家层面的战略思考，必须以促进民族振兴和社会进步为基本原则。清华大学前任校长顾秉林教授曾明确指出：我们要在实现国家的奋斗目标中实现学校的发展目标。大学是独特的教育与科研机构，不同学校的最根本的区别应是其内在的文化和精神，大学的精神、文化氛围和底蕴是大学的灵魂。高质量的高职院校应营造一种向上的校园文化和精神氛围，对师生有潜移默化的启迪和教化作用，对人的一生发展和成长有着深刻、持久的影响。高质量的高职院校应具有人才培养、科学研究和社会服务三大功能。在中国建设高质量的高职院校，要把满足国家的战略需求、促进民族振兴和社会进步放在首位，由此形成我国高质量高职院校特色。确立高质量高职院校建设目标，是为了用共同的价值观念和奋斗目标把学校师生凝聚在一起。

其次，高等职业教育国际化发展战略目标必须以追求国际资源优化配置为导向。高等职业教育国际化的发展是有其自身的历史进程的。大学缘起时期的国际化内涵仅仅是纯粹的学术驱动。当时知识的普遍性是扎根于大学灵魂深处的重要力量，由此学者和学生的国际流动就指向于一种真正意义上的求知活动。高等职业教育在萌芽时代就具有国际性，其根本原因在于知识具有普遍性。随着民族国家的兴起，国家的身份和概念逐渐得到强化，启蒙时期那种为了纯粹学术的国际化活动逐渐地产生了内涵上的变化。高等职业教育国际化产生了政治和文化倾向，变成了国家身份的彰显与保持的手段。恰如美国波士顿学院终身教授阿特巴赫所指出的："国家主义、民族主义的崛起带来了高等职业教育国际化的内涵上的深刻变化，对于普遍性知识追求的学术化取向已经被国家身份、国家需求的发展所替代了。"随着全球化时代的到来，高等职业教育国际化变成了经济的竞争与战略的考虑，高职院校已经无法固守那种象牙塔式的传统信念，而必须融入全球化所带来的文化、经济，甚至是政治变革的整体进程之中。在这种形势下，如何利用国际化来优化资源的配置进而实现自身的发展应该成为高职院校国际化发展过程中的战略导向。因此，在全球化背景下，高等职业教育的国际化发展战略目标必须以追求国际资源优化配置为导向。不仅如此，高等职业教育是一种长期的教育行为，它存在着规模经济与规模不经济。如图 9－1 所示，AC 曲线段是规模经济的，BC 曲线段是规模不经济的。高职院校规模小，投入的资源过多而使资源没有得到充分利用，这时如果能使高职院校规模扩大，如实行高职院校合并、联合办学等，使资源得到充分利用，降低单位学生成本，就会逐渐趋于规模经济。反之，如果过分追求降低单位学生成本，无限制扩大规模，一定会产生规模不经济而影响教育质量。因此，高职院校在国际化进程中必须结合自身的规模和资源条件，不能以牺牲教育质量为代价盲目地进行国际化的发展。国际化的第一诉求是以追求国际资源的优化配置为主导的，高职院校在国际化进程中应坚持这一导向。

因此，无论是从宏观层面高职院校国际化的发展进程来看还是从微观层面高职院校自身的规模经济发展来看，高等职业教育的国际化发展战略目标必须以追求国际资源优化配置为导向。

再次，高等职业教育的国际化发展战略目标必须以民族化和多元化为基调。一方面，中国高等职业教育的国际化应该以民族化为基础。一个国家的高等职业教育必须根植于特定的民族文化土壤，并受到国情的制约，民族化是国际化存在与发展的基础。我国高等职业教育的国际化也必须与本民族的文化教育传统相融合，在原有的基础上吸收国际高等职业教育的成功经验、优化模式及先进科学技术知识。另一方面，国际化是高等职业教育现代化的实质和主流，民族化则是高等职业教育现代化的现实基础与表现形式。所谓高等职业教育民族化，主旨是强调保持、保护并发扬本民族的高等职业教育优良传统，民族化只有不断开放，不断接受国际化洗礼，才能始终充满生机与活力；国际化只有与民族化结合，取得民族化形式，才能合法生存并内化于现代化之中，从而在根本上促进现代化。高等职业教育的现代化、国际化是其实质与主流，民族化则是其形式。

中国高等职业教育的国际化必须以多元化为基调，不能简单地变成西方化的过程。发达国家和发展中国家在高等职业教育方面存在的差距，给发展中国家带来了巨大压力，发展中国家要赶上发达国家高等职业教育的发展水平，应该学习和借鉴它们的经验。但这并不意味着发展中国家没有更多的余地在本国民族文化发展的延长线上发展自己的高等职业教育，而只能按西方发达国家的标准提高自身高等职业教育的发展水平。国际化强调的是交流与合作，最终形成多元化的发展格局，并不是高等职业教育的全盘西方化。留学生教育并不是高等职业教育国际化唯一的实现途径和衡量标准，它只是国际化的一个方面，国际化的核心内容在于课程体系的国际化。在这样的背景下，我国高等职业教育一定要认清自身的特色，在此基础之上谋求国际化的发展，形成独特的有竞争力的高等职业教育国际化资源。

最后，高等职业教育的国际化发展战略必须以最终实现教育强国为目标，形成一批具有中国特色、国际知名度的高等职业教育院校。教育强国的含义有两层：第一，指的是国家资源的利用、开发及人均占有的教育质量、效益和水平的高低；第二，指的是依靠教育的不断发展来谋求整体国民素质的提升，进而推动国家宏观战略的实现。高等职业教育的国际化发展必须以最终实现教育强国为目标，也有两层含义。第一，在教育层面实现我国由教育大国到教育强国的转变。衡量这一目标的标准，即一个教育强国的人均 GDP 下限须达 2 万美元，高等职业教育毛入学率须超过 50%，人均受教育年限至少在 12 年以上，公共教育支出占 GDP 的比例须超过 5%。从这些标准来看，我国欲实现第一层面的教育强国还任重而道远，而高等职业教育的国际化发展能够在某种程度上解决这些问题，因此高等职业教育的国际化发展应该以这个教育强国的目标为导向。第二，高等职业教育的国际化发展本身是高等职业教育发展过程中的一个环节，而高等职业教育本身又是一个国家整体教育的重要组成部分，欲谋求通过教育水平的整体提高来提升一个国家的整体国民素质就不能绕开高等职业教育国际化这个环节。因此，高等职业教育的国际化发展战略目标应该从这个层面服从教育强国的战略目标。

（二）高等职业教育国际化发展的战略愿景

我国应在最终实现教育强国为目标的战略指导基础上，培养一批具有国际知名度的高等职业教育院校。在国内知名的高职院校已有很多，但这些高职院校在国际上的知名度还很低。衡量一个国家的高等职业教育国际化的发展水平，仅仅停留在国内比较上是不够的，还必须在世界范围内与世界高职院校进行比较和竞争。只有培养出一批在国际上知名的高职院校，才能从根本上说我国高等职业教育的国际化实现了长足的发展。

综上所述，我国高等职业教育的国际化发展应该放眼全球立足现实，以切合国家战略需求促进民族振兴和社会进步为基本原则，以追求国际资源优化配置为导向，以民族化和多元化为基调，以最终实现教育强国为目标，形成一批具有中国特色的国际一流大学，唯有如此我国高等职业教育的国际化水平才能得到根本提升。

二、高等职业教育国际化发展的运行机制

推进高等职业教育的国际化，需要一系列与之相配套的科学规范的运行机制来为高等职业教育的国际化发展提供有力的导向、规范、支持和激励作用。总体而言，国际化的运行机制包括两个层面：一是宏观层面的国家政策与管理机构，对推进高等职业教育国际化所做出的系列规定与管理；二是微观层面各高职院校具体建立的国际化策略运行机制。

由于现存高等职业教育国际化理论模型主要是针对高等职业教育国际化的组织方面和过程方面提出的，尚不存在对高等职业教育国际化影响因素方面的理论模型。影响高等职业教育国际化的因素主要有四个层面：制度层面、资金保障层面、师资力量保障层面、基础设施保障层面；高等职业教育国际化理论的实施需要三个层面的配合，即国际化理念层面、国际化保障层面和高职院校操作层面，在此基础上又可将国际化保障层面细分为组织，同时将高职院校操作层面细分为教学与课程设置、学校对师资的投入、国际交流项目和国际科研合作四个子层面。

有三个层面的因素影响高等职业教育国际化的发展水平。第一个层面是国际化理念层面，其中包含政府以及教育主管部门的国际化理念水平，但主要是高职院校自身管理者和其师生的国际化理念水平。由于高职院校自身管理者能对高职院校的发展理念和发展战略做出决定或重大影响，因此各个层次的高职院校管理者对高等职业教育国际化的认识程度和理解程度直接决定了各高职院校自身的国际化理念水平，进而影响着该校的国际化发展水平。不仅如此，各个地区高职院校的国际化理念还会相互影响，这一影响往往表现为正相关。即一个高职院校的国际化理念先进自然会带动该地区其他高职院校的进步；反之，若是该地区主要高职院校不重视国际化的发展，则该地区便会呈现出国际化整体理念落后的现象。我们称之为高等职业教育国际化理念的"羊群效应"。

第二个层面是高等职业教育国际化实施的保障层面。只有先进的理念而没有足够的资源实施也是不行的。该层面包含外部保障因素和内部保障因素。外部保障因素主要是指资金保障。国际化进程的推动是需要大量资金投入的，高职院校资金主要来源于财政拨款，因此是否有足够的资金用来实施国际化的理念是外部保障因素中的关键。衡量该指标的关键是分析每年是否有专项资金拨给高职院校使其专门进行国际化的发展。内部保障因素主要是指学校内部的机构组织设置、基础设施保障以及师资力量的保障：组织设置的保障主要是衡量高职院校是否设置了高等职业教育国际化的专门机构。基础设施保障主要是关注高职院校是否为留学生提供了相应的设施以及学校的涉外宣传工作做得是否到位。师资力量保障主要看高职院校是否有足够的师资力量进行高等职业教育国际化的交流和研究。这三个方面的保障相辅相成，在国际化理念的指导下相互影响，共同构成了实施国际化发展的内部保障因素。如果这三个方面有一个环节出错，便会产生"木桶短板效应"，使得高等职业教育的国际化发展受到阻碍。

如果前两个层面没有满足，则该校的国际化水平肯定不高。如果满足了前两个层面的要求，但在高职院校国际化操作层面没有采取有力措施，则该校的国际化发展依然会很缓慢。我国应该从教学与课程设置、对教师的投入、国际交流项目和国际科研合作四个方面来考虑高职院校国际化操作，其基本能反映高职院校对高等职业教育国际化采取措施的力度。

(一) 资金保障机制

长期以来，在计划经济体制条件下形成了我国高等职业教育特殊的"政府供给制"。高校在制订发展规划、调整办学思路、加强基础建设、推行改革举措时，主要依据是国家拨款情况，这意味着国家拨款多少直接决定了高职院校的发展水平。随着市场经济的发展和市场机制的改进，我国高职院校有了一定的自主权，投资主体也出现多元化趋势，但财政拨款依然是高职院校建设、发展与改革的重要资金来源。这不符合经济全球化对高等职业教育国际化的要求，甚至成了高等职业教育国际化的阻力。

我国应从三个方面努力构建高职院校国际化发展的资金保障机制。一是国家应进一步加大教育投入，特别是加大对国际化发展的支持力度。我国教育总投资占 GDP 的比例虽然达到了 4%，但这个比例相比西欧国家平均 5.3% 的水平还有一定差距。二是高职院校自己要努力拓宽资金来源渠道，除了财政拨款，还应该主动吸收社会捐赠、校友捐赠和银行贷款等。值得指出的是，对高职院校自办企业的形式应该审慎地提倡，应更进一步利用"产学研"模式，为学校的发展提供足够的资金。三是努力提高这些资金的利用效率。为此，国家财政部门应该会同教育部门建立相关的监督部门，高职院校自身也应该努力节约使用资金。

（二）高职院校组织保障机制

改革开放以来，国家对高校的行政管理体制进行了某些方面的调整，但由于长期受传统计划经济体制的影响，目前我国高等职业教育的行政管理体制仍存在着许多弊端，主要表现为两方面：一是行政化倾向严重，二是高职院校缺乏办学自主权。

我国应从两方面深化高职院校行政管理体制改革：一是大力推行高职院校管理人员职员制度。《中华人民共和国高等教育法》第 49 条规定："高职院校的管理人员，实行教育职员制度。"教育部于 2000 年开始组织职员制改革试点工作，通过推行高等院校管理人员职员制度，淡化高等院校的行政意识，突出学术自由和学术权利。二是转变政府职能，扩大高职院校办学自主权。目前我国在政府主导办学的体制下，形成国家集中计划、统一配置资源、政府直接管理的制度安排。这种机制极大地束缚了高职院校的发展。现在国际留学生市场的竞争十分激烈，要在复杂的市场上根据具体情况采取灵活、有效的措施，高职院校必须成为竞争的主体，拥有自主决策与行动的权利。这就需要理顺高职院校与政府的关系，扩大高职院校的自主权，尤其是对外交流的权利。

（三）师资力量保障机制

推行高等职业教育国际化需要满足师资力量配备与保障。国际化发展的重点领域是教育课程的国际化、学生培养的国际化、学者交流的国际化和研究领域的国际化，无论是哪一个领域都要求有足够专业化的师资力量作为基本保障。为了建立高等职业教育国际化的运行机制，在国家宏观层面上应制订相应的外来人才引进计划；高职院校自身更应该注重自身师资力量中外来人才的比例以及本土人才中具有国际化意识和能力的人才比例。高职院校在对教师的考评中应该在这些方面有所侧重：能否用双语进行教学，能否用外语进行交流等。只有从上到下各个层面都重视，并且把该问题以书面文件确定为一种制度来执行，才会真正提高我国高等职业教育师资力量中国际化人才的比例，才会真正形成国际化的师资力量保障机制。

（四）国际交流和国际科研合作的实践机制

目前在该运行机制的操作层面上，我国高职院校存在着一些误区。第一，只注重"请进来"，不注重"走出去"。部分高职院校认为把国外专家请到本校做几场报告或讲几堂课就是国际化了，这还停留在非常肤浅的层面。请国外专家来华讲学当然是国际化的一部分，但国际化还包括课程设置、学生互换、访问学者、国外分校等多种形式。高职院校应该主动与国外高校进行合作，比如采取学生、教师互换的方式进行进修和访谈，这样才不会流于表面。第二，只重视学生项目的交流，很少进行科研项目的国际合作。学生互换和教师互换只是国际化的初级阶段，国际化的高级阶段应该是资源共享和科研合作。中国高职院校的国际化理念还停留在初级阶段，应该努力向高级阶段发展。第三，在国际交流项目中显得很盲目，认为只要是中外互换项目都应该进行，而不计较成本的高低和对方高职院校质量的高低。在进行中外交流时，对于一些可有可无的项目以及一些成本明显高于自身承受能力的项目应该审慎地进行。另外，还应注意进行国外交流时首选那些在国际上有知名度的学校，如果与国内高职院校合作的国外高职院校都是实力薄弱的学校，则该项目不一定能够为国内高职院校的国际化发展带来益处。因此，在构建这一运行机制时应该既注重"请进来"，也要注重主动"走出去"；既要进行一些基本项目的交流，也要进行一些科研项目和资源共享项目的合作。只有这样，才能真正完善我国高等职业教育国际化的国际交流和国际科研合作的实践机制。

三、高等职业教育国际化发展的宏观调控

在高等职业教育国际化进程中，政府的宏观调控将为高等职业教育的发展提供十分重要的保证。结合我国高等职业教育国际化运行机制的构想，政府对该问题的宏观调控属于宏观运行机制范畴。这意味着在我国主要是教育部和各省教育厅在国家战略的指导下制定高等职业教育的国际化发展政策。该策略的制定主要包括两个方面，一是宏观调控保障层面，二是宏观调控操作层面。没有宏观调控保障层面做支撑，宏观调控操作层面的政策就很难发挥应有的作用；没有操作层面的具体政策来指导整个国际化进程，保障层面的政策就显现不出其应有的价值。二者必须有机结合起来，才能对我国高等职业教育的国际化发展起到促进作用。

（一）宏观调控的保障层面

从宏观调控保障层面来看，主要包括法律保障、师资力量保障、资金保障、基础设施保障、组织制度保障这五个方面。

（二）宏观调控的操作层面

从操作层面来看，主要包括如下五个方面。

一是要在全国范围内制订国际化的办学规划。这意味着我国在明确了国际化战略目标之后，应在实施层面具体细化和量化这个战略目标，进而形成系统的实施方案。应尽快在全国各高职院校建立起高等职业教育国际化研究的理论体系，以便进一步挖掘国际化发展过程中的经验，思考和总结不断出现的新问题，使这方面的研究专业化、科学化和系统化。与此同时，还应在全国范围内建立起国际化研究成果的推广体系，使研究的最新成果能够有效而迅速地应用于我国的现代化建设中去。在实践方面，要确定面向国际高等职业

教育发展的需求，重新审定高等职业教育的方针政策，对国内教育和培训体制进行系统的改革；要制定相关政策以吸引海外留学生和优秀学者；要加强国际化问题研究；大力进行高等职业教育国际化宣传等。

二是要努力运用宏观调控的手段激励国内高职院校，努力打造国际化的优势专业，进一步形成我国在国际化进程中的核心竞争力。对具有民族特色的专业，国家可以从宏观政策上给予优惠和各方面的支持，使其不仅在国内发扬光大，更使其在国际上的地位提高。如纺织、陶艺这些专业应成为我国部分高职院校国际化进程中的主打专业。需要明确的是，国际化不仅仅是吸收国际文化的过程，也是不断向世界传播我国文化的过程；高等职业教育的国际化发展应该成为我国特色高等职业教育和国外特色高等职业教育的优势互补过程。要想实现这一目标，国家在宏观调控层面应该在制订策略规划时重点提出这一方针，在进行相应调研的基础上，选择我国具有民族特色的专业和高职院校进行国际化的特色重塑和宣传，进而将其推向国际化的潮流中，这必将给我国高等职业教育的国际化发展带来蓬勃生机。

三是建设高等职业教育国际化发展的特区。一个基本设想是：既然经济特区可以建设得很成功，那么为了进一步提高我国高等职业教育国际化的发展水平，政府在宏观层面可以尝试建立高等职业教育特别发展区。欲建立这样的特区，必须满足如下条件：一是对该区域进行深度的高等职业教育改革；二是对外交流条件放宽，外国高职院校和外国资本进入没有限制，这意味着该特定区域的高等职业教育全面向世界开放；三是该区域必须能够承担得起这样的国际化角色，由于经济特区一般在沿海地区，这些城市国际化程度本身已经很高，不妨将高等职业教育的特区也放在这些经济特区中的一个或几个城市。在满足这些条件的基础上，在特定的教育领域全方位、有针对性、规范有序地引入外国资金、智力、教育及管理模式。建立国际高等职业教育特区或国际高等职业教育中心，将无疑对我国的教育、科研和经济建设产生巨大推动力。

四是尝试开办特许学校。特许学校的发展理念类似于我国行政划分中的直辖市。所谓特许学校就是由国家或者教育主管部门特别批准的主要以进行国际交流和合作为主的特办高校。这些学校的合作项目可以是个别项目也可以是全方位的，可以采用中外合作模式也可以采用中方主导、外方协助的模式。但特许学校的起点应该较国内普通高校要高，对学生的素质要求也应该更高，因其在某种程度上代表了中国高等职业教育的国际水平。特许学校需要政府财政的大力支持和教育主管部门的鼎力帮助。这种学校得益于政策上的灵活性和宽松的机制环境，可以按照国际惯例对学生进行教育、对教师进行管理。并且，在世界范围内聘请教师，同时主动在世界范围内招生。这种模式若能够成功，必将大大推动我国高等职业教育的国际化发展进程。

五是进一步广泛开展国际学历认证。毋庸置疑，国际学历认证和国际学位互换以及国际学分互认是高等职业教育国际化发展的一个重要方面。然而，目前我国只有少数几所大学加入了"太平洋地区大学校长协会""21世纪大学协会"等国际性组织，取得了学位互为认可的资格，其他很多院校的学历和学位都得不到应有的对待。高等职业教育国际化将大幅度加强国际人才培养的合作关系，如果我们在学历、学分、证书互认方面没有突破的话，那就很难融入国际潮流。在这个意义上，国家主管部门应从宏观调控层面审慎地对待该问题，适当降低门槛，用层次对应的办法进行协商，扩大国际互认的范围。设立"全国高等职业教育质量保证和认证中心"，为国内各种质量保证和认证机构搭建一个沟通与交流的平台，并积极参与高等职业教育质量保证机构国际网络，向世界发布中国质量保证和认证方面的信息，加强与其他国家质量保证和认证机构的沟通与交流，推动进出口教育项目的发展。只有这样，才能进一步加快我国高等职业教育的国际化进程。

四、高等职业教育国际化发展的合理形式

随着全球化时代的到来，高等职业教育的国际化发展呈现出新的特点。经济因素的驱动力在国际化过程中扮演着越来越重要的角色。

在这种新的背景下，如何合理选取高等教育国际化的发展形式直接决定了高等职业教育国际化发展的运行机制能否顺利运转，也直接影响着国际化发展战略目标能否在不断进行改进的基础上实现。国内外高等职业教育国际化的发展形式主要有基础形式、中级形式和高级形式的分别。其中基础形式主要有学生互换与留学、网络教育以及教师跨国进修与讲学三种形式。随着国际化的不断深入，学生互换与留学的初级形式会逐步发展到国外分校的中级形式，网络教育的初级形式也会逐步向产业化发展的中级形式转变，同时教师跨国进修与讲学形式也会逐步发展到进行国际科研合作的中级形式。随着全球化和国际化的进一步深入，在国外设立分校的中级形式会转变成区域性教育联盟的高级国际化形式，产业化发展的网络教育也会逐步转变为高等职业教育特区的高级国际化形式，同时国际科研合作的中级形式也会逐步转变为特许学校式的高级形式。

网络教育的规模也在不断扩大，各高职院校教师到国外进行访问、游学、考察、培训和讲学的人次也在不断扩大。从这些方面来看，我国高等职业教育的国际化已经具备初级阶段所应有的水平。但仅仅停留在初级阶段是无法实现我国高等职业教育国际化发展的战略目标的。只有在初级阶段的水平上努力往中级水平和高级水平迈进，才能真正使得我国高等职业教育达到国际化的水准，也才能真正在实现我国高等职业教育国际化发展的过程中推动我国的民族振兴和社会进步。

在此基础上，我国高等职业教育国际化在向中级水平迈进的时候可以选择国外分校、产业化发展和国际科研合作的形式。

首先，学生互换与留学的初级阶段形式的进一步发展应该是国外分校形式。只有国外分校形式才能真正提高我国高职院校知名度。当然合作办学也能起到类似的作用，但是合作办学的实质内容规模比较小，合作层次较低，其最大缺陷在于不能以我国高职院校的名义作为一个独立实体在国外进行教育和研究，这就很难提高我国高职院校的国际地位；而且在合作办学过程中还会涉及经济利益和政治利益冲突，其效果往往差强人意。因此，合作办学应该是从初级阶段向中级阶段发展过程中的过渡阶段。

其次，传统的国际网络教育的初级阶段应该向产业化发展的目标迈进。高等职业教育

能否产业化在学术界仍是一个未有定论的问题。高等职业教育产业化问题的提出主要有两方面原因，一是高职院校教育经费短缺，国家面临扩大招生规模的压力，又无力投资；二是很多国家包括一些发达国家总结过去的经验和教训所得出的结论从世界范围来看，马来西亚把国立大学法人化作为明确的国家政策，泰国没有提出明确的产业化政策，但泰国大学部实际上几年前就已开始向这一方面努力。其实，高校法人化的过程实质上就是高等职业教育产业化的过程。我国已提出高职院校法人化作为改革高等职业教育的目标，但尚未出台具体的法人化实施方案。因此，我国不妨在高等职业教育国际化过程中先将网络教育这一部分进行产业化，由点带面逐步推进到整体产业化的程度。国际网络教育的产业化必将在大大减少实施过程中的交易成本基础上，为我国高等职业教育国际化的发展做出示范性的贡献。

最后，传统的高职院校教师进修和跨国界讲学的初级形式应该进一步扩展为国际科研与合作的中级形式。因为传统的教师进修和跨国界讲学实际还停留在教学和学习的意义上，尚不能从学术和科研层面获得大幅度提升。而衡量一个国家高等职业教育国际化的发展不能仅看数量上的优势，还要看其科研能力和学术能力的国际化水平。

在实现了高等职业教育国际化发展形式由初级向中级的转型之后，应进一步探索其高级形式。国际区域性高职院校战略联盟、高等职业教育特别发展区和特许高职院校应该成为高级形式首选的三个重要形式。区域高职院校战略联盟是指高职院校之间、高职院校与其他社会组织之间，围绕某一共同战略目标，在组织和部门之间进行有效的整合，实现资源的最优配置，从而谋求效益最优，并通过各种契约建立起来的松散型合作竞争组织。国外正式的高职院校联盟很多，美国社区学院大多以州为单位组织战略联盟。国内高职院校之间小规模、经常性的合作曾在 21 世纪早期开始兴起，组建职教集团，但职教集团之间校与校之间仍然是分割，与企业仍然存在界线，发展只是名义上的职教集团。职教联盟发展由于利益关系也步履维艰。受高等职业教育国际化的影响，开放式办学已深入各高职院校的办学理念之中，高职院校间的合作在广度和深度上都有所发展。但国内的高职院校的战略联盟视野过于狭窄，不能够完全适应全球化时代对高等职业教育国际化的要求。因此，应该在审慎考察我国周边国际环境的基础上，考虑建立国家之间的国际区域性职教战略联盟。具体而言，我国周边日本、印度、韩国这些国家高等职业教育发展水平较高，可考虑在经贸关系的基础上进一步挖掘高等职业教育国际化方面的战略联盟合作，在该区域内实现学生的自由流动甚至是自由择校。当然这样一步到位很困难，不妨在设立高等职业教育特区和特许高职院校的基础上，在小范围内与周边国家或周边国家部分省市或高职院校进行这种战略联盟，以期实现互惠式的战略发展。

五、高等职业教育国际化发展的外部环境

在高等职业教育国际化发展进程中，不仅要从战略目标、运行机制、宏观调控、发展形式等内在影响因素入手，还要注重外部环境因素的影响。只从内在影响因素方面谋求发展，不重视外部环境因素的变化，会使得内部政策的可行性和适应性不强，达不到应有的

效果；只注重外部环境的建设而不从内部影响因素进行根本性的政策调整和改革，也无法实现我国高等职业教育国际化发展的战略目标。只有二者同时兼顾才有利于我国高等职业教育国际化的健康发展。

借鉴环境分析 PEST 模型，影响一个国家高等职业教育国际化的外部环境因素主要有四方面的内容：国际政治环境、国际经济环境、社会文化环境和科学技术环境。

(一) 国际政治环境

从国际政治环境来看，当前国际局势保持总体缓和与稳定的态势，但局部的动荡与紧张有所加剧。首先，目前世界政治格局呈现"一超多强"局面。一方面美国企图继续谋求单极世界霸权，另一方面科技和经济全球化推动着世界多极化的发展，除美国外世界其他地区保持发展着欧盟、日本、俄罗斯、中国等几个力量中心。自 2008 年金融危机爆发之后，美国世界霸主的地位遭到撼动，其政治影响力有所下降，但并不能因此认为"一超多强"的世界政治格局已改变。美国的政治强国地位仍然不容忽视，而其他诸如欧盟、日本、俄罗斯的政治发言权在金融危机之后有所提升，但仍然处在相互牵制的程度，并没有出现新的超级政治强国的端倪。在此情况下，我国继续奉行独立自主和平外交政策，提升了自己在国际政治舞台上的发言权。从十九大以后，我国跨入了新时代，逐渐走向了世界中央，发挥积极的作用。

从总体上看，当前国际政治形势及我国外交关系对高等职业教育国际化的影响是机遇与挑战并存。当前的机遇包括：第一，和平与发展的时代主题和世界多极化趋势给我国社会事业全面发展提供的巨大动力和机遇是长期性的。特别在后金融危机背景下，谋求经济的复苏和增长是世界各国面临的主要问题。对我国而言，利用经济因素谋求更加和谐的国际政治关系是有很大可能的，特别是"一带一路"倡议和"人类命运共同体"的提出，使这种可能性将逐步变成现实。第二，我国对外关系继续朝着更加健康和谐的方向发展，近年来高等职业教育国际化领域的合作在数量和质量上都得到稳步提升。当前的挑战主要有：第一，我国与某些国家双边关系的变化同样对教育产生影响。第二，近年恐怖主义在世界范围的活动使许多国家尤其是美欧等大国的对外政策产生了变化，其中也涉及科技文化和人员交流领域。

(二) 国际经济环境

从国际经济环境看，目前有三个方面需要重点关注。

第一，在国际金融危机背景下，经济全球化趋势和区域经济一体化趋势依然不会改变。21 世纪国际贸易和投资的自由化、统一劳动市场的建立、跨国公司的发展导致了经济全球化的形成。为应对经济全球化的挑战，越来越多的国家和地区倾向于参加自由贸易区来加快区内贸易和投资的自由化，促进经济增长，如欧盟、东盟、北美自由贸易区等。在国际金融危机背景下，虽然以美国为首的多数发达国家虚拟经济受到了重创，实体经济也遭受很大的负面影响，但是全球化和区域经济一体化的大趋势不会发生转变。在这个大趋势下，世界经济的联系性和相互影响程度会越来越大，我国作为世界经济大国，与世界经济的联系性和相互影响程度也会不断提高，这会直接或间接影响到我国高等职业教育国际化的发展。

第二，国际金融危机对世界经济的影响不容忽视，特别是对我国就业、国际贸易的影响不容小觑。由于需求传导路径、汇率传导路径、价格传导路径、贸易政策传导路径、产业联动传导路径以及市场预期传导路径等的存在，使得我国的对外贸易、就业、投资和消费等多个方面受到了不同程度的负面影响。在这样的世界经济背景下，我国采取了多项措施来缓解和消除经济运行中出现的问题，也取得了不错的成效。我国应该进一步实施和完善这些经济政策，力图使国内经济尽快走向良性发展轨道。同时，应制定积极的对外贸易政策，减少贸易摩擦，减少国际贸易纠纷，既为国家经济的进一步发展做好相应铺垫，也为我国高等职业教育国际化发展提供对外经济政策层面的保障。

第三，应该深刻意识到美国经济下滑对世界货币体系和全球经济格局的影响。当前，美元的世界货币霸主地位遭到了冲击，世界货币体系有可能以此为契机重构。在未来重构的格局中，人民币将成为货币体系多极发展中新兴的一极。2009年国务院从战略角度确定要把上海打造成世界金融中心，2018年在上海成立石油期货交易，以人民币结算，这也意味着我国资本市场未来的发展前景很广阔，我国市场化的现代金融体系也在构建之中。因此，中国经济特别是金融虚拟经济和实体经济的未来发展前景是十分光明的。在这个国际经济大环境下，我国高等职业教育的国际化发展应能获得国内宏观经济发展的大力支撑。所以，高等职业教育国际化发展应顺势而为，在策略上表现得更加强势一些，将其发展真正纳入国家宏观经济发展的框架之中。

三、社会文化环境

从社会文化角度看，目前需要重点关注以下几方面对高等职业教育国际化的影响。

第一，文化教育传统对高等职业教育国际化的影响。文化和教育之间存在着天然的联系，中国传统文化深厚的积淀对民族教育理念和教育形式的变化具有深刻的影响力。例如，春秋战国时期大教育家孔子提出的"有教无类"至今对我国教育事业的发展具有指导意义；宋代书院的出现及其崇尚的自由教学精神在一定程度上弥补了官办学堂的刻板；中国近代教育尤其是五四运动以后的教育传统，如民主和科学的精神、平民教育等思想，都是值得发扬的宝贵资源。此外，中国的文教传统还对世界尤其是周边国家的文化教育产生了较大影响，文化教育的对外交流由来已久。但是，中国的文教传统有着自身的局限性。比如，传统的"中庸文化"不利于学生创造性和团结精神的培养；传统教育在内容上只重文史道德、轻视科学技术，教学上教师是绝对的权威，评价上科举考试成为学校教育的中心和衡量人才的唯一标准，既不利于学生的全面发展，也导致教育与社会生活的脱离。

第二，人口因素对高等职业教育国际化的影响。人口的属性特征主要表现在数量和质量两个方面，人口数量表示人口规模的大小，人口素质包括人口的身体素质、道德素质和文化科学素质。我国仍然存在一定的人口问题，主要表现在：人口数量多、密度高，再加上外来人口不断增加，未来我国人口数量依然庞大；人口老龄化速度加快，庞大的老年人口将对经济社会发展形成较大的压力；人口总量不断增长，就业压力加大，就业人群与社会可能提供的就业岗位之间的矛盾十分尖锐；人口总体受教育程度仍然偏低。

第三，社会结构和社会事业对高等职业教育国际化的影响。随着社会的全面进步，人们消费方式也发生了变化，尤其是城市居民的消费能力扩大，消费质量和消费结构逐步升级；恩格尔系数逐年下降，消费模式由温饱型向小康型转变；消费结构发生变化，其中教育支出大幅度增长。其具体表现为：城乡居民收入持续增长，社会保障全方位推进；城市化和现代化进程扎实推进；"科教兴国"战略迈出新步伐，各级各类教育继续保持快速发展的势头；经济持续增长，劳动就业有所扩大；科学发展观、习近平思想的提出使我国各级政府可持续发展的意识进一步强化。

（四）科学技术环境

当今世界科学技术的发展主要有以下几个特征和趋势：新的科技成果不断涌现；科技成果转化的周期大大缩短；科技发展的跨学科性日益明显，新兴学科不断涌现；国际科技交流与合作日益广泛。

一方面，教育是继承和发展科学技术的重要途径，是科技生产力由"潜在性"变为"现实性"的前提和条件。因此，科技发展要求高等职业教育相应地承担起更为繁重而紧迫的任务。第一，高职院校承担为地方服务，为区域经济服务，科研也是高职院校的重要职能，提高高职院校的科研能力也是促进我国科技进步的重要途径，加强高职院校科研的对外合作则可充分利用国际数据信息、设备以及人才资源来提高科研水平。第二，现代科技的快速发展要求劳动者的受教育水平不断提高，知识结构不断改善。作为培养未来劳动者的重要阵地，高职院校需要在各个方面加大改革力度，其中重要一点就是扩大开放，吸收世界上最新的科技文明成果。第三，现代科技特别是信息技术改变了教育的方式，人们除了获取专业知识外，还要具备一定的信息能力及利用多媒体和网络技术进行学习、工作和交流的能力。

另一方面，科技发展也为高等职业教育国际化提供了更好的条件。现代科技与教育的结合，引起了世界范围内教育观念、模式、内容、方法的重大变革，对高等职业教育国际化也产生了巨大的推动作用，比如人工智能＋教育，会带来教育革命性的变化。首先，现代科技促进了教育观念转变。其次，科技的发展给教育带来新的内容。科技进步不断更新和扩充着知识的内容，学生只有掌握最新的科学知识才能不落后于时代，这就要求学生不仅要学习本学科的科技知识，而且要吸收全人类创造的一切优秀文明成果和先进科技知识。最后，科技进步带来教育手段和教学方式的现代化。微电子通信和网络技术的广泛应用，使受教育者获得了极大的选择余地和发展空间，特别是网络大学的出现为现代教育提供了极大的支持，已成为教育国际化发展的一种新形式。

"中国高等职业教育国际化发展的对策及建议"提出了我国高等职业教育国际化发展

的战略目标规划，并在该战略目标指导下，系统地构建了我国高等职业教育国际化发展的运行机制。在此基础上重点强调了国际化发展过程中宏观调控的重要性，进而提出了如何选择我国高等职业教育国际化发展的合理形式，探讨了如何完善我国高等职业教育国际化发展的外部环境。

参 考 文 献

[1] 张彩宁，王亚凌，杨娇. 高职院校数学教学改革与能力培养研究［M］. 天津：天津科学技术出版社，2019.

[2] 周任重，姜洪，赵艳俐. 高职高专物流类专业规划教材 供应链管理［M］. 北京：机械工业出版社，2019.

[3] 吕浔倩. 信息化高职教育教学管理研究［M］. 西安：西北工业大学出版社，2019.

[4] 姜丹宁，姜威，李佳. 高职体育与健康教程［M］. 沈阳：辽宁人民出版社，2019.

[5] 李凯. 高职通识教育英语阅读教程［M］. 西安：西北大学出版社，2019.

[6] 袁逊，李蕾. 高职体育与健康［M］. 天津：天津大学出版社，2019.

[7] 张泠，史方立. 五年制高等职业教育教材 齐鲁传统文化［M］. 济南：山东科学技术出版社，2019.

[8] 梁韵妍. 创新创业教育背景下"双师型"教师胜任力模型研究与构建［M］. 北京：航空工业出版社，2019.

[9] 陈忠平，董芸. 新形势下高校创新创业教育［M］. 北京：冶金工业出版社，2019.

[10] 覃鸿妮，谢钰珍，吴凡. 职业教育规划教材 基因工程操作基础［M］. 苏州：苏州大学出版社，2019.

[11] 广小利. 高职学生时间管理现状与能力培养研究［M］. 北京：北京理工大学出版社，2018.

[12] 杨秀冬. 当代高职大学生创新创业能力培养研究［M］. 北京：九州出版社，2018.

[13] 高美云，罗春晖. 基于职业能力培养视角的高职英语教学模式改革研究［M］. 长春：吉林人民出版社，2018.

[14] 黄桂红. 高职学生商务英语职业能力培养与教育教学［M］. 长春：吉林人民出版社，2018.

[15] 谢蕴. 现代高职物理学习创新能力培养研究［M］. 北京：中国原子能出版社，2018.

[16] 王芳，冯利. 高职职业核心能力培养拓展训练教程［M］. 沈阳：东北大学出版社，2018.

[17] 张江华，史琼艳. 基于项目学习"复合能力"培养的高职教学新模式［M］. 长春：吉林大学出版社，2018.

[18] 彭芳. 基于职业能力培养的高职电气自动化专业教学模式改革研究［M］. 长

春：吉林人民出版社，2018.

[19] 李悦. 多元视阈下高职专业社团创新创业能力培养研究 ［M］. 北京：北京工业大学出版社，2018.

[20] 袁建昌. 基于职业能力导向的高职连锁经营管理专业培养模式研究 ［M］. 长春：吉林出版集团股份有限公司，2018.

[21] 肖化移等. 高职学生职业能力标准与测评 ［M］. 长沙：湖南师范大学出版社，2018.

[22] 金红卫，陈勇. 英语认知能力构建与高职实用英语教学改革 ［M］. 长春：吉林出版集团股份有限公司，2018.

[23] 顾秀梅，胡金华. 高职国际化人才培养环境生态重构研究 ［M］. 苏州：苏州大学出版社，2018.

[24] 富宏. 高职音乐教育探索 ［M］. 北京：北京理工大学出版社，2018.

[25] 陈齐苗. 高职学生就业指导 ［M］. 北京：北京理工大学出版社，2018.

[26] 李玉萍. "双师型"视域下高职院校教师在职培养困境研究 ［M］. 合肥：中国科学技术大学出版社，2018.

[27] 卢达兴，侯小俊，周澜. 高职学生创新创业基础 ［M］. 成都：西南交通大学出版社，2018.

[28] 胡守忠，田丙强. 卓越·中高职贯通职业教育系列 国际商务谈判 ［M］. 上海：复旦大学出版社，2018.

[29] 郭明俊. 高职院校语文课程教育研究 ［M］. 天津：天津科学技术出版社，2018.

[30] 汪泳波，杨丽敏. 高职生职业发展与就业指导 ［M］. 长沙：湖南大学出版社，2018.

卷 首 语

　　十九大报告明确提出"加快一流大学和一流学科建设，实现高等教育内涵式发展"。在高等教育国际化与全球化发展趋势下，在"双一流"建设全面展开的背景下，外语高等教育改革与发展的研究和学术交流日趋重要。2018 年 3 月，上海外国语大学协同全国 150 余所高校，成立了中国高校外语学科发展联盟，旨在分享经验和共建一流外语学科，推动全国一流外语学科发展。

　　为了更好地推动外语学科的教育教学改革和教学成果的国内、国际互动交流，在征得常务理事单位同意并在理事单位的积极支持下，联盟秘书处编辑了这本《外语高教研究》。

　　《外语高教研究》希望对接国家"双一流"建设发展需求，汇集一线优秀教师、教学管理人员的研究成果，探索具有中国特色的外语教育教学规律、管理体制机制，理论探索与实践经验相结合，从而全面促进外语高教研究发展，提升人才培养质量，为教师提供学术交流、教研相长的共享平台。

　　《外语高教研究》以"外语"和"高教研究"为特色。首先，突出教学改革的重要性，为一线教师搭建教改论文发表平台，产出更多融理论和实证研究于一体的成果，推动高校外语教育的改革创新。其次，秉持多语种协调发展的理念，支持各通用语种和非通用语种教学研究与实践等。最后，关注各类复合型专业的外语教学以及人才培养的特色，为其科学发展提供有效支撑。

　　《外语高教研究》第 1 辑主要包括教育理念、培养模式、课程设计、教学方法、思政教育、双创教育、来华留学生教育、国际比较教育等模块，从不同角度探讨外语教育教学的发展，汇聚业内专家学者和一线教师的智慧。

　　我们希望，《外语高教研究》对高校教育教学研究者、教学管理者、外语教师和研究生都能有所裨益。编委会将力争办出特色，切实以研究促进教学，不断提升教学质量，促进广大高校外语教育工作者的学术交流与合作。

编委会名单

指导单位：中国高校外语学科发展联盟
编委会主任：李岩松
编委会成员（按姓名首字母顺序排列）：
陈法春（天津外国语大学）

陈　洁（上海对外经贸大学）

董洪川（四川外国语大学）

胡开宝（上海交通大学）

金子元久（日本筑波大学）

刘　宏（大连外国语大学）

刘建达（广东外语外贸大学）

苗兴伟（北京师范大学）

宁　琦（北京大学）

朴玉明（延边大学）

Steve Kulich（上海外国语大学）

孙有中（北京外国语大学）

王军哲（西安外国语大学）

王俊菊（山东大学）

严　明（黑龙江大学）

杨金才（南京大学）

袁筱一（华东师范大学）

曾艳钰（湖南师范大学）

主　　编：李维屏
副 主 编：姜智彬　王雪梅
主任编辑：王会花　窦心浩

图书在版编目（CIP）数据

外语高教研究. 第1辑 /《外语高教研究》编辑部编 .—西安：
世界图书出版西安有限公司，2019.1
（学术文库）
ISBN 978-7-5192-5341-7

Ⅰ.①外… Ⅱ.①外… Ⅲ.①外语教学—教学研究—高等学校—文集
Ⅳ.① H09-53

中国版本图书馆 CIP 数据核字（2018）第 277662 号

书　　名	外语高教研究　第1辑	
编　　者	《外语高教研究》编辑部	
责任编辑	李江彬	
出版发行	世界图书出版西安有限公司	
地　　址	西安市北大街 85 号	
邮　　编	710003	
电　　话	029-87214941　87233647（市场营销部）	
	029-87234767（总编室）	
网　　址	http://www.wpcxa.com	
邮　　箱	xast@wpcxa.com	
经　　销	新华书店	
印　　刷	河北盛世彩捷印刷有限公司	
开　　本	787mm×1092mm，1/16	
印　　张	11	
字　　数	200 千字	
版　　次	2019 年 1 月第 1 版　2019 年 1 月第 1 次印刷	
国际书号	ISBN 978-7-5192-5341-7	
定　　价	68.00 元	

外语高教研究

...uage Higher Education Research

《外语高教研究》编辑部 编

第 1 辑

世界图书出版公司
西安 北京 上海 广州

目　　录

教育理念

培养模式

课程设计

教学方法

思政教育

双创教育

来华留学生教育

国际比较教育

新时代高校外语专业教育发展战略思考 *

李岩松　王雪梅

提要：在综述高校外语专业教育发展历程的基础上，分析了全球化和"双一流"给外语专业教育带来的机遇和挑战，并提出以下发展战略：对接国家需求，倡导多元自主发展；丰富教育内涵，融入国别区域元素；创新教育改革，培养"多语种＋"卓越国际化人才；加强协同合作，促进互动发展。

关键词：新时代；高校；外语教育；发展战略

作者简介：李岩松，上海外国语大学研究员、校长；王雪梅，上海外国语大学教授，教务处副处长。

一、引言

党的十九大报告中明确提出，要加快一流大学和一流学科建设，实现高等教育内涵式发展。就外国语言文学学科而言，有必要在回顾外语专业教育发展历程的基础上，对接国家和社会对外语人才的需求，进一步探索相关发展战略。鉴于此，笔者扼要梳理了外语专业教育不同阶段人才培养的特点，结合全球化和"双一流"背景，剖析我国外语专业教育发展面临的机遇和挑战，并提出相应发展战略。

二、高校外语专业教育发展历程

我国高校的外语专业教育大致可分为新中国成立前、新中国成立至改革开放和改革开放后三个阶段。

在新中国成立前这一阶段，高校所开设的外语系科相对较少。截至 1949 年 9 月，全国 205 所高等学校中，41 所设有外国文学（或英国文学）系，10 所开设外语（英语）师范专科，13 所学校设有俄文系科（包括俄文师范科），1 所学校设东方语文系，1 所学校设西方语系，2 所学校设法文系（戴炜栋，2008）。当时的外语专业教育为精英教育，注重提高学生的人文素养，培养通才。

在新中国成立至改革开放这一阶段，基于国家政治、经济和外交的需要，外语专业有了一定规模的发展。新中国成立初期俄语专业发展迅猛，英语专业大量减少。1956 年以后，英语等其他外语专业有了一定扩大。1966 年，共有 74 所高校设有英语专业，外语语种多达 41 种（戴炜栋，2008）。受计划经济体制的影响，该阶段外语专业招生人数较少，主要培养服务于各行各业需求的应用型外语人才。

改革开放以后，随着高等教育规模的扩大和国内外交流的日益频繁，外语专业的数量和质量均发展迅速，英语专业尤为突出。2016 年本科专业开设高校数排行榜显示共有 737 所高校开设英语专业，位居第一（王文斌、徐浩，2017）。综而观之，一方面外语语种日趋丰富。在《普通高等学校本科专业目录

1

（2012 年）》中，外国语言文学下设有英语、俄语、德语、商务英语、翻译等 62 个专业。随着"一带一路"倡议的推动，现已增至 84 个（王文斌、李民，2018）。另一方面外语专业学习者增多。仅英语专业在校本科生人数就超过 40 万人，精英教育演变成大众教育，人才规格由单一的外语技能型人才逐渐拓展为"外语＋专业"的复合型人才。

三、新时代外语专业教育发展的机遇与挑战

（一）全球化时代外语专业教育发展的机遇与挑战

在全球化不断发展的背景下，国际交流互动为外语专业教育发展带来了机遇和挑战。首先，国际文化交流日趋频繁，各类人员跨国流动日趋增多，高校各专业学生都高度重视外语学习，其外语能力普遍提升，外语专业学生的语言优势相对缩小。其次，在信息化社会中，知识的创造、传播速度加快，学生的外语专业知识体系必须在终身学习过程中不断更新。最后，受高等教育大众化的影响，学生所学专业与就业之间的匹配度降低。如何适应国家和社会需求，调整外语专业的定位，打造自身区别于其他专业的特色，需要充分考量。

（二）"双一流"背景下外语专业教育发展的机遇与挑战

2017 年，教育部、财政部、国家发改委联合印发了《统筹推进世界一流大学和一流学科建设实施办法（暂行）》，"双一流"建设正式拉开帷幕。目前，北京大学、北京外国语大学、上海外国语大学、南京大学、湖南师范大学、延边大学的外国语言文学学科进入一流学科建设的行列。在一定意义上，一流外语学科的建设是一个探索实现中国外语教育内涵式发展路径的过程。如何对接国家"一带一路""文化走出去"等需求，充分发挥外语优势，培养高水平外语人才，积极建设具有中国特色、中国风格、中国气派的外语研究体系，需要外语界深入探讨。特别是我国正在致力于推进"一带一路"倡议，坚持政策沟通、设施联通、贸易畅通、资金融通、民心相通。语言作为交流工具，是连通的桥梁和纽带，在一定意义上，语言互通是"一带一路"实现"五通"的前提和基础。外语学科亦有必要考量如何进一步加强外语语言服务研究和实践工作。

四、新时代外语专业教育发展战略

（一）对接国家需求，倡导多元自主发展

新时代我国外语专业教育的发展应对接国家发展需求，倡导自主性、多元化发展。众所周知，经济全球化并不意味着单一意义，而是建立在具体语境基础之上的（Rizvi & Lingard，2010）。历史、文化、经济等的区域差异体现在外语学科的不同定位与使命上，不可千校一面。就外语学科所在的高校而言，无论是传统外语院校，还是综合类或者理工类院校，都有自己优秀的办学传统和学术传承。各学科应积极挖掘自身发展的内生路径和外生路径，应对不断变化的客观实际，准确定位学科发展目标和特色。彭青龙（2016）认为要主动对接国家社会经济发展需求，以提升人才培养质量为核心，以特色化的标志性学术成果为重要目标，以多元评价的激励机制为手段，以创新驱动、协同发展为途径，以国际化战略为支撑，有计划、有步骤地争

创区域性、全国性和世界性一流外语学科。

具体而言，各高校外语学科可以从宏观、中观、微观三个层面实现多元自主发展。宏观上，全面对接全球化趋势、国家战略需求以及区域经济社会发展规划，深度思考如何结合大环境实现外语学科发展空间的最大化。中观上，充分考量学校办学定位、办学目标以及传统优势学科群。在坚守外语学科内在属性的同时，积极探索和优势学科结合的可能性，拓展交叉学科领域，实现创新发展和错位发展。微观上，充分挖掘本学科内部发展要素，诸如学科的历史传承、办学条件、师资力量、学生需求等，进而明确优势和不足，消除学科发展的限制性因素，突显专业方向优势。譬如北京大学为高水平综合性大学，坚持"专业教育＋通识教育"理念，以培养具有良好人文素养、富于创造精神和具有多学科知识基础的外语专业人才为目标，除设有 21 个本科外语类专业外，另有近 40 种现代语言、古代语言、少数民族及跨境语言资源。又如上海外国语大学基于自身的特色和优势，确定了建成"国别区域全球知识领域特色鲜明的世界一流外国语大学"的发展目标，率先提出了"多语种＋"卓越国际化人才培养战略。

（二）丰富教育内涵，融入国别区域元素

新时代对人才的多元化需求进一步丰富了外语专业教育的内涵。外国语言文学的研究对象涵盖外国语言、外国文学、翻译、国别与区域、比较文学与跨文化研究等。其中国别与区域研究以及相应人才培养成为外语专业教育发展的新趋势。

目前国内外各高校从人才定位、课程设置、培养模式等不同层面进行改革，融入国别区域元素。譬如北京大学 2018 年 4 月成立了区域与国别研究院，把区域国别研究确立为一流大学建设规划中的前沿和交叉学科领域，专门成立了区域与国别研究委员会，负责研究制定区域与国别研究发展规划、学科设置、机构设置、项目设置等，区域国别研究享有北大其他重点建设学科（群）的资源（李晨阳，2018）。东京外国语大学确立了以语言文化研究和区域国别为主的课程改革模式，在语言文化基础上增加了以区域国别为主要内容的国际社会研究课程和专业，同时设立世界通识教育计划以及全球英语语言能力提升项目，致力于培养外语人才的多元能力。清华大学的发展中国家博士项目要求博士生同时掌握一门通用语种和对象国语言，在系统学习政治学、经济学等专业的理论和方法之后，再去发达国家进修，去对象国做田野调查，学制长达六年。国别区域研究和国别区域人才培养的重要性，相关元素在课程体系中的深度融入等可见一斑。

（三）创新教育改革，培养"多语种＋"卓越国际化人才

随着"一带一路"建设的推进，外语人才亟须彰显其多语种特色。培养高端外语人才，使其有能力在多国语言文化中游刃有余、在国际组织胜任高级职务、出任高级外交官、服务于跨国合作企业等，是我国高校必须完成的时代重任（戴曼纯，2016）。Neeley & Kaplan（2014）指出，跨国公司员工中语言能力欠缺者往往失去话语权和地位，易于被语言能力强（如本族语者）的对方利用、操控。美国政府以及各级教育部门在不断增加经济投入的同时，在社会政治场合广泛开展与外语学习有关的宣传活动，积极推进各级外语教育教学改革，不断提升国际交流合作水平等。通过多途径提升美国大学生的全球视野和全球竞争力，以实现培养所谓"负责任的全球公民"和重建所谓"世界高等教育秩序"的梦想（吴格非，2017）。因此，各外语学科有必要创新改革，培养国家亟须的高端国际化复合型人才。

上海外国语大学提出培养"多语种＋"卓越国际化人才的战略。所谓"多语种"即至少精通两门以上第二语言，具有出众的跨文化沟通能力；"＋"即"互通互联"，强调基于多语言的跨文化沟通能力，以人文通识教育培养学生的价值观自觉，以社会科学方法论的教学促进国别、区域研究意识，以问题研究导向提升学生在某一领域的专精。该人才理念的内涵为"会语言"（具备深厚的人文素养，较强的跨文化沟通能力和复语能力）、"通国家"（具有家国情怀和国际视野，具备国别区域知识的立体化建构与运用能力）、"精领域"（精通跨专业领域知识，具备全球胜任力和参与全球治理的能力）。在人才培养模式方面，首先采用"非通用语种＋英语""英语＋其他通用语种＋非通用语种"等多种形式，夯实语言基础。其次，推进完全学分制，建立与学分制相适应的学籍管理制度。实现课程教学资源绿色共享，促进学生的跨院系、跨专业选课，建立科学合理的转专业制度。再次，依托上海外国语大学卓越学院，实施战略拔尖人才培养。设立"多语种高级翻译人才实验班""多语种国别区域人才实验班""多语种国际组织人才实验班""多语种外交外事人才实验班"等平台，推行多元化、个性化培养理念，实施"双院制"管理模式。最后，基于学生为本理念，完善学习支持体系和多元动态评价机制，开设知识拓展、学术训练、跨文化交际能力培养等第二课堂，营造智能化学习环境和共享空间等。

（四）加强协同合作，促进互动发展

所谓协同合作，一方面是与国际同类院校或者学科协同合作。胡开宝和王琴（2017）指出在当代，外语学科在国民经济中的地位逐步下降，甚至愈来愈边缘化。在这一历史背景下，只有实施国际化发展战略，推进师资队伍的国际化，在教育理念、人才培养、学术研究和社会服务等方面努力与国际发展趋势对接，方能实现外语学科的快速发展。基于内在属性和外在社会需求，外语学科需不断拓展教育国际化的广度和深度。教育国际化一般包括三个模式，即以大多数英语国家为主的发达国家所形成的以'教育输出——工具主义'为主的发展模式；以大多数发展中国家为主要代表形成了'教育输入——教育主义'为主的发展模式；以大多数非英语的发展国家与一些新兴的工业化迅速发展的国家为代表所形成的输入与输出'互动平衡发展'的国家教育模式（杨启光，2011）。在新时代"双一流"背景下，外语教育的发展应做到输入与输出相融合，通过联合办学、联合学位、目的国办学、师资流动、学分学位互认等实现人才培养的国际化。

另一方面是国内外语学科之间的互动合作，特别是同类院校外语学科的合作交流。2018年3月17日，上海外国语大学主办首届一流外国语言文学学科建设与发展高峰论坛暨中国高校外语学科发展联盟成立大会，200余名与会代表分别来自北京大学、北京外国语大学、南京大学等知名高校。会议成立了"中国高校外语学科发展联盟"，其宗旨为创新学科发展机制，培养卓越国际化人才，打造高水平研究成果，提供高端社会服务，促进文化传承交流，建设一流外国语言文学学科，提升外语学科的国际影响力。联盟的成立顺应"双一流"的发展需求，也体现出国内外语学科对建设一流学科，提升国际话语权的共同期望。各外语学科的合作不仅包括教学资源共享，还包括科研协同攻关，提升国际学术话语权。诚如许钧（引自梁君英、韩天高，2017）所言，是不是提出了重大的理论问题，有没有找到重要的科学研究方法，能不能回应重大的社会发展需求，这是衡量学科进步的标尺。王宁（引自梁君英、韩天高，2017）也指出，今后中国外语学科学者不仅要掌握本国问题话语权，还要就一些重要的国际事务提出中国方案。由此可见，国内各外语学科有必要协同发展，共同培养一流人才，打造一流成果，建设具有中国特色的一流学科。

五、结语

外语教育的目的不仅是使学生符合社会的某种需求，还应该开发心智和想象力，提高深刻反省个体和世界关系的能力（Kramsch et al.，2010）。面对新时代的机遇与挑战，外语专业教育应坚持前瞻性、开放性、实践性、多元性的原则，从人才培养、学术研究、师资队伍、文化传承创新、社会服务等不同层面改革发展，逐步建构完善具有中国特色的外语教育体系。

注解

*本研究获全国教育科学规划重点项目"一带一路沿线关键土著语言文化通识课程体系建设研究"（项目编号：AFA180013）和国家语委重点项目"一带一路"沿线关键本土语言研究（项目编号：ZDI135-78）资助。

参考文献

[1]Kramsch C, McGinnis S, Patrikis P, Ryding K, Sau-ssy H. Transforming college and university foreign language department[J]. *The Modern Language Journal*, 2010, 92（2）:287-292.

[2] Neeley T & Kaplan R. What's your Language strategy?[J]. *Harvard Business Review*. 2014, 92（11）:25-25.

[3] Rizvi F & Lingard B. Lingard. *Globalizing Education Policy* [M]. London & New York: Routledge, 2010.

[4]戴曼纯. 我国外语人才需求抽样调查[J]. 外语教学与研究, 2016（4）：614-624.

[5]戴炜栋. 高校外语专业教育发展报告（1978—2008）[M]. 上海：上海外语教育出版社, 2008.

[6]胡开宝, 王琴. 国际化视域下的外语学科发展：问题与路径——以上海交通大学外语学科建设为例[J]. 外语教学, 2017（2）：1-6.

[7]李晨阳. 区域国别研究的学科化[J]. 世界知识, 2018（2）：73-73.

[8]梁君英, 韩天高. 一流外语学科的发展路径——浙江大学"2030学科畅想"暨外语学科发展高层论坛综述[J]. 外语研究, 2017（1）：66-68.

[9]彭青龙. 论学科评估新趋势和外语学科内涵建设新路径[J]. 外语界, 2016（3）：34-41.

[10]王文斌, 徐浩. 2016中国外语教育年度报告[M]. 北京：外语教学与研究出版社, 2017.

[11]王文斌, 李民. 外语教育属于什么学科？——外语教育学构建的必要性及相关问题探析[J]. 外语教学, 2018（1）：44-50.

[12]吴格非. 美国高等教育国际化转型背景下的外语政策与全球公民教育[J]. 2017（7）：59-65.

[13]杨启光. 教育国际化进程与发展模式[M]. 北京：社会科学文献出版社, 2011.

大学中的外语教育

金子元久　译者：谭婉心

提要： 现代社会产业结构日益复杂精细化、职业种类日趋多样化，传统的大学教育模式很难与之相适应，急需变革。要使大学教育与未来职业之间实现良好的对接，学生的自我认知、通用能力与专业知识三个要素至关重要。教育者如何在社会价值观相对化的今天帮助学生实现人格上的成长，如何通过对专业知识的训练来培养更广泛的通用能力以及使以上三要素有机结合、整体发展，成为当代大学教育面临的一项重大课题。外语教育历来备受重视且深受专门职业教育模式的影响，但在新一轮的社会变革中，在通用能力日益被强调的今天，仅掌握单一外语技能的人才已显后劲不足；在专业知识层面，与社会、文化相关的学术性研究明显还有很大缺口；把外语习得与对外国社会文化的兴趣导向有机结合形成学习动力也成为一个值得思考的新课题。外语教育者应对照三要素并结合自身发展现状，大胆探索、合理规划新的教育模式，在社会变动中求得生存。

关键词： 教育模式；多样化；职业；通用能力；专业知识

作者简介： 原作者：金子元久，日本筑波大学大学研究中心教授；译者：谭婉心，上海外国语大学日本文化经济学院本科生。

如今，如何使大学教育变得真实有效，在世界各国都已成为一个重大课题。这是因为，进入 21 世纪以后，社会经济发展迎来了一个具有转折性意义的拐点。继续因循守旧，沿袭从前的大学教育模式，已经行不通了。与此同时，大学招生人数也不断增加，一向以培养少数精英人士为办学目标的大学形象也发生了改变，其所承担的社会功能也与之相应地发生了变化。在这一系列变化之中，特别值得一提的是，大学外语教育究竟具有何种意义？进而为了实现这种意义，需要具备何种要素？本文先从理论上的大学教育原理出发，对其历史发展经纬进行梳理，随后在对当代大学所面临的课题进行探讨的基础上，再对大学外语教育的存续模式以及大学教育者应采取的对策进行相关论述。

一、什么是大学教育

在讨论大学外语教育之前，我们不妨对"大学教育"这个概念本身稍作梳理。

如果对大学历史进行回顾的话，我们就会发现，关于大学教育的思路观点上主要有三个潮流分支。它们分别是从中世纪欧洲发端的高度专门职业（医学、法学、神学）教育模式；在英国发展兴盛，以研习古代经典学问技艺为中心的"博雅教育"模式；和起源于 19 世纪初柏林大学的以高深学术为中心的研究教育模式。以上三种潮流对现代大学教育产生了深远的影响。但是，这种影响并不仅仅是在单一维度上进行渗透的。

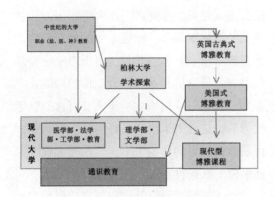

图1 大学教育的潮流

（一）高度专门职业教育

"大学"最古老的模式便是高度专门职业化的教育模式。这种模式是在医学、法学、神学这三个领域中，培养专职的医生、官员和神职人员。这是大学这一组织形式最初的出发点。当然在中国历史上也出现过"太学"这种学制，但它基本由国家主导并与科举制度关联紧密，因此从这个意义上来说，"太学"与我们所说的大学（universities）尚有不同。

无论如何，依照上述阐释，我们能够设想到一种关联性，即大学教育及在大学掌握的知识与毕业后所从事的职业之间所存在的一种一脉相承的关系。直观一点，可以用箭头导图来刻画出这种一贯性。

大学教育 → 职业知识 → 职业

图2 大学教育与职业的连贯性

由此诞生的大学职业教育一直保持着此种传统至17世纪前后，随后伴随着近代化职业的发展，其范围进一步扩大。19世纪后半叶伊始，横跨整个20世纪，情况发生了很大变化。在工学、农学、药学、经济学以及师资培养等相关领域里，培养人才的功

能在大学以外的高等教育机构中开始形成。到了"二战"后，这些功能进一步被综合性大学所吸收。

（二）博雅教育

第二种模式便是博雅（Liberal Arts）教育模式。原本博雅这个说法与"自由公民的教养"颇有渊源。换言之，它不与具体的职业形式直接挂钩，其目的在于传授与贵族、富人阶级相匹配的知识与思维方式。尤其以英国的牛津大学、剑桥大学为代表，在传统型大学的学院中，形成了这种教育模式。

17世纪以后，在英属美洲的殖民地范围内，大学所存在的主要目的便是培养神职人员。于是与此相适应，博雅教育便开始以新的形式谋求着自身的独立发展。但在美洲殖民地，直至18世纪，中等教育与大学教育仍未能完全分离。可以说，博雅教育在另一方面还担任着中等教育所应承担的职责。

上述结构直至19世纪末才开始发生转变。一方面，在部分私立大学内部仍保留着博雅教育的传统；另一方面，伴随着近代化职业（工学、农学等）的发展，与之相关的高等教育也成为一个重要的课题。最终进入20世纪之后，以"博雅教育"内容为基准的"通识教育"与专业教育被组合在一起，形成了与现代接轨的美国大学教育模式。这种模式也成为大学教育的普遍范式。

（三）学术性专业教育

第三种源流便是在学术性专业领域所实行的教育。在19世纪的德国，大学专业学科的研究与教育结合在一起，形成了近代大学的模型。进行此种结合的典型范例便是1810年创办的柏林大学，其教育研究理念被称为

"洪堡精神"（Humboldt Idea）。到了 19 世纪后半叶，近代大学的理念不仅在欧洲广为传播，还影响到大洋彼岸的美国。

这里所提到的洪堡精神，从某种程度上来讲，是一种近代科学的理念。它以对知识本身的探究为第一要义，其研究行为便是此种理念最根本的目的所在。在德国观念论哲学中有一种名为人格"陶冶"的教育论。这种教育论指出，教育对于人格的形成可以产生极重大的影响。让人未曾想到的是，在洪堡的理论下，通过让学生去深入体验模仿这种研究态度并让其参与研究过程，会让上述人格"陶冶"教育论与洪堡精神产生联结与融合。

由此，专业教育也同样可以成为另一种意义上的人格教育。欧洲大陆的近代大学，虽不像"博雅教育"那样，直接以人格教育为目的，但却间接地充当了对学生进行人格教育的角色。

（四）现代大学教育

以上所述三种源流都对现代高等教育产生了巨大的影响。

第一种高度专门职业教育的传统无疑也为现代综合性大学继续传承。特别在 19 世纪初期的法国，还创设了以高度职业教育为办学目的的高等教育机构，其遗产存续至今。继承其衣钵的便是今天的高等专业学校。这种传统到了 20 世纪之时，还对当时出现的各个社会主义国家产生了深远影响。在社会主义计划经济框架内，各个经济领域的发展还离不开专家的支持。因此，这种高度专门职业教育的培养模式便自然而然为社会主义大学所用，产生了契合度较高的联结。

众所周知，新中国成立后便全面开展了社会主义建设。在此之下，大学作为为社会主义经济发展培养、输送人才的教育机构，普遍被重组和整合。并且，出于为政府各部门培养领导官员和承担研究工作的目的，专业性"大学"应运而生。进入 20 世纪 90 年代以后，这种大学模式虽经历了大幅调整，但从教育内容的构成上来说，在很大程度上还保留了原来的传统。

至于博雅教育，我们仍能在当代美国大学中找到它的身影。它不仅存在于以"博雅教育"为主要专业学科的大学里，还作为专业化教育之下的基础"通识教育"，构成了教学计划的一部分。中国在"二战"之前曾受到美国的影响，尤其在基督教的强烈冲击下所创设的大学广泛接受了此种教育理念。虽然这种影响在中华人民共和国成立后一度被中断，但如今所谓的"素质教育"再次被导入大学教学计划中，这无疑表明上述潮流有强烈回归的趋势。

如前文所述，学术化专业教育对当代欧美各国大学产生的影响最为深远。19 世纪后半叶，诸多日本大学皆在此框架传统下创建起来。"二战"后，日本模仿美国全面推行教育大众化。但在业已实现大众化的今天，洪堡精神的影响仍然根深蒂固。即便在中国，北大前身"京师大学堂"也深受此理念影响，据说北京大学第一任校长蔡元培便意图在这种理念之下着手大学的建设和发展。

二、社会变化与大学教育

综上所述，以上三种源流都以某种形式继续留存在现代大学中，但无论哪种模式都面临着较大的挑战。

（一）传统模式的局限性

就第一种高度专门职业化模式来说，19世纪时，专门职业的种类已经不仅仅局限在医生、法律专家这一类传统专门职业范围内了。如前所述，其种类不断增加，出现了各种各样、门类众多的现代专门职业。但扩大规模后的大学职业教育反而丢失了其与职业之间单纯而直接的关联性。置于当今来看，虽然医学部的毕业生最后大多数都成为医生，但法学部、神学部的毕业生却不一定能找到对口的职业。在现代社会里，专门职业表现出极具多样化的变化趋势，大学教育已经变得很难与之衔接对应。

譬如，从对日本大学毕业生的调查结果来看，大学里就读的专业与之后从事的职业之间的关系，正逐渐变得复杂起来。

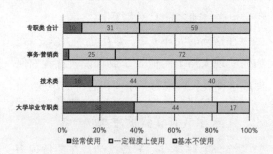

图3　大学·研究生时代所学专业知识技能使用状况

从这里明显可以看出一点，那就是只有医生、教师等"大学毕业专门职业"人员，才遵循理想模式，把大学所学到的知识和技能直接运用到了本职工作中。

在中国社会主义计划经济时代，大学内部的专业领域被划分得十分细致。当时采取的体制让各专业与毕业之后的职业直接衔接。但当劳动力的市场机制被导入之后，这种严丝合缝的对应关系便松动了，大学里的专业

教育与职业之间的关联性变得模糊、不明朗起来。

第二种博雅教育传统中也存在不少问题。首先，按照一部分传统型的博雅教育模式的做法，需要在整个学士课程中都实施博雅教育。这对现代的大众化大学而言，无法确立其与毕业后所从事职业之间的明确联系。

再者，谈到与专业教育相配合、对应编排的通识教育，其设置理念实际上也未必能够实现。如果其目标是培育学生"广博而宽泛的教养"，那通识教育倒成了集自然、人文、社会科学各领域入门级别科目为一体的拼凑物了。最终对于学生来说，这样的通识教育也难以唤起他们的学习热情。而且一旦拆掉这种教育框架，教育的内容就很有可能失去原本的系统性，随意性也会随之增强，变得更加难以把握。

日本的大学也在战后导入了通识教育体系，但针对通识教育的框架结构问题，教师和学生都抱有诸多不满。大学教育不应只局限于专业教育，也应纳入有助于学生人格形成的教育内容。学界虽在这个问题上达成了普遍共识，但却任由各大学自己来决定其教学的具体内容。

至于第三种学术性专业教育，如果要对其目标进行较严密的把控和解读的话，要么是让其培养的毕业生成为学者，要么是让毕业生成为中学教师，除此之外，几乎不存在第三种可能性。实际上，"二战"前相当一部分大学毕业生就成了大学或高中的教师。但从现代大众化的大学毕业之后成为教师或研究人员的学生，相对而言只占少数。

如果要说学术化专业教育对于当代普通大学生有什么积极意义的话，那么这种意义便是通过使其掌握一定学术范围内的基础知

识，以及帮助他们构筑今后进入社会、踏上工作岗位所必需的思维能力、判断能力（通用能力）之基础来达成的。但有一点其实是不甚明确的，那就是，一种特定的专业领域教育具体究竟应和获得哪种通用能力联结？说得直白一点，把专业领域内的学力对接到通用能力之上，这不过是教育者们单方面的期望而已。

（二）新的课题

另一方面，当代大学教育正面临着前所未有的新课题。

问题之一便是大学教育和职业之间的关系。如前所述，大学教育和学生走向社会之后所从事的职业之间，有说不清道不明、错综复杂的关系。当然这背后存在着一定的社会背景，那便是现代社会的产业结构也在逐渐变得复杂精细化。整个 19 世纪至 20 世纪，制造业的发展都是经济增长的原动力。在 20 世纪，商业与服务业等产业也竞相登台、发展兴盛，也就是所谓的第三产业的扩大在其中发挥了重要作用。并且到了现代，以信息技术为中心，并附加各种知识层面活动的"第四次科技革命"也发挥了很大的作用。于是，与之对应，学生所需具备的知识和技能也不可避免地变得越来越多样化。

而且，产业结构也处在急速变动之中。能够保持 20 年前的形式不变，留存至今并继续运营的企业已经不多了。特别是在国际化发展进程中，商品、服务市场也被置于国际化的环境当中，并正在发生势头强劲的变动。这对于每个企业人士而言，意味着终其一生都要积极适应职业的多样化，还要面对这种变化的不可预测性。当代大学生也如此，正在面对的是多样且具有很高不确定性的未来。

这对大学生来说，意味着他们对未来的期望值会变低，向前的动力也会减弱。迄今为止的社会，所设想的基本流程如下：在大学入学之前，学生事先考虑好自己的将来、认清自身的情况，再据此选择大学；在进入大学之后，再朝向自己所构建的那个未来采取相应的学习活动。现实中究竟有多少比例的学生按照这个流程走，这或许要打上一个大的问号。但在社会上，这被公认为是大学生应有的求学态度，学生们也在心理上默认接受了这种模式。然而，在现在大众化的大学中，轻易地让学生接受这种设定逐渐变得困难起来。中国在短时间内实现了经济的急速腾飞，那么可以预想到，年轻人对于自己的将来必然也持有相当的抱负。但在社会日趋富裕和多样化的过程中，不可避免地会出现价值观的相对化。由此，年轻人所持的"抱负"也必将随之发生较大变化。

在这样的大环境下，学生进入大学之后，如何实现人格上的成长，或者说教育者如何促成这种成长，成为一个值得思考的难题。

（三）大学教育模式的重构

综合上述观点，笔者认为，在考量现当代大学教育之时，有必要对传统的大学教育理念重新进行构建。用图表（图 4）来表示的话，当代大学教育应具备以下三个关键要素。

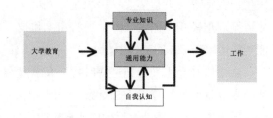

图4　大学教育的构成要素

再一个是专业性知识的理解问题。这是高度职业化教育或是博雅教育，再或是学术性专业教育，都历来重视的一个环节。学生通过接受这些教育，一直以来被默认为所应获得的是富有逻辑性的思维方式和良好的沟通能力，即所谓的通用能力。进一步讲，构成其基础的是各个学生自身的人格，可以称作是对"自我的认知"。虽只有博雅教育把这当作一个明确的课题，但高度专门职业教育或学术性专业教育实际上也都是以此为前提的。

问题在于，不能让这三个要素在各自独立的圈子里运转、发挥功效，而应该让其相互关联并使其有机结合，把它们作为一个整体，再扩充其内涵和外延。大学教育需要提供这种联结发展的契机。

三、关于大学教育的课题

那么，在对大学教育的课题进行了简要探讨的基础之上，我们转到大学外语教育应如何合理规划、发展以便更好存续的问题上来。笔者并非外语教育的资深人士，触角不能深入到外语院系内部作深入通透的剖析和探讨。因此，将换一个角度，从外语院系的外部着眼，阐述笔者所观察到的一些问题。

（一）大学中的外语教育

前文所述三种大学教育的潮流，仅从表面来看，都好像看不到外语教育的影子。但进一步深入到教育内容方面的话，可以说三种潮流与外语教育之间密不可分。对于中世纪欧洲大学实行的高度专门职业教育模式来说，外语能力是一个重要的基础。尤其是围绕古希腊、古罗马经典作品的读写能力和会话能力。教育传授过程中所使用的语言对于

学生来讲是非母语的拉丁语。而且，学生毕业之后担任神职之际，使用拉丁语也是惯例。然后，博雅教育实质上也可以被当作是一个拉丁语的习得过程。同时，拉丁语的使用也可被看作是社会上流阶层的一种文化基础。一直延续到19世纪，拉丁语的学习都是大学教育不可或缺的一部分。

在亚洲的近代大学里，外语教育也一直扮演着相当重要的角色，但其存在意义与欧美国家却有较大不同。亚洲大学的外语教育作为一种必不可少的社会组成部分，是为了构建向欧美学习先进知识时的语言基础而开设的。但在亚洲各国的大学之中，外语教育的设置情况还存在一定差异。在战前的日本，外语教育被定位成高等教育的基础部分。国家规定，在接受（旧制）大学的专业教育之前，首先要在高中完成外语相关基础课程的学习。

与此不同，在近代化起步较晚的中国，情况则发生了变化。要从走在近代化前沿的各发达国家引进新的知识技术，就需要大量精通外语的人才，外语教育因此被赋予了重大使命。而且，中华人民共和国成立后的外语教育还被按照专门职业教育的模式进行了重新定位。再往后，众所周知直至今天，中国大学的外语教育与其他各国相比，其受重视程度明显要高得多，其地位可谓是举足轻重。

（二）问题点

但值得注意的是，当代外语教育内部还包含着几个重要矛盾。

第一点，狭隘地把外语教育定位成职业教育的做法是不可取的。虽说现在处于国际化的时代，但这并不意味着对口译、笔译等职业性较强的外语专业人士的需求就大量增加了。对于外语专业的毕业生来说，外语能

力也只不过是一种帮助其获得更多机会的加分项。在此基础之上，还必须掌握与各种职业相对应的知识，熟悉与其职业相关的思维模式。

事实上，在中国的大学里，虽未明说，但外语专业的毕业生被要求在掌握外语这一项专业基础技能的基础上，具备职业方面的技能，这也能为其带来好评。由此，在把外语能力的培养作为教学基础之外，如何培养学生更为宽泛的能力就成了一个新课题。

第二点，如何定义外语教育的学术专业性问题。具体而言，就是如何定义教师在研究层面上的专业性这个问题。如前文所述，对于现当代大学而言，学术专业性作为一个重要元素不可或缺。而这不仅仅是在表面形式上要求大学具备很高的学术水准。教师所具备的学术性研究方法以及探究新知的态度，对于学生的教育过程具有重大意义。这在当今仍应被视为一个重要论点。

这种背景之下，在外语院系内部，语言学和文学作为教师专攻的学术研究领域，历来被赋予了很高的地位。这在教育内容以外语语言能力的培养为主的情况下，当然无可厚非。

但我们同时也应看到，从外语院系毕业的大部分学生，今后不可能直接把学术性的语言学或文学知识应用到职业当中。大多数毕业生会在企业等组织中，与各种各样的实用业务打交道。这意味着，与语言直接相关的学术领域研究与学生毕业后从事的职业之间产生了我们不愿看到的错位与偏差。从这个角度来看，教育者所涉足的研究领域，是不是应该稍向社会、文化方向倾斜呢？

第三点，学生的学习动机问题。在大学教育还专供少数精英人才提升自我的时代，

外语院系的入学者不少是在初中和高中就对外语或者外国文化抱有浓厚兴趣，最终顺其自然升入外语院系继续学习的。进入大学之后，学习动力仍然高涨，并且他们的基础素养本身就十分优良。因此，外语学习中所特有的类似初级语法习得这一类的枯燥训练对于他们而言，应该不存在太大问题。

但一方面，大学升学率不断攀升；另一方面，如前文所述，社会正处在多样性变化之中，社会流动性也在逐渐增强。在此背景下，学生进入外语院系学习的入学动机也随之朝着多样化方向发展。而且在中国，对于独生子女一代而言，大学升学行为本身就是理所当然的。面对现状，引导学生的兴趣发展与增强学生学习动机成了一个重要课题。从这一点上引申开来，因为外国的社会现象与文化内涵是与学生从小成长起来的环境大相径庭的，因此学习过程可能会给他们带来全然不同的刺激性体验。这是作为教学主体的外语院系特别需要注意的一点。而且，如何把技能型的外语习得过程与对外国社会文化的兴趣导向有机结合起来，形成学习动力，这也成为一个新的课题。

（三）课题

关于如何克服以上所提到的这几个难关，其实没有一个明确化的标准答案。也就是说，想要为今后外语专业的发展和改进描绘一幅理想的蓝图似乎并不容易。而且，对于这些问题的解决，笔者也无能为力。

但笔者在此想要强调一点，如前文图4所示，学院方面也要把专业知识、通用能力、自我认知这三个要素相互关联，扩充其外延与内涵。这种做法对于任何学院来说，都十分必要。就外语专业而言，学习与外语相关

的专业知识或形成语言技能的行为本身有其内在的基本规律和特点，在掌握这种规律和特点的同时，也要逐步形成通用型能力以及加强自我认知。这一点在今天看来，无疑值得加倍重视。

要实现这三者的结合，具体来说应采取怎样的教育方法、实行怎样的教学计划呢？其实，可行的模式并不是唯一的。也就是说，外语专业的教育同样需要多样的模式来扩充支撑。或者说，需要每所大学独自钻研，拿出自身独特的方案，这样才能促成外语教育的多样性。在这些方案当中，或许会浮现出一种崭新的、能够应对现代社会新课题的外语专业生存发展之道。

参考文献

[1] 金子元久. 大学の教育力[M]. 筑摩書房, 2007.
[2] 天野郁夫. 変貌する高等教育[M]. 岩波書店, 1998.
[3] 潮木守一. ドイツ近代科学を支える官僚[M]. 中央公论社, 1993.

大学英语教学校本改革探索 *

常 辉

提要：《大学英语教学指南（征求意见稿）》（以下简称《指南》）的制定可能会引发新一轮的大学英语教学改革。《指南》给了我们改革的方向和宏观指导，但校本改革需要从本校实际出发，设定合理的培养目标，选择有效的教学内容，采用合适的教学方法。本文提出和分析了大学英语教学校本改革必须考虑清楚的两个重要问题（即教什么和怎么教），以期为大学英语教学校本改革提供参考。

关键词：大学英语；改革；校本

作者简介：常辉，上海交通大学外国语学院教授、博士生导师、副院长。

一、引言

《大学英语教学指南（征求意见稿）》已经在网上流传了一段时间，这份文件的制定必然会带来新一轮的大学英语教学改革。在上一轮改革中，《大学英语课程教学要求》中的一些提法被错误解读，至少存在一些偏差，造成了不良后果。例如，把教学目标中"培养学生的英语综合能力，特别是听说能力"理解为"大学英语教学以听说为先"，把"自主学习"理解为"自己学习"。因此，在进行新一轮的改革时，首先需要对《指南》做好解读，处理好各种关系，如通用英语和专用英语①之间的关系，听、说、读、写、译技能之间的关系，语言技能与文化之间的关系，语言的工具性和人文性之间的关系等等，不能为了某种需要而脱离实际片面夸大某一个方面。另外，我们必须清楚，《指南》只是给了我们改革方向和宏观指导，并不是针对某一个高校的改革方案，而改革的主体是

高校，如何使《指南》在大学英语教学改革中实现校本化，是每一个高校进行大学英语教学改革时必须考虑的。本文提出和分析大学英语教学改革校本化必须考虑清楚的两个问题（即教什么和怎么教），以期为大学英语教学校本改革提供参考。

二、教什么？

教学内容是教学中最重要的要素，反映的是教学是否有效。教什么取决于教学目标，是大学英语教学改革首先要考虑的问题。针对这个问题，外语界有多种声音和做法，下面我们进行梳理和剖析。

（一）学生喜欢什么就教什么

持这种观点的典型做法是，开设若干门选修课，让学生根据自己的兴趣和需要选择。这种做法的理念是，大学英语教学是为了满足学生的需求，让学生选择自己感兴趣或需要的课程。这种理念和做法的出发点是

好的，但过于理想化，因为现实与这种理念往往会相差甚远。学生在选择课程时并不一定完全是按照自己的兴趣和需要选择。据我们的了解和调查，不少学生会根据所选课程是否容易通过拿到学分，任课教师是否给分较高，是否要求过严等因素选课。这样做的结果很可能会变成不少学生混学分，不能真正提高学生的英语应用能力。另外，学生对英语能力的认识可能是片面的，他们认为需要提升的英语能力不一定是他们未来学习和生活中最需要的。例如，根据我们 2008 年和 2014 年对上海交通大学在校生的调查，大部分学生认为自己的口语不好，最需要提升口语能力。但对于大多数中国学生来说，英语口语使用的机会可能不是很多，大多数大学毕业生基本上用不到口语（杨惠中，2012）。因此，学习英语口语课程未必是最好的选择。而且，刚进入大学时，学生并不清楚自己将来想做什么工作，因此也不清楚自己需要学习什么样的英语课程，让他们选择自己需要的课程会使其迷茫。多数时候他们只能是盲从或选择容易通过或给分较高的课程。如果学生一进大学选修的都是以知识或文化介绍为主的非能力训练英语课程，结果很可能是学生学得轻松开心，但英语应用能力没有提升，反而磨蚀下降。

人才培养是全人教育的过程，不能只看学生的需求和喜好，完全让他们自己选择学习什么，从而提升教学满意度，而是我们要根据社会需求、学校的培养目标和学生的实际情况做好顶层设计，对认为学生必须学习的一些内容要做强制规定，把学生培养成社会需要的人才。真正的学习和自我提升都不是轻松的，完全让学生选择很可能结果是学生会选择轻松的课程，达不到人才培养的要求和目标，而且还往往会造成选课失控，不利于教学管理。

（二）培养学生的跨文化交际能力和人文素养

《指南》[2]在"4.2 课程结构与内容"中将大学英语课程设置分为通用英语课程、专用英语课程和跨文化交际课程。《指南》对大学英语课程的这种设置很容易让人感觉到对跨文化交际课程特别重视，容易造成错误解读，因为如果按照学习英语的目的来分，只能把英语课程分为通用英语课程和专用英语课程，跨文化交际课程与二者并列但又不是按照同一个标准来分类，很容易让人理解为该课程比较重要。于是有些人就提倡大学英语要以培养学生的跨文化交际能力和人文素养为主。这里我们不谈这种课程分类标准不统一的问题，只讨论大学英语是否应该以培养学生的跨文化交际能力和人文素养为主。

《指南》在"2.2 课程性质"中指出："大学英语课程兼有工具性和人文性双重性质。就工具性而言，大学英语是基础教育阶段英语教学的提升和拓展，主要目的是在高中英语教学的基础上进一步提高学生英语听、说、读、写、译的能力。就人文性而言，大学英语课程重要任务之一是进行跨文化教育。语言是文化的载体，同时也是文化的组成部分，学生学习和掌握英语这一交流工具，除了学习、交流先进的科学技术或专业信息之外，还要了解国外的社会与文化，增进对不同文化的理解、对中外文化异同的意识，培养跨文化交际能力"。

《指南》的上述表述显然没有把大学英语的人文性凌驾于工具性之上，而且工具性依然是在人文性的前面，二者至多是平等的关系。然而，对于大学英语而言，学习者都是非英语专业的大学生，他们面临着巨大的专业课程压力，用于学习英语的时间非常有限。根据我们 2008 年和 2014 年对上海交通大学在校生的调查，人文社科专业的学生每周课外花在学习英语上的时间不到 1 小时，理工专业的学生课外几乎不学英语。虽然让学生了解外国文化，培养他们的跨文化交际能力和人文素养，都非常重要，但大学英语教学对学生来说最重要的目的还应该是提升他们的英语应用能力。也就是说，大学英语的工具性应该是第一性的，人文性应该是第二性的（王守仁，2011a；蔡基刚，2012b；杨惠中，2012）。由于大学英语课时非常有限，我们不能忘记大学英语教学的主要任务是提升学生的应用能力。而且，语言是文化的载体，在进行英语技能训练的同时，也会涉及跨文化交际能力和人文素养，因此，大学英语的人文性可以通过教学内容来体现，在选材和教学中可以有意识地增加人文性，从而实现工具性和人文性的有机统一（杨惠中，2012；文秋芳，2014）。没有必要在大学英语教学基础阶段专门开设跨文化交际课程，可以将其作为选修课程，供感兴趣和需要的学生选择。况且，大学里还有其他的课程可以培养学生的跨文化交际能力和人文素养。

当然，我们认为跨文化交际能力是大学生需要学习的一项重要能力，应该是大学英语教学的一个重要内容，但大学英语教学不能以培养学生的跨文化交际能力为主。而且，目前我们对跨文化交际能力的认识感觉还不够深入，到底什么是跨文化交际能力，它应该包含哪些具体内容，在教学中如何培养跨文化交际能力，都是我们需要搞清楚的问题。如果我们对这些问题还不清楚，对跨文化交际能力也界定不清，很难真正地培养学生的

跨文化交际能力，也许只能做到提升他们的跨文化交际意识。另外，跨文化交际能力更多的是一种在生活体验中习得的能力，并非在课堂上讲一讲练一练就能具备跨文化交际能力。

（三）培养学生的英语应用能力

上一节阐述了大学英语教学的主要任务应该是提升学生的英语应用能力，我国从 1985 年制定的第一个《大学英语教学大纲》到目前的《指南》无不强调，大学英语教学的目标是培养学生的英语应用能力。这是大学英语教学的本职工作。但是，英语应用能力包括听、说、读、写、译，我们应该均衡培养学生的这些能力还是应该有所侧重呢？这也是需要考虑的问题。

如果能够把学生的听、说、读、写、译能力都培养得很强，这是最理想的。但现实是大学英语课时有限，而且现在的趋势是大学英语学分一砍再砍，加上学生用于学习英语的时间也非常有限，学生之间的英语应用能力参差不齐，同一个学生的听、说、读、写、译能力也不平衡，而且也不是每一个学生都需要把所有这些能力都提升到很高的程度。因此，大学英语教学需要从实际需求出发，既要体现社会和学校对学生英语能力的需求，也要体现学生个性化的需求（束定芳，2010）。这实际上也是教多少或者教学重点的问题。有些技能需要多教，有些不需要多教。针对这个问题，我们需要做社会需求分析，了解社会对英语能力的需求。胡学文等（2011）报道了他们在 2010 年 1 月到 4 月间对用人单位和员工共 881 份问卷调查的结果。只有 20.9% 的用人单位表示，需要大部分或全体员工掌握较好的英语应用能力，这

些单位基本上是全涉外企事业单位，60.9%的用人单位表示，只需要部分员工掌握英语，23.8%的用人单位甚至表示工作不涉及英语。另外，71.2%的用人单位认为口语能力最重要，54.8%的认为听力最重要，44.6%的认为翻译最重要，41.2%的认为阅读最重要，22.1%的认为写作最重要。对员工的调查显示，42.3%的员工表示在日常工作中需要使用英语，72.4%的认为阅读最重要，其次是听说（67.8%）、翻译（58.2%）和写作（45.3%）。而且，54.4%的员工认为自己的英语阅读能力最强，58.3%的认为自己的听说能力最弱。王守仁（2011b）指出教育部高等学校大学外语教学指导委员会2009年至2010年对全国530所高校进行调查，结果显示，高校对五项英语技能的重要性排序为：读、听、说、写、译。

上面的调查结果表明，使用英语的主体，即员工，在实际工作中最需要的英语技能还是阅读，其次是听说，翻译和写作。因此，大学英语教学没必要把听、说、读、写、译五种英语技能均衡培养，而是应该按照社会对学生英语的需求有所侧重，同时学生根据自身的实际情况和需求自我调整。考虑到大学生入校时的英语阅读能力整体相对较强，可以将大量的阅读放在课外进行，并通过测试保证学生真正地阅读。学生的听说能力参差不齐，来自上海、北京、广州等大城市的大学生听说水平普遍相对较高，而高考不考听力或偏远地区的学生听说水平普遍较低。因此，可以通过分级考试将听说能力相对较弱的学生分到基础班，加强听说训练，最大限度地解决学生听说能力参差不齐的问题。中国大学生的英语写作能力并不像人们和学生自己预想的那么好，大学英语四六级考试写作部分的得分率只有50%左右，而且多年

来没有进步。写作问题主要表现在结构套路化，思想内容表达不清晰且逻辑性差，语言平淡简单，甚至很多句子都是背出来的。如果大学生出国留学，英语写作是一个明显的短板。这也是上海交通大学中外合作办学的"交大—密西根联合学院"要求英语课只教授写作的主要原因。翻译是比较能够锻炼学生水平的教学活动，大学英语教学对此尚不够重视。这些技能的培养需要在保证输入的基础上加强练习，并且需要教师的指导。

（四）通用英语还是学术英语能力

英语应用能力有不同层次，可以是通用英语（EGP）的应用能力，也可以是专用英语（ESP）的应用能力（Hutchinson & Waters 1987）。专用英语分为行业英语（EOP）和学术英语③（EAP），学术英语又分为通用学术英语（EGAP）和专用学术英语（ESAP），前者是所有学生进行学术研究或者学业学习需要学习的英语，如听英语讲座、记笔记、发言、写概要、写研究报告、规范引用等，后者是学生学习或研究某一学科需要学习的英语（Blue，1988；Jordan，1997；Hyland，2006）。

国内针对大学英语教学应该培养学生什么层次的英语能力争论很激烈。有些学者（如蔡基刚，2004、2010、2012a、2012b、2014a、2014b；束定芳，2011、2013）主张大学英语教学应该主要培养学生学术英语层面的应用能力，而有些学者（王守仁，2011a、2013；胡开宝、谢丽欣，2014）主张大学英语教学应该以通用英语为主。这里的问题是，中国大学生数量巨大，不同高校学生的英语水平不同，同一高校学生的英语水平也相差很大，大学英语教学不能采取一刀

切的做法，针对不同英语水平和需求的学生需要培养不同层次的英语能力。英语基础较弱的学生，就需要以学习通用英语为主；英语有一定基础的学生，应该继续学习一些通用英语，提升到一定水平后可以再学习一些通用学术英语；英语水平很高的学生，学习通用英语已经意义不大，就可以直接进入通用学术英语；通用学术英语也学好了，就应该进入专用学术英语或行业英语学习④了。也就是说，英语学习是分层次的，从通用英语到通用学术英语，再到专用学术英语或行业英语，学习什么层次的英语是由学生的英语基础和需求决定的，而不是一刀切。正如文秋芳（2014）所说，通用英语与专用英语在大学英语中应该共存，它们是互补的关系。

这里还有一个很重要的问题，就是学生英语达到什么水平才可以学习通用学术英语？这需要做一些研究，不能拍脑袋决定。不过可以预见，随着我国大学生入校时英语水平的提高，通用英语会逐渐减少，通用学术英语会逐渐增加（杨惠中，2012）。如果将来我国大部分大学生入校时英语水平都已经比较高，可以直接进入通用学术英语的学习，大面积的通用英语已经不需要了，我们就要像英美国家那样建立语言中心，解决少数人的通用英语能力问题。

（五）到底教什么

通过以上分析我们可以看出，对于一个高校而言，大学英语教什么主要取决于学生的实际水平和学校的大学英语培养目标。束定芳（2010）也持这样的观点。如果搞不清楚学生入校时的英语水平，就无法知道什么层次和难度的教学内容适合他们；如果学校的大学英语培养目标不明确，就不知道要培养学生什么样的能力，也不知道要把他们的能力培养到什么程度。目前，我国大学英语教学普遍存在的一个问题就是，没有弄清楚学生入校时的英语水平，也不清楚学生学习大学英语课程时的水平变化，更不清楚学生毕业时的英语水平，甚至连培养目标也不明确。结果是什么都不清楚，大学英语教学在糊里糊涂中开始，在糊里糊涂中结束。当学生说他们在大学期间英语水平下降了，学校说大学英语教学效果不好，大学英语教师们连反驳的证据都没有。

要搞清楚大学英语需要教什么，首先要弄清楚学生入学时的英语水平，这需要做好入学分级考试，从而进行分级教学，因材施教。因为要测学生的水平，所以入学分级考试应该是一个水平考试，而且要科学，效度高。一旦分数出来，我们就可以判断他们的水平处于什么层次，达到哪个层次的学生就学哪个层次的英语。除此之外，我们还可以对新生进行词汇量的测试。这里有两点需要说明。一是直接使用高考成绩分班是不科学的，因为我国还有很多省市没有采用全国统一的高考英语卷，不同省市之间的高考英语卷是不可比的。即使采用的都是全国统一卷，但由于每个省的评卷标准和尺度不完全相同，直接比较也会不太科学。二是即使学生高考分数很高，也建议至少上一个学期的通用英语课，因为高考成绩很高代表什么样的英语水平还不是很清楚，很多省份的高考英语不考听力，口语考试也是选择参加的，学生写出来的英语也普遍比较差，中学英语教育的应试成分还比较大，高考分数高但英语应用能力还比较差的情况是比较普遍的。

了解学生入校时的英语水平，我们就可以选择适合他们难度和层次的教学内容了，但这还不够，教学内容还要注重有效性和系统性。所谓教学内容的有效性是指，大学英语教给学生的应该是他们未来学习、工作或生活中实际需要的，如听英语故事、报道、讲座、用英语发言、辩论，理解科普文章和应用类文体的材料，写论说文、总结、报告等。如果英语教学以讲解应试技巧应对考试为主，讲的东西在实际生活中不存在，不具有真实性，那基本上就是无效教学，浪费学生的时间。教学内容的有效性不仅要在教学中体现，还要在考试上体现，因为中国学生到大学依然有应试的惯性，考试的巨大反拨作用不容忽略，很多学生是考什么就学什么，甚至老师也是考什么就教什么。因此，考试必须反映教学目标，考试的内容必须真实有效。

最后，还要注意教学内容的系统性。教学内容应该是体现教学目标、有难度梯度的一个有机整体。如果说大学英语教学的目标是培养学生的英语应用能力，那么我们的教学内容应该是围绕能力培养，选材应该是为能力培养服务的。从这个意义上讲，我们使用的教材应该是以能力培养为主线和理念，并体现一定的难度梯度。如听力训练从理解长对话、故事、报道到听讲座记笔记回答问题，再到听译等。然而，我们国内的教材一般都是以话题为主线，难度梯度的把握也不够好。更糟糕的是，许多教材的内容编写都是围绕考试开展，编制很多选择题，编制人员又不太懂测试，出题水平不能保证，使得教材的练习题质量和使用效果难以保证。

三、怎么教？

教学方法应该由教学目标和教学内容决定。这个关系不能搞反了。有不少人认为，大学英语课堂沉闷，学生听课积极性不高，

效果较差，是因为教学方法不好，大学英语教学改革应该主要是教学方法的改革。这种看法有一定道理，但不完全正确。对于大学英语教学来说，最重要的是目标定位，然后根据教学目标设计有效的教学内容，力求达到目标，最后才是寻找合适的教学方法。其实，我们经常碰到这种现象。在大学英语课堂上，学生热火朝天地做游戏，形式活泼，笑声不断，气氛良好，但由于内容简单无效，学生一学期结束后回想一下，没学到多少东西，能力也没有怎么提升，获得感很差。相反，有些教师课堂气氛比较沉闷，大多都是自己在讲，但由于讲的内容有深度，也很有用，依然能够得到学生的认可。这就说明，教学内容比教学方法更为重要。当然，如果教学内容和教学方法都好，那就更好了。前些年大学英语教学力推网络教学和自主学习，花费巨资建造网络教室和自主学习中心，但收效却与期待相去甚远。有不少学校甚至把学生自主学习变成了学生自己学习，大学英语课堂变成了老师看着学生学习，其结果可想而知。这也说明，教学的形式和方法不是第一性的，它们要为教学内容服务。

外语教学法从最早的语法翻译教学法，到后来的直接教学法、情景教学法、听说教学法、全身反应教学法、自然教学法、交际教学法、以内容为依托的教学法、任务教学法、项目教学法和混合式教学法等，日新月异，而且从这些教学法中衍生出了各种各样的教学法。可以说，每一种教学法都有其优点和缺点，没有一种教学法是完美无瑕或放之四海而皆准的。教学方法的选择应该是根据培养目标和教学内容而定的，凡是适合的教学方法都是好的。比如，刚开始学习英语时，学生的英语知识和能力都非常有限，此时的

英语教学使用交际教学法就不合适，至少效率不高，使用听说教学法进行句型操练或语法翻译教学法倒是非常有效的。相反，对于有一定英语基础的大学生来说，要提升他们的英语应用能力，使用语法翻译教学法或听说教学法就不太合适了，使用交际教学法是可以的。更多时候，在一次英语课上，针对不同的教学内容我们需要使用不同的教学方法。比如，在讲解文化背景时，就是老师介绍；在讨论文章里面的思想观点时，可能采用交际教学法；在巩固知识点时，可能采用任务教学法。也就是说，在英语课堂上，我们往往会根据教学内容和目标采用不同的教学方法。实际上，英语教学法是一个笼统的概念，它可以指某种教学理念（approach），可以指某种教学方法（method），也可以指某种具体的上课技巧（technique）。在实际教学过程中，教学理念和方法要通过具体的上课技巧来体现。要想灵活高效地使用教学方法，大学英语教师必须熟知各种英语教学法的理念、操作步骤及其优缺点。但现实是我国大学英语教师对各种英语教学法的了解并不多，很多老师没有接受过教学方法的训练，就连参加教学比赛的老师宣称使用了某种教学法，但仔细分析也不是这种教学法。因此，对大学英语教师普及英语教学法知识是极为必要和迫切的。

目前，大学英语教学教师主宰课堂的现象依然比较严重，还没有真正地实现以学生为中心的教学。但学生是学习的主体，只有学习在学生的大脑中发生了，教学才是有效的（杨惠中，2015）。如果大学英语教学的培养目标是提升学生的英语应用能力，那么教学就应该围绕学生的英语应用能力提升进行，课堂就应该以能力训练为主，而不是以

知识传授为主。能力训练需要设计和实施能够达到效果的教学活动。但这是比较难的，不是每一位老师都能够做到的，需要成立专门的团队来完成。中国教师往往不擅长教学活动的设计与组织，我们可以利用外教一起进行教学活动的设计。欧洲语言共同参考框架（CEFR）以典型活动来定义二语学习者的英语能力，我们的课堂也可以通过典型活动来训练学生的能力。这也需要我们使用的教材以活动为主线编写，而不是现在的以话题为主线编写。更重要的是，教材的编写需要有一套先进的教学理念和方法，没有这些而紧跟考试的教材不能算是好的教材。

生活在 e 时代，教育技术在大学英语教学中的作用也不可忽视。慕课可以让学生随时随地学习到高质量的课程，节省教学资源和学习成本；微课可以提升教学质量，活跃课堂气氛，减轻教师备课负担；微信平台可以及时地把资讯和学习材料推送给学生；网络教学和学习平台可以了解和监督教师的教学过程和学生的学习过程，并且可以利用互联网＋技术了解学生对教学内容和学习材料的喜爱程度，以便在后续教学中调整。当然，我们也要清楚，教育技术是辅助教学的，为教学服务的，不能过分夸大教育技术的功能，更不能让教育技术主宰和代替教学。上一轮教学改革中的网络教学就是一个例子。另外，慕课和微课的质量一定要高，否则就没有使用价值。

总之，教学有法，教无定法，贵在得法。不过，对大学英语教师普及英语教学法知识和教育技术在教学中的合理应用是极为必要和迫切的。

四、结语

多年来，大学英语教学为我们国家培养国际化人才和社会经济发展做出了巨大贡献。但近年来，人们对大学英语教学诟病很多，大学英语教学思想和做法也比较混乱，我们需要厘清思路和理念，让大学英语教学重回正轨。我们需要清楚，改革是手段，不是目的，改革不能从概念出发，而是要从实际和需求出发。在进行大学英语教学改革时，每个学校都必须根据自身的实际情况进行改革，不可盲从，否则就很可能收效甚微。最重要的是，我们必须搞清楚学生入校时的英语水平，弄明白要把学生的英语培养成什么样子，怎样培养。因此，改革应该从测量和分析学生入校时的英语水平开始，确立合理的培养目标，选择有效的教学内容，做好课堂和课后设计，实施分级教学，并通过水平考试监控学生的能力发展和检验教学目标的达成度，最终形成既适合本校又可以被外校复制的大学英语教学体系。

注解

*本文是根据2016年5月21日在华东师范大学举办的"标准、课程与教学——2016年全国大学英语改革发展学术研讨会"上的大会发言整理而成的，是2018年上海高校本科重点教学改革项目"有效性和智能化大学英语分层教学体系构建与实践"的阶段性成果。

①我们采用文秋芳（2014）的翻译，也认为"专用"与"通用"相对，"专用英语"比"专门用途英语"更加简洁，又与"通用英语"更加对称。

②这里引用的是百度网上可以下载的《大学英语教学指南（征求意见稿）》，内容以最终颁布版本为准。

③王守仁（2013）认为，EAP应该翻译为"学业用途英语"，其教学目标是为学生用英语学习学科知识提供语言支持。笔者认为这里的Academic应该既有"学业"的意思，也有"学术"的意思，仅翻译成"学术英语"或"学业英语"都不能完全反映其本意。

④不过，专用学术英语和行业英语不属于大学英语教学的范畴（杨枫，吴诗玉 2013；杨枫，孙凌 2013），应该放到专业教学中进行。

参考文献

[1] Blue G. Individualising academic writing tuition [A]. In P. C. Robinson （ed.）, *Academic Writing: Process and Product* （*ELT Documents 129*）[C]. London: Modern English Publications, 1988. 95–99.

[2] Hutchinson T & Waters A. *English for Specific Purposes*[M]. Cambridge: Cambridge University Press, 1987.

[3] Hyland K. *English for Academic Purposes: An Advanced Resource Book*[M]. London: Routledge, 2006.

[4] Jordan R R. *English for Academic Purposes* [M]. Cambridge: Cambridge University Press，1997.

[5] 蔡基刚. ESP与我国大学英语教学发展方向[J]. 外语界，2004（2）：22–28.

[6] 蔡基刚. 关于我国大学英语教学重新定位的思考[J]. 外语教学与研究，2010（4）：306–308.

[7] 蔡基刚. 教育国际化背景下的大学英语教学定位研究[J]. 外国语，2012a（1）：69–76.

[8] 蔡基刚. 从日本高校大学英语教学看我国外语教学目标调整 [J]. 外语教学理论与实践，2012b（3）：1–6.

[9] 蔡基刚. 国家战略视角下的我国外语教育政策调整——大学英语教学：向右还是向左? [J]. 外语教学，2014a（2）：40–44.

[10] 蔡基刚. 从通用英语到学术英语——回归大学英语教学本位 [J]. 外语与外语教学，2014b（1）：9–14.

[11] 胡开宝，谢丽欣. 我国大学英语教学的未来发展方向研究 [J]. 外语界，2014（3）：12–19.

[12] 胡学文，吴凌云，庄红. 大学英语社会需求调查分析报告 [J]. 中国外语，2011（5）：12–17.

[13] 束定芳. 大学英语课堂教学，我们教什么，怎么教 [J]. 外语界，2010（6）：26–32.

[14] 束定芳. 高等教育国际化与大学英语教学的目标和定位——德国高校英语授课学位课程及其启示 [J]. 外语教学与研究，2011（1）：137–144.

[15] 束定芳. 对接国家发展战略，培养国际化人才 [J]. 外语学刊，2013（6）：90–96.

[16] 王守仁. 关于高校大学英语教学的几点思考 [J]. 外语教学理论与实践，2011a（1）：1–5.

[17] 王守仁. 我国高校大学英语教学现状调查及大学英语教学改革与发展方向 [J]. 中国外语，2011b（5）：4–11.

[18] 王守仁. 坚持科学的大学英语教学改革观 [J]. 外语界，2013（6）：9–13.

[19] 文秋芳. 大学英语教学中通用英语与专用英语之争：问题与对策 [J]. 外语与外语教学，2014（1）：1–8.

[20] 杨枫，吴诗玉. 大学英语通识化转向的"逻各斯" [J]. 外语电化教学，2013（1）：9–14.

[21] 杨枫，孙凌. 关于大学英语教学 ESP 论的一点思考 [J]. 外语教学理论与实践，2013（3）：1–6.

[22] 杨惠中. 关于大学英语教学的几点思考 [J]. 外语教学与研究，2012（2）：293–297.

[23] 杨惠中. 有效测试、有效教学、有效使用 [J]. 外国语，2015（1）：2–26.

西班牙语人才培养的多元化特色发展路径研究 *

于 漫

提要： 近年来我国西班牙语专业蓬勃发展，多数高校面临着西语人才培养模式相对单一，毕业生无法完全满足国家、社会、职业需求等问题。本文以上海外国语大学（以下简称"上外"）西班牙语课堂为实践范本，西语专业学生为研究主体，重视理论与实践的结合，探索切实可行的西班牙语人才培养的多元化特色发展路径，以供国内其他开设西班牙语专业的院校在西班牙语人才培养模式方面进行参考。

关键词： 西班牙语；人才培养；多元化

作者简介： 于漫，上海外国语大学西方语系教授。

一、引言

近年来，随着中国与西班牙以及大部分以西班牙语为母语的拉丁美洲各国政治、经济、文化关系的日益密切，人员交往愈发频繁，西班牙语人才的社会需求逐年增加，我国西班牙语本科教育规模同步迅速发展。据不完全统计，截至 2016 年底，全国已有 70 多所高校开设西班牙语本科专业，每年西班牙语入校生人数超过万人。如此之快的发展带来了不少问题，亟待解决。多数院校的西班牙语专业人才培养模式相对单一，人才培养不能完全适应经济社会发展需要，这是突出问题之一。当前，经济社会发展对西班牙语专业人才培养提出了新的要求，即细化的学术型、应用型、复合型、专业型等专门人才，以及卓越型人才与拔尖创新人才。《西班牙语专业本科教学质量国家标准》中明确指出，西班牙语专业的学科基础包括西班牙语语言、西班牙语文学、翻译、区域与国别研究，具有跨学科特点。西班牙语专业可与其他相关专业结合，形成复合型专业或方向，也可以建立双学位或主辅修机制，以适应社会发展的需要。为此，各类各级开设西班牙语专业的院校，都面临着必经的教学改革之路，即根据学校的自身特点和实际情况，进行科学定位，积极探索专业多元化特色发展的路径，办出高水平，办出各自的特色。本文聚焦西班牙语人才培养多元化的意义、培养目标和特色，旨在进一步研究多元化特色发展路径的实施情况以及实践中所面临的困难和问题，提出专业教学改革的对策和可行性建议，发掘其学术及实践价值。

二、西班牙语人才培养多元化特色发展路径研究的目的和意义

"西班牙语人才培养的多元化特色发展路径研究"的目的在于引导目前的西班牙语专业适应国家战略部署和地方经济社会发展需求，适时适当地调整专业结构。引导并加强专业课程建设（尤其是高年级专业课程建设），加强学科的内涵建设，进一步完善西

班牙语人才培养模式。

为探究"西班牙语人才培养的多元化特色发展路径研究"的意义，我们的调查研究是基于经济社会发展的需求，确立多元化培养目标和具体方向是西班牙语专业"本科教学工程"改革的重要组成部分；拓宽了西班牙语专业的学术型、应用型、复合型、专业型等人才培养方向；解决了全国西班牙语专业快速发展中出现的突出问题，包括多元化的内涵与基本理论问题，多元化人才培养的规律和特点，多元化卓越人才的选拔和培育等问题。主要特色是探索目前国内西班牙语专业人才培养模式相对单一到多元化人才培养的转型路径。鉴于单一的人才培养模式已经难以满足社会多元化人才及就业市场的需要，根据当下社会需求和西班牙语专业的自身特点，确立西班牙语专业多元化发展方向，探索专业多元化特色发展的路径。

目前，我国外语专业教学领域已经意识到，统一的专业人才培养模式难以满足社会多元化人才需求的现实，学界已经有针对多元化人才培养模式展开讨论的声音。如《复合型外语人才培养模式理论与实践研究——对专业定位的思考》（周震，2004）通过对外语专业联合其他专业培养人才的研究，以及复合型外语人才的培养与理工类交叉学科人才的培养之比较，阐述了国外外语界对外语专业的界定；《面向多元社会需求和多元目标取向，培养"厚基础、强能力、高素质"的外语人才》（张绍杰，2010）对英语专业教育教学改革进行了新的思考；《依托多元智能理论培养外语复合型人才》（李华，2010）基于加德纳的多元智能理论，运用文献研究法和问卷调查法，对外语复合型人才培养模式进行全新的理论研究，为复合型人才培养提供借鉴；《利用多元智能理论培养复合型外语人才》（杨群艳，2011）通过打破传统教学理念，以语言智能和数学/逻辑智能为中心进行教学，尝试结合每个学生的智力特点，培养复合型人才；《英语类专业实践多元人才观面临的挑战与对策》（文秋芳，2014）分析了英语类专业人才培养中，实施多元人才观所面临的主要挑战。但是，一方面，复合型人才主要围绕"英语+"的模式，对其他语种复合型人才的相关研究少之又少；另一方面，在实践层面上尚未展开以学生为研究主体的深入探讨及实践。

因此，我们有必要探索国内西班牙语专业人才培养模式从相对单一到多元化人才培养的转型路径。根据当下社会需求、学科需求和学生需求三个维度，结合西班牙语自身的专业特点，确立西班牙语专业多元化发展的教学改革方向，探索专业多元化特色发展路径。

三、多元化特色发展路径研究的主要内容及教学改革方案

（一）多元化特色发展路径研究的主要内容

为深入了解西班牙语人才多元化特色发展路径，制定合理的教学改革方案，我们进行了全方位的调查研究，主要包括理论层面、专业定位以及人才培养模式研究。

在理论层面，重视多元化的内涵与基本理论问题，注重多元化人才培养的规律和特点。比如，在学生能力层面，我们应加强培养其西班牙语语言能力、跨文化交际能力、文学鉴赏能力、社会经济与国别文化研究能力、思辨与创新能力。在人才类型层面我们

应探索西班牙语学术型人才、应用型人才、复合型人才、专业型人才的培养方式和路径。

在专业定位研究方面，我们通过广泛调研，掌握目前全国高校西班牙语专业的基本情况。基于西班牙语专业国家标准中提出的具体要求，结合上海外国语大学的发展定位、办学层次、毕业生服务行业等方面的差异性，对西班牙语专业具体的方向进行分类分层研究，思考科学合理的专业发展方向。

在人才培养模式研究方面，我们从教学计划的制定、课程体系的设置、教学组织以及教学法改革等方面进行科学论证。明确西

班牙语专业发展的方向，进一步拓宽专业口径，在低年级阶段打好语言基础，在高年级阶段灵活合理设置专业方向，研究本专业科学合理的人才培养模式。具体参见图1：

（二）教学改革的主要观点及对策建议

教学全过程中应当与具体的实践相结合。根据就业市场所需的西班牙语学术型、应用型、复合型、专业型、卓越型等人才类型，引导并培养学生在基本能力外拓展如西语语言能力、跨文化交际能力、文学鉴赏能力、社会经济与国别文化研究能力、社会经济与

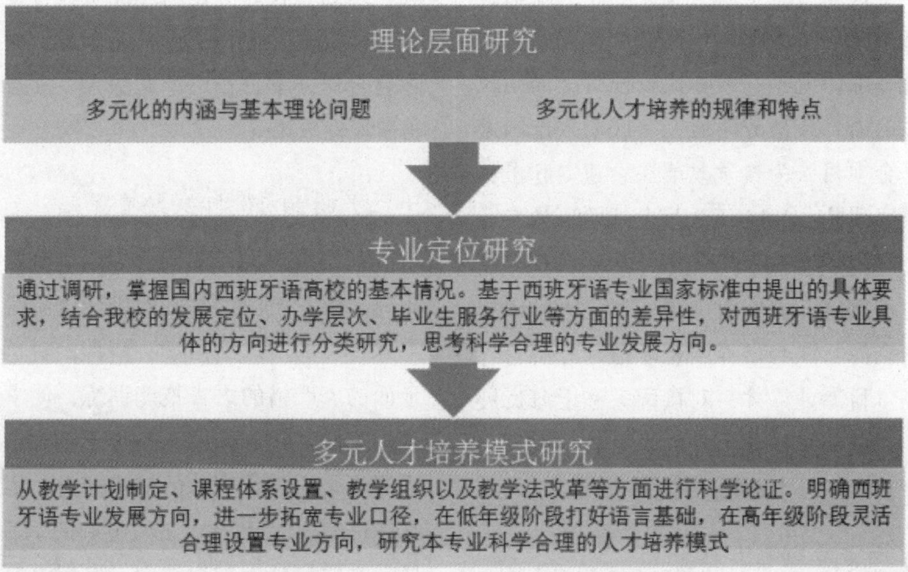

理论层面研究

多元化的内涵与基本理论问题　　　　多元化人才培养的规律和特点

专业定位研究

通过调研，掌握国内西班牙语高校的基本情况。基于西班牙语专业国家标准中提出的具体要求，结合我校的发展定位、办学层次、毕业生服务行业等方面的差异性，对西班牙语专业具体的方向进行分类研究，思考科学合理的专业发展方向。

多元人才培养模式研究

从教学计划制定、课程体系设置、教学组织以及教学法改革等方面进行科学论证。明确西班牙语专业发展方向，进一步拓宽专业口径，在低年级阶段打好语言基础，在高年级阶段灵活合理设置专业方向，研究本专业科学合理的人才培养模式

图1　多元化特色发展路径研究的主要内容

国别文化研究能力、思辨与创新能力等特色专业方向。具体对应如图2：

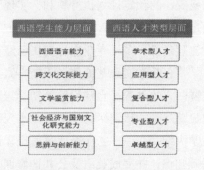

图2　西语学生能力与人才类型图

四、多元化特色发展路径研究的实践过程、方法及成效

（一）研究实践基础

2007年，上海外国语大学西班牙语专业获批教育部特色专业建设点，通过多年的学科建设，已经在特色化办学上取得了一定成绩，积累了宝贵经验。2012年，上海外国语大学西方语系主持的"高校西班牙语专业卓越教育研究与实践"获上海高校本科重点教学改革项目立项并已顺利结项。2014—2015年，由西方语系主持的"语际距离与汉西对比视域下构建切合中国学习者的西班牙语教学体系研究""国际比较视野下我国西班牙语课程标准研究""国际比较视野下面向拉美地区的语言传播战略研究"成功入选国家社科基金项目，为教学改革探索建立起了良好的研究团队。2014年3月上外西班牙专业与西班牙阿尔卡拉大学合作办学项目获得国家教育部批准。我们引进国外顶尖大学优质的教育资源，联合培养西班牙语与经济管理复合型本科专业人才，对接国家和上海发展战略，在进一步深化上外的教育教学改革、培养高端涉外人才方面进行了有益探索。

（二）预定计划执行情况

"西班牙语人才培养的多元化特色发展路径研究"的预定计划执行顺利，实现了教改预定目标。多元化人才实践的选拔方案、组建流程建设、多元专业课程模块已经初步建成。特色教学实践基地建设不断丰富。形式多样的人才培养平台建设已经初具雏形，成效显著。参加该调研的学生遵循本校的相关教学大纲，在一、二年级学习西班牙语语言基础知识，并完成英语及公共选修课。从三年级开始，西班牙语企业管理班、西班牙语新闻人才班、西班牙语国际公务员班、西英中翻译人才班、卓越学院西班牙语学生等多元化人才参加各专业方向的课程学习，并接受各自课程体系的考核，大大改变了原有的单一语言文学班学生的格局。人才培养取得了预期效果，对接国家和上海市发展战略，并根据人才发展实际需求，培养出具有国际视野的高层次西班牙语多元化人才，包括西班牙语学术型人才、应用型人才、复合型人才和专业型人才。同时，项目的执行过程中，也培养了上海外国语大学西方语系的青年师资，达到吸收并消化国外优质教育资源的目标，师资多元化特征已日益彰显。而且，国际化合作办学日益广泛和深入，项目建设取得阶段性成果。

（三）调查研究和实践情况

在实践层面，我们分为两个阶段的调查研究。第一阶段为基础西班牙语阶段。专业秉承一贯的"从严治学"精神，对学生进行全面的、严格的语言技能训练，使学生对西语国家的文化和国情有初步了解。培养学生用西班牙语进行交际的初步能力；要求学生掌握正确的学习方法，养成良好的学习习惯，具有初步的独立工作能力。根据多元人才培养的目标，在二年级推荐优秀学生参加校内跨院系通选课。

第二阶段为高级西班牙语和多元课程综合培养阶段。我们采取学生自愿报名与教师推荐的形式，重新根据多元化拓展方向安排班级。针对复合专业班级，院系调整课型与课时安排，适当削减语言学、文学、修辞学等理论型课程的数量，增加多元化专业类课程。课程结束时，进行相关专业方向课程考核。

另外，我们还开设了第二课堂和海外实践活动。除课堂教学外，西方语系专业利用丰富的对外合作资源，为学生提供第二课堂活动和课外实践机会。不定期安排国内外专家来校作专题讲座，形成系列的"专家讲坛"，丰富学生的专业知识；与国外大学探讨合作举办短期专业培训班的可能性，让学生赴当地作相关情况调研，阅读原文的专业书籍、建立一定的实习关系。依托"非通用语种文科实践教育基地"为学生搭建国内实践平台，让学生能够提前检验专业学习成果，不断改进学习方法，争取获得最大成效。组织安排学生参加商贸展览、外贸洽谈、商务谈判等多方面的翻译服务，开拓自身眼界，从实践中完善个人的专业综合发展方案。利用多角度、多领域的教学计划与课程设置，培养出符合国家战略发展需要的多元高级涉外人才。

五、学术价值、实践意义和社会影响

（一）创新点

面对我国高等教育的快速发展，国内西班牙语专业点数量激增，专业教学规模短期内快速激增至80多所大学，每年入校生人数逾万的现实状况；正视不同层次学校的专业点师资队伍差异明显，生源质量迥异的客观情况；考虑到各类院校统一的专业人才培养模式难以满足社会多元化人才需求的现实，本研究以目前学界已无明显争议的多元人才观的实施理论为研究出发点，期望从实践层面展开更加深入的探讨及教学改革实践。

我们探索了目前国内西班牙语专业人才培养模式从相对单一到多元化人才培养的转型路径。从当下的社会需求、学科需求和学生需求三个角度，结合西班牙语专业的自身特点，逐步确立西班牙语专业多元化发展的教学改革方向，探索专业多元化特色发展路径。

（二）成果的学术价值及实践意义

"西班牙语人才培养的多元化特色发展路径研究"在国内西班牙语教学领域尚属首创，将为学生找到一条"外语技能＋专业特长"的培养道路。同时，改革探索充分展示了本课题的师资团队以国际型人才培养为育人目标，解放思想，更新观念，营造环境，创新机制的探索和实践；结合教学实际，利用海外名牌大学的专业优势，积极开拓发展，努力构建国际型人才培养创新平台，着力培养学生国际化视野，丰富学生的国际交流经历，尤其是跨文化交流能力，积极开展国际学术交流和友好往来；为培养高素质国际化人才服务，同时为学生毕业就业创造良好的锻炼和实践环境，为国家和社会输送高品质复合型人才。

本教学改革的实践意义在于：拓展现有的西班牙语专业领域，有利于促进教育模式创新，扩大人才培养途径；有利于提高教学质量，提升学科专业水平和办学层次；有利于提高我国高等教育师资的综合素质，从而带动上外教育国际合作与交流的发展，为实现全方位、多层次的国际化教育战略提供有力支持。

（三）社会影响

上海外国语大学自20世纪80年代以来，一直致力于打造具有上外特色的"语言＋专业"的复合型人才培养模式。开展"西班牙语人才培养的多元化特色发展路径研究"，是深入贯彻落实科学发展观，对接国家的科教兴国战略和人才强国战略的具体实践。

我们相信,此项调查研究通过不断深入探索,必然会对其他语种产生连带效应,激发其他语言专业与海外优质教育机构开展合作,学校的多语种复合型人才培养事业将蔚为大观,对于促进中外经济文化交流、推动国家参与国际竞争与合作,必将产生非常积极的意义和社会影响。

六、研究成果与研究方法的特色及重要建树

(一)主要特色

西班牙语人才培养的多元化特色发展路径研究的主要特色有四点,具体如下:

(1)基于经济社会发展的需求确立多元化培养目标和具体方向。

(2)成为西班牙语专业"本科教学工程"改革的重要组成部分。

(3)拓宽西班牙语专业的学术型、应用型、复合型、专业型等人才培养方向。

(4)解决全国西班牙语专业快速发展中出现的突出问题。

随着我国高等教育西班牙语专业点数量激增,专业教学规模快速增长。不同层次学校的专业点师资队伍差异明显,生源质量迥异。统一的专业人才培养模式难以满足社会多元化人才需求。在理论层面上,学界对多元人才观的实施无明显争议,但在实践层面上尚未展开深入探讨及实践。本研究根据当下社会需求、学科需求和学生需求,结合专业自身特点,确立西语专业多元化发展的教学改革方向,探索目前国内西语专业人才培养模式从相对单一到多元化人才培养的转型路径。

(二)重要建树

教学改革研究的成效主要体现在以下四点:

(1)直接对接国家对外合作发展战略,在新一轮的国家发展战略中,服务上海建设。上海外国语大学西班牙语专业保持一贯的"地区服务"宗旨,为上海 APEC 会议、奥运会上海赛区、中西论坛、教育技术大会、拉美峰会等多项国际活动提供高水平语言服务。随着上海自贸区的建立,"语言+专业"的多元复合型人才必定是就业市场的热点。该项目毕业学生不仅拥有西班牙语和英语双外语能力,而且具备跨文化合作能力和开阔的国际视野,能满足社会的人才需求。

(2)学生与用人单位的多元选择。学生完成一、二年级基础西班牙语专业课程之后,掌握基本语言技能,进入三、四年级后可以根据个人兴趣特长及个人发展规划选择相应的课程。用人单位在招聘时也可以有不同的侧重点,选择已具备相应专业知识的毕业生。

(3)缩短了学生与就业单位之间的磨合期。以往的调研和经验显示,企业对招入的西语专业毕业生会开展一段时间的企业培训。经过本教学改革项目培养的西班牙语学生可以在进入企业前就掌握专业知识,大大地缩短培训的时间,能更快地为企业提供服务。

(4)借助海外优秀高校的教学资源培养本校青年教师。上外西班牙语专业教师可以开展西班牙及拉美文学、语用学、翻译理论与实践研究、应用语言学和对比语言学、教学法、语音学、西语国家国别舆情研究、语言政策研究、拉丁美洲研究、西语国家汉语教学、西语测试研究、汉西词典编纂等十多个专业门类的研究。专业多元化改革的实

践中，西班牙语教师有意识地进行自身的专业拓展。同时，派遣相关教师赴海外学习相关专业知识，为专业开设新的研究门类，完善学科构建体系，打造上外西班牙语专业全学科领域研究。

七、调查研究和实践工作中的困难、问题和建议

"西班牙语人才培养的多元化特色发展路径研究"是上海外国语大学西班牙语专业经过六十年丰富的语言教学积淀，进行的一次全新的尝试与探索。在试点教学过程中，广受学生的欢迎。但是在实施过程中，也遇到了一些困难。比如：

（1）在彰显上外特色的同时，也对于专业教学的学分空间构成了一定的限制，导致在实现教育部规定的必修课程以外，部分特色专业课程不能充分地开设出来，多元人才课程的体系化和完整性难以完全实现。因此，如何更好地实现课程之间的相互融合，是课题研究中面临的主要问题。充分挖掘全校跨院系专业教师的潜力，开设一些新的交叉学科课程，实现专业与外语的融合，是较为妥当的解决之道。

（2）由于各种原因，上外西班牙语专业的教师主要从事语言学、文学、翻译、文化等方面的语言研究，多元人才培养方向的专业师资较为稀缺，开拓多元方向专业培养模式，抽调师资转向不同方向的课程进修，增加了教师的工作压力，从而影响到课程的开设以及人才培养的国际化质量。解决的方案包括：首先，争取学校支持，在引进和招聘专业教师的编制上给予倾斜，寻觅并吸收海外多元方向的优秀毕业生；其次，学校在引进和招聘语言类教师过程中，建议重视具有

一定专业素养又具有外语教学能力的复合型教师的引进，从而实现各院系师资之间的互补；最后，充分挖掘和利用其他优质师资资源，包括特聘专家、外籍专家、兼职教授等等，以弥补专业师资之不足。

因此，西班牙语多元人才培养需要更为丰富多元的课程支持。目前，课程主要体现在企业管理、新闻人才、国际公务员人才、高级翻译人才与西班牙语语言的复合，而西班牙语与政治学、法律学等专业课程尚未能充分取得实质性进展，从而不能完全展示上外人才培养的特色和优势。建议学校从顶层设计的角度，改革目前较为分散的课程体系，搭建分享优质课程的平台与机制，以更为深入地推进具有上外特色的多元人才培养。

八、结论

本文参考了《高等学校西班牙语专业本科教学质量国家标准》，充分考虑国家战略需求和人才培养需要，以及地方经济社会发展需求，以上海外国语大学西班牙语课堂为实践，西语专业学生为研究主体，重视理论与实践的结合，制定出切实可行的西班牙语人才培养的多元化特色发展路径，拓宽了西班牙语专业的学术型、应用型、复合型、专业型等人才培养方向。

从"校本位"出发，确定多元人才培养目标。根据目前全国西班牙语专业教育模式相对趋同单一的特点，从上海外国语大学的办学定位、专业的历史积淀、师资力量、生源质量、教学条件等"校本位"因素出发，顺应社会多元需求的发展趋势和上海及周边区域的人才需求特点，突出专业多元性，以"厚基础、强能力、高素质"为总体发展目标，培养精英型、通识型、国际化卓越人才。

从教学模式入手，突出人才培养特色。研究涉及教学观念、教学目标、教学内容、教学方法、课堂教学、评价手段、教学管理等教学要素的实践和探索，变普适性"一刀切"的模式为多元人才培养模式，从而达到突出人才培养特色的目的。

拓展专业框架，构建多元教育体系。以实践教育为中心，围绕语言教育、专业教育、通识教育三个模块，吸取国内外优秀经验和资源，探索兼具灵活性、融通性、实践性、差异性，既符合中国学生特点又能对接国家和上海市发展战略的多元化西班牙语人才培养模式。

注解

*本文属上海高校本科重点教学改革项目（西班牙语多元化卓越人才培养体系研究与实践）及国家社会科学基金项目（15BYY076）阶段性成果。

参考文献

[1] Becerra M U．Formación en competencias para el trabajo interdisciplinario del dise ador[J]．*Revista KEPES,* 2008, 5（4）：153–178.

[2] Green F．What is skill? An inter–disciplinary synthesis [C]．*Centre for Learning and Life Changes in Knowledge Economies and Societies,* 2011.

[3] 李华．依托多元智能理论培养外语复合型人才[C]．*Proceedings of 2010 International Conference on Management Science and Engineering*．MSE 2010．Volume 5．2010.

[4] 刘贵芹．在2013–2017年教育部新一届外国语言文学类专业教学指导委员会成立大会上的发言．2013年7月13日，北京外国语大学.

[5] 刘娇月，叶映芳，冯净，魏淑华．西班牙语应用型本科专业培养目标的调查与研究——以北京城市学院西班牙语专业为例[J]．北京城市学院学报，2011，（3）：69–78.

[6] 文秋芳．英语类专业实践多元人才观面临的挑战与对策[J]．外语教学与研究，2014，（1）：118–126.

[7] 杨群艳．利用多元智能理论培养复合型外语人才[J]．长春教育学院学报，2011，（6）：94–95.

[8] 于漫．西班牙语专业四级水平测试总结与分析[J]．外语测试与教学，2013（2）：18–31.

[9] 张从旻．高职院校西班牙语人才培养模式——"外语＋技能"复合型西班牙语专业人才培养的探索[J]．职业技术，2014，（1）：62–62.

[10] 张绍杰．面向多元社会需求和多元目标取向，培养"厚基础、强能力、高素质"的外语人才[J]．中国外语，2010，（3）：4–9.

[11] 周震．复合型外语人才培养模式理论与实践研究——对专业定位的思考[J]．宁夏大学学报，2004，（3）：88–91.

基于"卓越人才培养"视角的日语口译方向实验班教改实践 *

高洁　林工　徐旻

提要：《国家中长期教育改革和发展规划纲要（2010—2020年）》明确提出"提升高等教育质量，实施基础学科拔尖学生培养试验计划"。自2011年以来，上海外国语大学日本文化经济学院开始尝试进行日语语言文学专业之下"口译"方向实验班的教改，以期培养出高水平、高层次的卓越日语翻译人才。论文以个案研究报告的形式，对此次教改计划的具体实施过程、实施成果、发现的问题以及下一步的改革展望等进行说明，从而为基于卓越人才培养这一战略目标下的高校教学改革提供例证。

关键词：卓越人才培养；日语口译方向；实验班；课程改革

作者简介：高洁，上海外国语大学日本文化经济学院教授、院长；林工，上海外国语大学日本文化经济学院讲师；徐旻，上海外国语大学日本文化经济学院副教授。

《国家中长期教育改革和发展规划纲要（2010—2020年）》明确提出"提升高等教育质量，实施基础学科拔尖学生培养试验计划"。由此，培养卓越人才以及拔尖创新人才成为我国高等学校的战略举措。落实到具体的培养方案中，就是要明确卓越人才的培养路径，确立具有各高校特色的卓越人才培养模式。近年来，我国高等院校纷纷对卓越人才培养路径进行了积极探索，通过调整相关专业本科阶段的人才培养目标、课程设置和课程教学内容的结构等，对卓越人才培养模式进行了一系列改革。

自2011年以来，为了响应学校提出的卓越人才培养计划，进一步提高生源质量，积极吸引高起点学生入学，日本文化经济学院开始进行日语语言文学专业之下"口译"方向实验班的教改尝试，以期培养出高水平、高层次的卓越日语翻译人才。本文将以个案

研究报告的形式，说明教改计划的具体实施过程、实施成果、发现的问题以及下一步的改革展望等，希望可以为基于卓越人才培养这一战略目标下的高校教学改革提供一个例证。

一、日语口译方向实验班的实施构想

随着我国经济的高速发展，培养语言功底扎实，具有良好双语乃至多语互译能力，且熟悉各类常见涉外交流场景的口译人才一直是社会的重点需求之一。口译能力的培养，特别是高端口译人才的培养逐渐成为传统日语专业进一步发展的新增长点。在研究生阶段开设MTI日语翻译专业硕士不失为一条很好的路径。与此同时，发挥上海外国语大学（以下简称"上外"）在日语语言文学专业的人才培养优势，在本科阶段尝试高端口译人才的培养，将成为上外日语语言文学专业（以

下简称"上外日语专业")的一大特色和亮点。2011 年，根据教委培养"卓越人才"的精神，以及近几年国内外其他院校相关专业的动向，考虑到日语语言文学专业人才的社会需求变化，该学院在日语语言文学专业下，改革、强化既有口译课程，探索开设高端口译系列新课程，尝试开办口译方向实验班。

虽然近年来社会上一般日语人才似乎呈现供大于求的趋势，但另一方面高端日语翻译、同声传译人才仍然处于紧缺的状态。因此，对日语语言文学专业既有口译类课程进行强化与创新，从而在确保为口译方向实验班的全新探索提供坚实基础的同时，通过新设的高端口译课程培养体系，培养出可以为政府部门、跨国公司与组织服务，活跃于国际交流与合作领域的卓越翻译人才，将进一步提升上外日语语言文学专业的人才培养质量，对接国家战略需求。

二、日语口译方向实验班的实施基础及针对的问题

上外日语专业口译类既有课程基础扎实，其中，三年级口译基础课程已开设 30 多年，而且经过几代教学团队教师的继承发展，课程结构日趋完善，先后入选"上海市重点建设课程"和"上海市精品课程"。四年级同声传译入门课程则是进入新世纪以后，新一代教学团队教师创新进取的新成果，从形式、内容等各方面都充满新意，开设几年来受到了学生的一致好评。

三年级口译基础课目前面临的主要问题是学生数多、教师人数、教学设施相比之下略显不足。面对 6~7 个班的授课量，目前任课教师 3~4 名，各班教学内容与进度的协调统一存在一定难度。另外，要保证各班授课

均能采用先进多媒体教学设施也有一定难度。四年级口译课同样面临"僧多粥少"问题，很难完全满足学生高涨的学习需求。同时，教学内容也需要进一步梳理、稳固，逐渐形成有针对性的教材。

上外日语专业长期以来，每年都招收一批初、高中阶段将日语作为第一外语学习的应届毕业生，也就是俗称的"高起点"学生。北京外国语大学等高校一直有"高起点特色班"，近年来在上海的高校中，上海财经大学也开始尝试招收高起点班学生，为高起点学生单独开班。而在上外，以往一般都把高起点的学生分散到各个零起点班级，某种程度上抹杀了这些学生六年的日语学习成果。

在多年的教学实践中，高起点学生普遍反映一年级的教材内容过于简单，导致学习积极性下降，感觉课堂时间未能充分利用。因此，如何调动这些高起点学生的学习积极性对保持学科专业发展势头来说至关重要。而以培养卓越日语翻译人才为目标的口译方向实验班正是针对这一现实问题提出的解决方案。

三、日语口译方向实验班的实施方案

国家教委提出的"卓越计划"的核心是创新人才培养模式，为此必须推动当前高等学校的教育教学改革。而高等学校以专业为基础的课程教育，在"卓越人才"培养过程中，不得不思考这样一个问题，那就是如何改革现有的课程体系及课程教育，从而充分发挥课程对提高教育质量和人才培养质量的意义和价值。因此，口译方向实验班的教学改革，也主要从以下两个层面实施开展。

（一）丰富既有课程，加强教学团队建设

为使口译课程成为本学科日语课程体系

中一个全新的增长点，为"卓越人才"培养发挥积极的作用，针对拥有基础优势的高起点学生开设口译方向实验班，教学向口译课程倾斜。同时在高年级阶段，增加该方向学生进行各项口译实习的机会，通过理论教学与实战演练相结合的方式，培养卓越日语翻译人才。

首先在三年级口译课方面，加强师资培养，在原有任课教师队伍之外增加了若干青年教师。他们先参与教研活动，后逐渐进入课堂实践，从而形成合理的梯形教学团队，使得原来的资深教师可以有更多精力投入新课程的建设和口译方向班的教学中去。

同时，青年教师各方面综合能力强，结合学校青年教学科研团队建设工作，打破学科、学院界限，让青年教师与英语专业相关课程教师结对，学习英语专业在口译教学和人才培养模式上的先进经验。

口译教研组继续开展集体备课等教研活动，并确立一套相对稳定的学年教学课件、建立教案的更新体制。此外，教研组配合教材和教学进度，不断丰富课外练习题库和课程考试题库。

（二）拓展新课程，完善口译方向班课程体系

根据口译方向实验班的培养方案，新开设20学分的课程，分别是：口译训练与技法（4学分）；交替传译综合训练（中级）（2学分）、交替传译综合训练（高级）（2学分）；演讲与公开发表（4学分）；同声传译技能训练（2学分）；同声传译综合训练（2学分）；视听说综合训练（2学分）；口译实践（2学分）。

其中，交替传译综合训练（中级）与交替传译综合训练（高级）课程以上海市口译资格证书考试日语中级口译和高级口译为考核指标之一，在传统的口译课程基础上增加大量的模拟实战训练，如：模拟上海市日语中高级口译证书考试、模拟世博会日本馆介绍、模拟日本旅游名胜向导、模拟中日两国领导记者招待会、模拟经济贸易国际研讨会、模拟公司内部财务报告会等。

《同声传译技能训练》与《同声传译综合训练》这两门课程则针对口译方向班学生的特点，让学生在了解中日双语同声传译的基本工作原理，掌握相关训练方法的基础上，能够完成一定程度的同声传译实践工作。该课程已基本开发出一套多媒体教学及训练教材，主要由两部分组成：一部分是相对稳定的练习素材，主要针对各种训练技法，经过任课教师的整理、开发，找到针对性强、练习效果好的素材，在课堂教学过程中逐渐沉淀下来。比如针对同声传译的快速反应练习，已经有了一批比较稳定的单词列表和相关录音，学生以此进行训练；其他诸如跟述练习、画线阅读、笔记练习等，也都各自有了训练素材的"基本队伍"。第二类多媒体材料则是在教学过程中，结合时事不断更新，具有最佳时效性的一批素材。比如，学校举办"日本文化周"活动时，有关日本演唱组合AKB48的访谈内容、日本企业欧姆龙的投资者说明会等，还包括日本东北大地震四周年纪念活动中的致辞、世界花样滑冰锦标赛获奖选手记者会等涉及政治、经济、文化等不同领域的话题。另外，每周课前的热身导入阶段，都使用最新的中日两国媒体新闻视频，既可以帮助学生把握时事动态，也能够增加词汇量、拓展视野。

在新开设的课程中，最具特色的当属日

本专家的《口译技巧》课程。

1. 课程特色

一般说来，中日双语口译课程大多是将中译日、日译中的训练作为主要教学内容。也就是说，是运用两种语言进行的活动，这是培养翻译人才以及训练翻译能力的主要途径。与此不同，由日本专家开设的《口译技巧》课程引入了单一语言（日语）的训练方法，这种方法也被日本的一些口译专科学校[①]以及韩国大学里的日语口译专业[②]所采用。这样的训练与被称作 Dictoglos 以及 DLS（Dynamic Listening and Speaking Method）的训练方法相似，"不是将听到的英语内容译出，而是马上用自己的英语来表现"（将英语替换成日语亦是如此），在拥有较高外语运用能力的人才接受口译培训之前，通过开展这样的活动，将大幅提升教学效果。[③]

2. 课堂设计

传统的口译课程大多采用教师播放语音教材，学生进行翻译，然后教师对学生的翻译进行点评这样的 Sink or Swim 的方式。[④]除此之外，还有 shadowing（跟读）、quick response（速答）、retention（记忆）、paraphrase（再现）、note-taking（记笔记）、归纳概括、slash reading（分段阅读）、"中文译文在前、括号内为日文、按部就班从开篇进行翻译"等口译训练方法，这些训练根据学生的水平实施。而进行授课的几乎都是精通中日两种语言的教师。

与此不同的是，本课程授课的日本专家以国际交流基金日语国际中心的专任讲师——长坂水晶所运用的课堂模式为基础，结合上外日语专业的具体情况进行一定调整，开设出这门运用日语单一语言进行训练的口译课程。

3. 理论依据

按照长坂水晶的教学模式，口译的过程被归纳为以下三个阶段。[⑤]

①理解（听懂语言，理解大意）

②留存（通过记忆或笔记进行留存）

③再现（以易懂的形式进行再现）

在这个过程中，流程③是重点，口译过程最终是将理解、记忆保存的内容进行"再现"。也就是说，口译"不是对语言进行翻译或转换，而是翻译者运用自己的语言对说话者想要传达的内容进行表现"（小松達也，2005）。

因此，在口译训练中需要重视的是这样一个过程：一边记笔记或进行记忆，一边听取内容，随后进行总结大意的练习（三浦信孝，1997）。运用单一语言，进行上述三个流程的练习，这样的口译训练方法近年来日益受到重视。

4. 课堂教学流程

根据以上理论，在具体的课堂教学过程中，授课教师以完成以下两项活动为目标，在教学法方面进行了新的尝试。

a. 按照口译过程的三个环节进行训练

b. 语言、表现力的强化训练

"按照口译过程的三个环节进行训练"指的是"理解→留存→再现→事后课题"这样一连串的活动。"理解"环节主要通过听语音材料、读文章来理解教材的内容。"留存"环节则通过记录或者记忆对"理解"的内容进行留存。"再现"是通过两人搭档、分小组或全体班级成员一起参与的形式对"理解"的教材内容进行概括或再现。最后的"事后课题"是依据"理解"的内容，按照"留存"的记忆或记录以及"再现"环节的笔记等为基础，对"理解"的教材内容进行再表达。

写下的内容要在下一次上课时提交，授课教师对其进行修改后发还。同时也会发放教材给学生进行对照和自我检查——以上就是整个课程实施的流程。

除此之外，授课教师还引入了 Jigsaw Reading（拼图阅读）的活动。具体流程如下：

首先，准备两篇主题相关的文章，将班级学生分成两组，发放不同的教材。然后，在一定时间内让学生各自阅读文章，在记录要点的同时，对文章进行理解和记忆。到规定时间后，把文本收回。同一组的成员依照记录进行讨论，对文章内容进行口头确认。大体完成之后，让该组学生与阅读了不同文章的另一组组员两两搭档，将自己所阅读文章的内容彼此进行口头说明。听的时候要做记录。然后，回到原先的小组中，依照记录对听到的内容进行再现和确认。最后全体班级成员一起，一组口头再现听到的内容，另一组对其进行确认。在下一次课程之前，要对自己听到的（或是读到的）文章进行再现并提交。

"语言、表现力的强化训练"旨在引导学生填补教材中空缺的地方。首先将学生感兴趣并且具有新闻性的教材（例如：报纸、杂志的报道以及专栏等）中各种各样的词语和表达空出来，让学生们两人搭档或分成小组，对填入怎样的词语或表达进行讨论。然后，授课教师尝试利用上述"按照口译过程的三个环节进行训练"中使用的素材让学生进行填空，从而提高学生参与课堂活动的积极性，增强"用自己的日语来表现"的意识。

四、日语口译方向实验班实施成效

通过设置富有特色的口译方向实验班课程，开设全新课程，吸引了更多优秀生源，提高了上外日语专业第一志愿报考率和生源质量。在日语专业一度被列入"预警专业"，很多高校开始缩小招生规模的大背景下，上外日语专业的招生规模没有受到任何影响。不仅如此，第一志愿录取率不降反升，从 2013 年的 26.9% 提高到了 2016 年的 73.6%。日语语言文学专业的录取分数在上海市同类专业中排名居前。新生报到率更高达 99% 以上。

口译方向实验班采用课堂教学与实践演练相结合的教学方法，全面提高学生的日语翻译能力。同时调动了高起点学生的学习积极性，因材施教，提高人才培养质量，保证为社会输送卓越口译和翻译人才，最终体现培养"卓越人才"的精神。学生参加各类日语相关的学科竞赛，均取得良好成绩，自 2011 年至 2016 年 9 月止共获得国家级、省部级演讲、口译、翻译、写作、日本国情知识等各类学科竞赛的共计 57 个奖项，进一步提升了日语专业的知名度和在全国日语专业中的排名。

五、日语口译方向实验班实施过程中发现的问题及对策

首先，由于学院没有能够进行同声传译实践的教室，在设备和设施上制约了"口译"方向班级教学的进一步发展和提高。教学团队教师教学科研任务繁重，很难抽出更多时间与国内兄弟院校以及国外院校进行课程建设和人才培养方面的交流学习。针对这一问题，学院积极申请筹建自己的同声传译教室，同时制定鼓励教师参加各类教学培训的政策。

另外，现在国内很多高校开设了 MTI 专业硕士课程，学院已具有多年开设"口译"方向课程的经验，在师资队伍和人才培养方

面积累了一些经验,完全可以在此基础之上,考虑开设 MTI 专业硕士课程。由于上外 MTI 专业硕士课程在管理上不属于各个语言专业,造成筹备过程中的各种困难。经过几年来的努力协商,2017 年终于实现了日语 MTI 专业硕士课程的首次招生。得益于本科口译方向班积累的人气,该课程吸引了各高校日语专业的优秀人才参加直升研究生的考试,录取比例达到 1 : 20 以上。

六、日语口译方向实验班教学改革实践的意义与影响

实施卓越人才培养计划是贯彻实施教育改革和发展纲要、培养高素质应用型人才、适应社会发展的需要。为培养一批适应经济建设发展需要的高素质应用型专门人才,各高校纷纷在具备卓越人才培养条件的学科先开展"卓越人才培养"试点工作。而开设"卓越人才培养"的试验班,积累经验后再推广实行,是各项改革推进过程中必经的一个过程。

上外日语专业口译方向实验班的教学改革实践正是"卓越人才培养"的一种有益探索和尝试。这与上外多年来进行的国际公务员班等实验班一起成为在小范围内进行的卓越人才培养试点工作。根据目前实施的成效来看,这一举措既增强了上外的吸引力,有助提高生源质量,同时又以口译方向班为平台,进一步提高了日语专业的教学质量。目前,为口译方向班新开设的所有课程都同时作为选修课对所有日语专业学生开放,大大提高了学生的学习积极性,让学生树立了毕业后成为卓越翻译人才的明确目标,让学生的学习更能有的放矢,事半功倍。

今后可以考虑进行口译方向"本硕连读"实验班的尝试,从而进一步应用和推广日语口译方向实验班的经验和成果,将其推升至一个新的高度,更好地实现"卓越人才"培养的目标。

注解

*本文是2013年上海外国语大学教学改革重点项目"高端日语口译课程改革研究"成果。
①东京德国文化中心口译入门科。
②韩国汉阳女子大学日语口译科。
③参见長坂水晶:「通訳養成に携わる非母語話者日本語教師のための教授法授業—通訳訓練法を扱った実践—」,『日本語教育紀要』(国際交流基金)2010年第6号,第57 - 72页;以及新崎隆子、高橋百合子:『眠った英語を呼び覚ます　DLS英語学習法のすすめ』,はまの出版,2004。
④参见稲生衣代、染谷康正:「通訳教育の新しいパラダイム—異文化コミュニケーションの視点に立った通訳教育のための試論—」,『通訳研究』(日本通訳学会),2005年第5号,第96页。
⑤参见長坂水晶:「通訳養成に携わる非母語話者日本語教師のための教授法授業—通訳訓練法を扱った実践—」,『日本語教育紀要』(国際交流基金)2010年第6号,第59页。

参考文献

[1]陈超,郄海霞. 美国研究型大学卓越人才的选拔与培养[J]. 高等教育研究, 2013, (2):93–99.
[2]刘占柱,尚微微,徐玲. 卓越人才培养路径的研究与实践——以吉林农业大学为例[J]. 中国林业教育, 2016, (2):14–18.
[3]三浦信孝. 通訳理論から外国語教授法へ」[J]. 言語, 1997, (9):48—55.
[4]小松達也. 通訳の技術[M]. 日本:研究社, 2005.
[5]新崎隆子,高橋百合子. 眠った英語を呼び覚ます　DLS英語学習法のすすめ[M]. 日本:はまの出版, 2004.

阿语本科"双复"国际化人才培养模式探索[*]

陈 杰

提要： 新时代背景下，为了培养"一带一路"人才，中国的外语教育亟待更新。作为全国重点外国语大学，上海外国语大学的国家重点学科阿拉伯语语言文学通过"基于'阿＋英＋2X'架构的阿语本科'双复'国际化人才培养模式探索"这一教学改革课题，提出了改革思路，即在本科教学阶段，对现有阿拉伯语人才培养框架进行调整和改革，实现阿语"复语＋复合"（双复型）高端国际化人才的培养。此外，本文还提出了具体的培养路径及建议。

关键词： 一带一路；阿拉伯语；本科；复合；国际化

作者简介： 陈杰，上海外国语大学东方语学院教授。

一、问题提出的背景

在过去几十年的时间内，中国的外语教学一直在对接国家需要，为国家培养了一大批的涉外人才，为国家的改革开放事业做出了独特的学科贡献。然而，在新时代背景下，中国的外语教育也到了亟待革新的时候。一方面，国家的战略在与时俱进，国家对外语人才的要求也在与时俱进，另一方面，外语教育本身也应该探索一条崭新的发展道路。作为中国最主要的外国语大学之一，上海外国语大学一直走在中国外语教育改革与发展的前列，既取得了令人瞩目的成绩，也面临着引领发展的重任，需要为全国的外语教学改革提供可复制、可推广的经验。

从宏观角度看，2013 年 9 月和 10 月，中国国家主席习近平在出访中亚和东南亚国家期间，先后提出共建"丝绸之路经济带"和"21 世纪海上丝绸之路"（以下简称"一带一路"）的重大倡议，得到国际社会高度关注。国家层面的"一带一路"倡议以政策沟通、设施联通、贸易畅通、资金融通、民心相通为主要内容。教育部在《推进共建"一带一路"教育行动》中提出，"培养大批共建一带一路急需人才，支持沿线各国实现政策互通、设施联通、贸易畅通、资金融通。""'一带一路'沿线国家教育加强合作、共同行动，既是共建'一带一路'的重要组成部分，又为共建'一带一路'提供人才支撑。""逐步将理解教育课程、丝路文化遗产保护纳入沿线各国中小学教育课程体系，加强青少年对不同国家文化的理解。""一带一路"倡议既为外语人才的培养提出了要求，也为当前中国的外语教育提出了改革和发展的方向。用一句话来说，就是要为国家培养"一带一路"建设需要的"五通"人才。"五通"包括懂政策沟通的人才、懂设施联通的人才、懂贸易畅通的人才、懂资金融通的人才和懂公共外交^①的人才。对于上海外国语大学来说，可以利用自己的学科优势，重点在政策沟通人才、公共外交人才、国际贸易人才和国际金融人才方面着力，发挥自己的作用。这几类人才的传统培养模式，是在政治学领域培养政策沟通人才、外交学领域培养公共外交人才、金融或者贸易领域培养金融、贸易人才，有严重的学科壁垒，导致外语人才不懂外交学、政治学、金融学或者贸易学的专业，而外交学、政治学、金融学或者贸易学的人才几乎不懂英语以外的第二门外语，尤其是与"一带一路"沿线国家相关的外语。

从理论角度看，如果我们关注到这样的学科壁垒，并着力于破除学科壁垒，培养既懂对象国外语，也懂专门领域的复合人才，则能直接对接国家的"一带一路"倡议。也许有人要问，所培养的专业人才不是懂英语吗？事实上，与"一带一路"国家打交道的最佳语言是他们自己的语言，因为用他们的语言和他们打交道，其效果要远甚于借道对象国语言或中文以外的第三种语言。这是一个屡屡被印证的事实，既有正面例子，也有反面教训。值得鼓舞的是，上海外国语大学已经敏锐地把握到这一趋势，提出"多语种+"的卓越国际化人才培养战略，"创新育人模式，以内涵建设提升办学水平，全力造就能够参与全球事务的通才和通晓国别区域与领域的专才，推动卓越外语人才、多语种高端翻译人才、多语种国际新闻传播人才、无国界工商管理创新人才、应用经济学国际创新人才、涉外法律人才、国际组织人才的培养"[②]做好人才培养模式的改革，也有利于对接国家在教育领域的"双一流"建设。"双一流""面向国家重大战略需求，面向经济社会主战场，面向世界科技发展前沿，突出建设的质量效益、社会贡献度和国际影响力，突出学科交叉融合和协同创新，突出与产业发展、社会需求、科技前沿紧密衔接，深化产教融合，

全面提升我国高等教育在人才培养、科学研究、社会服务、文化传承创新和国际交流合作中的综合实力"。因此，如果外国语大学的人才培养改革不能对接"一带一路"，也就难以符合"双一流"建设的要求。目前，改革的时间窗口已经来临。

二、阿语人才培养模式亟待改革

阿拉伯语语言文学专业作为上外拥有近60年办学历史的语言专业，学校三个国家重点学科之一，如何在国家战略的指引下，在学校发展战略的框架下，走一条适合自己历史传统，具有前瞻性和战略性的发展道路，值得我们深思。

先从比较的角度看一下，从中国城市的地理版图和功能定位以及与阿拉伯国家"打交道"的客观现实来看，北京是中国的政治中心、文化中心，北京数所外国语大学的阿拉伯语专业作为"近水楼台"，具有充分的国际接触环境；广东外语外贸大学的阿拉伯语专业由于广交会大量阿拉伯商人的存在，具有迫切的发展需要；宁夏回族自治区作为中国向西开放的"桥头堡"和中阿博览会的永久驻地，赋予宁夏大学阿拉伯语专业良好的发展趋势；浙江也因为义乌的存在和电子商务的未来冲力，让浙江数所大学的阿拉伯语专业有了发展的依据。也就是说，上述数所城市的阿拉伯语专业的发展具有现实需要。那么，地处上海的阿拉伯语专业如何发展？如何走出一条特色之路？

上外阿语专业有自己深厚的学科积淀，有优质的教师资源，有自身独特的教材体系，有一批国家级和省部级项目作为教学的支撑，学生普遍第二外语较好。此外，上外还有一批优秀的社会科学专业，如政治学、新闻学、

法学、国际经贸等。因此，只要通过跨学科的方法或者整合已有资源的方法，在培养模式方面进行改革，一定可以扬长避短，在全国新一轮的学科建设中，继续保持"领头羊"地位。

2015年，我们申报了"基于'阿+英+2X'架构的阿语本科'双复'国际化人才培养模式探索"这一教学改革课题，提出了改革思路，即：在本科教学阶段，对现有阿拉伯语人才培养框架进行调整和改革，实现阿语"复语+复合"（双复型）高端国际化人才的培养。"复语"指阿语为主修，英语为副修，法语、波斯语、希伯来和土耳其语之一为辅修；"复合"是指依据学生兴趣和其职业规划，搭配一定数量的新闻课程、法律课程、经贸课程或国际政治课程，实现相对的个性化人才培养。这样的改革思路，既保持了传统培养模式的优势，即体现出学生的英语能力，同时，又整合了全校跨学科资源，培养"精领域"的外语人才。

三、阿语"双复"人才改革思路的具体内容

（一）关于"双复"的内涵

上外阿语本科"复合型"人才培养其实早就走在全国前列。20世纪90年代，就以平行班的方式，一个班开设"阿语+英语"，另一个班开设"阿语+经贸"。这样的培养试验虽然没有持续太久，后来都归入"阿语+英语"的模式，但确实得全国改革风气之先，培养的人才极受欢迎，目前在各个岗位上为国家做出贡献。后来，全国阿语人才培养也基本上是沿袭这个思路，重要区别是英语课时量的比例各校各不相同。

在国家战略对人才需求越来越高的背景下，传统的"阿语+英语"的简单复合模式

已经"风光不再"，需要增加更多的内涵。当然，从就业市场的需求来看，已经不再单单需要语言的复合型，还需要语言人才在专门领域有一定的知识。这已然成为未来高端外语人才的"规格"。从这个角度看，我们提出的"双复"理念可以胜任培养这样的高规格人才。

阿拉伯语的"双复"简单来说，就是：阿语主修+英语副修+2X辅修。其中第一个X是指1门第三外语，上外优先选择法语，其次是波斯语、土耳其语或者希伯来语。为什么优先选择法语？这是因为从阿拉伯国家的近代史来看，最先攻破阿拉伯国家大门的就是拿破仑。此后，阿尔及利亚、突尼斯、黎巴嫩等都一度成为法国殖民地。从现实语言使用角度看，当前摩洛哥、阿尔及利亚、突尼斯、黎巴嫩等阿拉伯国家通行法语，有时法语使用程度不亚于阿拉伯语，有时阿拉伯语方言中也渗透了一定的法语词。因此，掌握法语对于了解这些国家的历史背景，与这些国家的人打交道都是不无裨益的。此外的选择可以是其他中东语言，这主要是考虑到掌握这些语言，从研究层面可以帮助了解中东纷繁的形势格局，有助于更好地从事国别区域研究。

第二个X是指搭配一定数量的新闻课程、法律课程、经贸课程或国际政治课程作为辅修。如果说语言是工具的话，第二个X则是真正的专业知识。两者的集合可以制造"1+1>2"的效应，可以制造就业市场的金字塔塔尖效应。目前，已经有个别阿语学生跨校选修这些专业，或者进入本校的多语种新闻人才班等学习，但是惠及面不够广，而且这些跨校选修课程没有有机融入当前的主修课程中，这会导致顾此失彼，或者说效果有时会大打折扣。因此，如何在一校框架内，

整合三门语言课程和一门专业课程，成为未来阿语高端人才培养成败的肯綮之所在。

（二）关于"双复"的路径选择

整合三门语言课程和一门专业课程对于短短的大学四年时间并非易事，但是据乐观估计，也是可以实现的。当然，其前提是不影响阿拉伯语主修的质量和英语副修的质量，否则改革是没有意义的。以下从数个方面探索具体的路径选择。

（1）适度压缩高年级阿拉伯语主修的课时量，将外语教学从第一课堂延伸到第二课堂。外语教育的效果不是由第一课堂决定的，更多是依靠第二课堂决定的。第一课堂更多要传授"渔"与"道"，是方法传授而不是知识灌输，传授如何在第二课堂实现语言操练。当前中国的外语教育习惯将第一课堂作为外语教学的主阵地，这样的传统理念需要革新。因为"师傅领进门，修行靠个人"，而且外语知识在网络时代已经不再成为"奢侈品"。腾挪出来的高年级课时量可以辅修 2 个 X。为了保证由于高年级阿拉伯语主修课时被压缩导致的课堂学习时间不够，需要强化课后的学生自学管理，方法较多，不一一列出。在这方面，暑假和寒假的作业及作业管理相当重要，可以对作业质量进行在线动态监控。同时，需要强化低年级教学的效果。

（2）2X 课程从三年级开始并延续至四年级，一方面不影响一二年级的授课，不影响二年级的阿拉伯语全国四级测试。第一个 X 的辅修目标是实现入门，培养自学能力。第二个 X 的辅修目标是，如果是新闻学、法学、国际贸易学等，则主要是实务教学、案例教学，即重实践轻理论；如果是政治学，则侧重中

东研究，不必求全求深，以掌握研究方法为主。

（3）"双复"人才培养要在完全学分制的基础上，这样才能根据学生的需要，选修 2X 的相关课程。涉及跨院系的课程，需要听取专家意见，以最大限度地满足上述教学目标。

在阿语专业课程体系内部，进行课程调整和整合；开辟"短学期"；进行相关教材的编写，即开展"语言内知识体系教育"。

对于课程调整和整合而言，例如可以将传统的"报刊阅读"调整为"报刊阅读与新闻写作"，以对接跨院系的新闻实务辅修课程。

"语言内知识体系教育"是指掌握对象国社会的全方位知识体系，让外语学习者不仅是语言习得者，更是某一国的国别通。因此，如果有一整套的"语言内知识体系教育"教材，则可以实现国别区域研究人才[3]的培养，即教材的编写设计兼顾语言与国别区域内容的 output 和 input。知识导入与培养探究能力并行不悖，语言能力和思维能力培养并重。换言之，在语言课程里导入国别区域知识，在国别区域课文中操练语言能力。基于此，可以设计《双"十讲"》系列教材。教材清单包括：①阿拉伯领域"十本十讲"约 10 本，每本 10 讲；《阿拉伯国情十讲》（如涉及地理、人种、宗教、风俗、政体、历史、性格、历史贡献、资源等）；《阿拉伯组织十讲》（如阿盟，海合会，伊斯兰合作组织，马格里布联盟）；《阿拉伯国家历史事件十讲》（改变阿拉伯国家历史的重大事件）；《阿拉伯伊斯兰与国际关系十讲》（包括恐怖组织）；《阿拉伯伊斯兰与经济十讲》；《中阿关系解读十讲》；《阿拉伯文学十讲》（文学史、文学批评，如纳吉布诺贝尔获奖词）；《阿拉伯古典文化十讲》（哲学、思想等）；《世

界趋势十讲》（政治多极化、经济全球化、社会信息化、文化多样化等）；《中国"故事"十讲》（对接中国第十三个五年规划纲要中提及的100个重大项目之一"建设讲好中国故事队伍"）。②阿拉伯国别"十本十讲"约10本，每本10讲：选取十个具有代表性的阿拉伯国家，进行原文解读。这样的教材设计为培养未来的"国家通"提供可能性。

为了对接这样的教材设计，需要一方面引入"短学期"概念，将目前的学期分设为两个"短学期"，每个"短学期"可以选择性学习"双十讲"教材；另一方面，对有些潜在的课时效率低下、授课目标不明确的课程进行改革，为对接国别区域人才培养提供改革空间，这些课程在传统意义上都大体聚焦政治新闻类内容，存在内容上的雷同和单一，因此，需要改革成系统的、互补的课程体系。

四、结语

本科人才培养模式的改革是一项复杂系统工程，既需要顶层设计，也需要细节配合，涉及教师、教材、教法、学生、课外实践平台建设等多个教学相关环节。其中的关键问题很明确，如如何突破课时量的限制；如何统筹安排系内外师资资源；如何实现产学研的有效对接，确保培养模式能达到预期效果；如何编写具有"双复"特征的实验性教材。尽管困难重重，但凡事预则立。只要大胆假设，小心求证，对接国家战略需要的阿拉伯语专业的人才培养模式改革一定会迎来光明的曙光。

注解

*本文是2016年度上海高校本科重点教学改革项目"国别区域视角下'一带一路'语种人才培养

模式探索"、上海外国语大学2015年教育教学改革研究项目"基于'阿＋英＋2X'架构的阿语本科'双复'国际化人才培养模式探索"阶段性成果。

①民心相通需要大量的公共外交人才。

②上海外国语大学简介http://www.shisu.edu.cn/about/introducing-sisu.

③教育部《国别和区域研究基地培育和建设暂行办法》中提出，"国别和区域研究基地，是指高校整合资源对某一国家或者区域的政治、经济、文化、社会等开展全方位综合研究的实体性平台"。因此，国别区域内容应该涵盖：政治、经济、文化、社会等内容。当然，笔者认为，需要特别指出的是，语言文学应该也是国别区域的首要内容之一，而且应该先行于其他内容。无论从语言技能训练方面，还是语言文学本身对于民族身份构建的基础性作用，语言文学都是首要内容。没有基于对对象国语言文学的深入掌握，就不可能有对对象国政治、经济、文化、社会的深入理解。

参考文献

[1]国家发展改革委，外交部，商务部．推动共建丝绸之路经济带和21世纪海上丝绸之路的愿景与行动[DB/OL]．http://www.mofcom.gov.cn/article/resume/n/201504/20150400929655.shtml.2015-03-28.

[2]教育部．推进共建"一带一路"教育行动[DB/OL]．http://www.moe.edu.cn/srcsite/A20/s7068/201608/t20160811_274679.html.2016-07-15.

[3]教育部，财政部，国家发展改革委．统筹推进世界一流大学和一流学科建设实施办法（暂行）[DB/OL]．http://www.sdpc.gov.cn/zcfb/zcfbqt/201701/t20170126_837089.html.2017-01-24.

[4]教育部．国别和区域研究基地培育和建设暂行办法[DB/OL]．http://www.moe.gov.cn/srcsite/A20/s7068/201501/t20150126_189316.html.2015-01-26.

关于实用型朝鲜语翻译人才培养的思考与实践[*]

高陆洋

提要： 目前中国市场对朝鲜语翻译的需求突出表现为对应用型翻译人才需求的增加。关于朝鲜语专业毕业生工作内容的调查显示，翻译工作的主要内容为应用文翻译，工作中存在的问题也表现出应用性、专业性的特点。应用文翻译与文学作品翻译在翻译策略和翻译技巧等方面存在差异，这种差异在教学活动中应有所体现。传统翻译教学重视翻译理论和技巧的传授，理论讲解占比重较大，倾向于用文学作品翻译提高学习者的技巧。在多数院校，以教师为中心的传统教学手段和方式仍占据主导地位，学生实践机会较少。课堂教学存在单调枯燥、缺乏互动性等问题。鉴于此，本研究通过面向毕业生、在校生、用人单位的三方调研，搜集和整理教学改革数据，并据此制定教改方案，对朝汉翻译课程的教学内容、教学方法进行了尝试性改革。本研究有助于强化朝鲜语专业对应用型翻译人才的培养，改善翻译教学法，建设与教学目标和教学法相配套的课件和教辅材料，提升朝鲜语专业的翻译教学质量，以期提升朝鲜语专业的整体教学品质。

关键词： 实用型翻译人才培养；朝汉翻译；教学改革

作者简介： 高陆洋，上海外国语大学东方语学院副教授。

一、研究缘起

据上海外国语大学东方语学院学生工作办公室发布的近几年朝鲜语系毕业生就业情况统计资料显示，90%以上的朝鲜语系毕业生的初次就业单位为企事业单位。课题组在与部分毕业生进行交流的过程中也发现，毕业生的择业倾向以企事业单位为主，工作中应用文类翻译占据了较大比重。部分毕业生的反馈还显示，学校的翻译课程并不能满足他们就业后的实际工作需求，很多毕业生呼吁学校加强非文学的、应用文类的实用型翻译业务能力的培养。在实际的朝汉翻译教学过程中，学习者也普遍存在着朝鲜语和汉语应用文理解和写作能力差、翻译策略和翻译技巧的掌握和使用不足、课堂参与度低、教学效果不尽如人意等情况。

长期从事英语非文学翻译理论与实践研究的李长栓（2004）曾指出，文学翻译在全部翻译中所占的比重不超过5%，即使在出版社翻译工作中，其比重也不超过20%。而且，文学翻译与非文学翻译的特点迥异，其翻译策略的选择、翻译技巧的使用也存在着巨大差异。

基于以上认识，本研究认为有必要对目前朝鲜语专业毕业生的就业情况、专业使用情况和翻译业务中存在的问题进一步了解，同时对在校生的翻译能力开展调查和分析，对课程设置和授课方式进行反思，并在此基础上，对教学内容、教学方法等进行以实用性为目标的改革探索。

二、依据获取

为了对朝鲜语专业朝汉翻译课程的教学

内容、教学方法等"软件"以及教学课件和教学资源等"硬件"进行改革，提高朝鲜语专业翻译课程质量，加强学习者适应实际需求的能力，本研究首先针对上海外国语大学朝鲜语系毕业生、相关用人单位，以及在校生开展调研，搜集相关信息，为教学改革提供实践性依据。毕业生调研的目的包括两方面：一是了解毕业生的专业知识使用情况，尤其是翻译业务的占比情况；二是掌握毕业生在翻译工作中所遇到的实际困难，获取学习者、使用者对翻译教学的需求和意见。用人单位调研的主要目的在于了解社会对翻译人才的具体需求，掌握翻译人才在实际工作中所存在的问题。对毕业生和用人单位开展调研的最终目的都是为了从"知识需求方"的角度为教学改革提供依据，以期更加有针

对性地对教学内容和方法进行完善。对学习者进行前测的目的也有两个：一是对学习者的翻译水平进行摸底，掌握翻译策略和翻译技巧等方面的短板所在；二是为教学改革的成效评估做数据准备，即通过前测和后测，验证教学改革的成效。

（一）毕业生调研

调研时间为 2013 年 12 月—2014 年 2 月，调研对象为 2011—2013 届上海外国语大学朝鲜语系本科毕业生，调研采用问卷形式，内容包括就业情况、专业使用情况、工作中存在问题、教改意见等。截至 2014 年 2 月，回收问卷 60 份[①]，其中有效问卷 41 份。问卷分析结果如下：

表1　上海外国语大学2011—2013届朝鲜语系本科毕业生调研

项目	情况
（1）专业知识使用情况	在工作中使用朝鲜语专业知识的比例为73%
（2）工作单位性质	企业最多，占80% 其次为教育行业（10%）、事业单位（7%）、公务员（3%）
（3）翻译工作类型（多选）	朝汉笔译占31%，汉朝笔译为22%， 朝汉／汉朝口译均占21%，此外还有1%的朝英翻译
（4）翻译工作内容（多选）	包括科技、工业、经济、文化、旅游、政治，以及航空服务、文学作品、导购服务、行政事务、个人信息调查、游戏等领域 其中科技最多，占17%，其次是工业（14%）、经济、文化、旅游并列第三位（14%）
（5）翻译工作困难（自由填写）	专业词汇匮乏（51%），应用文写作和应用语体基础薄弱（20%），口译能力差（18%），相关专业知识匮乏（9%），心理素质差（2%）
（6）翻译课程改革建议（自由填写）	增强课程内容实用性（与实际业务接轨，增加商务内容等）（25%） 加强口译能力培养（21%） 增强课程内容时效性（17%） 增加学生课堂实践参与度（15%） 有针对性地分班教学或分类设置翻译课（10%） 增加实习机会（10%），增加课堂趣味性（2%）

（二）用人单位调研

用人单位调研的时间为2014年3月—6月，调研对象包括韩国 HANSOL EDU 上海分公司 HANSOL CHINARO EDUCATION[②]、韩国 LG 电子上海分公司、韩国驻上海领事馆、上海市安全局、上海比象文化交流中心等上外毕业生所在用人单位的十余位相关部门负责人。调研采取访谈方式（包括访问访谈、邮件访谈、电话访谈等），调研内容主要是了解用人单位对毕业生翻译能力的不满意事项，旨在从用人单位角度了解朝鲜语系毕业生翻译能力所存在的不足。

用人单位调研结果显示，毕业生入职初期主要工作为笔译，且朝汉笔译为主。用人单位对毕业生翻译能力的不满意事项主要集中在以下三个方面：

（1）对专业领域的常识性了解较差，培养起来费时较多。

（2）进行朝汉翻译时，汉语表述能力差强人意，不自然的汉语表达较多。

（3）不了解专业领域的表述习惯，朝鲜语和汉语的应用文功底差。

（三）在校生调研

在校生调研采取朝汉翻译测试形式，对象为2011级本科四年级在校生。2014年9月实施的前测[③]结果显示，学习者在朝汉翻译方面存在的问题主要集中在以下方面：

（1）翻译策略和翻译技巧均显不足，缺乏语境、语用观念。

（2）应用文的阅读和写作功底差，不熟悉朝汉语代表性应用文体的表述习惯。

（3）对汉字词的生硬直译现象严重，错误理解汉字词含义或色彩的情况突出。

（4）对固有词的多义性掌握不足，翻译缺乏灵活性。

（5）处理专有名词和术语翻译时，缺乏参考资料获取途径，不了解基本的翻译准则。

（6）处理特殊句式（如被动使动，复杂状语，复杂定语，复杂逻辑关系复句等）的翻译时，缺乏应有的成分转换、成分添加、成分缩减等技巧。

（7）处理复杂句群翻译时，缺乏语篇全局翻译观念和技巧。

针对毕业生、用人单位和在校生的调研结果基本验证了本研究的必要性，同时也为教学改革提供了重要教改依据。综合以上三方调研结果，本研究确定了拟解决的关键问题清单，具体如下：

（1）革新教学内容，强化实用型翻译人才培养特色，提高学习者应用文翻译能力。

（2）加强学习者翻译策略和翻译技巧的培养。

（3）改革教学方法，探索参与度高、趣味性强的课堂教学。

（4）开发相应教学课件、教辅材料。

三、改革内容

（一）整体方案

为了解决以上关键性问题，本研究首先确立了课程改革的整体方案，具体如下：

1. 教学目的方面

引导学生初步认识和掌握作为翻译人员，尤其是非文学翻译人员所需要具备的基本素养：应用文的理解和翻译能力，正确的翻译态度和翻译策略，以及基本的翻译技巧等。

2. 教学方式方面

遵循理论与实践相结合，重在实践的原则，通过专题讲座和研讨形式，课堂讲授、课后练习、课堂发表讨论相结合，通过理论学习和解决具体问题，引导学生掌握各种情况下的翻译策略、技巧。

3. 教学内容方面

以语言单位和应用文文体为"双切入点"，既重视语言单位的翻译训练，又结合文体特征，将学习者两方面的翻译能力有机地结合起来。

（二）教学方式的改革

在课程改革整体方案的指导下，首先改革原有的"教师独角戏，以讲为主，以练为辅"的重理论、轻实践、学生参与度低、课堂气氛乏味的教学方式，将一个学期的朝汉翻译课程划分为八个单元④，每单元为两周／四课时，每单元由"教师主讲"和"学生主讲"两部分构成，各占二课时。"教师主讲"部分为教师理论讲解部分，主要内容包括相关语言单位的翻译策略和技巧，相关类型应用文的特点及翻译策略和技巧等。此外还包括带领学生进行课堂实践。

"学生主讲"部分是学生的课堂报告和讨论。学生两人一组。报告组的选择为随机抽选，报告和讨论内容以作业为中心，报告

和讨论内容须涵盖作业的重点和难点，总结作业过程中的经验等。针对学生报告，教师组织同学进行讨论和评价。

这种单元式的由教师学生共同参与的教学方式一方面可以有效地将语言单位和应用文问题两个教学重点内容有效地整合在一起，使教学内容的覆盖度更高，便于进行教学和实践。同时它还有助于激发学生参与教学、自主思考、直接实践的兴趣，从而拓展学生的教学实践参与度，强化教学和实践的效果。

（三）教学内容的改革

在教学内容构成方面，本研究在坚持语言单位与应用文体相结合、共同促进的整改原则基础上，根据三方调研结果和国内主要朝汉翻译研究关于重点语言单位的意见（柳英绿，2009），确定了主要语言单位教学内容。同时，结合应用翻译研究领域关于应用翻译的文类及相应特点的研究结果（方梦之，2013），确定了作为教学对象的应用文体类型。为了加强语言单位和应用文体的相关性，采用了将应用文体作为翻译教学、实践语言素材的形式，确保了二者的结合。同时，为了强化学习者的整体语篇意识、语境意识，帮助学习者树立宏观的翻译策略，无论是教学过程中的例文还是实践素材，均采用句群形式，以确保语篇的相对完整性和语境的再

周	内　　容
第一周	第一讲：课程综述暨非文学翻译综述
第二周	第二讲（1）理论：汉字词翻译与自荐／请柬翻译
第三周	第二讲（2）实践
第四周	第三讲（1）理论：固有语动词翻译与致辞／演讲翻译
第五周	第三讲（2）实践
第六周	第四讲（1）理论：专有名词／术语翻译与说明／讲解翻译
第七周	第四讲（2）实践

续表

周	内　容
第八周	期中考试
第九周	第五讲（1）理论：使动 / 被动语态翻译与合同 / 法规翻译
第十周	第五讲（2）实践
第十一周	第六讲（1）理论：复杂单句翻译与公司宣传资料翻译
第十二周	第六讲（2）实践
第十三周	第七讲（1）理论：复句翻译与新闻报道的翻译
第十四周	第七讲（2）实践
第十五周	第八讲（1）理论：句群翻译与文学作品的翻译
第十六周	第八讲（2）实践
第十七周	第九讲 总结，复习
第十八周	期末考试

现度。具体的各单元教学内容如下：

（四）教辅资料的扩充

为了保障翻译教学和实践更接近现实中的翻译工作，本研究在原有实践素材基础上，通过与企事业单位的产学研互助平台、个人翻译资料捐赠等多种渠道，扩充了大量时效性强（2010 年之后的）、实际企事业单位使用中的翻译素材，其种类涵盖了教学所涉及的所有应用文种类，数量达到 50 余万字（韩文），基本满足了教学用例和学生实践的需求。

为了帮助学习者弥补相关专业知识、术语知识不足的缺陷，除了向学习者提供专业知识和术语资料的检索途径、转换方法外，还凭借课题组成员的多年翻译用资料积累优势，为学习者搜集整理了涵盖科技、金融、工矿业、信息技术、文化等领域近五十个种类的朝汉、朝英对应术语集，形成了一个初具规模的翻译术语资料库，为学习者未来的专业翻译提供了"硬件"方面的支撑。为了保证素材库和术语集的时效性，课题组还注重资料的更新管理工作，确保教辅资料的更新率保持在每年 30% 的比例。

四、结语：问题与不足

本研究的相关成果仍处于发展完善阶段，教改思路、教改方案、教改内容的效能和效率还有待进一步的理论论证和实践检验。例如，尽管已实施了旨在考查和分析在校生翻译水平的前测，但由于后测试题的设计缺陷和课程安排等问题，支撑教改成效评价的重要依据——后测结果还没有获得，教学改革的成效检验还有待完成。此外，前测试题的设计也存在考查点不全面，试题设计不能很好体现考查点特征，评测方法落后等问题。还有，作为教学改革的重要参考，毕业生、在校生、用人单位的调研活动还有待进一步扩大范围，调研方式还有待进一步科学化。这些问题要求研究者继续开展翻译理论和翻译教学的学习和研究，提高理论和实践素养，并将其切实应用于教改实践，从而保证教改成果的科学性和可行性。

注解

*本文是上海外国语大学2017年度课程建设基金资助项目课程思政专项"朝鲜语时政翻译理论与实践"（2017KC015）阶段性成果。

①在开展正式问卷调查之前，曾进行预调查，并在反馈基础上对问卷进行了修正，旨在提高问卷调查的科学性和可行性。

② HANSOL EDU是韩国第三大出版教育集团，在教材编撰和出版、外语类课程设计、外语类教学项目研究和教具开发、外语在线教育等方面有着非常丰富的经验和实力，在韩国享有盛誉，知名度较高。

③测试分前测和后测两部分。前测是在学习者未接受翻译理论与实践（朝汉翻译）课程教育之前实施的测试，旨在考查学习者朝汉翻译过程中存在的问题。后测在学习者接受改革后的翻译理论与实践（朝汉翻译）课程教育后实施，旨在评估教学效果。

④上海外国语大学每学期为十八周，翻译理论与实践（朝汉翻译）课程每周2个学时（90分钟）。

参考文献

[1] 陈坚林. 现代外语教学研究——理论与方法[M]. 上海：上海外语教育出版社，2004.

[2] 方梦之. 应用翻译研究——原理、策略与技巧[M]. 上海：上海外语教育出版社，2013.

[3] 金永寿，全华民. 汉朝/朝汉翻译基础[M]. 延吉：延边大学出版社，2008.

[4] 李长栓. 非文学翻译理论与实践[M]. 北京：中国对外翻译出版公司，2004.

[5] 柳英绿. 韩汉翻译基础[M]. 延吉：延边大学出版社，2009.

俄语卓越人才培养模式研究：理论与实践 *

高少萍

提要：本文以上海外国语大学为案例，探索了俄语卓越人才培养的理论与实践。研究指出不同专业要根据培养国际化人才的总需求制定具体的培养计划及课程设置方案。教学中要突出师生的互为主体关系，不断完善评价机制，创新教学手段。此外，俄语卓越人才的培养要注重师资队伍建设，优化人才选拔淘汰机制，激发学生主体性认知意识、提升学生主体行动能力，在第一课堂、第二课堂、第三课程充分实践，培养学生扎实的言语技能与理论探究能力。

关键词：卓越人才；培养模式；互为主体；学生主体性

作者简介：高少萍，上海外国语大学俄罗斯东欧中亚学院副教授、硕士生导师。

一、引言

随着中国与俄罗斯以及俄语国家在外交、政治、经济、科技等合作交往的不断增加和深入，对俄语人才的要求越来越高。本文结合上海外国语大学俄语专业招生和一年级教学实践，结合国家对高端俄语人才的需求和俄语专业特点，以上海外国语大学（以下简称上外）俄语专业"创新实验班"为观察对象，针对"高起点学生吃不饱或零起点学生跟不上"的突出矛盾，提出"开放式、小班化、精英式、高强度、多层次、模块型、探究性、互主体"教学模式。对上外俄语系平行班与创新提高班学生在学习能力、方法、主动性、创造性等方面进行对比，观察两种模式下的学生在第一课堂、第二课堂、第三课堂参与度、能力和效果等方面的共性与差异，提出卓越人才培养要首先关注人才评价机制，最大限度激发学生学习积极性，构建师生互动互评关系模式，践行卓越人才的全面化、专业化和能力主导的理念。

二、俄语卓越人才培养理念

卓越人才应该具备全面的知识、较高的文化素养以及学习过程中的问题意识。为了成为卓越人才，高校要注重学生在大学本科阶段高效自主学习，培养他们初步的科学研究能力。具体到外语教学，则宏观上以国家发展战略需求为指导，整合国内外创新教学理念，考虑中国外语教学国情，在卓越人才培养中关注教学目标与学生实际情况、个人计划相一致、最大限度提升言语技能等问题。在理论和实践操作过程中必须遵循卓越人才培养、外语教学的一般规律和特殊性，以教材创新、改革教学法、改变教学双方地位的培养模式进行实践。在理论上不断充实外语教学认知与创新研究，更新培养理念、方法、途径。在具体实施过程中，首先要改变师生在教学中的角色分工，真正践行教学双方互为主体性的教学关系模式。在教学法上大胆革新，为了激发学生的学习自主性，教师可以应用翻转式课堂。上外俄语专业实验班要为培养卓越人才发挥积极作用，就要发扬上外俄语教学优秀传统，力求坚持优势推陈出新，创新意识与创新实践互为推进等理念。运用"高起带动零起""零起激发高起"、"优胜劣汰"模式大胆进行实践，不断积累、修正并培养外语高端人才。

三、教学中的互为主体性

（一）学生主体性

长久以来，中国学生习惯被引领、被指导、被评价。在外语课堂上一般只有个别敢于开口和能够开口的学生才能与教师进行互动，更多的学生在外语课堂只是埋头做笔记、划重点，只有被教师的点名提问时才迫不得已作答，答完如释重负，常常因为过于紧张而不能继续关注教师对他做出的点评、给予的建议。换言之，很多学生在外语课堂上充当着"速记员"角色，这在一定程度上导致了"哑巴外语"现象的存在。

主体性是指主观能动性，学生主体性即学生主体地位的实现。在课堂上体现为主动接受知识，主动参与教学全过程，甚至评价环节。传统教学中最常见的评价为教师利用期中、期末考试对学生的学习形成终结性评价。学生的主动性在评价环节几乎毫无作用，事实上有必要"在评估中让学生参与，建立师生学习共同体"。（林敦来，高淼 2011）

（二）互为主体性

外语教学中的互为主体性地位，是指颠覆传统教学中教师身份的固定模式，打破课堂的僵化定势。教学过程中师生之间形成互为主体关系，教师可与学生合作共同制定有明确目标、实现期限、预期目的以及学生彼此之间有合作竞争机制的学习计划。教师按照学生计划对教学内容、教材、教学法、教学评估手段个性化等不断补充和调整。以师生共同制定的教学计划为纲领，在第一课堂、第二课堂、第三课堂中不断践行创新教学理念。师生、师师、生生之间开展定期和不定期的回顾反思，互相分析教学过程、效果、手段、方法、评价等问题，真正促进民主、和谐、教学相长的课堂氛围、提升创新人才培养效果。本研究中的"教学双方的互为主体性"是以考察、提升学生主体地位认知和实践为主展开的。

（三）卓越人才培养模式中的学生主体性

俄语卓越人才培养模式中的学生主体性地位，与一般意义上的主体认知界定的基本属性相一致，即学生在学习过程中体现出主观能动性方面，主动介入教学的全部过程中并通过运用知识产出"成果"。外语课堂上，该模式主张在教学设计、教材、内容、讲解、分析、推理演绎、评价等过程中，均由学生与教师互相协商、决定并付诸实践，并在相互评价后不断调整。学生作为教学中教师主体相配合的另一方，具备积极主动参与教学过程的动机和愿望。积极性表现在学生饱满的精神状态上。一般说来，选拔进入创新实验班的学生，应当性格开朗、积极乐观。这样他们才可能在课堂上具有强烈的自我认同感，并且在竞争激烈氛围内仍然保持集体归属感，能满怀信心自觉投入学习。他们主动参与教学，并在学习过程中不断进行自我调控，敢于提出批评、接受建议并开展自我批评，能够在重大问题面前独立完成取舍，敢于直面困难并主动化解危机缓解矛盾。对于卓越人才的另一个要求，则是培养学生的领导意识。俄语卓越人才培养需要学生具有创造性，而创造性是主体性中较高层面的能力。在外语课堂中学生的创造性可以体现在第一课堂、第二课堂、第三课堂上运用知识创造"成果"的能力，例如在互动过程中不断提出新方法和方案、敢于提出创造性推理演绎并大胆进行实践的能力。

（四）卓越人才培养模式中的教师主体性

学生的主体性似乎否定了教师的功能，教师貌似成了看客、旁观者或者观众听众。实际上，第一课堂、第二课堂、第三课堂的"总指挥的主体地位"直接归属教师。卓越人才培养模式中师生互为主体性地位不分伯仲，这并非意味着教师的主体地位降低或者模糊甚至淡化。事实上，教师全面进行教学设计，跟踪考察课程内容、对象、教学效果、学生心理状态等，对无法适应该模式教学的学生及时进行心理疏导，并给予专业上的帮助。该模式中的教学实践对教师提出了更高的要求。它要求教师具备开阔的视野、探索精神和合作能力，能将创新意识、创新教学理念融入方法、手段、评价体系中。在筛选任课教师时要注意学术背景、教学经验、性格特点、年龄结构等。在教学中一方面确保任课教师在实践中共享授课内容进度、自主评价，另一方面注重教师之间的互动与协调，不同科目主题的衔接，要针对学生的"听""说""读""写""译"能力进行高质量的全面培养和提升。该模式的实践旨在督促教师在不断丰富教学手段、合理使用多媒体演示设备的同时，全面提升教学能力、丰富教学理念、完善教学手段和方法，科学、全面、动态观察教学规律。

四、卓越人才培养模式实践

卓越人才培养模式中，学生主体性是创新实验班的"准入"前提之一，这意味着学生的选拔非常重要。很多学校按考试测验成绩从高至低选择创新实验班学生，但这一做法在实践中已经出现很多问题，如学生不适应、不主动、不配合等。上外作为以外语为特色的大学，设立卓越人才培养实验班必须关注学生的学习主体性问题。具体而言，任课教师和教学负责人需要在确定创新实验班学生名单之前，对平行班级里具有进入卓越人才培养模式学习的学生进行调研、考察、分析学生的实际情况。同时也可以进课堂观察学生表现、向教师了解学生一贯表现、调取学生档案查看学生基本情况、并在大学入学后的军训、文娱活动、与专业相关的比赛和课外活动中观察学生。最后创新实验班教师和教学负责人应当面试报名学生，综合评估后确定创新实验班入选名单。

（一）第一课堂实践

卓越人才培养模式注重利用学生主体性地位，提升学生对课堂教学全过程的关注、投入与积极主动延伸。第一课堂中主体性认知强烈的学生，会对教师的教案、课堂设计、教学计划、进度、评价等形成自己的看法和意见，并主动与教师交流沟通，表达自己非常认可、比较认可的态度或者敢于提出自己的诉求等。主体性意识强烈的学生往往在以下几方面表现尤为突出：目标明确、言行一致、自觉自信、积极向上、精神愉悦；既有强烈进取心同时不乏合作精神；关注他人对自己的评价并做出积极回应；集体意识强烈、情感丰富不脆弱，敢于求助并乐于施助；能对教师直言个人看法，对教师的教学、自己获得的各类评价进行自如的反馈。学生对于教师的"任务型教学"能够接受并在课前做好各种预习、知识补充和自我思考；上课过程中表现出归纳、推理能力，能主动提出个人观点，对教师或同学的提问进行积极回应。在课堂关键词句引导下，可以不断提高自己的语言组织能力、表情自然情绪稳定地与老师和同学互动交流。学生主体性延伸则可以表现在，每一次课堂结束之前，教师或者学生会留下一些开放的话题、课题，学生能够紧紧围绕该课题进行深入全面的探索，在探索的过程中培养独立思考问题、寻求解决方案的能力。

（二）第二、第三课堂实践

第二课堂和第三课堂上学生的主体性则表现更为强烈，例如传统的专业比赛、表演等课外活动中，学生应积极主动、设计并参与，如果活动进行过程中出现资金短缺、道具或人手不足、软件或硬件问题时，学生不应是一味向教师求助，而是自己先分析解决。在资讯高度发达、多媒体技术迅猛发展的"互联网+"时代，外语教学中积极开展第二课堂和第三课堂已经完全可以摆脱时间和场地的限制。换言之，学生能够自如运用各种传播媒介，运用所学知识进行实践创新。

五、上外俄语系卓越人才培养案例

上外俄语系卓越人才培养不但进行理论探索，而且在教材遴选、课程设计、教学内容、师资配备、学生选拔、教学过程、教学评价、师生关系、教学效果、教学方法策略等不同方面都为俄语教学提供新的研究视角和实践经验。譬如俄语系自2013年开办创新实验班，以10-12人班级规模进行教学，努力践行"小

班化"、"精英理念"、"翻转课堂教学"、"师生互为主体关系"等创新式教学。通过动态观察创新实验班的教学实践，我们发现：应用卓越人才培养模式对高起点学生进行再次选拔，并集中优势资源培养高端人才为当务之急，而俄语系的创新改革取得较好效果。

（一）生源情况及效果

本研究以2013、2014、2015年共9个俄语班级学生为对象，考察卓越人才培养模式的教学效果。我们对各年龄层次、文化背景、不同学术背景和不同俄语起点的学生群体进行调研，涉及卓越人才创新培养模式中的主客体等各相关方面，具体包括教师筛选、学生选拔、循环进入与淘汰机制、教材、教学法、评价体系、考察考核等。俄语系俄语精读班首届零起点六位学生，占所在年级零起点学生人数20%；其中四位在试听后选择继续在提高班，占进入创新班零起点人数66%；两位学生试听后选择放弃，占创新班零起点学生中的33%；最终三位坚持留下，占创新班零起点学生中的33%。他们不仅很快"后来者居上"，甚至"独占鳌头"。

连续三年的教学实践证明，高起点学生对于该模式持肯定和欢迎的态度，其学习积极性大大提高，零起点学生中经过两周试听选择进入高强度精读提高班初期劣势极为明显，但进步明显并具有良好发展态势。鉴于招生过程中高起点学生人数不定的实际情况，零起点学生进入高强度精读课的比例逐年增加。因此，有必要根据教学进度、教学法、教材、多媒体手段等调整教学设计。在运用"优胜劣汰"模式时，零起点优质学生需要更多激励机制，尤其进入高强度精读班级时，需要尽快追赶高起点学生。在处理"学得快"

又"学得扎实"这一对矛盾时，应因材施教，并辅之以心理辅导，考核评价体系等。

经过三年教学实践，创新教学成效初露端倪。以全国俄语专业四级水平测试为例，2012年全国俄语专业四级水平测试优秀10人，高起点学生3人，零起点学生7人。高起点学生中2人良好。而设立创新实验班后，2013年全国俄语水平测试优秀20人，高起点5人（共招收高起点10人），零起点学生15人。其中首届创新实验班共8人中5人优秀（创新班中无零起点学生）；2014年全国俄语水平测试优秀20人，高起点5人（共招收高起点8人），零起点15人（其中3人为零起点选拔进入创新提高班）。由此可见，一方面创新实验班为高起点学生创造保持优势的条件；另一方面创新实验中零起点学生厚积薄发，平行班与实验班之间可以形成互相激励共同进步的良好氛围。

（二）翻转课堂教学实践

在俄语卓越人才培养过程中，我们尝试进行第一课堂的"翻转课堂"教学。"翻转课堂"以信息技术为依托，激发学生参与探究性学习。俄语系创新实验班的教学内容、课堂设计、进度等均由教师一人主导变成师生互相协商模式。学生可以根据需要提出教学需求，教师根据学生需求制定课程主题，并提前将任务发布给学生。学生带着任务投入预习工作。在预习过程中使用多媒体等理解教师的任务、解决教师提出的问题、思考自己的困惑、整理自己的疑问、补充教师指定材料的不足部分或更新变动部分。2013年创新实验班建立之初，教师给学生的任务型学习主要体现在主题相对充分、内容较难、体裁尚不够宽泛。2015年随着教学实践的丰富，教师已经大大

拓展了精读课的主题，包括政治、经济、文化等多个领域。

"翻转课堂"为提升互动性提供时间和可能性。"翻转课堂"为师生、生生课堂互动提供了更大可能性。例如，课文中主题为俄国伟大作家普希金。教师要求学生围绕下列问题进行预习：

1. Краткое описание внешности Александра Сергеевича Пушкина.

2. Почему детство Пушкина было необычным?

3. Какой характер у Пушкина?

4. Когда и где он опубликовал своё первое стихотворение?

5. Какое произведение Пушкина считается "энциклопедией русской жизни"? Почему?

通过这样任务型预习，学生课前可以做到：运用幻灯片展示作家肖像并予以描述；以时间和地点为线索讲述作家生平；对于作家代表作能概述；初步掌握本课文中四级和教学大纲的重点词汇；结合时代背景分析其代表作；学生针对教材中普希金的生日与其他资料表述不同并进行考证。教师根据学生反馈，可以根据实际情况拓展课本知识、增加口语实践的材料、分享作家作品片段、激发学生阅读兴趣等，从而达到提高其自主学习能力的目的。

（三）卓越人才培养模式下的第二、第三课堂

卓越人才的培养仅有语言技能提高远远不足应对社会对高端人才的需求，因此，有必要实施"语言＋专业"等教学模式，切实改进创新教学方法以充分调动学生的主观能

动性，并且全面提升学生的科学探究能力、分析能力和人文素养。在课堂时间有限的实际情况下，积极开展第二课堂和第三课堂是教学改革的保障。

第二课堂的教学活动是指第一课堂之外的与专业相关的活动，包括自习、专题讨论、主题性交流、与专业相关的文学电影赏析等艺术文本的学习等。上外俄语系对所有参与创新实验班的学生提出以下要求：不仅能够较好地完成课堂学习，而且全部亲身参与并体验语言实践、演讲比赛、话剧表演、涉外志愿者服务等活动。在教学改革中，创新实验班学生以独立成队的方式参加俄罗斯经典影视配音大赛、俄罗斯戏剧之夜、俄罗斯民歌等与专业相关的教学活动。与此同时，他们受邀参加与专业相关各类学术活动。根据笔者观察，零起点学生经过一年的专业学习，可以进行诗歌朗诵等教学活动。而卓越人才培养模式下的零起点学生，能选择诗歌类型、对诗歌进行解读、并用俄语将自己的思想传达出来，在自主学习、主动提高培养技能、增加人文知识等方面显示出强烈的独立意识。例如，上外俄语系学生创新实验班学生 2015 年 11 月参加俄罗斯驻沪领事馆中俄双语诗歌朗诵会，获得俄方高度赞扬。第二课堂成为卓越人才培养模式中对课堂知识传授、运用的必要补充。

第三课堂是指学生在实践中运用外语知识服务于社会的活动。下面以上外的第三课堂"诗歌俄罗斯"公众号（微信号 Poetry-rus）为例进行分析。"诗歌俄罗斯"由上海外国语大学俄语系与布洛奇卡工作室合作，并配有朗诵指导和音乐指导。"诗歌俄罗斯"

内容由资深俄语教师审阅，所有创新实验班学生参与。从 2016 年 1 月 22 日开始诗歌公众号"诗歌俄罗斯"已推送 40 余期，其中创新提高班学生总量 30% 以上。13 篇中有 4 篇为编者加译者，占总推送量的 10%。考虑到翻译诗歌为翻译实践中最难的部分，创新实验班学生的水平可见一斑，学生在文化视野、跨文化交往、认知与实践等方面也显示出强烈的求知欲和大胆实践能力。这也符合本校所提出的"具有全球视野、创新精神、实践能力、外语特长，并能够畅达进行跨文化沟通的高端人才"的要求。（曹德明 2011）

六、结语

在上外"多语种+"人才培养背景下，俄语创新实验班虽然已经采取一些新的教学理念和教学方法，但是俄语卓越人才培养模式尚待完善，翻转课堂、优胜劣汰激励机制、师生互评模式等均需要进一步优化。相关教学手段、方法有必要反复实践和总结，评价模式细则应当不断完善。

注解

*本义是上海外国语大学2015年教改项目"俄语卓越人才培养模式研究：理论与实践"的阶段性成果。

参考文献

[1] 曹德明. 高等外语院校国际化外语人才培养的若干思考[J]. 外语教学理论与实践, 2011（3）: 1-5.

[2] 林敦来, 高森. 教师评估素养: 理论与实践[J]. 外语教学理论与实践, 2011（4）: 29-37.

上外涉外型卓越法律人才培养模式创新与实践 *

张海斌　王伟臣

提要： 上外法学人才培养具有鲜明的特色和独特的优势，主要表现为以"法律专业+英语"复合型人才培养为基本模式，以培养具备较强涉外法律实务能力及其相应职业素质为手段，以服务于国内涉外法务与国际法务为基本导向，以"国际化、复合型、应用性"为基本特征，以"上外特色、法学特点、实践特长"为基本定位，以"全球视野、人文情怀、创新精神"为基本品格。设立"涉外卓越法律人才实验班"，开展法学专业综合改革。围绕涉外法律人才培养的特色，积极开展第二课堂教学。经过一系列的创新探索与实践，取得了五个方面的成果。

关键词： 上外法学院；涉外卓越法律人才；培养模式；创新；实践

作者简介： 张海斌，上海外国语大学法学院教授、院长；王伟臣，上海外国语大学法学院副教授。

自 2012 年以来，上海外国语大学（以下简称上外）法学院依托和整合校内外学科资源与人才优势，以上海市涉外卓越法律人才培养基地为建设平台，经不断创新与实践探索，形成并建立了一套"以法律+英语为特征，具有鲜明上外特点、法学特色的涉外法律事务的复合型高端法律人才"培养模式，并以此为基础对法律人才培养的体制与机制进行了一系列的改革和实践。

一、人才培养模式创新的背景和意义

随着改革开放与市场经济的深入推进、中国"走出去"战略和"一带一路"倡议的推进以及上海自贸区建设、"四个中心"建设等，外资企业及其分支机构纷纷涌入，中国企业对外投资也日益活跃，各类涉外经济与贸易活动日益频繁深入，各类涉外法律事务也不断涌现。随之而来，国家对于涉外法律高端实务人才的需求显得越来越迫切，各种形式的外资企业、涉外金融机构、外资律师事务所、国际机构等组织对于涉外高端法务人才的需求较为紧迫。因此，培养具有广阔国际视野、扎实法律功底，较强的跨文化沟通能力的涉外高级法务人才，已日渐成为上海乃至全国法律服务领域一个亟待解决的"瓶颈"。

上外强大的语言学科与人才培养的优势与特色，尤其是多语种语言学科及人才培养的优势与特色，为涉外复合型法律人才培养提供了有力支持。目前，上外拥有外国语言文学一级博士学位授予点和一级硕士学位授予点，3 个国家级重点学科（英语语言文学、俄语语言文学、阿拉伯语语言文学（培育）），1 个国家级非通用语种本科人才培养基地（西欧语种群：意大利语、葡萄牙语、希腊语、荷兰语），31 个语言类专业。无疑，强大的外国语言文学学科及人才培养的优势与特色为涉外复合型人才培养提供了得天独厚的条件。

上外法学人才培养具有鲜明的特色和独特的优势。从上外法学人才培养 22 年的历史来看，法学院毕业生在就业市场上深受欢迎，并且涉外特色明显，发展后劲足，也彰显了上外复合型涉外法律人才培养的特色和优势。早在 1985 年，上外就尝试引入"外语＋法律"的复合型涉外法律人才培养模式，在法语系率先培养法语专业国际经济法方向的复合型人才，积累了一定涉外法律实务人才培养的经验。随后，1994 年上外成立法学院，正式开启了"法律＋外语"复合型涉外法律人才培养路径，与沪上乃至全国各法律院校错位发展，并在涉外法律人才培养方面日益形成了鲜明的特色和独特的优势，法律人才的就业去向主要为涉外法务与国际法务领域，深受用人单位的好评，就业率一直高居 95% 以上，且就业质量较高。

有鉴于此，上外法学专业旨在依托上外独特的学科特色，充分发挥上海的地缘优势，围绕上外学科布局，以"法律＋外语"的复合型人才培养模式为路径，培养具有国际视野和跨文化沟通能力，法律功底扎实，外语技能精湛，能胜任涉外法务与国际法务的复合型涉外法律人才。

二、人才培养模式创新的总体思路

上外涉外卓越法律人才培养方案设计以"法律专业＋英语"复合型人才培养为基本模式，以培养具备较强涉外法律实务能力及其相应职业素质为手段，以服务于国内涉外法务与国际法务为基本定位，以"国际化、复合型、应用性"为基本特征，以"上外特色、法学特点、实践特长"为基本定位，以"全球视野、人文情怀、创新精神"为基本品格。具体言之，主要体现在以下两个方面。

第一，以服务国际化法律事务与涉外法律事务为基本导向。随着改革开放与市场经济的不断深化、中国"走出去"战略和"一带一路"倡议的推进以及上海自贸区建设、"四个中心"建设等，亟须大批既懂中国法律，又熟悉外国法与国际法并熟练掌握外语的涉外法律人才。为此，法学院将紧密围绕此类法学人才培养的定位，通过深化教学改革，进一步凝聚以服务国际法律事务与涉外法律事务为导向的法学教育特色。在教学设计上，继续加大学生专业英语与法律英语素质和能力的培养，尤其重视英语教学中的听、说、写等实践能力，不断提升法学教育的国际化水平，增加国际法、外国法、比较法与国际法务实践在课程设置中的比重，彰显课程的国际化、实践性、前沿性特点；与此同时，在现有国际化办学的基础上，继续加大和拓展与国外知名法学院国际合作办学的力度与广度，培育若干独具特色的国际化课程模块和海外法律实践基地，探索建立有上外特色、法学特点的国际化法律人才培养模式。

第二，以"国际化、复合型、应用性"为基本切入点。上外涉外法律人才培养的"国际化"表现为：师资的国际化、教材与课程国际化、教学方法与教学内容国际化以及教学实践国际化等；"复合型"法学人才培养表现在法学与政治学、经济学、管理学、社会学等专业课程及外语、计算机等各种技能型课程的融合与契合程度；"应用型"体现为案例教学法、法律诊所式教学等应用性教学方法的使用比重、特色法学实践基地的建设及各种以法律实践为旨趣的学生活动平台建设等。针对此法律人才培养目标，法学院将不断提高通识教育、实践教育、国际化教育在教学设置中的比例，重视专业互补，重视学生知识结构的完善与实践能力的提高；在设计课程体系时，着力加大与法律专业密切相关的国政、经济、财政、会计、现代管理、金融等基础知识的比重；在确保法学专业课程的同时，不断强化法学核心课程和特色课程建设。在法学教学结构的设置上，注重从内向向外向发展、从普通向特色发展、从本土化向国际化发展。

三、人才培养模式创新的具体实践

法学院设立"涉外卓越法律人才实验班"（以下简称"实验班"），以此为契机，开展法学专业综合改革，彰显法学人才培养的上外特色、法学特点、实践特征。"实验班"进展顺利，并继续围绕以上目标，逐步开展人才培养模式、体制与机制改革，包括：

第一，建章立制为特色人才培养提供制度保障。法学院先后制定或修订了《法学院党政联席会议规则》《法学院教学管理工作条例》《法学院科研管理工作条例》《法学院学术委员会章程》《法学院分学位委员会条例》等内部规章制度十多项，为人才培养顺利实施奠定了制度基础。

第二，建立国内外联合培养机制和平台。即通过与国外知名法学院或特色法学院签订合作联系，以"3+2"等模式实现国内外法学院的联合培养，定期分批派遣学生赴国外合作法学院进行学习与研究，不断扩展学生的国际视野与学术视域。当前上外法学院与美国、新西兰、荷兰、法国、意大利、匈牙利

多所大学法学院建立了多种形式的合作关系，多批学生已经顺利完成访学任务，取得了良好效果。目前，法学院与国外法学院的联合培养机制正日益向更为全面深入的方向发展。

第三，建立校内外联合培养机制和平台。即法学院通过与政法机关、律师事务所、企事业组织等建立各种形式的合作协议，联合培养涉外法律人才。校内外联合培养主要体现在教学实践基地的建设上。通过教学实践基地的建设，进一步加强了高校与法律实务部门、特别是涉外法务部门的合作，为今后探索实施"高校—涉外法务部门联合培养"模式奠定良好基础，提供由高校与涉外法务部门作为法律人才培养的共同主体，共同制定培养目标、共同构建课程体系、共同建设实习实践教学平台和共同培养师资队伍为目标的人才培养。目前法学院已和上海律师协会、上海国际经济贸易仲裁委员会、上海市各区县人民法院及一批上海市优秀涉外律师事务所等二十多个部门建立了良好的合作关系（上外法学院与上海律协联合举办"一带一路"法律研讨会）。学生进入政法机关实习，法官参与学生模拟法庭、法意角色辩论赛等教学实践，法院庭审进教学楼等活动已成为法律实践教学的内容，亦为校内外联合培养机制的重要形式。

第四，实行本科培养"三导师制"。"三导师制"是上外涉外法律人才培养机制对传统法学院双导师联合培养机制的一个新发展。即在校内培养上，要给学生提供法律专业的指导老师，指导学生法律知识的学习和培育学生法律实践的能力与素质，也要为学生安排外语学习上的指导老师，专门指导学生学习基础英语与专业外语、了解外国国情与文化传统、培育学生跨文化交流的各种能力与

素质。另外，结合教学实践基地的建设，为学生提供涉外法务上的指导老师，指导学生用法律理论与法律知识来解决各种法务问题，不断提高法律职业素质和法律实践能力。

第五，开辟第二课堂，搭建各种专业实践活动平台。共打造了模拟法庭大赛、法意先锋角色扮演辩论赛、上海市模拟联合国大会、法意文化节、庭审进校园、法意讲坛、法意卓越行以及访学归来沙龙系列、涉外卓越法律人讲座系列、法意学术论文大赛等多个特色品牌项目，在校内外颇具影响，极大地提升了学生的法学专业素养和意识。其中，"模拟法庭大赛"被评为上海市高校法治教育精品项目，"法意先锋角色扮演辩论赛"被评为上海市高校法治教育特色项目。

第六，建立人才培养质量监督机制。质量监督机制乃是由法学院自行组织的对涉外卓越法律人才的内部评估机制，俾以检测与评价预设的人才培养目标、方案、具体措施以及规章制度方法的适宜性与有效性。目前，学院已经成立了专门的教学委员会，结合上外法律人才的国际化、复合型与应用性的培养定位，定期对教师教学活动的过程与效果进行评估检测，及时研究与解决学生反馈的培养过程中的各种问题，并对培养方案做相应的合理化调适。学院还建立教学督导制，聘请在任的资深教师或已退休的老教授做教学督导，定期随机随堂听课，并提出具体的评估意见，在督导之余，发挥传帮带的作用。最后，为了使上外涉外卓越法律人才的培养能满足社会的要求，法学院还探索建立社会中介评估机构的参与机制与社会舆论的监督引入机制，定期聘请社会中介评估机构对人才培养的过程与效果进行客观评价。

与此同时，法学院还建立了较为有效的质量反馈机制。质量反馈机制主要包括对毕业生的跟踪调查和用人单位对毕业生的反馈机制。当前，法学院专门成立了学生就业指导中心，其重要职能之一就是负责对毕业生进行跟踪调查并建立数据库。既包括毕业生的就业去向以及流动状况的类型化分析，也包括毕业生就业以后基于工作实践的角度对于学院人才培养方案的反思与反馈信息，还包括以问卷调查、座谈会等形式了解用人单位对于上外法律人才的反馈与评价。另外，法学院还通过"校友茶座"等学生活动平台，定期邀请毕业生返校与法学院师生进行交流，及时收集人才培养的反馈信息。

四、开辟人才培养"第二课堂"

上外法学院围绕涉外法律人才培养的特色，通过各种形式，积极开展第二课堂教学，通过打造多项学术文化品牌活动，助力第一课堂，提高学生综合素质。主要有：

模拟法庭：模拟法庭大赛是上外法学院主办的最具法治教育特色的校园文化活动，活动面向所有在校师生开展。大赛通过模拟真实庭审程序，由参赛选手分别担任案件原告方代理人及被告方代理人，运用自身所学法律知识撰写法律文书，开展庭审活动，并面向全校师生开放观摩。大赛自 1996 年至今已成功举办近二十届，并于 2015 年荣获"上海市高校法治教育特色精品项目"荣誉称号（该院"模拟法庭大赛"荣获上海市高校法治教育特色精品项目）。

法意先锋："法意先锋"角色扮演辩论赛是上外法学院主办的专业实践类特色品牌活动，开展以来吸引了全校广大师生的积极参与。大赛的最大特色在于与"法"结合，依"法"开展，比赛辩题皆选自当下社会热点与法律焦点话题。辩论时参赛选手分成不同小组，分别代表事件当事人、社会学者、立法者、群众等不同角色的立场，针对辩题发表观点与看法。大赛自 2012 年创立以来，已成功举办四届，辩题包括夹缝中的死刑存废之争、从东莞扫黄看性交易"非罪化"、中国是否应立法承认同性恋婚姻、是否应立法禁止活熊取胆等与法律相关话题。活动于 2015 年荣获"上海市高校法治教育特色项目"荣誉称号。

法意讲坛：法意讲坛系法学院学术类讲座的品牌项目。讲坛主要邀请法学界和其他哲学社会科学界知名专家学者就国内外法学理论、法律制度与法律实践领域的前沿与热点问题，以及人文与社会历史等领域理论与前沿问题开设讲座。至今已成功举办二十九期，旨在提升法学院的人文氛围与学生的理论素养。

法意学术论文大赛：以"读书、思考、写作"为线索，每年围绕特定主题，鼓励学生阅读经典作品，并撰写阅读心得或学术评论，营造浓厚的读书氛围与科研意识。基于这一比赛，本院学生在上外"校长读书奖"的比赛中表现不俗，2013 年摘获学校总决赛第一名、第二名；2014 年包揽第一名、第二名、第三名；2015 年则获得第二名、第三名。

法意卓越行——企业走访："法意卓越行"企业走访活动是法学院大学生生涯规划类品牌活动，自 2014 年起至今已成功举办六期，走访单位包括通用汽车、飞利浦、联合利华、美国伟凯律师事务所、德勤会计事务以及环球律师事务所等。活动是学院生涯发展教育的有益补充，对学生探索自我职业定位、提高实践认识与能力提供了有效平台。

法意·思源——校友茶座："法意思源"校友茶座系法学院职业发展类活动的品牌之

一，活动定期邀请校友回校与在校师生交流互动，内容涉及学习心得、职场经验及人生规划、专业训练等。活动自 1996 年开始至今，已成功举办四十七期，邀请校友一百余名，获得了各届校友的大力支持与学院师生的积极参与，是学院朋辈教育与职业发展教育的重要平台。

访学归来："访学归来"沙龙讲座系列为法学院 2012 年开设的针对本科生的学术品牌活动。讲座以"拓展国际视野、活跃研究氛围、促进交流互动"为指导思想，充分发掘校内外有海外留学、访学经历的学者资源，结合法学院人才培养和学科建设的定位与特色，与学生畅谈国外高校法学教育特点、法学研修方法、法学学位申请、访学印象与心得，以及相关国家立法司法执法与法学研究的进展与特色等。

涉外卓越法律人系列讲座："涉外卓越法律人"讲座系列自 2013 年起开展，旨在通过邀请涉外法律实务部门和涉外法律教育领域中的知名专家学者和业务骨干，就涉外法律人所需的专业素养与职业道德、涉外法务的理论与实践以及国外法学教育与法律实践等问题为学生开设讲座，从而提升上海涉外卓越法律人才培养基地人才培养的实践维度与国际视野。

上外法学院青年法学会：于 2016 年 5 月成立，目前拥有会员及干事二十余名。学会旨在以读书沙龙和学术论文赛为活动载体，不断提升学生的读书兴趣和学术意识，培养法学理论与法律实践兼长的涉外法律人才。法学会每学期邀请指导老师及专家学者进行至少四场学术沙龙活动，并不定期举办各项提升学生法学素养与学术能力的活动。从成立至今，共邀请四位年轻教师为学生开展了读书学术沙龙活动，并在全院范围内举办了"写法之精神"院训征文大赛等。

五、人才培养模式创新的成效

经过一系列的创新探索与实践，上外涉外卓越法律人才培养在以下五个方面效果显著：

（一）打造上外涉外卓越法律人才实验班

围绕上海市涉外卓越法律人才培养基地建设，自2013年开始，选拔设立"上外涉外卓越法律人才培养实验班"，并以此为契机，开展法学专业综合改革。"实验班"旨在充分利用上外人才培养与学科建设的优势和特色，培养具备国际视野和跨文化交流能力、通晓国际规则、能参与国际法律事务、提供国际化法律服务的复合型高端法律人才，目前已成功组建四届。第一届、第二届"实验班"整体依托国家留学基金委优秀本科生国际交流项目和上外学生海外交流基金项目的支持，根据各自的留学意向，分别抵达荷兰、新西兰、美国、意大利、法国、匈牙利等六国开展了为期半年的海外学习，现已全部完成学业，顺利回国。第三届"实验班"出国交流选拔工作也已圆满结束，将于2017年下半年负笈留学。围绕着实验班的建设，法学院的"涉外卓越法律人才培养教学实践探究"青年教学团队入选了上外第二届"青年教师教学科研团队培育计划"，法学院的综合教学改革成果"涉外型卓越法律人才培养模式创新与实践"荣获上外2015-2016年度校级教学成果奖一等奖。

（二）构建上外特色法学教育第二课堂体系

法学院围绕"上外特色、法学特征、实践特长"的定位，先后打造了模拟法庭大赛、法意先锋角色扮演辩论赛、上海市模拟联合国大会、访学归来沙龙系列涉外卓越法律人讲座系列、法意·思源——校友茶座、法意卓越行——企业走访等多个特色品牌项目，在校内外颇具影响。其中，"模拟法庭大赛"被评为上海市高校法治教育精品项目，"法意先锋角色扮演辩论赛"被评为上海市高校法治教育特色项目。学生团队先后参加"牛津大学普莱斯传媒法国际模拟法庭大赛""中国人民大学全国模拟法庭大赛""全国模拟国际仲裁比赛""香港模拟联合国大会""亚洲国际模拟联合国大会""哈佛大学模拟联合国大会""上海市九校模拟法庭大赛"等，先后荣获"挑战杯"创业计划大赛上海赛区银奖、第六届上海大学生创业计划大赛银奖、2013年上海九校模拟法庭大赛亚军、牛津大学普莱斯模拟法庭中国赛区第五名、2013年度上外校长读书奖学术论文大赛金奖、上海市高校首届模拟法庭大赛团体优秀奖、最佳文书奖、2016年度上海市模拟招聘大赛团体冠军、金杜杯—律英未来之星团体季军等奖项。

（三）丰富全英文法律课程模块

法学院针对涉外法律人才实验班建设及上外国际交流生法律课程建设的需要，经过论证与设计，已打造出一个由《知识产权法（Intellectual Property Law）》《海洋法（Law of the Sea）》《国际环境法（International Environmental Law）》等十余门课程组成的、符合上外特色的全英文法律课程模块，并分别在法学院实验班、国际交流学院等本科层面推广，取得了良好的教学效果。

（四）推进国际化办学与国际交流

目前法学院与荷兰莱顿大学、新西兰怀卡多大学、匈牙利塞格德大学、美国蒙大拿大学、意大利罗马第三大学、密苏里大学（堪萨斯分校）、法国里尔天主教大学，以及匈牙利国立行政大学等大学签署合作协议，每年派遣本科生赴对方法学院进行为期一个学期或学年的专业学习或参加本硕连读项目。法学院自 2012 年开始利用国际资源为自身办学服务以来，已与诸多的国外大学建立了合作关系，派遣到对方法学院学习的学生人数大幅度上升，至 2018 届，目前已有 32% 的学生获得出境交流学习机会，取得了良好的效果。同时，法学院设立 Chinese Law Study 全英文的课程项目，供外方交换生到上外学

习中国法律。同时，学院也建立了多渠道的学生财务资助系统，包括与境外大学协商的免学费和低学费项目，并从 2016 届开始申请教育部留学基金委员会优秀本科生项目资助（2016 届资助名额为 14 名，2017 届和 2018 届资助名额为 15 名）。

（五）彰显本科生就业涉外特色

近年来，随着上外法学专业综合改革的深入推进，本科生的就业质量有了较大的提升，年度平均就业率达到 95% 以上，且毕业生就业结构与人才培养定位高度契合，涉外特色较为显著。据统计，法学院毕业生在政府机构涉外部门、涉外金融机构、会计师事务所、外资律师所、跨国公司以及各国领使馆等涉外机构就职的比例较高。详见表格 1：

表1　上外法学院2014–2016届毕业生就业阶段数据表

年度	总人数	考研	考研比例	出国	出国比例	就业率	涉外就业比例
2016届	94	11	11.70%	23	24.47%	97.87%	67.7%
2015届	92	11	11.96%	27	29.35%	96.74%	65.4%
2014届	97	12	12.37%	17	17.53%	94.84%	66.5%

综上所述，上外法学院依托上外独特的多语种、跨学科特色，充分发挥上海的地缘优势，围绕上外学科布局，以"法律＋外语"的复合型人才培养模式为路径，致力于培养具有国际视野和跨文化沟通能力，法律功底扎实，外语技能精湛，能胜任涉外法务与国际法务的复合型涉外法律人才与区域国别法律人才。在此基础上，上外法学院将与其他相关学科协同创新，不断凝聚国际法、外国法与比较法的学科特色，探索形成具有上外特色与优势的法学学科建设新路径。

注解

*本文是上海外国语大学2017年度课程建设基金精品课程项目"中外法律文化"（JX01X0302017045）的阶段性成果。

参考文献

[1] 上外法学院与上海律协联合举办"一带一路"法律研讨会[EB/OL]. 2017–7–1. http://www.law.shisu.edu.cn/60/ca/c2308a90314/page.htm.

[2] 上外法学院"模拟法庭大赛"荣获上海市高校

法治教育特色精品项目 [EB/OL]. 2017–5–1．http://www.law.shisu.edu.cn/16/5d/c2308a71261/page.htm.

[3] 上外法学院召开国际交流项目行前培训会：本科生境外访学率再创新高[EB/OL].2017–6–15.
http://news.shisu.edu.cn/campus/170614–110617 .

[4]曾令良.卓越涉外法律人才培养的"卓越"要素刍议[J].中国大学教学，2013(1):32–35.

上外外交人才培养模式研究 *

张绍铎

提要： 本文通过对北外、外交学院与上外的若干本科和研究生专业培养方案的比较，聚焦于培养目标、相关培养要求和相关课程的异同，试图归纳出三所大学在外交人才方面的不同特点，对上外在外交人才培养方面提出两点建议：将外交外事人才培养作为人才培养的主要目标之一；将外语学科与政治学科在课程体系构建方面更好整合，外语学科的外交人才培养能更充分地得到政治学科在课程设置方面的支持。

关键词： 外交人才培养；上海外国语大学；北京外国语大学；外交学院

作者简介： 张绍铎，上海外国语大学国际关系学科副教授、基建处处长。

现在一般认为高等学校的职能有教育教学（或者即人才培养）、科学研究、社会服务、文化传承四项。笔者认为，其中最核心的任务还是人才培养。第一，很多科研机构都可以承担科学研究的职能，但高校的科学研究应服务于人才培养，要承担培养学生尤其是学术型硕士研究生和博士研究生的科研能力。第二，高校的社会服务在很大程度上是通过其培养的在校生实现的，而社会服务也是人才培养的一个方式。第三，高校的文化传承在很大程度上也是通过相对年长的教师向相对年轻的学生的知识传授的方式实现的。关于教育的本质，历来众说纷纭。马克思的观点受到广泛关注："要改变一般人的本性，使他获得一定劳动部门的技能和技巧，成为发达的和专门的劳动力，就要有一定的教育或训练"。在马克思看来，教育的本质就是生产力。换言之，人才培养的最终目的是要培养出对社会发展有积极促进作用的人，从而推动社会的整体发展。

因此大学的人才培养就必须考虑社会的需要。中国共产党第十九次全国代表大会上，习近平总书记（2017）提出"坚持和平发展道路，推动构建人类命运共同体"的号召。随着中国国力的不断增强，国际影响力与日俱增，海外利益日益广泛，中国承担的国际责任愈加广泛，中国的外交事业对优秀人才的需求越来越大也越来越高。比如外交部 2018 年的招录人数比上一年增加了 10.7%，还首次设立了国际组织后备人才岗位（英语五岗位）。而应届高校毕业生是我国外交人才最重要的来源。上海外国语大学（以下简称上外）是教育部直属高校，以"格高志远学贯中外"为校训。不论从"国家队"的地位还是从校训的担当出发，上外都有责任承担为国家的外交事业培养更多优秀人才的任务。北京外国语大学（以下简称北外）曾长期直属外交部领导，语种众多，号称"大使的摇篮"，为国家的外交事业输送了大批人才。外交学院一直受外交部领导，规模虽小但特色鲜明，以为国家的外交事业培养人才为核心任务。北外和外交学院在外交人才的培养上取得了出色成绩，与其人才培养模式密切相关。本文试图选取北外、外交学院的几个语言类专业本科生与研究生培养方案，与上外的相应培养方案对比，以期为上外的外交人才培养提供借鉴。

一、英语语言文学专业本科培养方案的比较

英语专业是外语专业中的龙头，在三所学校中都处于举足轻重的地位。外交部对应届毕业生的选拔，不但有专门针对英语专业的岗位设置，而且在对其他专业和语种人才的考察中也重视英语能力。

	北外（北京外国语大学教务处 2012）	外交学院（外交学院教务处 2014）	上外（上海外国语大学教务处 2016）
培养目标中关系密切的相关表述	毕业生在外交、外事、国际经贸、对外文化交流、国际传播、英语教育等领域具有竞争优势和可持续发展潜力。	符合外交外事工作需要的高素质复合型专门英语人才。	在教育、经贸、外事、文化、宣传、科研等部门从事教学、翻译、研究、管理工作的德才兼备的英语高级专门人才。
培养要求中关系密切的相关表述	在……英语国家社会与文化研究、英语国家政治与经济等某一领域有所专攻；了解中国国情和历史文化……	了解我国有关的方针、政策、法规；了解我国国情和英语国家的社会和文化；掌握……国际政治、外交外事等相关方面的基础理论和基础知识；具有五种能力（调研能力、办案能力、礼宾能力、谈判能力和创新能力）	了解我国国情和主要英语国家的历史和现状；了解国际关系等方面的基础知识；了解一定的国际事务及规则……
关系更密切的课程方向	社会与文化研究、国际政治与经济	不分方向	文化类
相关度较高的课程设置	美国史重点问题研究、战后美国史、英国历史、澳大利亚社会与文化、国际关系导论、比较政治学、美国政府与政治、战后美国外交史、中美关系史、欧洲一体化、国际组织与全球治理、国际政治经济学、美国经济纵览、中国与世界经济、	美国历史专题、东亚合作研究、欧盟研究、美国外交政策、国际关系理论+多边外交、外交文本翻译、当代中国外交思想概论、美国思想史、当代美国政府与政策、中国对外关系专题讨论、外交文书与实践	英国历史、西方近现代文明史、美国历史、英国社会与文化、美国社会与文化、英国思想史作品选读英国研究专题：方法与实践、美国思想史作品选读

从上述比较中可以看出，北外和外交学院的本科英语专业都把外交人才的培养作为首要任务，而上外仅提了外事，且作为第三项任务。纲举目张，北外和外交学院在培养要求、方向与课程设置方面对外交的需求着力尤深，在对象国国情、中外关系、国际关系方面建立了比较完整的课程体系，上外则

更注重对象国历史、思想、文化方面的人文素养，基本没有开设外交和国际关系方面的课程。而外交部在面向英语专业毕业生的公务员考试的岗位要求中明确提出"掌握、研究有关国家及地区形势，为中央处理国际问题提供对策建议"。从这一角度出发，上外英语专业设置对象国历史、思想、文化方面

的课程虽有一定的厚度，但缺乏对国际关系、国际形势方面的课程设置，所培养的学生要达到为中央处理国际问题提供政策建议的难度较大。当然，这几年上外各院系组织了越来越多的各类型国际问题讲座，也从一定程度上为学生开阔了视野，但真正达到外交部的岗位要求还需要更严格的学术训练，这种训练只能通过课程来解决。

二、西班牙语专业本科培养方案的比较

西班牙语是联合国工作语言之一，使用国家众多，也是中国外交中重点需要的语种。三所学校都开设了西班牙语，但与英语专业相比也都面临着师资力量相对有限、课程设置不够丰富的问题。

	北外（北京外国语大学教务处 2012）	外交学院外交学院（外交学院教务处 2014）	上外（上海外国语大学教务处 2016）
培养目标中关系密切的相关表述	能在外事、经贸、文化等部门从事翻译、研究、教学、管理工作西班牙语高级专门人才	本专业学生应当……掌握与外交外事相关的国际政治、国际经济、法学和外经贸等方面的基础知识	能在外事、经贸、文化等部门从事翻译、研究、教学、管理工作……的西班牙语卓越国际化人才
培养要求中关系密切的相关表述	学习西班牙语语言、文学、历史、政治、外交、经贸、社会文化等方面的基本理论和基本知识	熟悉中国历史和文化，并能用西语作有关介绍；了解以西语国家文明文化和经贸等背景知识，能用西语进行相关内容的讨论和交流；掌握与外交外事工作相关的国际政治、国际关系、国际经贸、国际法等领域的基础知识，能胜任上述领域的中高级口笔译或调研工作；具有五种能力（调研能力、办案能力、礼宾能力、谈判能力和创新能力）	了解我国国情和对象国的社会和文化
相关度较高的课程设置	西班牙历史文化、拉丁美洲历史文化、西葡语国家对外关系、西班牙葡萄牙与欧盟关系、拉丁美洲一体化进程	西语政论、不少于 6 学分的跨系选修课程：外交学与外事管理系、国际法系、国际经济学院的专业课程	中拉关系简史、拉美历史、西班牙语国家文化概况

在本科西班牙语专业培养目标上，外交学院继续秉承培养外交人才的办学宗旨，而北外的西班牙语则弱化了外交，突出了外事。与英语专业不同，上外的西班牙语旗帜鲜明地把外事放在了第一位。但三校的西班牙语专业都遇到了同样的问题，即专业选修课的丰富程度远逊于英语专业。这主要应该是师资力量不够强大造成的，是国内英语以外各语种的共性问题。北外的西班牙语专业主要通过西班牙语葡萄牙语系内部的系内跨专业课程做了一定的弥补，外交学院则主要借助校内其他院系的课程做补充，虽不能完全解决问题，但不失为一种有益的尝试。外交部在面向西班牙语专业毕业生的公务员考试的岗位要求中同意明确提出"掌握、研究有关国家及地区形势，为中央处理国际问题提供

对策建议"。而目前这三所大学的课程设置方面距离培养达到这样岗位工作要求的人才还有相当大的差距。这是英语以外各外语专业都面临的共性问题，除了外交学院的做法之外，模块化的通识课程设置应该不失为一种办法，即为学生提供若干门聚焦于国际关系、中国外交方面课程，组成一个模块，有志于外交工作的学生选修了这一课程模块就

能奠定从事外交事业的坚实知识基础。

三、英语语言文学专业硕士研究生培养方案的比较

与本科的英语专业一样，硕士研究生阶段的英语语言文学二级学科也是外国语言文学一级学科中地位最重要的学科。

	北外（北京外国语大学研究生院 2012）	外交学院（外交学院研究生部 2016）	上外（上海外国语大学研究生部培养办 2016）
培养目标中关系密切的相关表述	具有在……国家机关、企事业单位、国际和跨国组织从事教学、科研、外事、管理……的工作能力	为外交部和其他部委或涉外部门培养和输送高层次、复合式、外向型高级人才	无
培养要求中关系密切的相关表述	与下述 5 个方向相关的对象国国情（包括历史、政治、外交、经济等）	无	无
关系更密切的专业方向	美国研究、英国研究、澳大利亚研究、加拿大研究、爱尔兰研究	美国研究	英语国家文化
相关度较高的课程设置	美国研究方向有22门选修课（6门文学类等课程除外）、英国研究方向有8门选修课（1门文学类除外）、澳大利亚研究方向有5门（4门文学社会类除外）、加拿大研究方向有5门（3门文学文化类除外）、爱尔兰研究方向有7门（5门文学文化类除外）	美国外交政策、美国政治、国际关系：理论与实践、外交与法律、美国族群问题研究、美国历史专题研究	美国文化、英国研究概论、英国社会与文化专题研究、英国社会与文化、美国政治

北外英语语言文学二级学科下的 5 个国别研究方向及外交学院的美国研究方向，课程都比较丰富。与之相比，上外英语语言文学二级学科下的英语国家文化方向的课程显得不够丰富。上外在英语语言文学硕士研究生的培养目标和培养要求中也未提及外交与外事方面。实际上，近几年英语专业的硕士毕业生是上外研究生考取外交部的主力。如能在培养目标方面加以引导，在课程设置方面有更合理的配置，可能会有更好的效果。现在国别与区域研究已经成为外国语言文学一级学科中的一个重要方向，北外、上外等外语类院系纷纷下大力气研究对象国的国情，为国家的对外决策提供智库支持。在这一背景下，英语语言文学专业的硕士研究生培养需要更多地借助智库的力量，充实全方位分析英语国家内政外交的课程设置。

四、俄语语言文学专业硕士研究生培养方案的比较

因为与苏联的特殊关系,俄语是新中国建立以后的一段时间内各外语院校最重视的专业。上外、北外和黑龙江大学的俄语语言文学专业还是国家重点学科,为国家编译局、外交部、中联部等涉外部委输送了大批俄语人才。外交学院不开设俄语语言文学学科,这里只比较北外和上外。

	北外（北京外国语大学研究生院 2012）	上外（上海外国语大学研究生部培养办 2016）
培养目标中关系密切的相关表述	具有在……国家机关、企事业单位、国际和跨国组织从事教学、科研、外事、管理……的工作能力	无
培养要求中关系密切的相关表述	无	无
关系更密切的专业方向	俄罗斯社会文化、区域学	俄罗斯社会与文化
相关度较高的课程设置	当代俄罗斯专题研究、俄罗斯文化史、俄罗斯东正教文化、俄罗斯区域学研究、俄罗斯外交、当代俄罗斯专题研究、中俄文化比较	俄罗斯文化史、俄罗斯社会与文化

与英语语言文学学科相比,两校的俄语语言文学二级学科的课程设置相形见绌。而与北外相比,上外俄罗斯社会与文化方向的课程更显单薄。近年来,上外俄语语言文学硕士研究生每年都有人考取外交部,有时达到 5 人之多。如果上外俄语语言文学二级学科在继续保持和加强硕士研究生俄语语言交流能力的同时,在培养目标上更好地引导,在课程设置上引入更多的国际关系和外交学的课程,将更有助于上外为外交事业输送更多高素质外交人才。

五、结语

通过对本科与硕士研究生阶段各两个专业在培养目标、培养要求、课程（专业）方向、课程设置等几个方面的比较,可以得出以下观点:①外交学院因其为外交部直属,以培养外交人才为己任,从培养目标到课程设置都一以贯之,非常明确;北外在外交人才培养上历史悠久,功力深厚,在外语与外交的结合上做得很到位。上外远离政治中心北京,受上海的商业氛围影响较大,很多专业不把外交人才培养作为首要任务是可以理解的。但如果能够把外交人才列为培养目标之一,应该有利于为国家输送更多优秀的外交人才。②北外的政治学学科与外语学科融合度非常好,很多国别区域研究已完全融入外语学科中;外交学院以外交学为核心,外语学科为外交、国际关系类学科服务的特点很鲜明,同时也为外语类学科提供了大量跨系选修的课程。上外以国际关系和区域国别研究为重点的政治学的实力很强,但与外语学科在课程支撑方面还有很大的整合空间。如能以规定的跨院系选修等方式整合这两个学科,对培养外交人才会起到更大的促进作用。总而言之,上外在外语教学与国际问题研究上都有很强的实力,在两方面整合上相对比较欠缺。建议今后将国际问题研究有机融入外语

教学，彰显学校的"多语种+"外交人才培养特色。

注解

*本文是上海外国语大学通识教育核心课程"美国外交"的阶段性成果。

参考文献

[1] 北京外国语大学教务处. 本科专业培养方案(2012年版)[R]. 2012.

[2] 北京外国语大学研究生院. 硕士研究生培养方案[R]. 2012.

[3] 马克思. 马克思恩格斯全集第23卷[M]. 人民出版社，1973.

[4] 上海外国语大学教务处. 2016年本科教学计划(PDF版)[R]. 2016.

[5] 上海外国语大学研究生部培养办. 2016年硕士生培养方案(电子版)[R]. 2016.

[6] 外交学院教务处. 本科专业培养方案(电子版)[R]. 2014.

[7] 外交学院研究生部. 硕士研究生培养方案[R]. 2016.

[8] 习近平. 决胜全面建成小康社会，夺取新时代中国特色社会主义伟大胜利——在中国共产党第十九次全国代表大会上的报告[R]. 2017.

基于慕课平台的《跨文化交际》课程设计、实施与思考[*]

张红玲　迟若冰　顾力行

提要：本文首先从《跨文化交际》国际慕课的设计与制作出发，阐述慕课教学理念与传统课程教学的区别，分析了以社会化学习为主要特点的英国FutureLearn慕课平台在教学设计中采用学习步骤模式的优越性。同时对《跨文化交际》慕课四轮运行过程和效果的评价数据统计和词云图分析表明本慕课的教学效果良好。最后从慕课教学模式、基于慕课的跨文化教育和慕课教学的挑战与困难三个方面进行了反思，提出了建议。

关键词：跨文化交际；FutureLearn；慕课

作者简介：张红玲，上海外国语大学教授，博士生导师，国际交流合作处处长，跨文化研究中心副主任；迟若冰，上海外国语大学跨文化研究中心副研究员；顾力行，上海外国语大学跨文化研究中心教授，博士生导师。

一、引言

《跨文化交际》课程是由上外跨文化研究中心于 1997 年开设的一门全英语授课课程，授课对象为学校各个专业本科生、研究生和留学生。基于近二十年的积累，课程团队已将其打造成为一门初具影响力的慕课系统，于 2015 年底在英国 FutureLearn 平台上线。这是上外第一门慕课，也是在 FutureLearn 平台上线的中国首门慕课[①]。本慕课至今运行四轮，共吸引了来自 192 个国家和地区的 35868 名学员注册学习，是 FutureLearn 平台上的品牌课程，在全球已产生了较大反响，赢得了同行赞誉。

大规模（massive）、在线（online）和开放式（open）是慕课教学的三大特点。适合移动和社会化学习的慕课平台设计理念，更符合现代人的行为习惯。其学习者群体规模动辄上万，分布在世界各地。移动网络技术的发展使学习者可以随时随地参与慕课，打破了传统教学的师生互动模式。因此，慕课所带来的教学改革是一场彻底的变革，是技术倒逼的教改，需要从根本上认识和了解其特性，改变适用于传统课堂或一般在线课程的教学理念和教学方式，探索适合慕课平台推广课程的、新的教学实践方式。

慕课不是将传统课程简单地从线下搬到线上。一门慕课的完成需要课程团队在转变教学理念的基础上，根据慕课的开放、免费、移动等特点（尚俊杰，2013），对课程教学内容、学习资料、活动形式、反馈评价等各个环节重新设计，是一个重塑课程的过程。慕课课程的建设是一次全方位实施的教学改革，与视频公开课和传统远程教育不同（蒋卓轩等，2015）。目前国内主要慕课平台上的跨文化交际相关慕课仅有五门，且以慕课教师视角回顾反思和评估相关经历及课程的论文不多见（迟若冰等，2016）。因此，本文希望从课程设计与制作出发，通过对《跨文化交际》

慕课实施过程和效果进行考量和评价，为慕课教学新模式贡献我们的经验和思考。

二、设计与制作

本文所讨论的《跨文化交际》课程开设在英国的 FutureLearn 慕课平台上。FutureLearn 平台综合了 xMOOC 和 cMOOC 两种教学原则（Kerr et al., 2015），每周以专家讲解引领，通过视频和阅读资料传递知识，但在学习过程中强调交流讨论和同伴互评等社交学习方式的主导作用。前期推广阶段，学习者可以在平台网站看到课程的标识图片（图 1）或观看宣传片。标识图片选择了东西方文化常见的符号来隐喻跨文化交际的无处不在，宣传片则融合了课程的中国、上海和上外的文化背景，由教学者对学习跨文化交际的意义和该课程内容进行简要介绍。

Intercultural Communication

Learn to appreciate, adjust to, and work or study in different cultures, with this free online intercultural communication course.

图 1 FutureLearn 平台《跨文化交际》慕课

作为国际慕课平台上的课程，授课语言和补充材料均为全英文，形式包括讲授、讨论、案例分析、影像资料和模拟游戏等。课程采用科学系统的设计：主题安排基于文化习得理论，顺序上以认知理论为基础，内容上以跨文化交际能力模型为指导。区别于其他类似课程中零星介绍外国文化的做法，依据从自我文化到他文化认知的循序渐进过程，将课程内容分为知识、态度、行为和能力四大模块，为选课学生提供全面有效的跨文化学习体验知识源。课程目标如下：

（1）培养跨文化意识和敏感性。

（2）深入分析自身的文化身份和文化价值取向。

（3）了解跨文化冲突产生的根源，掌握应对跨文化差异的技能。

（4）培养跨文化环境中善于观察、理解、移情和调节适应的能力。

教学团队从 FutureLearn 合作方了解到，在该平台上授课周期为 4~6 周的慕课最为普遍，且完成率较高。因此确定了相应的教学理念和目标，将原一学期 18 周的课程分解成了"理解"和"实践"两部分。本次所选五个主题均归属"跨文化理解"部分（见表 1），"跨文化实践"部分拟将来发展成为后续课程。教学秉承一贯的"授之以渔"原则，在知识、能力和态度三个层面展开（张红玲，2007）。

表 1 课程基本框架

学习周	Theme	主题
1	Comprehending intercultural communication	理解跨文化交际
2	Contextualizing cultural identities	情境化文化身份
3	Clarifying and contrasting values	厘清文化价值观差异
4	Comparing cultural communication styles	比较文化交际方式
5	Cultivating intercultural adaptation	助力跨文化适应

FutureLearn 平台的学习步骤（Learning Step，有序排列的简单学习任务）理念是重塑传统课程，使其适应网络时代的移动和自主学习特点的关键。慕课环境与传统课堂不同，教学没有固定时间，因此需要将内容分解成若干简单任务，让学习者利用零星时间完成。为此，我们最终将课程的 5 个单元划分成 73 个学习步骤，形式上包括视频、阅读、讨论、案例、反思、作业等。

各步骤之间按照一定的认知逻辑和学习规律进行排列。整体课程遵循从自身出发，推己及人的思维模式，五周里让学习者从探讨跨文化交际的现实意义、自我身份认同和文化意识出发，通过对比价值观、交际方式等方面的文化差异，逐步提高跨文化敏感度。最后以跨文化适应作为检验，鼓励学习者将所学应用到与自己有关的社会实践中，有意识地培养跨文化交际能力。每周内容则按照实践—理论—再实践的认知规律排列。具体而言，先针对生活中常见的跨文化现象提出问题，再提供相关概念 / 解释，最后设计教学活动，让学生通过练习、在线互动，深入了解和体验一周的学习内容。

慕课的制作需要以脚本为基础，因此在脚本撰写时要将教学形式、理念和内容有机结合。教学团队除接受相关技术培训外，还注册参与其他慕课，深入了解 FutureLearn 的设计理念、后台模式和可实现的学习方式。此外，在课程教学中还特别注意穿插一些提示，提醒学习者关注他人评论，积极参与在线互动，以发挥慕课平台在跨文化学习上的优势。对于首次接触慕课的教师而言，如何自然地面对镜头，拍摄授课视频是一种全新的体验。教学团队需要多次与技术团队沟通，了解双方需求，才能配合默契。

下面以本课程的第二周脚本大纲（见表 2）为例详细说明课程制作的教学理念和设计思路。

表2 第二周内容与结构

Activity	Title	Learning Steps	Content	Form	No. of Comments
小节	小节题目	学习步骤	课程内容	呈现形式	在线评论数
I	**Clarifying who I am**	2.1	"Who am I?"	视频	604
		2.2	Listing your identities exercise	讨论	878
		2.3	What is considered cultural identity?	视频	509
		2.4	Levels of identity in interaction	文章	367
		2.5	From shared identities to differences in interaction	文章	272
II	**Understanding who "you" are**	2.6	"Who are you?"	视频	196
		2.7	Reflecting on the influences of identities	讨论	508
		2.8	Social identity theory	文章	261
		2.9	Identity is like an onion	视频	333
		2.10	Poetic reflections on perception	文章	351

Activity	Title	Learning Steps	Content	Form	No. of Comments
小节	小节题目	学习步骤	课程内容	呈现形式	在线评论数
Ⅲ	**Perceiving how identities affect intercultural interaction**	2.11	Responding to diverse identities	视频	247
		2.12	Hypothesizing intergroup contact	文章	180
		2.13	Considering multiple identities	案例	210
		2.14	Sorting out complex identities	讨论	405
		2.15	Reflecting on Week 2	文章	194

该周主题是文化身份认同，分为自我文化意识、他人文化意识和跨文化互动三节。2.1 视频以三位主讲第一周分享的文化故事为契机，引出主题，要求学习者参考这种方式做热身练习。2.2 用纸笔列出自己最重要的10 个身份，并选择其中受文化影响最大的一项参与在线讨论。然后通过视频 2.3 介绍文化身份的概念。再辅以两篇阅读材料（2.4 和2.5）做进一步阐释。第二节以视频 2.6 开头，通过提问让学习者从自我身份认知过渡到对他人身份认知的思考。然后参与在线讨论2.7，综合之前的练习、阅读和视频，思考身份多样性认知的意义。文章 2.8 对社会身份理论进行了简要介绍，并提供了扩展阅读资源。视频 2.9 以"洋葱"做类比，形象说明身份认同的多层次、多样性特点。最后在文章 2.10里，用三首小诗，引起学习者在情感上的共鸣，分享感悟。第三节两位主讲在视频 2.11 中以对话形式分享自身经历，引入与主题密切相关的刻板印象、偏见和歧视、内外群体等概念。接着在 2.12 步引出接触假设，并附原版和扩展阅读资料链接。然后，给出案例 2.13，让学习者综合所学进行分析，在 2.14 进行在线讨论。最后 2.15 以每周例行的总结反思结束。本课程五周的内容安排各有特色，但是遵循的原则和包含的基本要素与此相同。

三、实施与评价

本文所讨论的《跨文化交际》慕课课程从 2005 年 11 月上线以来，已完整运行四轮。从现有数据来看，实施情况和效果都达到甚至超出预期。以下先对课程的实施情况进行总结，然后通过在线评论对教学效果进行评估。

（一）实施情况

表 3 给出了课程四轮运行的基本数据。课程每年运行两次，时间配合国内学校的春、秋两个学期，均安排在开学后一个月左右，方便教师采用混合教学方式。注册人数除第一轮有井喷之势，超过 15000 人，后面三轮基本稳定在 6000~8000 人之间。人数下降并趋于稳定的趋势与其他慕课多轮运行的情况一致。值得注意的是，虽然注册总人数有所减少，参与学习者的比例却持续增长，说明四轮参与者在学习积极性方面没有明显差别。而课程每次运行后的修订，以及对助教的相关培训，保障了课程质量。从参与学习者的文化背景看，他们所代表的文化群体遍布全球，其中来自英国、中国、美国和俄罗斯的学习者最多。

表 3 《跨文化交际》慕课四轮运行基本数据

	第 1 轮	第 2 轮	第 3 轮	第 4 轮
运行时间	2015 年 11.09—12.13	2016 年 04.04—05.08	2016 年 10.10—11.11	2017 年 03.27—04.28
注册学习者	15329	6409	8226	5904
参与学习者	6369	3143	4707	3510
参与者比例	42%	49%	57%	59%
在线留言	22693	17878	16924	12374
人均留言	4	6	4	4
	第 1 轮	第 2 轮	第 3 轮	第 4 轮
涉及国家	176	151	154	156
学习者来源国（前五位）	1. 英国 2. 中国 3. 美国 4. 俄罗斯 5. 西班牙	1. 英国 2. 中国 3. 美国 4. 俄罗斯 5. 德国	1. 英国 2. 中国 3. 俄罗斯 4. 埃及 5. 美国	1. 英国 2. 美国 3. 中国 4. 俄罗斯 5. 巴西
注：数据截至2017年4月30日				

四轮结束后，注册课程的学习者来源几乎涵盖了各大洲所有的国家和地区（见表4）。其中人数最多的是欧洲和亚洲两地（见图2）。虽然大部分是非英语国家，但是并没有影响课程的跨文化传播。由此可见，以英语在国际慕课平台上开设课程能够为跨文化学习带来传统课堂所无法实现的、最多样化的体验优势。

表4 各大洲涵盖国家及地区数目

Continent	大洲	国家及地区
Africa	非洲	46
Asia	亚洲	49
Australia	澳洲	11
Europe	欧洲	46
North America	北美洲	28
South America	南美洲	12
Total	总和	**192**

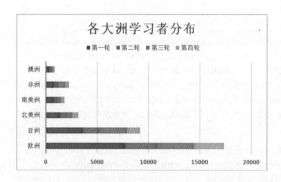

图 2　《跨文化交际》慕课四轮运行学习者
地理分布

（二）教学评估

　　课程教学团队已经另文详细报告了对课程内容和设计的评估情况（迟若冰等2016），因此不再赘述。本文中，我们借学习者的在线评论对课程的教学效果进行定性评价。

　　每轮课程第五周的最后一步都要求学习者对整个学习过程和效果进行评价。将四轮运行所产生的 649 条在线评论全部集中后，除去其中常见的代词和冠词等，可以得到图3 的词云，显示了这些评论中前一百个使用频率最高的词汇。虽然可视化的词云并不能提供更深层的分析，但是可以显示出几个主要的评价维度：

1. 致谢
thank, thanks;

2. 有关学习过程
educators, mentors, participants, learners, students, team, articles, videos, comments, discussions, read, think, learn;

3. 有关学习内容
intercultural, communication, cultures, values, ideas, abroad, world, life, work, different, before, new, [culture] shock, [a] lot, myself, others;

4. 有关学习效果
knowledge, opportunity, understanding, experiences, interesting, helpful/helped, liked, good, useful, enjoyed, important, great, wonderful, excellent, personal, able, better;

5. 有关课程提供机构
SISU.

图 3　四轮课程评价词云图

表5　四轮课程评价类别及举例

类别	在线评论举例
1. 致谢	"Really really appreciate your time and effort making up this course and provide us with the very meaningful advice and lessons of **intercultural communication** skills. I think I have gained invaluable **experience** and lessons after going through this 5 weeks' course. **Thank** you very much for your kind-hearted contribution to the world from China to any beings who are **interested** in learning."

续表

2. 学习过程	"**Thank** you so much to all the **learners** and the **mentors** who helped make this course incredibly engaging. I feel as though I am more culturally aware and will definitely revisit the extra reading in the future. In terms of the course structure. I found some weeks more challenging than others but ultimately this is down to my preferred learning style. I found I engaged a lot more through the **videos** than the **articles** though they were both equally as **useful**. Thank you once again to the **mentors** !! and I hope to join many more courses in the future." "More courses like this one please FL, everything I had hoped for and wonderfully thought provoking in so many ways thanks **SISU**. After living within a different culture for the last 5 years, I've been able to reflect back and realise the aptly described onion and iceberg metaphors, were definitely playing out in the first 2 years. I've enjoyed **reading** about other people's **intercultural communication experiences**, the varied constructive **comments**, and the **personal** references to books, etc, all of which I believe is what makes MOOC the ideal platform for worldwide participation."
类别	在线评论举例
3. 学习内容	"I have really **enjoyed** this course, and I feel I have learnt from it, too! I have just recommended it to my Korean student who plans to live in the UK for a couple of years, and she is already looking forward to it. I found the identity and **values** part the most challenging and thus most educational. Also, the W model helped me realise my feelings whenever I visit my hometown are completely normal, and I shouldn't feel afraid of them. Instead, I should feel lucky I got the chance to create 2 homes for myself and embrace all the resulting feelings with an open mind." "So much of **value** here on this course and so much to go away and think about some more! Some great **articles** and excellent talking-head **videos**. The biggest learning points for me? Developing an **understanding** about cultural sojourners, self-concept disturbance and repatriation **shock**. Suddenly some of my earlier **life experiences** and memories make sense :-) ."
4. 学习效果	"This course has been so valuable in showing the importance of cultural awareness and **knowledge** of our own culture and how it differs from others. I really liked the examples of Mr. Wang and Mr. Wilson, for example, so you could see how **intercultural communication** could either work or could fail. The videos were **excellent** and really inspiring. The links were **interesting** and pitched at different levels so all kinds of students could benefit. Many **thanks**!" "I will like to say big **thank** you to future learn and Shanghai International Studies University [**SISU**] for giving me this **opportunity** to be part of this **learning** process. I learnt a **lot** and **enjoyed** in particular the assignment that was given to us about "who am I" and also the one about **values**. It gave me a deep insight about **myself**. I enjoyed meeting people here and hope we recognise ourselves through names when we meet in another course. Have a merry x-mas in advance."
5. 关于 SISU	"I didn't pay attention to online courses. This is my first time. But, I`m very grateful to start with such broadly based intercultural communication course. I have learned that Philosophy, Anthropology, Psychology, History, Literature, Feminism and others have crucial significan[ce] in adopting intercultural competence. For me it was a good opportunity to investigate values. I would like to **thank** all **educators**, **participants** and **SISU**." "**Thank** you so much to all of the trainers. Even though I've been working interculturally for many years I've learned a huge amount from this course, and, as I've stated previously, I *wish* this training was integrated in ESOL teacher training. I will definitely spread the word about the excellent work **SISU** is doing in this area, and tell my fellow teachers that this academic field not only exists, but is vibrant and exciting!"

第一类词语所表达的感谢可以看作是对整个课程及课程团队所做出努力的主观评价。

第二、三、四类与教学本身有关。我们希望借助全英文授课和慕课平台，为来自全球多元文化的学习者搭建沟通和讨论的桥梁，通过分享文化故事、对文化身份和价值观的行为表现进行思考。从词云的结果来看，基本达到了目标。首先，教师、助教和参与学习者之间形成了有效互动。课程提供的多样化教学内容如视频、文字材料等受到学习者的欢迎，也推动了相应的学习行为，如阅读、思考和讨论。其次，通过参与课程，学习者开始关注生活和工作中的跨文化交际行为，了解了自我和他人的文化及价值观方面的差异，对世界文化多样性具有了直观感觉。最后，从学习效果而言，认知理解、情感态度和个人体验几个维度都有所涉及，总体评价积极，体现了对课程的喜好和对其实用性的认可。

最后值得一提的是，通过国际慕课平台传播中国文化，推介国内高校精品课程，吸引国际留学生也是最初开设慕课的期望之一。上海外国语大学的英文缩写"SISU"出现在课程总结评价的前 100 词的词云中，无疑是对此目标最好的注脚。

四、思考与展望

经过初期慕课的设计与制作，到接下来四轮的在线运行，再到后期的总结评价，课程团队对于慕课教学新模式有了深刻的认识，积累了丰富的经验。

（一）关于慕课教学新模式

慕课是互联网时代教育发展的产物，在正式与非正式学习之间架起了一座桥梁，让个体的学习行为与社会群体、社会文化真正融合在一起，它改变了传统课堂上的信息交流结构，影响着教学整体信息的走向，由教师对各种知识信息的主导翻转为学生学习过程中层出不穷问题的引领，且聚焦内容更加具体化、细微化。《跨文化交际》慕课以培养学习者跨文化能力为导向，不仅在教学主题内容和教学材料选用上遵循跨文化教育的普遍原则，更重要的是充分发挥英国 FutureLearn 慕课平台的优势，运用社会化学习理论，使来自世界各国的学习者构成一个庞大的跨文化学习共同体，通过丰富的教学活动，让学习者之间进行互动学习，学习者对于慕课教学模式创造的学习资源和条件都给予了很高的评价，这些是传统课堂教学不可能实现的。

慕课与传统课堂教学有机结合的混合式教学（blended learning）应该成为未来学校教育的一个主要模式。慕课不可能替代传统课堂，两者各有优势，应该形成一种互补关系。慕课的功能是多元的：它可以作为入学前的知识储备资源；可以传播和提高学校知名度，促进招生和校友联系；可以将本地课程国际化，为新的教学方法提供试验平台；还可以提供在线学习分析数据，对传统课程进行改良和完善（Sandeen，2013）。因此，我们不能把慕课仅仅视作教育技术的革新和教学方式的转变，更要在教学理念上与时俱进，将慕课为我所用，和传统课程相互促进（迟若冰等，2016）。

慕课的特点和发展趋势要求高等院校调整现行教学政策，在课程设置、学分认证、教学评价等方面进行再设计。慕课作为教改必行之路，需要政策、教学和科研三方面的支持才有持续发展的可能。

（二）关于基于慕课的跨文化教育

慕课本身的特点为跨文化教育开辟了广阔的空间。课程团队对基于慕课的跨文化教育做出了如下总结（迟若冰等，2016）。

全球开放、免费的慕课平台丰富了跨文化体验。"跨文化交际"是关于来自不同文化的人们如何沟通交流的学问。但是国内从事教学的老师跨文化经历有限，对异文化的感知主要来源于书本和大众媒体，在课堂讨论和练习中常显示出视野的局限性。当通过慕课平台进行跨文化交际教学时，学习者有机会在学习过程中接触到更多文化视角，体验跨文化交际。此外，传统的跨文化教育培训因预算、师资、时间等客观原因，难以确保可持续性，而慕课为我们提供了大规模、低成本、长期实施这一目标的可能性，跨文化学习因此成为一个终身学习的过程。

慕课的开放式社会学习环境为跨文化能力的培养提供了多元渠道。学习者通过互联不同文化身份的个体，了解和探讨多种不同文化，这是基于慕课的跨文化学习的最大特点。"三人行，必有我师"，慕课平台上成千上万的学习者分享文化故事，共同探讨跨文化交际中的问题，教师不再是知识的唯一源头，所有参与者都有机会诠释文化差异，聆听他人思想，真正实现以学习者为中心的、以能力塑造为目的的教学。

多元的在线呈现方式和分步式学习可以满足不同群体对学习体验的需求。FutureLearn 平台上的慕课通常采取活动与步骤的形式，需要我们教学团队在课程设计中细分教学目标，尝试不同教学手段，为学习者提供多种选择。学习步骤的划分和在线评论功能可以让我们清晰了解教学效果和不同文化群体的特殊需求，有针对性地进行答疑解惑。

在国际平台上推出全英文慕课丰富了跨文化教学方法和研究内容。语言是文化传播的基础，国内慕课要获得良好的国际传播效果必须突破语言的屏障（方芳，2015）。对于跨文化交际课程而言，英语授课可以让更多国际学生参与，加深他们对中国文化教育的了解。另外，慕课教学以互联网为基础，较容易收集学习者的背景信息，记录行为数据，因此研究者可以对文化差异与在线文本、互动形式、学习效果等方面的关系进行实证研究。

（三）实施慕课教学的挑战与困难

慕课教学不仅是教学理念和教学模式的改革，它还需要课程团队付出更多的时间、精力和热情。课程运行期间，授课教师和助教即使每人每天在正常工作和学习之余花费五六个小时，对每天产生的成百上千条学员作业留言（comments）进行回复，与学员进行跨文化对话，也不可能逐条回应，有些学员因为得不到关注而心生抱怨，使得大家普遍感到心理压力巨大。

学员文化背景各异，年龄差别很大，对于课程内容和活动形式的期待和要求各不相同，尽管学员对课程的反馈积极、评价很高，但也有学员从各自需求出发，对课程提出了批评和建议。例如，本课程教学内容涉及的文化以亚洲文化和西方文化为主，世界其他国家和地区的文化鲜少涉及。的确，从参与课程学习的学员来自 192 个国家这一现实情况来看，我们课程内容的文化代表性远远不够，而实际上也不可能满足所有学员的需求。

《跨文化交际》慕课涉及文化身份认同、价值观、交际风格等主题，主张不同文化之间在相互尊重、包容、理解、欣赏的基础上，和平相处，友好合作。然而，来自不同文化背景的学员表现出不同程度的跨文化意识和情感态度，特别在课程学习初期，少数学员在课程平台上分享了消极和负面的文化故事和观点，如何回应对于我们团队提出了巨大挑战。

慕课顺应了互联网时代教育发展的趋势，创新了全球化人才培养的模式。但慕课的开放性和文化多样性对新时期素质教育既是机遇也是挑战，如何在大规模基础上确保教学质量？国际慕课教师需要具备哪些能力和素养？社会化学习对于跨文化能力的培养有什么意义？这些问题都有待我们进一步思考和探索。

注解

*本文是2016年上海高校本科重点教学改革项目"基于慕课平台的国际理解教育与外语能力培养一体化模式研究"、2017年上海外国语大学校级重大科研项目"外国人讲述中国故事的理论建构和范式研究"阶段性成果。

①课程网址：https://www.futurelearn.com/courses/intercultural-communication。

参考文献

[1] Kerr J, Houston S, Marks L & Richford A. *Building and Executing MOOCs: A Practical Review of Glasgow's First Two MOOCs（Massive Open Online Courses）*[R]. University of Glasgow: College of Social Sciences, 2015.

[2] Sandeen C. Integrating MOOCS into Traditional Higher Education: The Emerging "MOOC 3.0" Era [J]. *Change*, 2013, 45（6）：34-39.

[3] 迟若冰，张红玲，顾力行. 从传统课程到慕课的重塑——以《跨文化交际》课程为例[J]. 外语电化教学，2016，（6）：29-34.

[4] 方芳. 慕课时代中华文化传播的机遇、挑战与对策[J]. 江苏高教，2015，（3）：75-78.

[5] 蒋卓轩，张岩，李晓明. 基于MOOC数据的学习行为分析与预测[J]. 计算机研究与发展，2015，52（3）：614-628.

[6] 尚俊杰. 教育流程再造：MOOC之于高等教育改革[C]. 北京论坛（2013）文明的和谐与共同繁荣——回顾与展望会议宣读论文，2013.

[7] 张红玲. 跨文化外语教学[M]. 上海：上海外语教育出版社，2007.

面向数字新生代的广告专业实践课堂教学探索 *

顾明毅

提要： 当前，广告教学实践正在转向适应移动社交化的媒体传播环境。本文针对外语类高校大学生的数字网络生活方式，结合媒介化社会中跨界融合的广告新形态，提出开发广告专业实践课程的课堂教学与互动传播的跨界教学模式，以期加强综合类应用型学科人才培养与前沿行业数字品牌发展的协同创新效应。

关键词： 广告教学；实践教学；移动社交；数字传播；跨界教学

作者简介： 顾明毅，上海外国语大学新闻传播学院副教授、硕士生导师。

一、研究问题与相关文献

移动互联网时代的数字媒体在不断挑战工业经济时代建立起来的大众传播秩序，这种影响传递到广告产业和广告教育，信息经济时代的来临影响了教师在学校课堂上的知识与话语（戴承良，2002）。eMarketer 研究显示，中国城市用户电视观看时间已经少于互联网，19~30 岁的年轻人，他们每天上网时间已经是看电视时间的两倍。网民的注意力正在从电视向互联网转移，学生的注意力同样从课堂和课本转向更便利获取信息的移动互联网，移动社交的媒体传播空间是他们的真实生活形态。

因此，本专业所处的行业背景发生巨变：互联网商务及广告已经挑战传统广告的霸主地位，广告公司与广告主随之而变，大幅增加了对于移动社交营销的投入，数字营销、在线广告、互动创意、网络咨询、EPR（electronic public relation）、无线增值等新形态企业呈现爆炸性生长（崔保国，2011）。此时，广告教育研究也逐步关注到新媒体行业环境，主要涉及：广告学对于学界和业界的关系界定，我国广告业界定位和发展方向对广告学具有导向作用（黄合水等，2008；陈刚、孙美玲，2011）；广告学科归属问题和课程结构，广告与营销、新闻传播和艺术设计的关系，更多地受到院校特征、专业结构和师资结构的影响（何佳讯，2003；乔均，2003；丁俊杰，2005）；广告教育资源与现状调查，快速增长的广告本科生培养及就业状况，与国家行业发展方向的大规模需求呈现结构性不平衡（孙昕，2004；沈剑虹，2010；初广志，2014）；广告教育观念及方法的更新和创新，媒介化社会中营销传播发生整合，正在成为所有行业所有人的必备技能，而创意、策划和设计能力需要在更广泛的广告实践中锻炼和培养（金定海、郑欢，2006；刘星河，2012；初广志、李晨宇，2013）。

为适应移动数字媒体广告行业的新生态，应对受众移动社交传播环境和学习行为习惯的改变，广告教学有必要创新课程的人才培养模式，把移动数字媒体传播的特征吸收到应用技能型广告教学中来。

二、教学对象数字媒介形态

对广告专业大学生群体已经有不少调查文献（崔银河，2007；陈正辉，2009；徐艳琴，2011）。我国"95后"的青少年普遍处于互联网成长环境中，更强烈地体现出同属于一个群体的数字生存状态和媒体使用习惯，主要分为以下几个方面：

（一）社交化的数字生活

"95后"学生伴随着新媒体迅猛发展而成长。从初次上网开始，就建立起网络身份（QQ号、人人网、微博号及其昵称等），并将线下的社会关系在线上进行复制、加强和拓展。以个人网络空间中更新近况、旅行、美食、交友等图文资料，时刻保持与社交圈关系的紧密联系。这种线上社交圈关系包含了全部学生生活，把朋友和同学联系作为主动介入的强关系进行维护，将老师和父母作为社交环境的社会对象进行评点。大学、教师和课程只是他们生活关系的一种场景、内容和情境，而其在线社交关系更具时代性和主体性，能够自主表达全部的独立意见空间，得到同龄亲友的传播。单纯由教师主持的课堂环境已退居社交关系之后，被纳入了学生在线生活的社交环境之中。

学生将手持的移动互联网终端（智能手机、平板电脑、笔记本电脑）带入课堂，并且自如地使用这些设备。当评价课堂内容有价值时就通过数码照相或者音频记录，存储或上传到网络社交生活。不在听课状态时，他可以随时回归到网络社交生活中。这种生活场景空间是实时数字化的也是"社交加强"

的，学生没有刻意去传播和评价"课程内容"，而是"主动传播"对所认知到"内容"的评价，传播范围是建立在本人社交关系之上的。

（二）现场化的数字传播

"现场化"特征，以一种广义签到的形式，成为一种新的传播生活特征。基于地址的生活场景和意见偏好结合在一起，不断形成现实生活环境的在线呈现（经常实时复现）。个人属地的外景、表情、场景话语和学习体会被即时地、在线地传播。全部的高校特点、学院特点、课程特点都在此平台上展现无遗。各院校对于专业教学的特色和计划安排，往往编码成学生碎片化的理解来发布。教学特色和效果得到了实时传播系统的挑战，这不是学生个人针对教师个人的，而是"95后"受众传播习惯对其所处现实学习生活的评判。以往实习或毕业后由雇主企业评价反馈高校的周期模式，被毕业前后学生评价高校和雇主企业所替代。值得重视的是，学生本地化传播信息正在急剧地生成网络口碑和品牌影响，包括课程品牌、教师品牌、专业品牌、学院品牌、学校品牌，广告课程教学对此的重视和开发程度亟待加强。

（三）移动的数字能力

"95后"学生早已拥有移动互联网终端，在大学集体生活中，他们进一步强化了移动多屏化生活关系。广告界职场较早认识到了"95后"毕业生这种移动多屏的行为习惯，并尝试适当调整工作环境以适应其生产效率（CMI校园营销研究院，2011）。在广告教学上，课堂上一对多的权威式教学被学生多屏化管理整合了，是与学生随身移动多屏抗衡竞争，还是与多屏合作来谋求更大的教学效果？单纯理论说教的单向传播亟待改变为学生喜闻乐见的、移动多屏共生的传播系统（魏殿林，2012）。要将课堂上的多屏传播有效组织起来，还要对课后的多屏使用提出内容指导和任务要求。换言之，教学课程的线上线下 O2O 整合也被考虑到教学方法中。

三、数字媒体时期跨界融合的广告业态

网民群体对消费大众的结构型变革，构成了媒介化社会，并改写了一个世纪以来服务大工业的广告业态。

（一）媒体跨界与广告产业链重构

媒介化社会对传统广告产业格局的变革起源于对大众传播产业链的重构。来自 Elmo Lewis（1898）的 AIDA 法则就是持续一个世纪的广告业金科玉律，专业广告公司承担广告及其发布的代理职能，为广告主服务，联系大众媒体发布广告。这种媒体、广告主和广告公司的关系受到工业社会结构分工的界定，创造 4A 广告公司的辉煌业绩，现在他们受到了后工业时代互联网经济的严峻挑战：①分工不再固有，信息整合和连接的能力成为最宝贵的价值（崔磊、舒咏平，2011）；②大量新媒体组织应运而生，形成的新传播路径变革了传统媒体结构；③传统广告主加速服务转型，也期望通过品牌价值关系建立起与消费者的传播平台。当媒体不再仅仅是媒体，企业不再局限于企业，组织都把受众关系和品牌关联行为作为组织的主要价值源泉，那么广告公司代理广告三项职能（信息 Inform、说服 Persuade 和品牌培养 Brand Cultivate）本身就需要在数字社会中重新界定，即传统广告公司天赋的使命改变了（王菲，2007）。

（二）创意传播公司的跨界经营

广告公司开始跨界，广告行业也接受更多组织的跨界加盟。数字营销公司、创意公司、新媒体、消费者研究机构，纷纷跨界进入广告市场，开创数字媒体时代的全新传播设计竞争优势，并且以最快的速度达成商业创意的策略更新（程士安，2007）。只要能够融入消费者传播行为，就能在纷繁复杂的广告市场中获得新的份额。在 2011 年戛纳广告节上，英文 "Cannes Advertising Festival" 就被戛纳创意传播节 "Cannes Creative Communication Festival" 替代，意味着广告概念范畴重构，品牌创意传播成为企业、媒体、组织未来的重要使命与营销条件。从新范畴上，广告节对品牌化内容及娱乐、创意实效、数码、设计、影视、创新（特别是技术）、媒体、移动、户外（环境类）、公关、新闻、促销与活动、广播、整合营销，都设置了奖项，从奖项投稿数量和获奖作品可以看出广告界本身已经被社交营销整合了，奖项界限也日渐模糊。

创意传播的提出，使得任何以创意表现和联结人的关系为使命的机构，都可以创造出色的品牌受众互动方式与传播设计解决方案，并获得广告界公认的伟大成功。也促进传统广告公司加快开放与转型，现在他们更愿意通过加速并购来获取这种优势。电通集团 50 亿美元收购数字代理商安吉里斯，宏盟收购数字营销公司网迈广告，阳狮收购数字媒体营销服务公司 NET@LK，正是数字营销能力引领广告业核心竞争能力的增长空间。

（三）广告企业的教育跨界

许多广告企业知道中国广告教育现状，

积极介入学生实习阶段，开放式培养广告生。北京、上海、广州的 4A 广告公司，针对广告专业大四学生，通常有普遍性的广告实习生招收计划，特别针对知名院校的广告专业学生，4A 揽才愿望与学生多元化求职意向形成反差。此外，4A 广告公司在我国素来就有招收大三假期实习生 Intern 计划，较为知名的有奥美红领巾计划、盛世长城门徒计划、电通小鬼计划等。一般为 6~8 周的实习试炼期，并有机会参与公司的比稿与提案的广告实战。

近年来数字营销公司异军突起，数字营销技能训练介入广告教育。利欧数字传播集团（聚胜万合 MediaV、氪氪互动、琥珀传播、VML 等）于 2016 年与上海外国语大学合作设立利欧数字创业学院，派出实力派总经理和创意总监联合高校教师开设数字创意传播课程，举行一学期的数字创意传播人才培养，课程考核合格可获得证书和相关实习职位推荐。与之相似，上外电通国际广告与传播创新人才培训营已历时四届，取得了良好效果，实践培养的优秀学生不仅收到了电通管理培训生的邀请，而且也被上外录取为保送研究生。其他学生也都表现优异。2016 年教育部电通在苏州举办第二届创新人才训练营，该项培训和赛事由上外承办，也体现了教育部和电通集团对上外实践教育人才培养效果的认可。值得注意的是，这种培训营式的广告教育本身是学校和社会化同步召集、线下授课、实战命题、集体比稿，完成最终呈现。

四、广告教学的跨界传播

面对学生社交生活习惯和受众广告跨界融合，广告教学需要跨"界"。包括学校与社会、学校与企业的边界；课程与实践、课程与课程的边界；课堂与公司、课堂与媒体的边界；

以及书本与技能、背诵记忆与表现运用的边界。一些与实践结合紧密的广告专业课程，率先进行跨界探索，目标迈向互动教学与综合型广告技能的培养。新媒体时代的广告教育已经发生了许多改变，近年突出的就是新媒体营销类课程的开设（舒咏平，2008；蒋赏，2012；徐延章，2012）。以下策略是在整理上外实践国内各大高校新媒体广告课程的实践基础上提出的。

（一）探索广告课程教学策划

早在 2004 年，就有专家提出后 WTO 时代缩短广告学生从业适应期问题（李杰等，2004）。研究发现，社交媒体战役的营销模式，正在成为数字媒体时代较为突出，具有快速传播导向的营销模式。社交媒体广告在数字媒体时代应运而生，从而也要求作战式的广告实践教学。广告策划类实践应能够满足需要，走短周期、宽通路的快消式传播，利欧和电通与教学合作培训就是典型案例。传统广告课程是大一基础课、大二基础＋专业课，大三专业课，大四专业课＋实习论文。以理论为主的考核模式对于学生应试难度不大，需要将学生从等待学习下一门课程，转变为自组织自学习的课题研究和方案呈现，学习的效果也可以通过结合业界衡量标准的短训形式进行检验。

广告战役媒介计划排期较短，数字媒体广告策划和运营周期更短。应对社交化、本地化、移动化、消费型的受教育群体传播需求，需要广告教学跨界建立实践跨界广告教学。学生接受信息的节奏和能力与以往不同，教师可尝试加入课堂简报、小提案、大提案等，加快课程互动节奏，放出部分内容给学生自行学习和自行呈现，以小组对抗模拟实时案例进行比稿。周期内不断找出差距并弥补，再找差距再弥补，推动学生自主式学习，在竞争对抗中实现能力提升。

（二）以开放式教学创造数字营销价值和创意

如果充分意识到移动社交营销的实时性，那么就能理解为何新媒体广告课程难以选用教材。教授新媒体广告类课程的老师大多表示，每个学期课件内容和教学大纲都会发生大改（例如：博客平台正在消亡，RSS 简易信息聚合几乎被完全代替，TAG 标签被广泛应用而削弱标签网站），教师每周都在跟踪数字营销和电子商务的前沿。而学生在熟练使用直播、O2O 应用、瀑布流阅读和 AB 站弹幕时，已经站在移动社交网络的前沿。

只有开放式教学提出的问题才能动摇受众的自信和所有使他们感到舒服的生活常规。用这种方式使他们困惑，强迫他们去思考问题，引导他们去探寻真理，从而回归自我。教师任务不在注入，而在导引学子，使其自求知识，这也是启发式教育和互动教学的建议，即苏格拉底所说的"助产士"（张合斌，2012）。因此，教师由主演向引导者转变，课程价值将由参与者努力和贡献来完成（陈正辉，2009）。教学内容需要开放，放弃独霸话筒，教师改为剧幕主持，与受众一起当演员，并鼓励演员去探索、发现和表演。教师通过选用具有现实意义的社交营销命题，将学生分组建立团队，按照调查、创意、策划和实施的流程，和竞争团队在干中学，创造比书本模式更具创意和价值的内容。同时将考核激励与竞争结合起来，将课堂模拟与实际传播结合起来。目标是课程价值和效果走出课堂，进入社会企业评价和消费者评价。

（三）以有现实意义的数字营销课题推动结构性知识系统化学习

为了避免广告实践项目由教师凭空编造，需要引入业界广告人的真实社交营销命题。如前所述，现实广告策划 Campaign 应该纳入实践课程进度，也有必要引导学生将常规社交生活形态融入广告技能。丰富的广告结构性知识和理论模型如果不能由学生主动在命题策略中得以运用，那就不足以体现其在媒介化学习中的价值。广告业界对于学界的争论主要来自于融会贯通能力和全案策划能力（高丽华，2009），至少在数字媒体广告教学中可以进行广告战役模拟。社交营销战役同时还要求学生整合移动多屏习惯，把多屏课堂干扰转变为案例实践的在线传播效果。既然学生已经把移动多屏生活带入课上，那要促使它成为课程工具来实现社交营销任务，并将数字营销战役的实战策划模拟渗透到学生课下的移动多屏场景。数字营销目标是线上线下 O2O 传播实效，广告学生的移动社交生活能够从传播上整合在线学习和工作技能，这也是本专业特色之一。

（四）以专业特色和师资特长培养本地化学生的广告传播技能

在课程中建立的社交传播品牌可以作为"工作坊"等形式保留下来，组织学生持续对项目进行运营（阳翼、万木春，2009）。学生常使用移动社交评价专业口碑，最终会沉淀为本专业品牌评价。在学生的移动社交传播环境中，本专业特色和师资特长需要具备一致性、集聚性、表现性和节庆事件特征，教学解决方案以技能习得和活动实践的信息最容易留存到学生的广告技能，形成"专业品牌——学生兴趣"的集散式网络社交关系。

其他的传播技能可以包括新媒体广告制作和策划、数据挖掘分析、视觉沟通设计、微视频创意、跨文化广告设计等等，我们相信学生的习得技能及绩效的碎片化信息，会成为其个人网络印记，也是构成专业品牌价值的社交关联。

由皮尤研究中心所做的调查发现，96%的老师认为，数字媒体"让学生和更多不同的人群分享他们的学习成果"。网络数字媒体有助于学生的学习和表现，老师对数字媒体态度发生转变，能鼓励他们更加认真地写和发挥更多个人创意（Purcell et al., 2013）。

（五）以数字传播为导向的开放式点评和主动提案

在学生模拟广告传播和移动多屏生活形态整合基础上，进一步推动学生的广告作品和提案实现线上社交传播。移动社交传播环境下的数字营销原本是将线上传播效应作为主要媒介手段来实现的。创意互动内容有无社交传播性（参与以及二次传播和参与）成为衡量一个数字营销策略是否成功的重要标志。既然要求学生将模拟策略上网运营，那么教师就需要和学生一起关注开放式点评。与学生一同经历方案上线和运营进度，辅导学生持续控制和修订创造。大幅度延伸课堂教学时空，争取社会化教学资源和关注，力争反哺企业，把优选作品和策划案对企业现实案例形成主动提案，将开放式成果和点评提案推送给品牌经理和广告企业评估。

这些数字媒体传播时代的商业实现使得对学生教学效果评估充满实时竞争和品牌延续，创新移动社交化的广告教学打破边界，把课堂融入社会，把学习融入生活，以实践创新来创造内容价值传播和数字营销新思维。

五、结论

本文探索了跨界传播的广告教学，尝试整合移动社交层面的广告价值，使得广告生在学习阶段熟练运用数字媒体技能跨越界限，在真实环境中检验知识运用能力并评估绩效，强调融会知识、整合营销和联结关键点的传播表现一体化，鼓励优秀作品向企业自主提案和创意呈现。数字媒体对全社会的影响越来越深入，本文对实践性广告教学探索性地提出跨界式传播的革新理念，以期改变传统教学观念和教学模式，更好地应对移动数字媒体对广告业的冲击和挑战。

注解

*本文受到上海外国语大学教育教学改革研究项目"外语院系实践教学和创新创业教育协同育人机制研究——培育大学生创新创业领导力的双平台互动"支持，并获该校二等教学成果奖："面向全球商业传播的创新人才培养——提案式教学课程改革综合实践"。

参考文献

[1] Kristen P, Judy B & Linda F. *The Impact of Digital Tools on Student Writing and How Writing is Taught in Schools*[D]. Pew Research Center, Jul 16, 2013.

[2] CMI. 90后的数字化生活[D]. 中国传媒大学广告学院校园营销研究所，2011.

[3] 陈刚，孙美玲. 结构、制度、要素——对中国广告产业的发展的解析[J]. 广告大观：理论版，2011，（4）：15-25.

[4] 陈正辉. 广告专业理论与实践互动教学法研究[J]. 广告大观：理论版，2009，（1）：92-100.

[5] 陈正辉. 专业学生眼中的广告教学与实践——南京地区广告专业院校学生调查报告[J]. 中国广告，2009，（7）：127-132.

[6] 程士安. 国际视野下的中国广告业发展之路[J]. 广告大观: 综合版, 2007, （6）: 27–29.

[7] 初广志, 李晨宇. 中国的新媒体营销教育: 挑战及对策——基于广告学专业教师的调查[J]. 现代传播–中国传媒大学学报, 2013, （3）: 139–142.

[8] 崔保国. 传媒蓝皮书——2011年中国传媒产业发展报告[M]. 社科文献出版社, 2011.

[9] 崔磊, 舒咏平. 新媒体广告及其融合服务初探[J]. 湖北师范学院学报（哲学社会科学版）, 2011, 31（3）: 104–107.

[10] 崔银河. 广告学高等教育发展现状与专业设置调查报告[J]. 中国广告, 2007, （6）: 163–167.

[11] 戴承良. 新广告教学的若干理论问题[J]. 东华大学学报（社会科学）, 2002, 2（1）: 76–80.

[12] 丁俊杰. 中国台湾广告教育与大陆的差距[J]. 大市场: 广告导报, 2005, （9）: 63–64.

[13] 高丽华. 企业的广告人才素质及对广告教育的启示[J]. 新闻爱好者月刊, 2009, （9）: 82–83.

[14] 何佳讯. 广告教育: 面对市场和技术的双重压力[J]. 广告大观: 综合版, 2003, （10）: 18–19.

[15] 黄合水, 杨道俊, 许蕾, 陈捷, 林幽兰, 孟英, 郑曾艳, 赵洁. 中国广告教育状况研究报告[J]. 广告大观（理论版）, 2008, （5）: 89–92.

[16] 蒋赏. 网络广告课程教学改革研究[J]. 现代企业教育, 2012, （11）: 43–44.

[17] 金定海, 郑欢. 关于广告创意教育的深度思考[J]. 中国广告, 2006, （10）: 96–100.

[18] 李杰, 陈刚, 乔均, 张惠辛, 陈正辉. 后WTO时代对中国广告教育的影响——怎样培养属于中国的广告专业人才?如何缩短广告系学生对新岗位的适应期?[J]. 广告大观, 2004, （12）: 160–161.

[19] 刘星河. 全媒体时代广告教育新模式建构[J]. 中国广告, 2012, （2）: 138–142.

[20] 乔均. 中国广告学专业教育现状调查[J]. 中国广告, 2003, （10）: 88–92.

[21] 沈剑虹. 高校广告学专业教育抽样调查与思考[J]. 新闻界, 2010, （5）: 172–174.

[22] 舒咏平. 新媒体广告趋势下的广告教育革新[J]. 广告大观（理论版）, 2008, （4）: 82–85.

[23] 孙昕. 调查三: 我们希望怎样的教育[J]. 中国广告, 2004, （3）: 41–45.

[24] 王菲. 媒介融合中广告形态的变化[J]. 国际新闻界, 2007, （9）: 17–21.

[25] 魏殿林. 新媒体环境下广告人才实践教育的模式创新——以CI设计课程为例[J]. 今传媒, 2012, （10）: 129–130.

[26] 徐艳琴. 我国广告教育状况调查报告[J]. 青年记者, 2011, （15）: 82–83.

[27] 徐延章. 新媒体环境下影视广告设计教学策略[J]. 青年记者, 2012, （26）: 99–100.

[28] 阳翼, 万木春. 大陆和港台地区的广告教育之比较[J]. 东南传播, 2009, （8）: 48–49.

[29] 张合斌. web3.0情境下的广告学专业课程教学设计与实现[J]. 高等函授学报（哲学社会科学版）, 2012, （3）: 31–33.

基于中华文化传播的校本综合艺术课程构建初探 *

刘 昊

提要： 在对我国海外孔子学院以艺术为载体开展中华文化传播的教学实践活动现状分析基础上，以集中体现中国人文特点的"文化专题"为主线，建立若干模块单元，将中国传统艺术内容结合现当代艺术元素进行有效整合，构建适用于我国高校"对外汉语专业"及海外中华文化教学实践者的中华乐教艺术课程，提出课程的基本理念及教学原则，使学生多角度认识中国文化的深层含义，为该群体日后进入汉语文化海外教学的实践开拓新视野、为中华文化的海外传播提供新思路。

关键词： 文化传播；中华乐教；创新课程

作者简介： 刘昊，上海外国语大学艺术教育中心讲师。

随着"文化兴国"战略的提出，增强国家文化软实力，提高中华文化国际影响力显得紧迫而重要。至今，孔子学院已在上百个国家近 400 所教育机构落户，成为推广汉语和传播中国文化的重要文化交流机构。为进一步推动中西文化融合，"对外汉语专业""汉语国际教育专业"作为国家控制布点专业 20 年间在我国各高校逐步设立，由此类专业培养的学生通过较扎实的汉、英双语能力的培养，对中国文化及中外文化交往史有全面的了解，逐步成长为我国各驻外孔子学院教学的骨干力量。

艺术凝聚了一个民族的性格、文化和心理积淀，直接影响、建构人类的心理和情感。艺术作品的产生与其时代、社会、阶级、民族、文化背景、审美理想有着千丝万缕的联系，是人类精神生活的确证。不同的艺术形式、艺术种类在特定的社会经济、政治规范影响下必然存在的折射相应文化特点的共通性。

艺术作为文化的直接载体，在海外中华文化的传播中起着重要的作用。

一、以"艺术"为载体进行海外中华文化传播的现状分析

（一）艺术活动体验式

当前，各国孔子学院除了进行纯粹的汉语教学，以艺术为手段进行文化传播，主要体现在传统文化品牌的讲座或活动方面，艺术领域涉及京剧、中国民乐、民歌、民间舞蹈、书法、太极、武术等。总体而言，普遍存在艺术活动教师技能展示、学生简单体验的倾向。

授课教师多为国内对外汉语专业培养的研究生或当地华人，由于授课者没有接受过系统的艺术教育，其对艺术的理解往往建立在自身成长的经验和兴趣积累方面，故各地孔子学院艺术活动体验类课程受到了当地华

人资源或授课教师自身特长的制约。

（二）艺术课程选修式

在海外进行汉语言传播和文化输出方面，部分海外学校开设了中华艺术方面的选修课程。如：至今为止已持续近 20 年的"亚洲戏剧项目"。该项目由江苏省京剧院与夏威夷大学合作开展，由江苏省文化厅定期委派京剧艺术家到夏威夷大学对学生进行 6 个月左右的集中训练，并排演英语京剧剧目。通过多年的教学实践和广泛的多渠道媒体宣传，中国艺术家在夏威夷大学的创作受到了当地美国大学生的喜爱。该校戏剧舞蹈系亚洲戏剧项目主任、京剧表演艺术家魏莉莎教授作为在夏威夷大学推广的实际参与者，认为用英语演唱京剧加速了学生学习京剧的进度，拓宽了学生对世界文化的理解和认识，但在文化认同、艺术革新的观念与接受京剧中的传统和美学价值观念相碰撞的问题等方面存在争议（汪人元，2010）。

2012 年 5 月日本樱美林大学与上海外国语大学艺术团进行京剧交流演出活动，据日本樱美林大学教授梅葆玖先生关门弟子、原上海京剧院著名京剧演员袁英明介绍，日本樱美林大学长期以来开设中国传统文化特色课程，其中以京剧学唱为亮点项目。校内选修京剧课程的人数排在该校戏剧选修课程板块列表之首。该校学生随着学习中国京剧的深入，多数会对中国京剧产生浓烈兴趣。另一方面，在对樱美林大学来沪表演京剧的日本学生进行的问卷调查数据显示，选修京剧课程的日本学生普遍热爱这门艺术，但 86% 的学生[①]在选修后，对中国京剧的文化背景、京剧脸谱的勾勒原因、京剧典型人物的动作、形体设计的较深层次文化动因都并不知晓，

且相关思考较少。

（三）辅助语言教学式

从目前现有的孔子学院文化系列教材、对外汉语文化艺术系列教材可以看到，国内出现了从单一的艺术门类切入对外汉语教学的丛书，如陕西师范大学出版社出版的对外汉语文化艺术系列教材《唱民歌，学汉语》《看电影、学汉语》等。通过艺术形式进行语言教学方面也出现了较多的理论文章与小型实践尝试，如：在孔子学院以外的海外汉语教学中，美国纽约州宾汉顿大学的"sing in Chinese"以教唱中国民歌为形式，带领学生对民歌中反映出的艺术思想与文化特色进行分析（吴学忠，2011），此类研究主要集中于使用外语歌曲、电影等进行英语教学，最终目的在于辅助外语语言学习而非促进文化传播。

二、基于文化传播的中华乐教创新课程构建的理论基础

（一）综合艺术课程理论

综合艺术课程，旨在解决长期以来艺术学科因门类不断细化而导致的学科壁垒问题，力图在同一人文主题的统领下，将各艺术门类内在的关联和艺术学习内容整合在一起。是近十年我国探求综合性改革的一种新型课程模式。

古希腊，作为西方音乐艺术发源地，当时的音乐艺术与戏剧、舞蹈紧密联系在一起。而在中国，早在远古先秦时代，便已对声、音、乐做了划分。认为声是自然发出的声音；音是有组织、有序的声音；而乐是指诗歌舞结合在一起的活动（《礼记·乐记》）。自古以来，中国对君子均要求琴棋书画的综合

艺术素质，中国的书画、戏曲等艺术作品也充分融入了诗歌、书法、绘画、文学等艺术内容，均体现出朴素的综合艺术情怀。当前，关于基础教育阶段综合艺术课程的探索较为多见，相关研究主要依据2001年以来由教育部不断修订的《国家艺术课程标准》及《国家艺术课程标准解读》。2011年修订版的《标准》重新提出了中华民族传统文化诗、歌、舞、乐为一体的"乐教"传统的概念，进一步完善了国家艺术课程标准的若干内容。

（二）多元音乐教育与文化传播理论

在艺术教育与文化传播研究的交叉领域，现阶段的研究大致可分为以下几类：

1. 多元文化音乐教育理论

多元文化音乐教育作为跨文化交流的一种方式，已经成为当今世界音乐教育极为关注的一个焦点。Field（2010）对国际文凭组织的中学项目中以音乐教育强化跨文化理解力的做法进行了系统梳理，最终提出，国际化课程的教学大纲设计必须谨记以促进跨文化与跨国理解为重要目的。Campbell（1992）认为，即使在普通音乐教育中，教师也必须考量文化教学，而非单纯进行乐理教学。Dunbar-Hall（2005）认为，一个以文化教育为目的的音乐课程大纲需体现出不同文化或政体对音乐的社会文化作用的不同理解。

由联合国教科文组织下属机构国际音乐教育学会（ISME）推动开展的历届国际音乐教育大会，自1953年以来，越来越关注各国音乐教育参与世界各国文化的对话、推动世界多元文化发展的作用。在美国，1990年于华盛顿召开的多元文化研讨会，音乐人类学家和音乐教育工作者就美国课堂上面对白人、黑人、亚裔、西班牙裔、印第安人等不同族群，

如何更全面地教授音乐文化课程展开了热烈讨论，由此直接产生了国际领域中音乐教育审美哲学到实践哲学的转向。实践音乐教育哲学提出了不同文化语境中的音乐（musics）的概念，不再满足于将欧洲古典音乐体系作为主要的音乐课程教学内容，认为多元文化音乐教育能够在确定自我身份、激活自我文化审视方面发生作用；在我国，以管建华为代表的学者们就世界多元文化音乐教育的理论与实践也展开了一系列研究，认为这"将是人类社会发展在音乐教育中的一个新的起点，它将从音乐教育哲学，音乐教学内容，音乐教学方法上对世界音乐教育产生重要的影响"（管建华，2003）。在世界范围内，音乐与文化的不可分割以及文化在音乐教育中的重要地位得到了一致公认。

2. 传播学理论

将传播学理论引入艺术，尤其是音乐研究，是21世纪我国部分学者的研究热点。如曾遂今、汪森等研究者都在这一领域做出了自己的探索。如汪森的《从传播到传播学到音乐传播学》一文（汪森，2005），从标题便可看出其将传播学历史与理论引入的特点。又如曾遂今《音乐传播新探》（1996）一文更是从音乐传播的过程、手段、效果、策略、形式等方面进行了论述，有着极强的传播学特点。学者曾遂今（2005）将音乐传播分为实践与理论两大层面，并指出实践层面为传播行为（如音乐形态的无媒体传播、媒体传播、音乐形态在传播过程中人们遵循的方法准则等），其研究领域主要涉及音乐这种艺术形态在动态的传播过程中对社会和人类发生的影响。特别需要说明的是，在其基础上产生的文化思考是基于音乐特性基础上的理论描述。

与以上研究相似的，基于某种艺术特性基础上的传播学理论还有影视艺术传播学等。

（3）跨文化沟通能力、跨文化理解力理论

"跨文化沟通能力"是跨文化交际学中的重要概念，陈国明和 Starosta（1996）将其定义为"互动者谈判文化意义（cultural meanings）与适当地在一个特殊环境下使用有效的沟通行为，以便确认双方多重认同的能力（multiple identities）"。陈国明（2009）在其编著的《跨文化交际学》一书中指出："跨文化沟通能力模式包含三个相互依存的层面：认知层面的跨文化理解力（亦称跨文化意识，intercultural awareness）、情感层面的跨文化敏觉力（亦称跨文化敏感，intercultural sensitivity）与行为层面的跨文化效力（intercultural effectiveness）。"跨文化理解力（Intercultural Awareness），代表跨文化沟通能力的认知面向，强调经由对自己与互动对方文化的理解，而改变对环境的个人观感的过程（Triandis，1977）。

三、中华乐教创新课程构建的理念

（一）面向对外汉语专业及海外汉语教学实践者

当前我国海外汉语文化教学的主要群体为具有对外汉语专业背景的研究生或具有海外汉语教学资质的高校教师。中华乐教课程基于我国高校具备一定中华文化素养要求的对外汉语、国际教育等专业而开设，实施一种以艺术"启智"，以文化"修心"的课程模式，通过音乐艺术的内容敲开文化高塔的窗口，引领学生通过感性的体验和丰富的联觉重新感受自身文化对个体及社会产生的

影响，进而换一种角度思考海外中华文化的传播。

（二）以文化专题为主线，以音乐教育为主体，综合主要艺术门类

中华乐教课程提倡以音乐为主线，将艺术学科的知识、创作技能、文化背景、风格流派等内容进行综合，强调多种艺术学科的联系，不仅可以使学生有机会接触丰富的艺术信息，更能够帮助学生认识和理解本民族与世界各地艺术的历史、文化意蕴，感受其特色，形成对本民族文化的认同、热爱和对多元文化的尊重，参与文化的传承与发展。中华乐教课程，是在肯定单一艺术的艺术活动体验式、课程选修式等现有模式外，构建一种涵盖音乐、舞蹈、戏剧、书法、服饰、影视等多种艺术门类的音乐教育课程，使之与单一艺术的传播相配合，形成互补，进而实现学生对艺术和对自身文化的理解。

（三）设计体现中国文化特点的单元模块

中华乐教课程，以集中体现中国文化特色的"文化专题"为主线，将中国传统艺术内容结合现当代艺术元素进行有效整合和巧妙构建，设计包括教学目标、教学内容、教学评价等在内的系统的艺术专题课程，使学生通过对中华艺术作品的分析与赏鉴多角度认识中国文化结构的深层含义。在选材上，更侧重对中国文化的呈现；在教学方法上，更强调对相关文化热点的讨论，有助于学生在日后的海外中华文化传播教学实践中更加深入地理解中国文化的深层结构。基本涉及的模块如下：

模块一：中国女性与爱情
模块二：中国英雄主义观
模块三：中国民俗与民风
模块四：中国家庭与伦理
模块五：中国的现代化进程

以上模块设计旨在从中国的地域、民族性格、社会结构、多民族性、历史发展等多角度引领学生开展一系列的文化思考。

四、中华乐教创新课程构建的原则

（一）坚持经典性与时代性相融合的原则

中华乐教课程的目标在于使学生通过对艺术的了解和学习，增进对文化的理解。课程每个模块下选取的艺术作品必须保证其经典性。随着后现代主义思潮的兴起，高雅与通俗的界限日益模糊，二者逐渐从二元对立的关系，成为多元文化模式中共存的因素。教师要充分意识到学生审美方面的变化，因势利导，坚持经典性与时代性相结合。

（二）坚持文化讲解与艺术体验相结合的原则

艺术的体验性、参与性、情感性决定了艺术课程与其他课程相比在教学方式等方面的差别，基于文化传播的中华乐教课程要尽可能为学生提供更多的艺术体验环节，强调学生在视觉、听觉、触觉多感官的互通与转换，带领学生掌握一定的还原艺术作品"韵味"的基本技能，辅以对文化的深入理解，从而强化其进入实践领域对外沟通与教学。可通过小型的课堂汇报、期末艺术展演等，结合学生对各模块主题的论文对学生的学习过程进行评价。

（三）坚持传统授课方法与新媒体运用相互补的原则

随着新媒体时代的到来，学生接收信息的渠道和广度相比过去发生了颠覆性的变化，艺术传播不再局限于传统的剧场、音乐厅、美术馆，而是更为广泛地进入网络等大众媒体，手机阅读成为现代人日常生活和学习不可分割的部分。在新媒体的运用方面，学生常常胜于老师。在教学过程中，要充分培养学生信息收集方面的能力，鼓励学生从不同角度、更多艺术领域发现资源，通过讨论进一步拓宽教学双方的视野，为进入各专题的思考提供通道。

（四）坚持课堂授课与专题讲座相结合的原则

中华乐教课程除了音乐内容的教学，与艺术学科的其他门类产生较多的关联性。教学中普遍会遇到某一领域教师艺术门类单一或各科艺术教师共同合作困难等问题，在尽可能实现艺术类老师围绕专题集中授课的模式下，还需要注意校内资源与校外资源的整合。高校可借助高雅艺术进校园项目与当地主要艺术场所合作等模式引入一系列中华文化特色讲座，聘请当地民族艺术领域的专家与学生实时互动，力所能及地开拓艺术教育平台。

五、将艺术体验融入文化模块的中华乐教课程教学范式

上海外国语大学设有对外汉语专业本科专业，招收国际汉语教育专业研究生以及留学生汉语文化本科专业、孔子学院奖学金生等。其中，对外汉语本科专业向国际汉语教育专业输送在实践和理论方面更具素养的研

究生人才，进入国际汉语教育专业研究生有一年时间直接参与本校海外孔子学院的汉语教学。因认识到艺术在文化传播过程中的特殊性和重要性，学院近年来开展了丰富多样的中华文化体验课程，如书法、民歌、民族舞蹈、戏曲等。基于以上现状，自 2012 年起，上海外国语大学人文中心集结校内外艺术教师与资源，探索开发了面向"国际汉语教育专业"学生的中华乐教课程，在校内外资源互补的条件下，进行了初步的教学实践，基本探索出以下三种教学范式：

（一）教师主导式

我国大多地区的基础教育阶段，均以实施音乐学科、美术学科的分科教学为主，以文化主题模块进行综合艺术习得的经验不足，这要求教师自身的知识储备和对文化现象的分析具有一定高度。在准备课程过程中，教师要从汉语习得、艺术感知与体验、历史知识等方面对艺术作品进行深度解析，以文化讨论热点作为主要教学内容。如模块一"中国女性与爱情"，教师从古今中国具有代表意义的女性人物入手，结合艺术作品开发教学内容。譬如，选取艺术歌曲《孟姜女》，引导学生就孟姜女的姓名观察古代女子的姓氏；从《孟姜女》中三段体现中国春节、春分、中秋、重阳等节气的歌词，挖掘能够引导学生汉语教学的元素；通过孟姜女哭长城的故事启发学生收集描写古代女性对待爱情态度的传说；另外，向学生讲解戏曲"紧拉慢唱"技法在艺术歌曲创作中的运用，通过孟姜女的服饰、发型图片，讲解中国女性服饰的变迁；最后，在学生对中国古代体现女性忠贞爱情的其他艺术作品的收集和分享过程中，鼓励他们从汉语习得、艺术体验和历史文化

知识方面，自主开发同类艺术作品的艺术课案。通过对不同领域艺术作品的分析或体验，集中思考艺术作品中潜在的文化现象，进而逐步形成对艺术表达社会现实的理解，加深对中国文化的思考。

（二）师生互动式

学生在基础教育阶段所接受的学校艺术教育、社会艺术教育参差不齐，积累的艺术经验不尽相同，部分学生在书法、乐器、绘画、舞蹈、朗诵等技能方面具备一定的特长，而教师的知识储备也无法囊括所有艺术门类。教师在进行主题模块教案思考过程中，可提前给出文化模块中的具体选题，鼓励有某领域艺术技能专长或相关知识积累的学生共同参与到艺术课程的开发与探索中来，实现教学相长。如上海外国语大学 2014 级国际汉语教育研究生班在《中华文化艺术体验与鉴赏》中，教师在"中国民俗与民风"模块中，给出了"中国的汉族与少数民族""中国不同地域的风俗文化""中国的戏曲与当地文化"等主题，邀请有兴趣的学生共同参与课程的设计与开发，来自内蒙古的阿莎茹同学，母亲是内蒙古歌舞团的演员，自幼能歌善舞，她主动向老师申请共同开发一节主题为"蒙古长调蒙古人"的课程。在课程实践中，她身着民族服装，亲自展示了内蒙古的"呼麦"技巧和顶碗舞，说明了蒙古族不同的身份与不同服饰的特征，将自己民族特有的生活用图文并茂的方式向大家展示出来。教师在了解了她的选题构思后，给予深化和补充，鼓励其在此基础上带领全班同学体验一次简单的蒙古族舞蹈，设计经典的几个脚步和手臂的动作，带领全体同学在实践中领略蒙古族风情。最后，老师对课程进行总结，向学生

介绍总结此类课程的设计步骤，强调实践性和参与性以及艺术与生活的互动性等教学理念。

（三）小组讨论式

针对某些文化模块的若干选题，教师可根据学生的选题意向将其分为若干组别，提前布置课前资料收集要求，在课堂中以小组为单位共同讨论某一文化专题。如上外2013级国际汉语教育本科专业选修课《中华文化传播与综合艺术》课程中，教师在"中国的现代化进程"这一模块中，提前给学生布置以下三个选题，A组：国际舞台上的中国艺术家；B组：海外被翻唱的中国歌曲；C组：影响全球的中国艺术。学生自由分组讨论进行课题汇报。课堂上，选择A组的学生甲，把华人音乐家谭盾的作品从电影《卧虎藏龙》配乐到展现湖南湘西文化的交响诗《地图》分享给大家，总结出"民族的才是世界的"这一论题；这一论点在课堂中与C组学生就小提琴协奏曲《梁祝》而展开的论述中"用交响的语言谱写中国传说、世界的才是民族的"这个观点形成了正反两个辩题，两组陈述启迪着学生通过不同的视角体验东西方文化上的差异性，从更深层次思考东方文化如何走向世界。B组学生从第一首被翻唱的中国流行歌曲《玫瑰玫瑰我爱你》等旧上海中国流行音乐讲起，到中国民歌《茉莉花》在意大利著名作曲家普契尼歌剧《图兰朵》中的应用，再到向全班同学展示某外国演唱组合用rap改编中国民歌《映山红》，用说唱的形式道出中国改革开放以来的巨大发展，以此纪念中国共产党建党90周年的案例，极大地激发了学生通过艺术创作手法了解、表达国家历史变迁的使命感和迫切感。学生对

网络资源的充分应用和跨界思考让小组讨论式的课程丰富、生动，教学内容既时尚又深刻，甚至让教师大开眼界，教学手段也实现了既能从艺术本体出发，又能与文化传播相结合的良好教学效果。

综上，艺术作为文化的呈现方式之一，是文化传播的重要载体。通过艺术了解文化对于个体理解本民族与其他国家、民族之间的关系具有较大辅助意义。面向国际汉语教育专业学生构建的中华乐教创新课程，期许为多元文化音乐教育、综合艺术教育、跨文化能力与意识的培养、中华文化在海外的进一步传播提供一个新角度。

注解

*本文为教育部哲学社会科学研究重大课题攻关项目"大中小德育课程一体化建设研究"之子课题"大学艺术教育德育一体化的理论与政策研究"（项目批准号：3JZD046，项目合同号：13JZDH046）及上海外国语大学2013年度校级一般科研项目"基于中华文化传播的综合艺术课程构建研究"（编号：2013005）成果。
①此数据来自于对来沪开展校际艺术交流、选修京剧表演的46位日本樱美林大学学生的问卷调查统计结果。

参考文献

[1] Campbell S P. Cultural consciousness in teaching general music[J]. *Music Educators* Journal,1992, 78（9）：30-36.

[2] Chen G M & Starosta W J. Intercultural commu-nication competence: A synthesis[J]. *Communication Yearbook*, 1996,（19）:358-359.

[3] Dunbar-Hall P. Colliding perspectives—Music Curriculum as Cultural Studies[J]. *Music Educators*

Journal, 2005, （91）:33–37.

[4] Field J. Middle school music curricula and the fostering of intercultural awareness[J]. *Journal of Research in International Education*, 2010, （9）:5–23.

[5] Triandis H C. Subjective culture and interpersonal relations across cultures [A]. In L. LoebAdler（Ed.）, *Issues in Crosscultural Research. Annals of the New York Academy of Sciences*[C]. 1977,（285）:418–434.

[6] 陈国明编著. 跨文化交际学[M]. 上海：华东师范大学出版社，2009.

[7] 管建华. 音乐的跨文化交流与多元文化音乐教育[J]. 中国音乐，2003，（1）：24–27.

[8] 汪人元. 从当前夏威夷大学的非汉语形式演出京剧论到梅派艺术精神[J]. 艺术百家，2010，

（3）：25–29.

[9] 汪森. 从传播到传播学到音乐传播学[J]. 黄钟，2005，（2）：121–124.

[10] 吴学忠. 跨文化交流背景下音乐融入外语教育的理论与实践研究：以歌曲在汉语和英语教学中的实践为例[D]. 上海：华东师范大学，2011.

[11] 曾遂今. 音乐传播新探[J]. 中央音乐学院学报，1996，（2）：57–65.

[12] 曾遂今. 音乐传播与传播音乐——写在第二届全国音乐传播学术研讨会之后[J]. 中央音乐学院学报. 2005，（3）：90–94.

[13] 中华人民共和国教育部. 全日制义务教育音乐课程标准（实验稿）[Z]. 北京：北京师范大学出版社，2001.

明德慎思　笃行致远——指导博士研究生科研实践的几点体会 *

郑新民

提要：博士研究生教育是学历教育的最高层次，博士研究生教育成功与否，博士生导师的指导至关重要。本文以指导博士研究生科研实践为主题，分别从指导实践的目的和意义、指导实践的主要内容、指导实践的问题和挑战以及指导实践的意义和影响进行阐述。笔者发现，博士生导师可通过多种途径提高博士生的科研实践能力，如组建科研团队、指导博士生选修核心课程、对博士生施以"量身定做"的个性化指导、严格要求学位论文质量、指导博士生从容应对论文答辩等。在系统指导的过程中，笔者奉行鼓励团结协作、倡导批判思维、崇尚工匠精神的原则。博士生指导工作并非线性过程，需在多轮的实践和反思中螺旋上升，以期取得更好效果。本文意在为外语学科的博士生教育、高等教育教学改革提供若干可借鉴的经验。

关键词：博士生指导；科研能力；批判思维；实践反思

作者简介：郑新民，上海外国语大学国际教育学院教授、博士生导师。

一、引言

一名博士生从入学到毕业，能否养成批判性思维能力、形成创新能力，能否站在学术前沿、具备一定的国际视野，最终由一名普通学生蜕变成"术业有专攻，业务有专长"的研究者，这与导师的正确引领和规范指导密不可分。

从 2010 年至今，笔者在上海外国语大学外国语言文学一级学科点下的三个方向，即英语语言文学、外国语言学及应用语言学以及国际汉语教育，指导了三十余名博士研究生，其中近二十名学生已经顺利毕业，获得博士学位。本文中，笔者将从指导实践的目的和意义、主要内容、困难和问题、意义和影响等方面阐述自己对博士生科研实践指导的总结与思考。

二、指导实践的目的和意义

博士生教育的真谛是培养他们运用哲学思考的能力，使用科学研究方法解决问题的能力，塑造其批判性思维的能力。掌握某一研究领域的普遍性知识是对博士生的基本要求，此外博士生还要兼收并蓄，努力学习综合知识，积极开展原创性的研究（Walker & Thomson，2010）。

博士生导师是博士生求学过程中的重要他人（Halse，2011）。从宏观方面看，导师需要指导学生根据博士阶段学习特点制定系统的学习计划，让学生在数年时间内由学生（student）成长为一名学者（scholar）；从微观方面看，导师需要根据学生特点，提供"量体裁衣"、有针对性的意见建议，对博士生不同阶段的学习进行监督和指导。从技术层面看，导师需要引导学生掌握一定的"研究范式""研究方法""数据收集和分析手段",还需要培养他们的"文献综述能力""批判思维能力""科研规范意识"和"学术论文撰写技能";从情感层面看,导师需要给予学生适当的情感支撑,创造"和谐、民主、融洽"的学术讨论氛围,让学生在学术研究的过程中不至于孤独无助、缺乏动力。

在博士生科研指导实践中,笔者努力将宏观和微观有机结合、将技术和情感融为一体,希望指导的博士生在学习和生活中都不虚度光阴、有所收获。

三、指导实践的主要内容

囿于篇幅,本部分涉及的主要内容有:团队学习、课程选修、个人指导、博士学位论文写作以及论文答辩等。

(一)团队学习:同心协力、共攀高峰

郑新民学术团队(SLRC)的主体成员有在读博士生、博士后和访问学者。每周定时定点举行一次研讨,主要围绕研究范式、论文选题、文献综述技巧、概念性框架搭建、研究方法探究、研究工具使用、资料收集与分析、逻辑思辨、学术伦理等主题展开(郑新民,2017a)。学生们在演示分享和讨论交流的过程中学会积极思考,相互质疑,自圆其说,导师在恰当的时机反馈,因势利导,意在举一反三。研讨目的在于全方位促进和培养学生逐渐形成清晰的呈现能力、敏锐的质疑视角、犀利的批判态度、娴熟的答辩技巧和软件操作本领,以及严谨的归纳能力,最终达到"共享、共学、共研、共进"的目的。这种团队学习的方式让学生们有了归属感,在科研探究的道路上不再感到孤雁独飞。通过团队的协作学习,学生们在感到困顿之时,

或遭遇研究瓶颈之际,有机会将问题尽早说出来,通过跟同学和导师进行沟通,养成团队协作的意识。由于团队讨论气氛往往比较"热烈",甚至是"激烈",尤其是来自导师丝毫不留情面,甚至是一针见血的质疑,也有一些学生一时无法承受,产生畏难情绪。例如来自江苏某高校的 M 老师有机会在上外开展博士后工作,当他初入团队的时候着实被研讨会频繁"打断""质疑",甚至是"唇枪舌剑"所震慑,他曾经一度认为是有人在故意"刁难"。但随着时间的推移,他渐渐意识到"没有人在故意为难谁,研讨活动中随时发生的打断、质疑、批判或争辩是因为大家有着共享的目标,立志于提升研究与论文品质,进而通达各自的学术理想地带"。在指导过程中,笔者逐渐意识到有必要给予学生更多的宽容和鼓励,避免让他们产生过多的负面情绪和恐惧心理;需要耐心敲打,不能急于求成,这样才能把他们培养成身心健全、意志坚强、品质优秀,并能经得起挑战和考验的成熟研究者。

(二)课程选修:扎实学艺、博采众长

除了上外研究生部规定的必修课程,基于对学生们未来研究方向的大致了解和预判,结合他们各自的研究需要以及笔者对有关课程内容的了解,笔者会明确建议他们该去选修哪些适合他们的课程,有些是校内的,有些是上海地区兄弟院校的,即使他们已经修满学分,还是鼓励他们要多修与研究相关的必要课程。

此外,为了夯实学生的研究能力,补充现有课程内容的不足,笔者在 SLRC 的讨论会上,还结合学生们阶段性的研究情况和需要,主要在研究范式、研究方法、数据收集

和数据分析等方面对学生进行查缺补漏，同时还让不同年级的学生组成研习小组，根据某一主题展开比较详细的文献阅读，进行比较精细的专题演示，这样的分工让学生们能够相互学习，取长补短。

笔者的另一种做法是在讲授《应用语言学博士学位论文写作》《教育语言学》以及《质化研究方法》等课程时，让处在不同学习阶段的学生到课堂上"现身说法"，利用他们现有的论文写作内容进行陈述，让选修课程的学生们对其进行评点，这样双方都有意想不到的收获。最后，笔者向自己的导师Bob Adamson 教授和 Chris Davison 教授学习，即推荐几本经典书籍让博士生自学，以此来拓展课程的宽度和深度，并检查学生们的学习进度（郑新民，2017b）。笔者也鼓励学有余力的学生扩大选课范围，可以修英美文学，甚至是中文修辞和语言类型学等课程，这对于拓宽他们的学术视野，润泽他们的学术素养都是颇有裨益的。

（三）个人指导：因材施教、循序渐进

对博士生开展个人指导是导师能否及时把握学生学习情况，尤其是论文撰写进度的重要方式。个人指导可以分为开题前、收集和分析资料，以及论文撰写等几个阶段。在学生入学之初，笔者主要让他们读与他们入学时拟定的研究计划相关的书籍，但一定要读本领域最顶尖、最重要的学术会议论文集和期刊，让他们对相关的领域有宏观层面的了解。通过阅读"经典"和"前沿"，指导他们逐渐缩小研究范围，争取尽快找到他们的研究空隙（研究问题）。这个时期的个人指导还包括检查学生们是否在阅读文献时带有批判性思维去读，看他们是否能在发表的

文章里找出不足之处，同时规定他们每周都要撰写读书报告交给导师查阅。

开题之后，学生们基本上确定了研究领域和研究问题。笔者鼓励他们尽早进入田野调查、收集资料，由于大部分学生是做质化研究的，他们需要掌握访谈和观察等技巧，所以需要通过个人指导的方式与学生讨论访谈问题和观察内容的设定等，只有这样才能帮助他们收集有效的资料。质化研究分析数据的特点是边收集边分析，所以个人指导能为学生们提供导师的及时反馈意见。

资料收集和分析之后，需要将这些结果清晰客观地呈现出来，让数据"说话"。这个过程特别纠结和挣扎，因为从田野归来，资料往往杂糅冗繁，哪些该呈现，哪些该删减，哪些该彻底摒弃，此时的学生特别需要聆听导师给他们的客观评价，使他们不至于陷入资料的泥潭。同时，只有通过个人指导，导师才能明察秋毫，告诫学生一定要守住学术道德底线，绝对不能犯数据虚构或数据掺假的错误。

（四）论文撰写：学术准绳、精神支撑

博士学位论文写作是博士研究生在读期间要完成的主要工作，也是跨入学术殿堂的入场券。由于大部分学生入学以前并无撰写学术专著的相关经验，博士学位要求他们要撰写长达200余页篇幅的论文，并且要做到逻辑通顺、文献扎实、方法恰当、数据翔实、言之有物、写作规范、观点独到，难度的确不小，加之论文撰写的周期比较长，由于有家庭等因素的客观存在，学生们的情绪起伏也在所难免。因此，要想做好博士论文，除了学生自身应具有坚定的毅力和恒心之外，导师的系统性、科学性、针对性、人文性的

指导也是至关重要的。笔者在指导博士生进行博士论文写作时，坚持"一条龙训练"的原则，即从选题开始，到开展文献综述，再到构建概念性框架，提出具体的研究问题，接着设定研究方法，选用恰当的研究工具，然后入场收集资料，指导他们边收集、边分析，再到应用逻辑思辨，努力凝练提升，最终成就一篇合格的博士论文。在这一系列的研究活动过程中，尽量做到环环相扣、紧密呼应。当然，笔者也充分意识到博士论文的写作并不是线性的，经常鼓励学生们在开展研究的实践中勤于反思，对于之前形成的知识和理论进行修改和重构，用新的理论开始下一次实践。如此循环往复，持续生长。

在论文写作的过程中，对话与冲突是并存的。由于每个学生的研究重点各不相同，为了能够有针对性地指导，笔者坚持因材施教、量体裁衣，与学生共同学习，给予学生最坚定的支持，做他们最坚强有力的后盾。这种支持和帮助不仅是学习和科研上的，还有情感上、生活上的，在他们的确需要回家探亲时，适时地让他们回家与亲人团聚，调整状态，迎接更多的挑战。例如 Z 老师是在职读博士生，她身兼行政职务，每天白天在工作岗位总有忙不完的公务，很少有自己的时间去撰写论文。有一度 Z 老师向笔者请假，希望每周二晚间的研讨会暂时缺席一段时间，以便腾出时间写论文。一开始，考虑到她的实际情况，也想让她专注于自己的任务，能够取得突破性的进展，笔者就同意了她的请求。可是一个多月的时间过去了，当笔者询问她论文有何进展时，她却带着歉意的神情告诉导师在数据分析时遇到了瓶颈，在数据分析时找不到足够的主题（themes）来回答研究问题。这时候，笔者意识到问题有些严重，

必须让她回到 SLRC 团队中来，参加每周二晚上的学术活动，汇报她的研究进展，叙说她的困惑，分享她的体验，意在从精神上和学术上对她给予支持和鼓励。诚然，任何科学探究都不是一帆风顺、一蹴而就的。尽管导师和学生们都十分用心投入，但笔者的学生们也时不时受到现实问题的困扰，即研究问题需要进一步调整，文献综述需要进一步补充，研究方法需要进一步诠释，结果呈现需要更加客观，讨论环节需要更加缜密等。对于此类问题，笔者鼓励他们要耐心、耐心、再耐心；缜密、缜密、再缜密。除此之外，别无他路。这是一个与学生们共同磨合和调整，包容和共建的过程，相信他们一定能明白导师的良苦用心。

（五）论文答辩：凝练提升、完整呈现

在数年的学术训练、文献阅读和论文撰写之后，博士生们需要面临的是论文答辩，这体现了他们对自己研究的总结和概括能力，也要求他们具备从容应对各种挑战和质疑的能力。在答辩之前，笔者让学生们多次在 SLRC 团队演练，要使用幻灯片将自己的核心内容言简意赅地呈现出来，即要有经过研究形成的最终理论框架，以此来体现博士学位论文的系统性和完整性，体现出博士学位论文不是由零散的几个课题随便拼凑而成的一个"杂货"。答辩的目的就是让专家评委确信本研究的确是由自己完成的，先述及研究背景，研究领域综述分析，研究动机与出发点，研究定义与描述，具体研究问题，研究方法与主要研究工作，新的发现、创新与学术贡献等几个要素。最后如果能够使用一句话把自己的研究概括出来，即论证（argumentation），那么就达到了"一言以蔽

之"的凝练！

为了准确到位地回答专家评委的问题，在参加论文答辩时要反复确定具体研究问题是否明确，论证是否到位，文献是否还有哪些与讨论无关的内容，研究设计环节还有哪些需要更加透明，数据分析是否有暗箱操作之嫌，理论凝练是否有高度，写作是否符合规范，如文献引用格式是否统一，是否足够新等。显然，这些问题的存在会削弱博士学位的质量，也会影响到答辩专家最终的评价。最后补充一点，学生在答辩时的态度就应该是"有礼有节，就事论事"，既不能完全抛弃自己的主张，也不能强词夺理，更不能拒绝接受正确的建议。

（六）个人信念：志立愿行、工匠精神

学术研究从来不是孤立的，笔者们需要与他人共同思考，协同合作，每个人都能够从中得到启迪、帮助、认可和鼓励。为了使学生能够更好地相互学习、相互探讨，笔者和学生们一同建立了郑新民学术团队（SLRC）。通过实践证明，团队成员依靠积极的思维和集体的智慧，通过学术碰撞和交流，产生了不错的学习效果。学生们能够做到诚挚地分享学术经验，耐心谦虚地倾听，齐心协力去攻克学术困难。通过定期的学术交流，学生们的呈现能力、质疑能力、批判能力、归纳能力、对于最新软件的操作和掌握都得到了较大的提高。作为导师，看到他们通过"团队研讨、个人指导、个人撰写"三位一体的师生共耕、博采众长、取长补短的学习模式而逐渐成长、成熟而感到欣慰。

四、指导实践的困难和问题

笔者有意将自己的指导信念付诸实践，

但是由于学生的个体差异、环境因素和体制原因，这其中会遇到一些阻碍和瓶颈，指导效果可能不那么尽如人意。好在每当笔者发现问题的时候都会正面应对，积极和学生商榷，适时调整指导实践，形成新的指导信念，在理念、实践、现实、反思中循环往复、交替前行。

比如有些博士生有"完美主义"情结，论文不到最后一刻总是不愿意拿出来供导师审阅指导，以至于每次都用"快了，老师！"来作为托词。笔者意识到这样的情形不容乐观，不及时汇报等到最后才呈现的话就十分被动，不能及时发现论文中的问题，调整下一步方向。于是笔者给每个年级的博士生规定了阶段性汇报时间节点。例如每月的10日、20日、30日是二年级学生的汇报日，如果到了这几个时间节点他们还没有具体汇报的内容和进展是说不过去的。再如，笔者的博士生大多数都从事大学英语教学工作，虽然有一定的教学经验，但在科研方法方面多少有一定的欠缺。他们的博士论文大多是要做实证研究的，为了让他们更好地熟悉科研方法，笔者在自己的博士生论文写作课上引用大量的实例来给他们展示外语教育研究中常见的方法。但是，据许多学生反映，听课的时候是博士一年级，还没有正式进入到开展研究和论文撰写阶段，虽然当时听得"有声有色、颇为精彩"，到了自己需要运用的时候又"云里雾里"。针对这个情况，笔者要求自己的二年级、三年级博士生来到写作课堂，利用自己的案例汇报对科研方法的认识和反思。这样做一来是为了让他们对自己的科研实践有理性的思考和清楚的呈现；二来是为了让低年级学生通过更多的鲜活案例审视科研方法的使用。

诚然，没有一种方法是适应所有学生的，没有一种实践是可以"一以贯之"，适合所有情境的。作为博导，唯有常实践、常思考、教学相长、思行合一才可以顺应时代的变化，尽可能地正确引导和指导学生。

五、指导实践的意义和影响

指导实践只有建立在学生的积极行动、反思、内化的基础之上才具有意义。在师生共同探讨、共同构建、共同进步的学术攀登道路上，笔者欣慰地看到学生们的思维被激活，在启迪中获得生长、开花、结果的过程；学生们或慷慨激昂，自信地将研究展示于众；或乐于分享，敢于各抒己见；或登高望远，拓展学术视野；学生们逐渐学会了逻辑思考，善于质疑，巧于答辩，勤于反思，并在系统研究，规范写作和人际沟通等方面有了长足进步。

六、结语

如上所述，笔者在指导外语学科博士生的过程中崇尚的是"志立愿行"，即坚毅笃行，恒心恒行，用眼欣赏，用耳聆听，用心鼓励；笔者奉行的是"工匠精神"，即诚恳心态，端正态度，不厌其小，不厌其烦，不辞劳苦。教书育人是一个细雨润万物的过程，对待学生要用心去呵护，用爱去滋润，用方法去培育，用知识去浇灌，以教学艺术激活他们，

以专业精神引领他们，以人格魅力感染他们。于此，学生不仅学得精湛的技艺，也与导师建立了深厚的感情。本文阐述的事实和实践、理念和反思可为外语教育、外语学科的博士生培养以及高等教育教学改革提供一定启示。然囿于独特的学科属性、不同的个体经验，本文中的论述恐有不足之处，谨以此文抛砖引玉，希冀业界同行及其他相关领域学者有更多的交流和探讨，共同为高等教育事业的繁荣发展建言献策。

注解

*本文系上海外国语大学校级重大课题项目（项目编号: KX161027）的阶段性成果。

参考文献

[1] Halse C. Becoming a supervisor: The Impact of Doctoral Supervision on Supervisors' Learning[J]. *Studies in Higher Education*, 2011, 36（5）: 557–570.

[2] Walker M & Thomson P（Eds.）. *The Routledge Doctoral Supervisor's Companion: Supporting Effective Research in Education and the Social Sciences*[M]. Routledge, 2010.

[3] 郑新民. 英语博士成长札记[M]. 合肥：安徽大学出版社，2017a.

[4] 郑新民. 英语学术论文写作之探：来自郑新民研究团队的报告[M]. 合肥：安徽大学出版社，2017b.

比较文学在英国文学教学上的应用及意义 *

许立冰

提要： 由于多方面的原因，英美文学教学在当前面临着难学难教的尴尬处境。将比较文学引入英国文学的课堂教学不失为一个行之有效的教学和教育手段。比较文学的特质和重要功能使得在英国文学课堂上引入比较文学的研究方法和成果具有可行性；教师恰当运用这些方法和成果可以从语言学习和赏析、文学审美、文化沟通等各方面激发学生运用已有的文学修养和思辨能力去跨越语言障碍、了解和喜爱经典英国文学作品，从文本层面提高他们的英语语言能力，从而达到提升文学审美、思辨能力、文化宽容心的目的，最终培养他们的人文情怀。

关键词： 比较文学；英国文学教学；共通文心；提升和升华；人文教育

作者简介： 许立冰，上海外国语大学英语学院副教授。

英国文学是我国高校本科英语专业的传统课程。这门课和美国文学一起在教育部颁布的《英语专业教学大纲》（2000）中归类为英语专业知识课程，"目的在于培养英语专业的学生阅读、欣赏、理解英语文学原著的能力，掌握文学批评的基本知识和方法，通过阅读和分析英美文学作品，促进学生语言基本功和人文素质的提高，增强学生对西方文学及文化的了解。"

在各外语院校的教学安排中，英国文学课程中最传统和最主要的两门课程《英国文学史》和《英国文学选读》一般安排在本科三年级。这种安排主要是因为各院校都假定经过两年基础阶段的学习后，学生已经具备了基本的英语语言能力，可以在教师的帮助下通过文学史的学习，引导学生进行经典作品的自主阅读，同时"引导学生进行思想、文化循序渐进的'历史长河'的跋涉，使学生'重新经历'人类文明发展的历史，从而

使自我精神的发展与人类文明的历史取得同步的发展"（钱理群，2009a）。

但在实际英语文学的教学过程中，学生对英语文学课程普遍有畏难情绪，除了极少数的优秀学生之外，很多同学对这门课程兴趣不大。也就是说，现行的英语文学课程并不能很好地完成教学大纲中规定的各项任务。这也是教育部高教司在 2010 年 9 月举办"如何上好英美文学课程"学习班的原因。

一、英语文学课程难学难教的原因

目前导致英语文学课程难学难教的原因很多。如果只从这门课的角度而言，首先，社会急功近利的浮躁影响了学生，导致他们觉得文学课程对自己就业帮助不大，不如花精力辅修近年来颇为吃香的小语种或是金融英语、商务英语、交替传译、同声传译等实用课程，结果就是学生不肯花费课外精力去阅读原著，对英语文学作品涉猎不多；其次，

高校扩招导致学生专业素质下降，他们在语法、词汇量、西方文化等知识结构方面的不足加大了阅读、理解原著的难度，语言能力上的障碍妨碍了学生对英国文学作品及其作家的了解、理解以及欣赏。最后，影视与网络的不断发展不但分流了学生的实践和精力，而且还影响了学生的思维能力，这一点主要体现在"对深度阅读以及个性化阅读"（钱理群，2009b）的影响上。这三个原因都导致教师在讲解、分析某一经典英语文学作品时，很难在课堂上得到共鸣。因为大部分学生对教学内容都是所知甚少，有的部分甚至闻所未闻。

这样的局面对学生和教师而言都增加了课堂教学的难度。教师必须在有限的课堂时间内花费大量精力去介绍作家、作品和流派，解释文本，扫清学生理解上的障碍，相对应的，用来点评、赏析作品的时间就减少了。英语文学的课堂原本应当引导学生感悟英语之美，就文学审美的体验进行大量的互动和交流，现在却只剩下教师单方面而且往往侧重知识点的灌输；学生得不到对英语经典作品的直接感悟和亲密联系，体会不到思维之美，兴趣无从激发，文学课的魅力荡然无存不说，还使得英语文学在本科生眼中变成一堆无用无趣知识点的堆砌，考前不得不背，考后立刻就忘，随之而来的当然是排斥感了。

如果从整体局面来分析，英语文学课程的尴尬却是与英语语言文学作为一个专业在现今面临着强烈危机有着莫大的关系。新中国成立以来，英语专业一直作为一个工具性专业，强调的是听、说、读、写、译这 5 种语言技能的培养。改革开放以后，又把复合型专业（语言技能加另外一门专业如贸易、法律、新闻等）作为突破口。但这两种做法

都不能培养出我们今日最需要的人才——谙熟中西文化、具备思辨能力、创造能力和大局观的英语人才。要想改变这样的局面，英语专业必须进行综合改革。对比英语专业毕业生工具化的局面，20 世纪 30 年代的清华外文系以及后来的"西南联大"对英语人才的培养方式对我们有莫大的启发，那就是英语专业必须回归到人文学科的本位上来，让这个专业的各门课程具有人文内涵，进行以人文通识教育为核心的教改，才能培养出人文知识结构扎实、人文视野广阔、批判思维能力强、具有较高人文修养和人文品格的通识型、通用型的英语专业卓越人才。

在这样的前提下，作为一门本来就对英语语言文学专业学生的人文素质培养具有极大重要性的课程，英语文学更应该在本专业人文综合教改中起到重要作用。因此如何才能让英语文学变成学生感兴趣、愿意课下多花时间去钻研的一门课程，如何在英语文学的课堂上提升学生的语言技能和人文素质就成为摆在英语文学教师面前一个重要课题。相信不同的教师自有不同的对策。笔者自 2004 年开始从事英国文学教学，为了达到"通过文学作品的耳濡目染，使学生在人文素质方面有一个质的飞跃"（林燕平、董俊峰，2006）的目的，七年来一直在摸索各种方法，其中最有效的一个方法是将比较文学引入英国文学的课堂教学。

二、比较文学引入本科英语文学教学的可行性

1997 年教育部对学科目录做了调整，将比较文学和世界文学合并为一个二级学科，划归为中国语言文学一级学科之下。而英语语言文学一直是外国语言文学一级学科之下

的二级学科，单从学科划分来说，把比较文学引入英语文学的课堂教学容易引发争议。但是仔细审视比较文学的研究方法、研究目的以及英语文学的教学目的，就能发现把前者引入后者的课堂教学具有极大的可行性。

首先，英语文学教学中引入较多的是"平行研究"。虽然比较文学在中国的复兴经历了一个从"影响研究"过渡到"平行研究"的过程，"影响研究"在提升英美文学教学的趣味性以及审美境界方面也有用武之地。比如说在课堂上提及寒山和拾得诗歌对于英美意象派诗歌的影响可以极大地激发学生对意象派的兴趣，加强对意象派诗歌的理解。不过，套用韦勒克的说法，中国文学对英语文学的入超赤字太大了，可资利用的材料不多，所以"影响研究"在这一方面的作为基本可以忽略不谈①。艾德礼在 1969 年提出的"平行研究"一说指出比较文学应该包括"没有任何关联的作品的平行的类同比较"（乐黛云，2003），这对英语文学的教学有很大的帮助和启发作用。一来平行研究的重点落实在文学的内在研究上，强调的是比较文学的审美特点，有助于达到文学教育的目的——"文学教育应该是在形而上的层面展开，旨在提高人的总体素质"（林燕平、董俊峰，2006）；二来平行研究中"被比较的双方其实是根本不能等量齐观的。它本是一种以已知的本土文化观念对另一种外来的、不熟悉的文化的阐释，因此毋宁说，它是一种话语的建构。也正因为如此，平行研究从一开始对研究对象的选择就不是随意的，他们必须具有某种内在的可比性。这种可比性说到底存在于本土文化最终对异己文化的阐释、吸收和同化"（盛宁，1997）。也就是说，比较文学对文学审美性质的强调可以帮助母语

为汉语的中国学生感悟和提高对英语文学作品的审美理解。

其次，课堂上讲授的英语文学经典作品本来即是世界文学的有机组成部分，而比较文学与世界文学的渊源颇深，歌德的"世界文学"概念一直以来都被看成是这门学科理论发展的源头，而且比较文学的任务究其实质就是"探讨世界文学之间的文学性关系，或某些共同、类似的文学现象，而得出具有普遍诗学价值的结论"（查明建，2011）。作为"跨语言、跨民族、跨学科、跨文化的文学研究……它以广阔的人文视野，探讨文学艺术活动的本质和规律"（查明建，2005）。

试以英国文学史上第一部重要文学作品《贝奥武甫》为例。《贝奥武甫》是欧洲最早的方言史诗，而史诗是世界文学中具有普遍性的重要文学现象。黑格尔认为史诗展示了一个民族的精神全貌，是一座"民族精神标本的展览馆"。而说起史诗，中国人熟悉的都是西方民族的史诗，例如《荷马史诗》和《尼伯龙根的指环》，汉族自古以来就没有严格意义上的史诗。课堂上如果单讲《贝奥武甫》的故事梗概、文学意义和在文学史上的地位，往往引不起学生的兴趣，即使给学生播放好莱坞最新的电影版本，依然有学生在后两排昏昏欲睡。可是如果让学生讨论为什么英国会诞生北欧英雄《贝奥武甫》这样的史诗，而汉族，一个具有五千年灿烂文明的民族却没有史诗，他们课外会主动到图书馆和互联网积极查找各种资料，从民族性的异同、农业文明与海洋文明的异同、地理环境的异同、宗教性的异同等方面着手寻找答案，不但因此对《贝奥武甫》有了深入的了解和思考，在文化比较上更是获益匪浅。

再次，互识、互证、互补——比较文学

的三个重要功能及其审美的特点——使得教师可以借助学生的中文功底帮助他们在对比中理解、欣赏英国文学，达到用本国文学之"玉"攻英国文学之"石"的目的。康德提出，"鉴赏判断不是知识判断，因而不是逻辑的，而是审美的"。他进一步指出，"鉴赏的原型，是一个纯然的理念，每个人都必须在自己里面产生出这个理念，而且他必须依据它来评判一切鉴赏的客体，是借助鉴赏进行评判的实例的东西，甚至评判每个人的鉴赏。"（康德，2007）在英语文学的课堂上，虽然大三学生在语言和文化上都存在不足，英语阅读量也不够，但是在他们心中，已经有了审美这个"纯然的理念"——2000 年修订版《高中语文教学大纲》规定了中学语文教育的任务是"培养高尚的审美情趣和一定的审美能力"，学生的语言文学能力在高中毕业后必须达到以下几条要求：

a. 根据语境揣摩语句的含义，体会语言表达效果；

b. 能对课文进行阐发、评价和质疑；

c. 感受文学形象，品味文学作品的语言和艺术技巧的表现力，初步鉴赏文学作品；

d. 了解课文涉及的重要作家、作品知识，了解中国文学发展简况；

e. 课外自读文学名著（10 部以上）、科普书刊和其他读物，不少于 300 万字。

也就是说，进入大学之前的母语阅读量和文学鉴赏能力已经有助于"把学生内在的生命体验、美好的情思挖掘出来，提升起来"（钱理群，2009c），使得本科生具备了远超他们英语语言能力的文学修养、感悟能力以及思辨能力。比较文学研究方法的引入能够通过互识、互证、互补的方式在英语经典作品的阅读过程中激活学生业已养成的审美能力和思辨能力，从而"阐释、吸收和同化"英语文学和文化。

三、比较文学在英国文学课程中的作用及应用

英国文学课程教学的重点和难点必须涵盖以下三个部分：①英国文学发展的总体脉络、不同时代的特征以及作家和作品的概况；②诗歌、戏剧、散文和小说等具体的作品文本；③文学概念。这三个部分都是英国文学的有机组成部分，缺一不可。文学史帮助学生从总体上了解英国文学发展的走向，提纲挈领、脉络分明，而作品文本则是文学史的具体体现，不接触文本，那么"学生语言基本功和人文素质的提高"便无从谈起。而对史诗、十四行诗、头韵、诗节、音步等文学概念的了解可以极大地帮助学生理解作品，领略英国文学的壮美和秀丽之处。这三个部分内容繁多，英国文学课程的教学任务相当繁重，这是大多数教师采取"满堂灌"教学方式的重要原因。"满堂灌"保证了知识性，但是文学的趣味体验和审美感悟却在无奈之下只好放弃。比较文学的特性使得学生可以触类旁通，教师因而得以在不多的文本赏析时间里提高英国文学的趣味性，促使原本高高在上的经典作品与学生的个人审美经验产生有机联系，从而激发学生对这门课程初步的兴趣。

比较文学基本的研究对象是本国文学和一国或一国以上的文学，"注重在多元文化中欣赏不同的文学之美，它可以提供我们多种多样的欣赏的快乐。"（乐黛云，2003）教师可以根据教学进度，在分析、鉴赏具体的英国文学作品时，把别国文学特别是中国文学中相同或相似的主题、人物、艺术表现

手法呈现在学生面前，为他们提供趣味盎然的审美对象。

第一，比较文学的研究方法在英国文学的课堂上可以起的第一个作用是提供语言文字的趣味性，进一步提高英专学生对英语乃至二外、三外的兴趣。语言文字是文学的材料，不同国度的作家，尤其是诗人，都在炼字上下了很多的功夫。可是，如果对语言的掌握不能达到一定程度，就不能很好地体会作家在行文措辞上的匠心独运之处。比较文学通过在课堂上提供中国文学以及第三国文学中语言运用精妙出彩的例证，可以让学生发现、玩味文字的精妙之处，让他们在艰难的文本阅读过程中有豁然开朗的感觉。试以弥尔顿的《失乐园》为例。

《失乐园》的体裁是史诗，整篇作品从总体上来说语言瑰丽，气势磅礴，读来如黄钟大吕般雄浑洪亮。在细节之处，弥尔顿也花足了心思：为了完美地刻画撒旦一角，他巧妙地运用了英语语言文字的特点，结合了文字的音、形、义三个方面来活灵活现地描写撒旦附身大蛇（Serpent, suttlest beast of all the field）诱惑夏娃——他写道："So talk'd the spirited sly Snake."这两处都写到了蛇。弥尔顿在不妨碍行文的前提下，共选用了 7 个含有字母 s 的单词，一共发出 8 个 /s/ 音，朗读的时候这 8 个齿龈摩擦音分两处连续出现，俨然就是蛇吐信子发出的嘶嘶声（hiss），而 s 这个字母的形状也提醒着读者蛇类蜿蜒而行的样子。英语原本只是表音文字，这两处却是图、文、音并茂，不只是抽象的符号，倒像是如今青年人最爱在互联网上分享的视频。

弥尔顿对语言的掌控能力可以为今日英国文学课堂上的赏析提供文字的乐趣，而中国古代诗人对协调使用文字音、形、义的热

爱可以使母语为汉语的英专学生进一步体味文字的精妙。唐代诗人李群玉在《九子坡闻鹧鸪》中是这样描写跋涉艰难的："方穿诘曲崎岖路，又听钩辀格磔声。"《诗人玉屑》指出诘曲、崎岖为双声，钩辀、格磔乃叠韵（张隆溪，2002），而且这四组词读来佶屈聱牙，写来结构复杂，无论是在音调上还是在视觉上都给人不顺、艰难的感觉。

说到诗人对文字音、形、义协调使用的偏好，一衣带水的东邻日本俳人也不遑多让。川端茅舍的名句"ぜんまいのののの字ばかりの寂光土（满眼薇菜尽'の'字，寂光净土界）"就是一个典型的例子。在一共 17 个音的俳句里，川端使用了 4 个"の"音，宛如"反复出现的回声将读者引向静寂的佛居之地。"（郑民钦，2008）而薇菜的形状正像是"の"字，4 个"の"字果然给人"满眼薇菜"的印象。这是一个日本假名音、形、义完美结合的例子。

如果说弥尔顿巧用 s 能让人眼前一亮，感叹"'佳句'本天成，妙手偶得之"，那么课堂上提及李群玉和川端茅舍的诗句除了能带来第二重和第三重的惊喜之外，还会促使学生想到这些妙句固然有"偶得"因素，但是多国诗人都有这样的佳作问世，可见对协调运用音形义的追求是个跨越时间和空间的共同爱好，也许由此学生就会意识到语言文字本身的魅力并开始思考文字对诗人表达以及读者诗歌审美的重要性。

第二，比较文学的研究方法还能起一个审美桥梁的作用，就好像移情（Einfühlung）可以使人"尽量体验他人的境况，达到同情的理解"（张隆溪，2009）。当语言障碍存在时，学生的注意力往往会放在字词句的理解和分析上，一叶障目不见泰山，忽视对诗句或是文章意境的鉴赏，忘却了文学的审美

价值。这个时候若是从本国文学中选取可作参照的类似篇章，往往可以提醒学生从总体上把握、体会英文经典作品的价值。朱光潜说过："一定的情景往往引起一定的感觉、情绪或感情；当我们发现别的人或物处于那种特定情景时，我们就设身处地，在想象中把自己和它们等同起来，体验到他们或它们正在体验的感觉、情绪或感情。"（陈子谦，1994）

不妨就举一个"美人之美"的例子。文艺复兴时期的埃德蒙·斯宾塞除了代表作《仙后》之外，也创作了不少优美的十四行诗，其中 Sonnet 15 全文如下：

Ye tradefull merchants, that with weary toyle
Do seeke most pretious things to make your gain,
And both the Indias of their treasures spoile,
What needeth you to seeke so farre in vaine?
For loe my love doth in her selfe containe
All this worlds riches that may farre be found.
If saphyres, loe her eyes be saphyres plaine;
If rubies, loe her lips be rubies sound;

If pearls, her teeth be pearls both pure and round;
If yvorie, her forehead yvory weene;
If gold, her locks are finest gold on ground;
If silver, her fair hands are silver sheene.

But that which fairest is, but few behold:
Her mind, adornd with vertues manifold.

这首诗从意义上来讲浅显易懂，先用 6 种珠宝来逐一比喻美人之美，然后再指出美德之美才是美人的美中之美，它的主题很容易理解。可是由于斯宾塞用了不同于现代英语的文字来刻画美人和爱情，大三本科生的注意力就会被异样的拼写吸引走，把精力放在了字词上，只见生词，不见美人。这时候，可以给学生读一下《诗经·卫风》中结构相似、主题一致的诗篇《硕人》中广为人知的 7 行诗句：

手如柔荑，/肤如凝脂，/领如蝤蛴，/齿如瓠犀，/螓首蛾眉，/巧笑倩兮，/美目盼兮。

这节诗的前 5 行也用了 6 种意象来细细指点美人之美，一样是以物比物，只是与斯宾塞不同的是最后两行刻画的不是美人的心灵，而是神态。短短 8 个字，传神阿堵，让读者感觉这个绝世美人，清扬灵动，宛在眼前。即使不曾读过《硕人》，不知道这是庄姜，但最后这 8 个字，却很少有中国学生不知道的。有学生做了比较，说读了 Sonnet 15 眼前仿佛出现了一幅金发美人的肖像画，美得如珠如宝，读了《硕人》的 7 行诗，看到的是一个美人，音容笑貌间传递着一个动人的故事。也有学生认为蝤蛴和瓠犀不如珠宝更适合形容美人，他们因而觉得西洋美人更为动人。但无论是什么结论，学生的注意力都用来体味美人之美，而不是像以往那样只会提问："老师，怎么这些词我在字典上查不到呀？"

平行研究的引入使得读诗的境界显然超越了语言障碍进入了审美层面。如果舍弃学生业已养成的诗歌欣赏能力，就如同"'舍己之田而耘人之田'，难得很。还是得先知道自己，再去懂别人。"（金克木，2007）

第三，借助对本国文学、文化的了解，可以更好地认识英国文学和文化体系。比较文学的重要功能之一"互识"原来是指通过与他者的比照，"突破原有的思维模式，来接受新鲜事物。只有认识了他人，才能更好地认识自己。"（乐黛云，2003）当我们在英国文学的课堂上运用这个功能时，需要反其道而行之。比如说，英国十四行诗对于中国学生来说是一种陌生的体裁，他们往往通过背诵课本或老师提供的定义来了解这一诗体的格律、韵律以及分节。但是如果能够提供本国文学中一首表达类似主题的诗歌，学生一般都能在对比中切实地了解到十四行诗五步抑扬和七韵四节的特点。试以莎士比亚的 Sonnet 66 为例。这首十四行诗的前三节都在抨击社会不公：

Tired with all these, for restful death I cry –
As, to behold desert a beggar born,
And needy nothing trimm'd in jollity,
And purest faith unhappily forsworn,

And gilded honour shamefully misplaced,
And maiden virtue rudely strumpeted,
And right perfection wrongfully disgraced,
And strength by limping sway disabled,

And art made tongue-tied by authorith,
and folly, doctor-like, controlling skill,
and simple truth miscalled simplicity,
and captive Good attending captain Ill:

如果只读这十二行诗句，很容易让中国读者联想到元朝无名氏所做的一首《朝天子》。

中吕·朝天子·志感

不读书有权，不识字有钱，不晓事倒有人夸荐。老天只恁忒心偏，贤和愚无分辨。

折挫英雄，消磨良善，越聪明越运蹇。志高如鲁连，德高如闵骞，依本分只落的人轻贱。

虽然时代不同，地域不同，两位作者都在抱怨身处的社会黑白颠倒，善恶不分，自尊受挫，满腔的愤懑与不甘。要说有什么不同，那就是语言风格上一个铿锵洗练，一个通俗直白。如果莎翁只写了前 12 行便戛然而止，那么从"乐而不淫，哀而不伤"的审美角度而言，这两首诗中没有哪一首可以成为上乘之作。然而，英诗还有第 13 和 14 行——"Tired with all these, from these would I be gone, / Save that, to die, I leave my Love alone."——这两行峰回路转，让读者一下子看到了文艺复兴时代人文主义者的思想境界——爱的力量可以征服一切，即使现实再黑暗，有了爱，就有了直面残酷的勇气。即使深陷困境，依然执着追求爱和美，这是人文主义者的痛苦所在，也是他们的力量所在。

有了这首《朝天子》作比较，学生既能对 Sonnet 66 的结构、主题以及西方的人文主义思想做进一步的了解，同时，也能对莎士比亚式十四行诗迥异于意大利十四行诗格律之处——四个诗节以四、四、四、二排列，对某一现象或问题进行描述，末两行为总结或答案，突出体现作者的思想和情感在起承转合上的层次——做一个具体意义上的了解。对比欣赏之下，学生对莎士比亚式十四行诗最后一个诗节的印象十分深刻，不需考前死记硬背，仅凭课堂教学就能留下深刻记忆。

第四，在经济全球化而文化却出现西方一家独大的今天，比较文学的另一个功能就是以文学为途径，对不同文化进行沟通。如果能对这一功能善加利用，教师在英国文学的课堂上可以化解学生更多的困惑，帮助学生进入经典作品提供的哲学以及诗学境界。

在鉴赏济慈的《夜莺颂》时，曾经有学

生提出过审美上的困惑："这首诗歌前面几节都很美，可是我每次读到'The coming musk-rose, full of dewy wine, / The murmurous haunt of flies on summer eves'这一句时，只要一看到'flies'这个词就没有美的感觉了。济慈为什么要把苍蝇写到唯美的诗歌里？"

虽然夏天的确是蚊蝇出没的季节，但此处哪怕用济慈的传世名句"美即是真，真即是美，——走遍天下，/ 你全部所知就这一点，也只需要这一点"来解释也行不通。因为对于国人而言，苍蝇意味着病毒、细菌和肮脏，无论怎样美丽的画面，出现了苍蝇的形象就不会有审美愉悦。其实不同中译本的《夜莺颂》对这两行诗的翻译已经很能说明这一点了：查良铮用的是"蚊蚋"，别的版本有用"飞虫""蝇子""蚊虫""蝇虫"的，也有的把这两句译作"那即将绽放的玫瑰，沾满了酒露 / 等待低音纷飞的夏日黄昏"，根本就回避了"flies"这个词语。也就是说，所有的中文译者都回避了"苍蝇"一词。

和学生解释的时候，首先是说明即使在英文中，fly 也能统指小飞虫，不一定非得是苍蝇不可；其次，让学生知晓不同文化对苍蝇有不同联想这一点也很关键。国人对苍蝇的厌恶由来已久，早在《诗经》的年代，诗人就用"营营青蝇"来指代进谗诋毁、内心阴暗、挑拨离间的小人。到了现代，鲁迅依然用苍蝇来衬托战士的伟大："有缺点的战士终竟是战士，完美的苍蝇也终竟不过是苍蝇。"毛泽东也在诗词中用苍蝇来表示对敌人的不屑："小小寰球，有几个苍蝇碰壁。嗡嗡叫，几声凄厉，几声抽泣。""梅花欢喜漫天雪，冻死苍蝇未足奇"。这些都是中国人讨厌苍蝇，并且恶之欲其死的例证。

但即使就在我们一衣带水的近邻日本，对于苍蝇的看法也有点不一样。小林一茶看到有人打苍蝇，喊出了这样可爱的俳句："不要打呀。苍蝇在搓它的小手，在搓它的小脚呢。"读到这样的句子，能让人想到童稚时期还没有病菌的概念，看苍蝇搓脚自己也觉得快乐的场景。小林一茶一辈子共写了 20 余首俳句咏苍蝇。中国诗人中是找不到这样的例子的。还有一个日本俳人，夏目成美，虽然也讨厌苍蝇，但是他从自己恶蝇欲其死的念头中"清醒地凝视自己心灵的一切些微的变化"（郑民钦，2008）。当他写下"闲来打苍蝇，/ 忽起杀尽苍蝇心"时，已从自己先前杀蝇杀出乐趣来的无聊心境中摆脱出来，"觉得羞耻，甚至感觉到心里潜藏着的恐惧和不安。"（郑民钦，2008）

所以当我们把目光放到千山万水之外的西方世界时，自然可以发现他们对苍蝇的感受与国人是不太一样的。上溯到古希腊神话，苍蝇原是个美丽的姑娘，叫默亚（Muia）。默亚话多，应着太过痴情，缠着月神的情人说话，害他无法休息，被月神憎恶变成了苍蝇。因为有这样一个背景的存在，所以在很多英国文学的经典作品中，写到苍蝇不但不会有杀之而后快的冲动，甚至存着一份怜惜之心。《特里斯舛·商第传》中，托比叔叔用温情的口吻把苍蝇称作可怜的东西；William Blake 写有"The Fly"：他从自己无意识地一挥手便打断了苍蝇的夏日嬉戏联想到其实人类的命运也就因为上苍无意之中的一挥手而改变，由此兴起了庄周之问："Am not I / A fly like thee? / Or art not thou / A man like me"。不过，庄周是不会用苍蝇来表达这个想法的，只有那美丽的蝴蝶才能激起庄周发此一问。所以这样看起来，引入比较文学可以向中国学生合理解释惹人厌的 flies 何以出现在唯美的《夜莺颂》中，因为它能够以丰富的例证来促使学生"从广阔的比较视域来看待中外文学、文化现象"，"体悟人性的丰富和复杂性，对异质文化给予人文关照，探讨共通的诗心和文心"（查明建，2005）。

四、把比较文学引入英语文学教学的人文意义

尽管急功近利的社会大环境导致人心浮躁，高校的人文环境和学术氛围也不能独善其身，但是博雅理想和人文精神是大学教育最重要的理念基础。大学教育的意义，对于社会来说，"旨在提高社会的益智风气，旨在修养大众身心，旨在提炼民族品位，旨在为公众的热情提供真正的原则，旨在为公众的渴望提供固定的目标，旨在充实并约束时代的思潮，旨在便利政治权利的运用和净化私人生活中的种种交往"（纽曼，2001）；对于学生来说，就是要让他们成为"学会思考、推理、比较、辨别及分析的人，审美观已得到锻炼、判断能力已形成、洞察力已变得敏锐的人"（纽曼，2001）。而在英语专业的课程体系中，英语文学教学除了提高学生语言技能之外，显然还担当了提高学生审美能力、思辨能力、创新能力以及开阔胸襟、健全人格、具备国际视野的任务。目前高校英语语言文学专业英语文学教学和教育的现状使得这一任务的实现"任重而道远"。

比较文学的特质——"'比较'的视野和方法已经设立了跨越语言、艺术、民族、国别、学科等无所不包的前提，而广义的'文学'也包括了传统人文学科以及政治、社会、法律、宗教、文化、心理等社会科学，这决定了比较文学有条件包容一切人文学科，掌握各种语言和学科知识"（陈思和，

2010），使得学习者和研究者"思维开阔，具有自觉的比较意识"（查明建，2005）。因而在英语文学课堂上适度引进比较文学的方法和成果可以起到一个相辅相成的作用。

首先，引进比较文学的意义是把比较文学作为桥梁或是船只，增加英语文学教学的趣味，诱发学生对经典英语文学作品自主阅读的热情，帮助英语专业的学生取得对英语文学作品的全面理解，把握这些作品及其作家的时代意义，进而升华至诗学、人文的境界。这一点是由比较文学学科的研究视角和知识襟怀所决定的，已经在第三部分得到了具体例证。

其次，比较文学的引进可以使得英语专业学生相较于其他专业的学生更深一步具体体会中西文化或思想的差别，从而有意识地发现中国传统思想（文化）的优劣所在，在全球化的当下可以更好地实行"中国文化走出去"战略。这一点，可以很明显地从中西方人士看待麦克白的态度上体现出来。20世纪80年代我国文艺界曾经以中国戏曲的形式改编莎士比亚戏剧，其中《麦克白》的改编最能体现中西方思想对封建正统的不同看法。我国的戏曲工作者出于"君君臣臣""忠君爱国"的传统认知，认为麦克白以下犯上、弑君篡位，把他塑造成了一个彻头彻尾的反面角色。但是，莎士比亚却是把麦克白作为悲剧的主人公来刻画的，这"表明莎士比亚对封建社会的正统伦常关系的不满，这正是文艺复兴时代的典型观念。麦克白这个'魔'，与弥尔顿的撒旦，歌德的靡菲斯特有着深远的血缘关系"（狄兆俊，1992）。如果课堂上能从中英功用诗学的角度讲解中西方文化对待封建君臣关系的不同角度，大概可以加强中国学生对文艺复兴在西方文明史上的重要性的认识，发现封建思想在国人思维上表

现出来的集体无意识，从而更好地把握文化上的差异。这对他们将来的人生以及事业，无论是更好地认识西方，还是更好地向西方介绍中国，都有裨益之处。

在前两点的基础上，引进和掌握比较文学的方法在英语语言文学专业实行人文化教育中便具备了特殊意义。它可以使学生的母语优势从语文学习到文心、诗心的养成，再从诗心、文心到英文学习的过程中充分发挥出来，帮助学生直面人心，直面人生；它可以拓宽学生的胸襟，由获取多学科知识到培养比较意识、思辨意识，由获取思维能力到培养独立精神和自由思想；它可以帮助学生感悟凉薄世态之后的温暖人性，透过浅薄躁动的表面浮华看到固守本心的重要，最终发现建设精神家园的可能性和必要性，从而培植起人文情怀，实现大学之理想。

人文教育之大道不行久矣。然而从目下文学孤独的小径走起，相信凭借英语文学专业老师和学生的共同努力，由小径终将抵达大道。

注解

*本论文是2013年上海市教学成果二等奖"以高端人才培养为目标的英语专业人文化教 学改革与实践"、上海外国语大学一流本科专业人才培养方案改革试点项目阶段性成果。

①英国文学作品中有不少涉及中国和中国人形象，在比较文学研究中属于形象学范畴，这方面的研究成果可以帮助英语专业学生思考中国文化如何走出去的问题，对培养高端英语人才大有裨益。

参考文献

[1] 陈思和. 比较文学与精英化教育[J]. 中国比较文学，2010，（1）：1–10.

[2] 陈子谦. 钱学论[M]. 北京：教育科学出版社，1994.

[3] 狄兆俊. 中英比较诗学[M]. 上海：上海外语教育出版社，1992.

[4] 金克木. 读古诗 [A]. 书读完了[C]. 上海：上海世纪出版股份有限公司、上海辞书出版社，2007.

[5] 约翰·亨利·纽曼. 大学的理想（节本）[M]. 徐辉等译. 杭州：浙江教育出版社，2001.

[6] 康德. 判断力批判[M]. 北京：中国人民大学出版社，2007.

[7] 乐黛云. 比较文学简明教程[M]. 北京：北京大学出版社，2003.

[8] 林燕平，董俊峰. 英美文学教育研究[M]. 上海：上海外语教育出版社，2006.

[9] 钱理群. 重在建构孩子自己的精神家园[A]. 钱理群语文教育新论[C]. 上海：华东师范大学出版社，2009a.

[10] 钱理群. 怀着欢度盛大节日的心情去阅读经典[A]. 钱理群语文教育新论[C]. 上海：华东师范大学出版社，2009b.

[11] 钱理群. 对话语文[A]. 钱理群语文教育新论[C]. 上海：华东师范大学出版社，2009c，12.

[12] 盛宁. 道与逻各斯的对话[A]. 文学：鉴赏与思考[C]. 北京：生活·读书·新知三联书店，1997：151–152.

[13] 查明建. 论世界文学与比较文学的关系[J]. 中国比较文学，2011，（1）：1–9.

[14] 查明建. 比较文学对提高外语院系学生人文素质的意义[J]. 中国比较文学，2005，（2）：114–117.

[15] 张隆溪. 双声叠韵[A]. 智术无涯[C]. 天津：百花文艺出版社，2002.

[16] 张隆溪. 比较文学研究入门[M]. 上海：复旦大学出版社，2009.

[17] 郑民钦. 俳句的魅力——日本名句赏析[M]. 北京：外语教学与研究出版社，2008.

基于网络问卷的学生需求分析个案研究 *

陈舜婷　　姚涓涓

提要：论文以"需求分析"理论为指导，以上海外国语大学某学院一年级学生为研究对象，通过网络问卷调研两个班总共34个学生对基础英语课程的学习需求，并对问卷结果进行描述统计分析，结果发现：学生喜欢在课堂中讲翻译练习和词汇学知识，课下补充语法练习；教师按时发送讲课内容的课件和单词补充练习对大家学习有帮助；大部分学生认为词汇在生活中的应用不广。此外，他们多认为自己课下付出的时间不足。文章是对英语高水平大一学生英语学习需求的研究，能为英语教学提供有价值的个案参考。

关键词：需求分析；网络问卷；基础英语教学

作者简介：陈舜婷，上海外国语大学国际关系与公共事务学院讲师；姚涓涓，上海对外贸易大学国际商务外语学院讲师。

一、引言

《大学英语教学指南》（教育部2017年版）把大学英语教学目标分为基础、提高、发展三个阶段。并且对三个级别教学要求进行了详细的总体和单项技能描述。比如在基础阶段分别对听力、口头表达能力、阅读理解能力、书面表达能力和翻译能力做了具体要求。词汇上要求增加约2000个单词，能够使用有限的学习策略等。然而在制定教学大纲中往往采用的是"自上而下"的调查方式，多数以专家、教师的意见为准，缺乏直接针对学习者的"自下而上"的实证分析。所以在具体教学过程中，往往会出现教学目标与学生具体需求不完全匹配之处。

为了解学生的具体需求，并且探查以新修订的《大学英语教学大纲》为指导的大学英语教学在满足学生学习需求方面的实际效果，笔者进行了此次较小规模的调研。

二、理论研究

需求分析最早出现在20世纪20年代的印度，由 Michael West 提出（Howatt，1984）。

但自此以后，关于需求分析的研究直到20世纪80年代才随着专门用途英语（ESP）教学的流行而流行起来。自此需求分析应用于外语教学过程已经有三十多年的历史。

理论上对需求分析的研究文献非常少，但是有不少学者提出过需求分析模型。他们的模型在某种程度上都包含了显性或隐性的理论根据（West，1994）。Munby（1978）的需求分析模型根据 Hymes 的"交际功能"理论来分析不同的交际功能和交际情景中出现的交际需求变量；Rodgers（1980）以课程开发理念提出需求分析应①能够改进教学方法；②根据学生调整教学；③能训练学生的学习。Schutz & Derwing（1981）也以"交际功能"理念分析学生的需求，他认为任何语言大纲建立的第一步是确定目标，目标必须根据学生的某种交际需求表现。其后 Hutchinson &Waters（1987）发现语言中心法（language-centered approach）对需求分析无能为力，提出以学习中心法（learning-centered approach）作为需求分析的指导和操作理论。再后来随着学生主体地位在外语教学中的不断增强，学习者风格和策略被纳入需求分析的范畴。从此需求分析理论在二语习得理论的支持下在外语教学实践中广泛使用并发挥了重要作用。

在外语教学中，Richterich（1983）提出了第一个外语教学中的需求分析模式。该模式主要强调需求分析应主要用来满足语言的交际需求。需求分析从最初产生就一直属于评估研究的范畴。Suarez（1994）用它了解学生对于外语教学的要求，分析学生学习的薄弱环节，确定教学中存在的不足。需求分析还被广泛运用在语言课程开发之中来确定学习者的需求，Dudley-Evans & St. John（1998）提出在教学开始之前教师首先需要尽量知晓学生需求，这样"他们就知道自己不擅长的地方，他们也知道该如何针对性地对学生提问。"有了需求分析的帮助，课程不再是固定模式和线性的，也不再是由授课者预先决定的，而是灵活和互动的。Brown（2001）认为需求分析能够帮助学习者明确他们自己的需求，反思学习过程，从而提高学习效率。Huang（2010）通过对教师和学生的问卷调查，发现"被认为很重要的语言技能之间存在重叠"，教师认为很重要的技能和学生需要提高的技能之间并不完全一致。Sadeghi et al.（2014）对外语学习策略进行研究，发现不同需求的学生使用不同的学习策略。

国内学者也对需求分析进行了探讨（如蔡基刚，2012；蔡基刚、陈宁阳，2013；李娜、胡伟华，2014；史兴松，2014；谢媛媛等，2016）。这些需求分析研究主要围绕专门用途英语展开，围绕学生学习内容和学习过程需求。研究者关注需求分析的目的主要有二：一是设计新的课程体系，二是优化现有的课程体系（苏伟，2011）。为数不多的学者对需求分析在通用外语教学中的作用进行了研究，如余卫华（2001）研究了外语教学过程如何利用需求分析来了解和改进教学，并探讨了如何结合定性和定量的研究方法来收集分析数据。潘之欣（2006）对大学生听力需求分析进行了研究，文章分析了重要的听力使用场景和学生的听力需求，并最后对英语听力课程提出六点建议。陈冰冰（2010）提出了大学英语教学中需求分析模型的必要性，并且从学生个人需求和社会需求两个维度提出了大学英语教学需求分析理论构架。朱吉梅（2014）采用访谈和问卷调查的方法对我国华东六省一市的 16 所高校英语学习需求进行调查，结果表明大部分高校外语需求分析做得不够全面和深入，文章提出外语教师应该加强外语需求理论的学习，重视需求分析理论的实际应用。

总体看来，国内外对需求分析理论的研究不断增加，需求分析理论在外语教学中的研究也不断增加。但是和国外该领域的研究相比，国内研究起步较晚，数量较少，并且研究范围也相对狭小，主要集中在专门用途英语的研究中。

三、研究方法与过程

本文通过基础英语教学的问卷调查实践，说明网络问卷对英语教师和学习者对教学的理解的帮助。利用网络问卷信息处理快和提供数据的优势，教师和学生客观地认识到全班成员在教学策略和教学内容上的差异化。既让教师跳出被部分同学意见困住的怪圈，抓住学生需求和痛点；也让学生看到教师的教学努力，以及目前教学策略对多数学生的照顾。教师对教学法的选择不再是一个人的猜想，学生对教师教学的理解也不仅基于独立个体的需求。教学体系和评价体系都得到提升，学生的"用户体验"必然有质的飞跃。

（一）英语专业教与学现状

以大学一年级基础英语课为例，教师通常依据课本教学目标和个人对学生水平的预测开展教学。部分老师采用主观题问卷调查学生对某些教学内容的兴趣。就课堂内容和课堂形式而言，主观题的问卷有一定的参考价值。但是老师容易被个别意见所左右，同时把握不了班级的主要需求。而大一学生的特点是：水平参差不齐，个人需求多元化。他们对英语提高的期望较高，希望教师能全面提高自己的英语能力。经常出现的情况是，教师对班级教学竭尽心力；然而到了评教期，学生按照自己的需求是否满足而认为老师只是做得"较好"，课堂内容"一般"，作业布置效果"一般"。如何在统一课堂上了解到学生的差异化需求，提高针对性，并尽量满足多层次教学，本文进行了一个初步探索。

（二）问卷设计

如何增进学生对教学方式的理解？比如教师的教学方式是对班级整体进行考虑，每个学生有不同的学习需求，整体教学需要考虑的学生需求比例如何？本文提供以下可操作的问卷步骤。

第一步：主观题

按照微格教学的模式，请学生提出对现有教学方式的两点优点和一点不适应。这里的不适应是一个中性词，并不代表教学策略的缺点。同时，请学生对教学内容提出自己的建议。在这个步骤中，我们鼓励学生各抒己见，充分表达自己的观点。这部分问卷重点关注学生不适应教学的部分，教师能看到学生在教学体验中的实际反馈。

第二步：客观题

设置教学内容和教学方式两题，挑选学生主观描述的核心概念做成几个选择项，然后请全班同学进行多项选择。这样做的优势在于，老师可以清晰地通过网络问卷在最短时间内获得学生提交的喜好比例。

首先，以同学们对基础英语教学的反馈为例：有效问卷34份，题目为：课堂内容的选择。

设置教学内容和教学方式两题，挑选学生主观描述的核心概念做成几个选择项，然后请全班同学进行多项选择。这样做的优势在于，老师可以清晰地通过网络问卷在最短时间内获得学生提交的喜好比例。

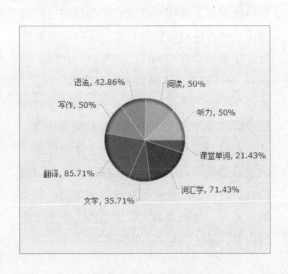

图1　课堂内容选择

我们可以从图1看到，同学们喜欢做翻译类实践，并希望课堂提供更多的练习；而在教师的理念中，传统的语法翻译型课堂已经被淘汰。关于词根词缀的知识，也希望老师更多结合词汇部分去拓展。在之前的教学中，教师认为这部分内容可以结合习题进行，未能看到学生迫切需要语言学知识的需求。50% 的同学认为听力、阅读、写作的内容需要加强，这个问题凸显了基础英语课上想要把所有能力都加强的矛盾。这个部分教师可以跟其他开设该类教学的老师协调，从而减轻基础英语课堂的压力，提高学生的学习效果。语法部分也有同学提出他们需要加强，但是比例并不过半。语法解决方案是：由于大家的基础不同，教师在课外发送练习题到班级邮箱，学生根据自己的弱项，把差异化在课外实现。对文学知识的需求也不过一半，教师则可以将其作为补充阅读材料引入。对于课堂是否需要详解单词，学生的需求比例最小，这一部分内容教师可以请同学加强预习和课后做练习，上课依然保持原有节奏。

问卷调查的过程也是一个沟通的过程，到目前为止，教师对班级水平的预测已经得到了一些肯定或否定的反馈。下一步就是增强学生对教学方式和内容的理解。在问卷调查后，教师把需求比例和解决方式告诉学生。这样学生就不会再以自我为中心去评价教师的教学内容，而是看到班级整体的需求比例，从而理解教师的教学未能针对个体的原因。改进后的教学内容为：增加翻译、词根词缀的知识点；定期发送语法练习到邮箱；每个单元补充一些相关的文学作品作为补充讨论的内容；督促学生完成单词练习。

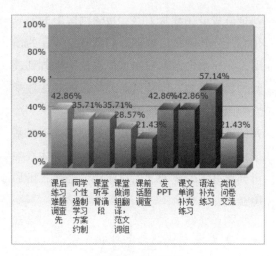

图2　教学策略偏好

第二个部分是教学策略。从图 2 可见所有学生认为课后练习可以选讲，超过一半的同学需要语法训练，约 40% 的同学认为单词补充练习和发送教师用课件到邮箱是有必要的。这个部分教师并没有准确预测，在之前课堂上，所有习题都讲了一遍。单词没有设置补充练习，课件也不会给学生。这个新的数据对教师改进教学有了良好的参考效果。课外辅导中，需要老师单独讨论学习方案，喜欢高中式的教学法的占 1/3。需要课堂翻译，课前实现话题个性化，问卷交流的人只占 1/5 多。在这部分的调查比例出来之前，教师是无法真正看到学生的需求比例的。现在心中有数，老师就可以优先满足比例高的需求，再做相应调整。

调整后的课堂教学方式为：增加单词练习，定期发邮箱；每单元结束后，课件发送到邮箱；鼓励学生跟教师预约时间讨论学习计划；课堂中长难句请学生做翻译练习。

第三个部分是学习者调查。

问题 1. 我认为学习的单词可以应用在日常生活中。

图3 关于单词在日常生活中应用的态度

这个部分学生的反馈和教师的预测是较为一致的。73.68%的同学认为课堂词汇跟生活关联性一般，只有21.05%的同学认为有相关度，还有5.26%的同学认为完全没有关系。由于基础英语对词汇的教学更倾向于书面语或者还局限在某些话题，同学们认为与日常生活的距离还比较远，无法达到联想和应用。这就要求教学中适当往生活化的词汇做拓展和延伸，真正做到寓教于行。

问题2. 我在课外付出的时间很多。

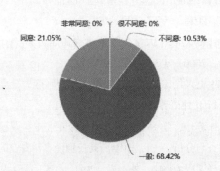

图4 对投入时间多的认可程度

图4反映了学生自己学习投入和学习成效的关系。教师也能看到学生是否在课堂之外落实自己提倡的学习方法和提供的学习材料。从比例来看，21.05%的同学在课外进行了大量付出。大部分同学，68.42%的学生仅仅是进行了简单学习。还有少部分学生，

10.53%的人在课堂外完全不学英语。这基本和考试反映出来的情况一致，有少部分学生进步较大，大部分学生跟此前没有明显提高。针对这样的情况，教师可以采取主动，跟学生谈近期的学习计划，并督促执行，随时反馈。对热衷课外社团的学生，教师可以引导他们安排好自己的时间，先保证学习再适度拓展，而不是舍本逐末。

四、调查结果反馈

我们鼓励教师去跟学生沟通自己的问卷分析图，并且可以委婉地告诉学生，班里差异化要求很大。那么，个人需求和班级需求有差异的问题在课堂内如何解决呢？这里需要指出的是，课堂内是无法解决所有需求的。我们倡导课外作业自助式选择。根据自己的弱项确定比例，实现差异化。比如，课外作业平时分总共包括10份作业，学生可以选择的语法占7份，听力2份，写作1份，这样根据自己的弱项进行专项训练。而老师可以根据学生的水平共同制定练习计划，并督促学生进行课后训练。同时，我们也告诉学生，偏好的教学方式和适合他们的教学方式之间存在差异，教师在课堂上会根据学生总体英语能力进行教学，兼顾他们喜好的教学方式和个体需求。

五、结语

教师在运用调研数据之前，无法直观地看到学生需求，因此一直通过预测进行课堂组织。在摸清学生真实需求后，教师可以提高课堂的针对性和效率，并得到更多同学的认可。而学生方面，他们需要老师针对个人的学习风格进行班级教学。这样的要求和实际适合班级水平的教学方式也有一定的偏差。

当学生看到数据后，个人需求跟班级整体需求有差距的学生可以在课下通过作业弥补。总之，网络问卷是很好的优化课堂的方式，通过主观问卷，客观问卷和作业差异化，我们可以在短期内提高英语课堂教学效果，实现客观评估，达成教师和学生对课堂教学更好的理解。

注解

*本项目是中央高校基本科研业务项目（KY01X 0222017095）阶段性成果。

参考文献

[1] Brown H D. *Teaching by Principles: An Interactive Approach to Language Pedagogy*[M]. Beijing: Foreign Language Teaching and Research Press, 2001.

[2] Dudley-Evans T & St. John M J. *Developments in ESP*[M]. Cambridge: Cambridge University Press, 1998.

[3] Howatt A P R. *A History of English Language Teaching* [M]. Oxford: Oxford University, 1984.

[4]Huang L-S. Seeing eye to eye? The academic writing needs of graduate and undergraduate students from students' and instructors' perspectives [J]. *Language Teaching Research*, 2010, 14 (4): 517–539.

[5] Hutchinson T & Waters A. *English for Specific Purposes*[M]. Cambridge University Press, 1987.

[6] Munby J. *Communicative Syllabus Design*[M]. Cambridge: Cambridge University Press，1978.

[7] Richterich R. *Case Studies in Identifying Language Needs*[M]. Oxford: Pergamon, 1983.

[8] Rogers T. Materials Development: Introspect [Z]. Projects in Materials-Design ELT Documents Special, 1980.

[9] Sadeghi B, Hassani M T &Hessari A D. On the relationship between learners' needs and their use of language learning strategies [J]. *Procedia-Social and Behavioral Sciences*, 2014, 136（9）: 255–259.

[10] Schutz N & Derwing B. The problem of needs assessment in English for Specific Purposes: Some theoretical and practical considerations [A]. In Mackay & Palmer （eds.）. *Languages for Specific Purposes* [C]. Rowley, Mass: Newbury House, 1981. 29–44.

[11] Suarez T M. Needs assessment. In Husen and Postlethwaite （eds.）*The International Encyclopedia of Education, Vol. 7 （2nd ed. ）* [M].Oxford: Pergamon, 1994.

[12] West R. Needs analysis in language teaching[J]. *Language Teaching*, 1994，1（1）: 1−19.

[13] 蔡基刚，陈宁阳. 高等英语国际化背景下的专门用途英语需求分析[J]. 外语电化教学, 2013，（5）: 3-9.

[14] 蔡基刚. "学术英语" 课程需求分析和教学方法研究[J]. 外语教学理论与实践, 2012，（2）: 4-9.

[15] 李娜, 胡伟华. 需求分析：理论指导下高校非英语专业研究生ESP口语教学设计研究 [J]. 外语教学, 2014，（3）: 11-16.

[16] 潘之欣. 大学生英语听力需求分析[J]. 外语界, 2006，（3）: 24-31.

[17] 史兴松. 外语能力与跨文化交际能力社会需求分析[J].外语界, 2014，（6）: 9-13.

[18] 苏伟. 学习者视角下的口译专业本科课程需求调查与分析——以国内4所高校翻译本科专业的交替传译课程为例[J]. 外语界, 2011，（5）: 84-92.

[19] 谢媛媛, 江峰, 周蕗. 基于需求分析的高职商务英语翻译教学特点研究[J]. 上海翻译, 2016，（1）: 19-24.

[20] 余卫华. 需求分析在外语教学中的作用[J]. 外语与外语教学, 2001，（8）: 20-23.

[21] 朱吉梅. 本科院校英语教学中的需求分析调查 [J]. 山东外语教学, 2014，（5）: 16-21.

从思政课程到课程思政
——以《中外时文选读》课程为例*

赵鸣歧　蒙象飞

提要： 如何使专业课程与思想政治课（以下简称"思政课"）在价值引领上同向同行、形成协同，是课程思政育人功能的着力点。上海外国语大学马克思主义学院和英语学院共同打造了一门通过挖掘外语专业教学中的思想政治教育资源，以实现外语专业学习与思想政治教育有机整合与深度融合的全英语《中外时文选读》专业课程。其目的是让大学生阅读和分析中国和国外著名媒体与学者关于中国问题的"中外时文"，引导大学生在对中外思想、文化、理论等方面的比较分析和思考中，澄清价值观念，坚定政治信仰，塑造精神家园，从而实现大学生思想政治素质与外语专业素养的同步提高。该课程获得2015年度上海高校思政课重点教学改革立项，已成为上外探索和推进课程思政教改的标志性课程。

关键词： 思政课；课程思政；中外时文；协同育人

作者简介： 赵鸣歧，上海外国语大学马克思主义学院教授，院长；蒙象飞，上海外国语大学马克思主义学院副教授，副院长。

一、引言

自 2014 年至今，中共中央、国务院先后发布 59 号文件、31 号文件，均聚焦高校思想政治工作培养什么样的人，如何培养人以及为谁培养人的根本问题，强调把"立德树人"作为中心环节贯穿于教育教学全过程。习总书记在全国高校思想政治工作会议讲话中明确指出，"要用好课堂教学这个主渠道，思想政治理论课要坚持在改进中加强，提升思想政治教育亲和力和针对性，满足学生成长发展需求和期待，其他各门课都要守好一段渠、种好责任田，使各类课程与思想政治理论课同向同行，形成协同效应。"如何挖掘高校专业课、综合素养课具有的思想政治教育育人功能，与思想政治理论课协同，由思政课程到课程思政，扩大思想政治理论教

育的影响力、覆盖力，成为当下高校教育教学实现创新与突破的立足点。近年来，上海外国语大学围绕培养社会主义高端外语人才的办学目标，高度重视对学校意识形态工作的领导，强化对思想政治教育工作的总体部署，深入推进思想政治理论课程建设。

《中外时文选读》正是在这一背景下应运而生。本课程旨在拓展学生的文化视野，主要是让大学生接触和阅读来自中国和国外有关国家领导人、主流媒体和著名学者关于中国问题的演讲、讲话、深度报道和研究文章，认识和把握"中外时文"中所体现和反映的中外立场、观点、视角、方法、话语体系、论证的逻辑及其结论，让大学生领会和感悟中外不同文化背后的思维与逻辑，特别是如何从中外两种文化视角出发来客观公允

地看待中外社会、经济、政治和文化现象。该课程通过思政课教师与外语专业教师协作，在外语专业课程教学中有计划、有针对性地融入思想政治教育的相关内容，挖掘外语专业教学中的思想政治教育资源，旨在实现外语专业学习与思想政治教育的有机整合与深度融合，培养大学生的理性思考、批判意识、爱国情怀，形成健全的思维和人格，以及过硬的思想政治素质，实现思想政治素质与专业能力同步提升，彰显上外秉持的"格高致远、学贯中外"的治学精神。

二、工作背景

当前，在国际上，西方敌对势力加紧对我实施西化、分化战略，千方百计与我争夺青年、争夺群众，两种制度、两种价值观等意识形态领域的较量是长期的、复杂的；在国内，改革开放持续深入推进，新情况新问题新矛盾层出不穷，社会思想多元多样多变的趋势愈发凸显。新时期，意识形态工作具有根本性、战略性和全局性意义，事关党的前途命运，事关国家长治久安，事关民族凝聚力和向心力。外语院校作为多元文化交汇、意识形态交锋的前沿阵地，在全球化进程不断推进、高等教育国际化不断加快以及中国全面融入国际社会，并在国际事务中发挥越来越重要作用的大背景下，如何针对当前国内外形势发展，对接国家战略，做好当前高校意识形态工作，全面深入推进大学生思想政治教育，培养出一大批外语语言基本功扎实、知识广博、知识结构完整、具有创新思维能力、分析与解决问题能力强，又具备国际视野、了解和熟悉国际事务运作规则，能参与国际交流和竞争，跨文化沟通和交际能力强的国际化创新型外语人才（曹德明，

2007），这既是时代赋予外语院校的历史重任，更是外语院校人才培养的头等大事。

为进一步消除大学生思想政治教育"两张皮"现象，打破思想政治理论课教学"孤岛化"局面，使大学生学习外语与提高思想政治素质二者兼顾，形成全员育人、协同育人的"大思政"格局，近年来，上海外国语大学党委强调要发挥外国语大学的专业特色和学科优势，把外语专业教学与思想政治教育有机结合，构建外语院校特色的思想政治教育体系。为此，马克思主义学院和英语学院等院系合作，推出《中外时文选读》课程，深入挖掘外语课程中的思想政治教育资源，推进"课程思政"，进一步提升大学生思想政治教育的针对性、实效性、吸引力和感染力。

三、目的意义

《中外时文选读》的总体思路是：以学生为中心，结合不同时段社会热点选取"中外时文"教学素材来挖掘思想政治教育资源，以与外语专业课程有机融合为主要着力点，以"四育并举"（即课程育人、科研育人、全员育人、合力育人）为理念，以"突出观点碰撞，引导正确价值观"为教学策略，发挥上外"多语种＋"优势，整合学校管理层、各语种、各学科教学和学术骨干与马克思主义学院通力协作，构建有外语院校特色的"大思政"教育格局，为培养一流的社会主义高端外语人才固本铸魂。

同时，在具体课程的安排上，根据学生的认知现状与特点，结合不同时段的社会热点，选取"中外时文"教学资料作为课程资源，《中外时文选读》课程将力求进一步拓展学生的文化视野，主要是让大学生接触和阅读国外最具影响力的媒体和学者以及中国主流

媒体和国家领导人有关中国问题的深度报道和分析文章，聆听"外交官演讲"和进行"中外大学生论坛"的互动交流，使大学生感受和领悟中外不同文化和思维的碰撞，认识和把握中外时文中所体现和反映的立场、观点、视角、话语体系、学理依据、逻辑结论以及可能产生的受众或读者效应有何不同，如何客观、公允地看待这些问题。此种路径既可提高大学生的外语水平，又可引导大学生在中外思想、文化、理论比较分析和思考中澄清价值观念，坚定政治信仰，塑造精神家园，实现学生思想政治素质与外语专业素养的同步提高。

四、实践过程

（一）课程内容：中外视角、观点碰撞

1. 精心编选教学素材

每学期，根据当前国内外社会和时事热点，确定专题，精心挖掘贴近大学生思想实际和认知特点的"中外时文"教学资料，编选教材（赵鸣歧，2015）。一是选取中国主流媒体以及党和国家领导人对中国问题的看法和见解，如习近平总书记的讲话、《中国日报》《北京评论》等。二是围绕中国政治、经济、文化和社会四个方面，选取国内各领域的著名学者公开发表的文章。三是选取国外最具影响力的报纸和期刊中有关对中国政治、经济、社会和文化等作深度报道的文章，如 Times、New Yorker、The Economist、The New York Times、The Wall Street Journal 等。四是选取由西方著名学者撰写的针对中国方方面面的或赞扬或批判的文章，如 J.Stiglitz、Francis Fukuyama 等。这四类教学素材形成中西视角，互为补充，互为借鉴。

所编选的教学素材既有国外深度报道，又有西方观点，更有中国态度。在课程教学中，教师既要让学生从理性的、批判的角度看到西方媒体文章背后的真正意图，明白"他者"的眼光为何如此，其立论是否客观持平；又要引导学生看到不同文化层次和学术背景的西方学者，对中国国情和诸多问题也有着独到和公允的理解、看法和说法；同时，鼓励学生基于"我""我们"的立场和视角，感受到中国领导人和学者对中国问题的解读与认识。不同观点的碰撞，既能培养学生健全的批判性思维，更能养成学生理性化思维和客观化态度，消除对中外文化和意识形态认知的偏差，从而达到价值形塑的目的。

2. 合理安排教学模块

本课程共 32 个学时，包括 24 学时的课堂教学和 8 学时的实践教学；有"外国时文"（12 个学时）、"中国时文"（12 个学时）、"外交官讲座"（4 个学时）和"中外大学生论坛"（4 个学时）四个教学模块，前两个模块对应课堂教学，后两个模块对应实践教学。其中"外交官讲座"以"外交官眼中的中国与西方——关于中心文化与社会的思考"为主题，"中外大学生论坛"以时政热点为讨论主题，如"一带一路"倡议和中日关系等。教学模块既有中外时政素材和课时的平衡，激发大学生的认知和思考热情，做到客观、理性评价中外之异同；又有理论与实践的相结合，旨在提升大学生的理论储备和问题分析应对能力；更有对时政热点的跟踪关注和深度观察，增加大学生对中国特色社会主义的认知，从而增强为国家发展贡献智慧和力量的责任感。

3. 准确定位教学目标

本课程通过分析来自中国和西方国家著名媒体和学者关于中国问题的深度报道和文

章中所持的不同立场、观点、方法、论证的逻辑及其结论，以全外语授课的方式，让大学生领会、感悟和把握中西不同文化背后的话语思维与逻辑，培养理性思考和批判意识，特别是如何从中外两种视角出发来客观中立地看待中外社会、经济、政治和文化现象。本课程既可提高大学生的外语水平，又可引导大学生在中外思想、文化、理论比较分析和思考中澄清价值观念，坚定政治信仰，塑造精神家园，实现学生思想政治素质与外语专业素养的同步提高。

（二）课程理念："四育"并举，价值形塑

1. 课程设计上，注重价值引导，突出课程育人

课程选材中既有国外深度报道，又有西方观点，更有中国态度，四类选材的"拼盘"易于克服学生的抵触心理。除讲解文章语言本身和篇章特点外，重点在于引导学生从理性、批判的角度看到西方媒体文章背后的真正意图，明白"他者"的眼光为何如此，其立论是否客观持平；让学生看到不同文化层次和学术背景的西方学者，对中国国情和诸多问题也有着独到和公允的理解、看法和说法；引导学生基于"我""我们"的立场和视角，感受到身临其境者或来自本土文化的人对同一现象的不同看法。不同观点的碰撞，既能培养学生健全的批判性思维，更能养成学生理性化思维和客观化态度，消除他们对中外文化和意识形态认知的偏差，以达到价值澄清与观念形塑的目的（李丽、高建林，2015）。

2. 教学组织上，注重学科协同，突出全员育人、合力育人

一是以马克思主义学院思想政治理论课教师为基干，对接英语、德语、国际关系等专业，打造一支跨学科、多语种、具备硬实力的师资力量。二是贯彻落实教育部有关文件精神，推动学校党政领导干部上讲台。外语院校的领导干部多数具备外语背景，且长于形势观察与政策分析，是参与"推进思政教育与外语教学相结合"的重要力量。三是构建与思想政治教育相关的"多语种＋"学生学术团体，如组织"中外时文"研讨会、沙龙等，抓住关键少数学生，以少数影响多数，提升学生的整体政治素质。

3. 教学研究上，注重问题导向，突出科研育人

一是打造上外特色的"中外时文选读"课程体系，让大学生在中外文化的比较和碰撞中加深对中外政治经济社会的认识。二是开展"比较视野下的当　代大学生价值观形塑研究"。当前大学生易受社会负面问题影响和西方价值观念的冲击，这不利于大学生正确价值观的形塑。本课程研究直面大学生价值观的积极面和消极面，并针对消极面提出应对举措。三是围绕如何推进思政教育与外语教学相结合，开展教学研究。通过研究、摸索和构建有外语院校特色的课程思政体系，为全国高校（特别是外语类高校和有外语专业设置的高校）开展课程思政工作提供具有开创性、可复制、可推广的教改模式。

五、成效影响

在教学内容上，强调把地道的外语讲授与中外两种文化视角的对照和碰撞结合起来，以培养学生多维的、敏锐的、健全的批判性

思维，这对国内高校目前的外语教学而言是一个突破。在教学设计上，注重对话与交流，以贴近学生的方式把对意识形态、民族文化、国家认同等问题的认识和讨论融入学生的感（悟）、情（怀）、思（考）中，以挖掘思想政治教育资源。在教学组织上，突出"全员育人、合力育人"。以思想政治理论课老师为基干，外语专业教师为主体，打造一支跨学科、多语种、优势互补的师资队伍。就具体成效而言，有以下几个方面：

1. 学生认同加强

《中外时文选读》课程极大提高了思想政治教育在学生中的认同度和受欢迎度，有效解决了思想政治理论课时效性不强、合力不够的困境。大学生对思想政治教育由"抵触"到喜欢，由被动变主动的局面逐渐形成。同学们踊跃分享优质的教学素材，积极参与课堂讨论和课下演讲、辩论和学术沙龙。学生的理论知识和实践知识获得极大提升，过去那种"既不了解外国，更不了解中国"的局面得到很大改观。更为重要的是，外语专业素养和思想政治素质实现了同步提升。尤其是思想政治素质层面，本课程有效发挥了"四育"并举的功能和对大学生价值观形塑的作用，增强了大学生对中国特色社会主义的理论认同、政治认同和情感认同。

2. 教学成果多样

《中外时文选读》课程最早在国际关系与外交事务学院国际公务员班试点，并在《德语经典文献选读》等课程教学中有序推进。此外，在本课程的基础上，马克思主义学院正在打造基于多语种跨学科协同育人理念下的有外语院校特色的"形势与政策"课教学创新体系，根据当前国内外社会和时事热点，编选贴近学生思想实际和认知特点的"中外时文"教学资料，采用外语授课。围绕当代大学生价值观的冲突与调适，一批标志性的研究成果将脱茧而出，主要包括《"中外时文解读"教学指南》（教辅）、《比较视野下当代大学生价值观形塑研究》（著作）及若干篇相关专报（上报教育部有关部门，供决策参考使用）。

3. 各方关注重视

"挖掘外语课程中的思想政治教育资源——以《中外时文选读》为例"获上海市教委 2015 年度思政课重点教改项目立项。作为该项目的研究实践成果，以《中外时文选读》为突破口的上外课程思政工作得到教育部和上海市教委的关注、重视和认可。2015 年 10 月 13 日，在教育部社科司召开的思政课创新计划座谈会上，校党委书记姜锋和马院院长赵鸣歧教授就上外构建外语院校思政课教改体系情况作专题汇报。以此为抓手和突破，摸索和构建有外语院校特色的课程思政体系，为全国高校（特别是外语类高校和有外语专业设置的高校）提供具有开创性、可复制、可推广的教学改革模式。从某种意义上说，上外挖掘外语教学中思政教育资源的《中外时文选读》课程，已成为引领上海高校课程思政改革的一个标志性成果。

4. 媒体广泛报道

2015 年 10 月 20 日，《中国高等教育》杂志官方微博报道上外课程思政教学改革情况。2015 年 11 月 30 日，上海《教卫动态》大篇幅介绍了上外深入推进思政教育教学改革情况。2016 年 6 月 17 日，新华网"上海频道"以《上海外国语大学将思政课融入专业课》为题，深入报道了上外在思政课教学改革中所采取的举措及取得的积极成效。2016 年 7 月 11 日，新华社《新华内参》刊发《上海外国语大学积极打造大思政格局》。2016 年 11 月 19 日，在上海市社会科学界第十四届（2016）学术年会（思想政治教育学科专场）上，马克思主义学院就本项目推进情况做专题汇报。2016 年 12 月 12 日，《文汇报》以《上外《中外时文选读》课尝试破解思政教育"孤岛化"困境》为题，全面报道了上外此课程的教改成效。

六、结语

高校肩负着学习研究宣传马克思主义、培养中国特色社会主义事业合格建设者和可靠接班人的重大任务。思想政治理论课是巩固马克思主义在高校意识形态领域指导地位、坚持社会主义办学方向的重要阵地，是全面贯彻落实党的教育方针，落实"立德树人"根本任务的主渠道，是进行社会主义核心价值观教育、帮助大学生树立正确世界观人生观价值观的核心课程（姜锋，2014）。在本课程教学改革成果的基础上，上外马克思主义学院将认真贯彻习近平总书记在全国高校思政工作会议讲话精神和中央 31 号文件精神，进一步强化问题意识、问题导向，以创新的精神、求实的态度，努力把业已开展的思政课程的教学改革做实、做强，同时，全面实施提升学生认知的思政课专题化教学，加强学生能力培养的实践性教学，构建学生自主学习的网络教学平台，切实改进课堂教学方式方法，注重增强思政课教学的亲和力和实效性，加大教师队伍建设力度，为培养政治素质高的一流社会主义高端外语人才提供强有力的政治保障和思想支撑。

注解

*本文是上海市2015年思政课重点教改项目"挖掘外语课程中的思想政治教育资源— 以'中外时文选读'为例"、上海高校2015年思想政治理论课教学改革试点项目 "关于外语课程教学中的思想政治教育资源挖掘——以英语'中外时文选读'课程为 例"、上海外国语大学2014年专项研究项目"具有外语院校特色的思想政治教育体系 研究"的阶段性成果。

参考文献

[1] 曹德明. 以科学发展观为指导，培养创新型国际化外语人才[J]. 外国语，2007，（4）：2-5.

[2] 姜锋. 新时期应有的外语人才观[N]. 光明日报，2014年5月6日.

[3] 教育部. 关于印发《高等学校思想政治理论课建设标准》的通知[Z]. 教社科〔2015〕3号.

[4] 李丽，高建林. 高校生活德育的特征、原则及实施路径探析[J]. 南京政治学院学报，2015，（5）：128-130.

[5] 赵鸣歧. 思想政治教育与外语教学相结合的探索与实践——以上海外国语大学为例[J]. 思想政治课研究，2015，（4）：43-46.

[6] 中共中央办公厅，国务院办公厅. 关于进一步加强和改进新形势下高校宣传思想工作的意见[Z]. 中办国办发〔2014〕59号.

[7] 中共中央办公厅，国务院办公厅. 关于加强和改进新形势下高校思想政治工作的意见[Z]. 中发〔2016〕31号.

[8] 中央宣传部，教育部. 普通高校思想政治理论课建设体系创新计划[Z]. 教社科〔2015〕2号.

思政课全英语教学模式探索与实践 *

徐大慰

提要： 思想政治（以下简称"思政"）课全英语教学模式由专题式教学、小组讨论式教学、分层式教学、项目式教学构成，并包括相关全英语课程网站。实践效果表明，思政课全英语教学全面提高了学生的英语水平，把思想政治教育与英语学习，以及教学、科研和实践结合起来，体现了先进的教育教学理念。因此，《青年报》对该课程和授课教师进行详细报道，起到了引领示范作用。

关键词： 思政课；全英语；教学模式

作者简介： 徐大慰，上海外国语大学马克思主义学院副教授。

课程建设是本科教学建设的主要内容和专业建设的基础，它对于高等学校深化教育改革，提高教学水平，实现根本任务具有积极和重要的作用。课程也是培养学生知识、能力、素质的重要载体，它在人才培养中具有无可替代的重要性和基础性。在上海外国语大学"多语种＋"卓越国际化人才培养目标指导下，笔者尝试探索外语院校思政课教学模式，旨在提高教学效果，为相关教学实践提供参照。

一、思政课全英语教学的目的与意义

根据上海外国语大学"以立项促教改，以教改促实践，以实践促成果，以成果促办学质量与水平的提高"的目标要求，笔者积极建设一门全英语教学的思政课程，构建符合本校特色的思政与外语相结合的教学模式。通过两个学期的建设，把本课程建成了课程教学目标明确、教学理念先进、教学方法独特的全英语思政课程。课程资源全部上网，与学生共享。

以习近平同志为核心的党中央高度重视高校思想政治工作。他强调，高校思想政治工作关系高校培养什么样的人、如何培养人以及为谁培养人这个根本问题。习近平（2016）指出，做好高校思想政治工作，要用好课堂教学这个主渠道，思想政治理论课要坚持在改进中加强，提升思想政治教育亲和力和针对性，满足学生成长发展需求和期待。毋庸讳言，当前思政课课堂教学效果不尽如人意，存在部分学生平时上课心不在焉，考试前突击背诵等问题。这种情况迫切要求思政课教师改进教学内容和教学方法。

该课程贯彻落实了习近平在全国高校思想政治工作会议上的讲话精神，《教育部关于中央部门所属高校深化教育教学改革的指导意见》（教高〔2016〕2 号）《中共上海市教育卫生工作委员会上海市教育委员会关于推进上海高校课程思政教育教学改革试点工作的通知》（沪教委德〔2017〕11 号）等

121

文件精神。

二、思政课全英语教学的主要内容与实践过程

（一）专题式教学

专题式教学将教学内容以专题的形式展现出来，集知识逻辑、认知逻辑、教学逻辑和学习逻辑为一体。专题式教学以重点突出、针对性强、问题意识鲜明为优势（郭凤志，2010）。专题式教学有利于理论联系实际，提高教学针对性和教学效果。每一个专题自成体系，对学生深入理解并掌握知识很有效。专题式教学既有利于教师发挥主动性、创造性，又利于学生的自主学习。进行专题式教学，教师可以扬长避短，充分发挥自己的特长和创造力，使教学具有鲜明的个性风格。教师摆脱了"照本宣科"式的教学，学生也可以获得更加广阔的思维空间。

以《思想道德修养与法律基础》的教学内容和培养目标为纲要，结合当代大学生思想政治教育中的重难点问题及时事政治热点问题，教师精心设计全英语专题教学。一年来，本课程讲授的专题有："Moral Practice in Contemporary China" "the Perspective about Love, Marriage and Family" "Social Security System in America and Norway" "Moral Education in the US" "American Social Problems" "the Environment Protection in Norway" 等等。这些专题教学体现了人文社会科学的前沿理论，也与授课教师的科研成果相结合。

（二）小组讨论式教学

小组讨论可以增强学生的合作意识，提高其社交能力。小组讨论是同学间互帮互学、彼此交流知识的过程，也是互爱互助、相互沟通感情的过程。在小组讨论中，大家学会承认他人的优点，容忍他人的缺点，虚心向他人学习，听取他人的意见。小组讨论可以唤醒学生的主体意识，感悟集体的伟大力量（郭关玉、郑波兰，2017）。小组讨论要求学生向同学发问，并阐述自己的看法。这不但可以增加学生学以致用的机会，更可以增强他们对学习的兴趣，提高他们的学习能力，还可以使他们接受不同的观点，拓展他们的视野，促进思维的发展。

教师将学生四至五人分为一组，指导他们选择主题。随后小组成员开展社会调查研究，其研究成果作为思政课社会实践论文，并制作成 PPT 形式在课堂上汇报，回答同学们的提问，由老师和同学共同打分，作为该成果的最终成绩。教学具体要求如下：①课堂汇报、PPT 内容和研究报告必须是全英文形式。②内容必须坚持四项基本原则，围绕《思想道德修养与法律基础》各章节核心思想，属于大学生感兴趣的话题。③研究报告必须有中英文献回顾、理论分析、实证（经验）研究和主要观点。特别强调理论和实践相结合，研究报告要有翔实的数据和经验材料支撑。④全员参与研究报告的调查和撰写，课堂上回答教师和同学们的提问，鼓励大家辩论。

（三）全英语课程网站

本课程建立了全英语课程网站。截至项目结束，学生已提交 1000 多篇全英语论文。该网站对全体学生开放，是师生课后交流学习的平台，实现了线上线下教学相结合。教师在网站上布置作业，学生回答和提问，同学们深入讨论。网站内容充实，体系完整，

包括课程简介、教学大纲、教学录像、答疑论坛等。教学内容、教学大纲、教学录像、教案、习题、论文、案例、作业等资料全部对校内开放，发挥了课程的示范效应。

网站作业时时更新，学生踊跃发言，教师及时批改，是本网站的最大亮点。同学们围绕 "If you see strangers in trouble, will you help or not? And why?" "How do you think about American common people's life?" "As a freshman, how do you adapt to your university life? What's your plan for your following years in the university?" "How do you think about American presidential election in 2016 and the democracy, politics and money behind the election?" "How do you think about cyber bully? Have you ever bullied or been bullied online? What's your reaction to other's bully online?" 等话题畅所欲言，并写成英语论文。

（四）分层式教学

分层式教学是指教师根据学生现有的知识、能力水平和潜力倾向把学生科学地分成几组各自水平相近的群体并区别对待，这些群体在教师恰当的分层策略和相互作用中得到最好的发展和提高（陈波，2017）。本课程特别重视课堂教学的"分层互动"，首先，教师通过调查和观察，掌握班级内每个学生的学习状况、知识水平、特长爱好及社会环境，将学生按照英语水平分组，形成一个个学习群体。利用小组合作学习和成员之间的互帮互学形式，充分发挥师生之间、学生之间的互动激励，为每个学生创造整体发展的机会。教师充分考虑到学生层次的差异性与合作意识，通过学生间的人际互动形成有利于每个成员协调发展的集体力量。

在英语教学方面，教师根据专业差别设计不同的教学模式，提出不同要求。对英语专业、英语教育专业、小语种及卓越学院学生，在英语听说读写方面有更高的要求，比如发音到位、用词准确、书写文雅等，而对非语言专业学生则主要训练他们的听说能力，鼓励他们积极发言和讨论。有些学生容易接受正面的思想政治教育，而有些学生比较"顽固不化"，则要面对面辩论，或通过电子邮件反复沟通，对他们动之以情、晓之以理、导之以法。

三、思政课全英语教学成效与评价

（一）成效

该课程建设取得显著成效，主要表现在以下四方面。

一是全面提高学生的英语水平。①听说能力。英语是课堂教学的唯一语言，教师全英语授课，学生课堂发言和讨论也必须用英语。尤其在小组演讲和辩论中，学生的口语水平得到明显提升。②读写译能力。教师布置英文的时事政治文章、人文社会科学经典和前沿理论文献，让学生写读后感。学生的研究报告用英语书写，网站作业也须用英文互动。③模仿能力。观看原版英文小视频，让学生在语境中体会西方语言文化，模仿他们的语音语调。④专业术语表达能力。专题内容涉及政治经济社会文化等各个方面，任课教师也受过历史学、社会学、人类学、管理学等多学科专业训练，在国外留学多年，重视学生的各个专业术语的英语表达培养。

二是思想政治教育与英语学习相结合。①学生既学习到人文社会科学理论知识，又了解到国内外时事热点焦点问题，亦丰富了他们的英语词汇。他们在潜移默化中接受了思想政治教育，从而改变了以往思政课枯燥说教和灌输的做法。②通过观看国外原版视频和阅读国外文献，以及授课教师国外留学经历及心得体会的现身说教，同学们在中西方政治社会文化比较中，深刻领悟到社会主义制度的优势。③这是"多语种＋"办学战略在思政课教学中的成功尝试，它要求授课教师具有良好的英语水平和扎实的专业知识，又要懂得教育教学艺术。

三是教学、科研和实践相结合。①把学生组成不同科研小组，他们围绕教学内容自选主题和研究对象，查阅文献，进行调查研究，收集实证资料，撰写研究报告，然后在课堂上汇报研究结果，期末形成高质量的学术论文，集科学研究、社会实践和课堂教学于一体。学生的研究主题有网络暴力、美国大选、美国种族问题、美国枪支管控、十八届六中全会、英国脱欧、欧洲难民等，既有现实关注又有理论分析。②任课教师解读一些有价值的学术论文，汇编在《中外时文选读教学指南》一书中，该书拟由上海教育出版社出版。其中收录任课教师的两篇论文的导读：China's Progress in Poverty Reduction and Human Rights；Conflicting Images of the Individual and Contested Process of Individualization。每篇文章包括时代背景、作者简介、主要内容、当代价值、重难点、研读方式等，大约一万字。该书将是很好的思政课教学辅导资料。

四是实施先进的教育教学理念。①主体性理念，从传统的以教师为中心转变为以学生为中心，倡导自主教育，让学生自己去学，在做中学。②个性化理念，尊重学生个性，因材施教，分层式教学，注重培养他们的创新思维能力。③国际化理念，注重学生的英语听说读写翻译等能力的培养，丰富他们的多学科专业知识，使他们具有国际视野和跨文化交际能力。授课教师曾带领 20 多名挪威卑尔根大学的学生走进课堂，与中国大学生面对面交流，体会文化的多样性。

（二）评价

以下将对该课程教学进行分层分类，客观评价。

对全英语教学的评价。学生学习到英语专业以外的其他专业词汇，如政治学、社会学、经济学、人类学等专业术语的英语表达，以及美国俚语。学生在学习英语和多学科知识的过程中，潜移默化地接受了思想政治教育。所谓"润物细无声"，这也改变了他们对公共课教师的刻板印象。

对专题式教学的评价。针对大学生最关心、最困惑、最尖锐、最敏感的思想、理论和现实问题，教师精心设计全英语专题教学，做到"围绕学生、关照学生、服务学生"。教师所选择专题是大学生思想政治教育中的热点、难点、重点问题，切实做到了"因事而化，因时而进，因势而新"，由问题解析导向理论分析，把教师的科研和教学结合起来。

对项目式教学的评价。项目式教学把科学研究、课堂教学和社会实践有机结合起来，发挥了学生学习的主体性，调动了他们的课堂积极性。每组同学的选题都很新，贴近生活，其他同学非常感兴趣，往往在课堂上会争论不已。通过课堂辩论使他们树立了正确的人生观、世界观、价值观。同学们的调研能力、写作水平和语言表达能力都得到了提升。思政课堂要"实"起来、"活"起来、"动"起来；要推进实践育人机制建设，让学生在做中学；要建立价值塑造、能力培养、知识传授的培养模式。

四、课程特色和社会影响

上海外国语大学积极推进"多语种＋"办学战略，加强全球治理人才培养，突出"会语言、通国家、精领域"理念，致力于培育思想素质过硬、中外人文底蕴深厚、跨文化沟通和专业能力突出、创新创业能力强的"多语种＋"卓越国际化人才。这种人才培养目标不仅体现在语言学专业中，也要在公共课中落实。通过本课程学习，学生丰富了他们的社会科学专业的理论和英语词汇，比如消费主义的享乐主义（hedonistic consumerism），活雷锋（good Samaritans），扶人被讹（extorting Good Samaritans），可持续发展（sustainable development），性别平等（gender equality），功能主义（functionalism）等。

上海市共青团主办的《青年报》2016年12月20日第三版整版详细报道了笔者的教学事迹，题目是《学霸老师全英文教授思政课》。上海市共青团官方微博"青春上海"也以《上海高校的四大思政"女神"，把枯燥的政治课玩出了新花样》为题进行报道。随之被上海市教委官方微博和搜狐网等转载。这些媒体报道产生了广泛的社会影响。

《青年报》的整篇报道分为三部分："一课堂网罗，全英语学思政开视野"；"教育接地气，让课堂实起来活起来"；"让课堂更加丰富饱满，使教学更加贴近学生"。编者按：上完大思政讲座后，被超八成的学生蜂拥"求加微信"是一种怎样的体验？"消费主义的享乐主义""活雷锋""扶人被讹"的英语表达怎么说？上海外国语大学马克思主义学院副教授、博士徐大慰老师做到了。她最鲜明的教学特点是用全英语专题式的方式教思政课，实践证明，不仅奏效还广受追捧（刘昕璐，2016）。

2016年12月，教育部高等教育教学评估中心对上海外国语大学本科教学工作进行了审核评估。教育部评估专家听完笔者的全英语课堂教学后，给予很高评价。专家组组长、北京外国语大学党委书记韩振在听取马克思主义学院领导汇报后，积极肯定了全英语思政课的创新价值和重要意义。

笔者承担学校海外留学生必修课程"Intro to China"的教学工作，面向来自20多个国家的留学生用英语讲好中国文化和中国故事。所讲授的专题包括"Understanding China's National Conditions""Chinese Philosophies and Religions""Chinese Literature""Chinese Education"中文译名等。除此之外，本课程的全英语思政课程网站结构完整、内容丰富，是师生交流的重要平台，并且对外免费开放，发挥了宣传示范作用。

五、存在问题与对策建议

本课程建设中仍然面临一些问题。一是在学生英语水平参差不齐的情况下，如何调动每位学生的课堂积极性。上海外国语大学已形成以语言文学类学科见长，文学、教育学、经济学、管理学、法学等五大门类协调发展的学科格局。相比较语言学科的学生，经济学、管理学、法学等专业学生的英语水平相对较为薄弱；以语言学专业而言，非英语专业学生的英语水平又欠缺一些。因此，授课教师要根据学生的英语水平，把学生分为高中低三个档次；对不同层次的学生提出不同要求，使学生各尽其智，在原有的水平上都有所提高。

二是如何把人文社会科学的思维训练和实际问题的观察分析能力相结合。这需要理论联系实际：①以课堂教学为平台，向学生传授人文社会科学的理论方法。②购买国外经典和最新出版的图书，带领学生阅读。③结合时事热点问题，让学生成立课题小组，做社会调查，写研究报告。社会调查不仅锻炼学生接触社会的能力，而且使他们更直观地了解中国社会的现实生活和传统文化魅力，增强课堂教学的效果。

　　三是如何及时追踪和吸纳国内外最新的研究成果，以系统而深入的专题形式呈现。①团队成员集体备课，根据各自所长编写章节内容，最后由笔者校对和统稿。②鼓励学生听国内外知名教授的学术报告，了解学术研究前沿理论方法和发展趋势。如学生积极参加了上海外国语大学长江学者、哈佛大学 Michael Herzfeld 教授的多场学术报告。③讲义中包含大量的人文社会科学专业术语，以利于提高学生的专业英语水平。

注解

*本文是2015年上海外国语大学本科教学改革研究项目"思政课全英语教学模式的探索与实践"终期成果。

参考文献

[1] 陈波. 基于分层教学法的高校英语教学探讨[J]. 教育现代化，2017，（32）：195-196.

[2] 郭凤志. "马克思主义基本原理概论"课专题教学的基本思路[J]. 思想理论教育导刊，2010，（9）：70-73.

[3] 郭关玉，郑波兰. 大班思政课堂实施小组讨论法的成效实证分析[J]. 大学教育，2017，（8）：13-15.

[4] 刘昕璐. 学霸老师全英文教授思政课程[N]. 青年报，2016-12-20.

[5] 习近平. 习近平在全国高校思想政治工作会议上发表重要讲话[N]. 新华日报，2016-12-8.

全媒体时代实践教学模式探索 *

周嘉雯

提要： "全媒体"作为一个术语被使用在媒体研究中始于20世纪后期。这一革新既冲击了传统新闻采编流程和传播观念，也冲击了新闻传播学传统教育模式。由全媒体和自办校园媒体结合而成的全媒体新闻传播实践教学也得到快速发展，正逐步在学校的教学活动中占据越来越重要的位置。本文将在总结国内外现行新闻传播实践教学模式的基础上，以上海外国语大学英文网站的实践教学为例探究多层次体验式融合教学模式。此模式通过介绍建构主义教育理论和体验式教学方法，进一步分析其在全媒体实践上的多层次应用，并提出其两大关键改进点。

关键词： 新闻传播；实践教育模式；全媒体；体验式教学

作者简介： 周嘉雯，上海外国语大学新闻传播学院助教。

一、全媒体环境对新闻传播教学的挑战

（一）全媒体概念的产生

媒介融合的样态随着技术进步发生了重大改变，而信息技术革命起了关键性的作用：微电子学、计算机、电信业的飞速发展促进人类的交流、信息传播的工具演进。全媒体的概念也随之进入了人们的视野。美国商业巨头马莎·斯图尔特（Martha Stewart）最早将"全媒体"这个概念引入新闻业，通过综合性地运作电视、印刷业、网站、电子商务等一系列不同样式的媒介平台，她于1997年顺利整合旗下相关的所有品牌，这一新鲜的媒介融合运作模式使她的公司——马莎·斯图尔特生活全媒体公司（Martha Stewart Living Omnimedia）——于1999年成功上市，而这一媒介形态则被叫作"全媒体"（肖珺，2013）。业界目前对这一概念有诸多不同侧重的解释，但它被普遍认为是一种整体性运作不同类型的媒介和终端，比如文字、图片、声音、视频等，无论何时何地融合性地展示传播内容（Ithiel de Sola Pool, 1984）。这场颠覆式的传媒变革冲击了传统新闻的采编流程和传播观念：一条新闻内容应该同时符合纸质媒体、电视媒体、移动媒体等多媒介的生产、传播和营销的条件。

（二）新闻传播的实践教学

教学模式通常指的是根据某一（些）教学理论和方法，为了实现某一（些）教学目标和内容，围绕某一主题形成的相对不变的、简单扼要的教学结构理论框架及其具体可操作的教学活动方式（尤梅，2014）。由此可见，教学模式可以被当作理论和实践的中间桥梁，它既是教学活动的指挥棒，又将教学实践提炼升华（Gunter & Schwab, 1990）。新闻传

播学是一门实践性很强的学科，通过传授学生"各种工具和规则的体系"和"制作的智慧"等，培养"高技能应用型专门人才"（王春玲、牛炳文，2008）。全媒体的崛起不仅冲击了新闻业态，也对新闻传播教育提出了新要求，新闻内容生产的聚合化教学遂提上议程。

二、现行教育模式的启示

为了应对全媒体所带来的挑战，国内外诸多新闻学院已对实践教学模式做出调整。以下归纳比较美国和中国的一些实践教学经验（Herskowitz，2011），希望给教育模式创新带来启示。

（一）美国新闻实践教育

1. 纽约大学：项目式教学

该校新闻学院针对硕士生的教学计划中有一个"20 工作室"（Studio 20）项目式教学。项目式教学模式是以某一特定的项目目标为动力，召集师生和业界人员（常常不局限于某一专业领域）在一段时期内（比如：三个星期的）以项目为基础协同工作来达到该项目目标。为了落实"教授技能、分享技能、学习新知"这一教学原则，工作室的教学团队包含了作家、编辑、电视录像制作人、音频记者、程序员、设计师等，旨在培养学生成为懂得如何利用一切资源来发展网络新闻业的全才。工作室还提供了一个公共场地来为集中讨论和相关活动提供空间。

2. 密苏里大学哥伦比亚分校：本科跨学科课程

该校新闻学院为本科生开设了跨学科课程并教授明确的媒介融合实际操作方法，比如，多平台设计、可视化编辑和管理等。每一门课程的师资团队一般由两个或两个以上教师组成。

（二）中国新闻实践教育

汕头大学长江新闻与传播学院成立了"融合媒体实验室"，与多家网络媒体合作报道世博会、缅甸大选等。

（三）中外新闻实践教育共性问题

国内外新闻学院的实践教学的确取得了一些成就，但仍存在诸多问题（王彦锐，2011）。比如，"轻理论重实践"的教学模式认为：保持理论知识体系的完整性是次要的，最重要的是提高实践课程的比重，灵活设置课程内容来紧跟媒体社会的发展潮流。在这种模式的引导下，学生的实践能力较强，较易适应媒体的实际工作要求；但同时，薄弱的理论基础和较低的专业素养使学生在职场中难以获得长远发展。除此之外，实践训练只重单项，缺乏体系；然而，全媒体时代的媒体竞争不单是同类型媒体间的竞争，而是多媒体的融合竞争。媒体技术革新迅猛，而教师长期脱离一线工作环境，实践教学内容的更新往往滞后于市场需求。

三、多层次体验式融合实践教学模式

以上案例说明，对多种媒体形态的分隔式新闻教学方法应该及时调整，设立"融合型教学模式"。上海外国语大学英文网（http://en.shisu.edu.cn/）是学校自办校园媒体，网站内容的呈现形式包括文字、图像、音频、视频等，并与校园电视台、广播站、报刊等合作，已具备实施该教学模式的条件，可作为学生全媒体实践的平台。

（一）建构主义教育理念

本模式主要运用了建构主义教育理念。

西方的建构主义（又称结构主义）源自关于儿童认知发展的理论，与杜威的"以儿童为中心"（杜威，1981）的教育思想一脉相承。建构主义教育理论以学生为核心，倡导学生发挥主观能动性，主动探究、掌握、丰富知识内涵，从而将教师的灌输教学转换到学生的主动学习上。它与传统教育理论的最大区别在于，所谓传统教学强调的是"教"而非"学"，忽略了学习者作为认知主体的作用，因而达不到最有效的教学效果（高文等，2008）。

（二）体验式教学方法

从建构主义教育理论来看，要实现理论知识传授与实际运用的深度融合，必须实现教学与实践的同步重构。因此，在建构主义教育理论指导下的体验式教学方法（Experimental Learning）被认为是一种培养学生理论联系实际的综合能力较为有效的方法。它一般指的是教师在教学过程中，根据学生不同的认知水平和不同的知识内容，经过创设和实际客观情形大致相符的实战情景并让学生在其中反复实践体验，自然而然地渗透教学内容，使学生在亲自经历的过程中理解知识、掌握知识、锻炼能力、生成情感、创造意识的教学观和教学形式。美国教育家波利亚（George Polya）指出，让学习者亲自去探索知识是学习知识的最有效方法（赵雄辉，1989）。因此，美国学者大卫·库伯（David Kolb）在20世纪80年代提出了完整的体验式学习理论，在他看来，体验是有效学习的开端，之后将体验感受升华提炼到理论高度，最后用实践来检验理论的真伪（Kolb & Fry，1975）。在新闻传播学中，体验式教学应该是引导学生进入真实的实际场景去实践，从

而刺激学生产生新闻实际操作的本能观感。

上海外国语大学英文网作为融合媒介实践平台，非常适合引入体验式教学，以创建学生实践案例分享平台和教师指导下的新闻工作室为策略，以跨学科教学为前提，以上外英文网为融媒体成果发布平台，促进学生参与社会实践、专业实践，从而锻炼学生运用多种媒介手段开展专业策划和融合报道的能力。

在体验式教学中，师生首先应该积极开展双向互动学习，通过教师的辅助指导，师生一起设置与主题相关的实验或情景，引导学生生成对政治、经济等外部环境和内部运作的感受，在此基础上主动发现问题并开展研究，从而沉淀知识、锻炼思维能力、生成情感、形成观念、激发潜力。上海外国语大学英文网的工作室按照真实的"新闻工作室"机制来运行，是教师指导协调下的学生自主管理体系。该体系要求学生讨论通过翔实的管理规范并根据实际情况及时修正，积极参与社会活动并开展相关调研，生产原创新闻内容并用多媒体在网站上进行呈现。比如，学生为工作室的有序运行编写了一份图文并茂的编辑手册，该手册是上外英文网的管理守则，结合了 BBC、Buzzfeed 等国际新闻工作室的通用标准、中国互联网新闻信息服务管理规定与上外英文网站的实践经验。不仅如此，教师还引导学生在实践活动中发现、分析、解决问题，明晰学生的兴趣方向，同时安排与学生兴趣、能力相匹配的实践任务，检查任务完成结果并检验理论课教学内容，从而起到将理论课与实践课并举、培养学生动手和思考能力的作用，使学生从被动式接受式学习向主动式探究式学习转变。比如，教师根据学生兴趣与能力划分了文字、多媒体、

数据可视化、编辑与发布等小组。文字组的主要工作内容是采写和编译，完成符合上外英文网要求的原创型特写和时效性较强的硬新闻。多媒体组的主要工作内容是完成符合上外英文网要求的照片拍摄、视音频制作等。数据可视化小组的主要工作内容是完成符合上外英文网要求的数据可视化作品的设计与制作。编辑与发布小组的主要工作内容是对文字、多媒体、数字可视化作品等进行汇总、审核、筛选、融合，并根据选题和网站定位需要择优发布在网站相关栏目区域，在网站的数据后台追踪用户访问情况并及时调整发布策略。

其次，在师生互动教学中，共享是关键的一环。因此，将数量多、具有实际应用价值的实践案例分享给学生们并促进他们在实践中将所学知识内化是最为重要的学习过程。基于这个实践教学重点，策略之一便是构建实践案例资源库（网址：http://sisuenweb.lofter.com/）。上海外国语大学英文网从报道主题多样化、同一报道的全媒体多角度呈现等方面恰恰为实践案例资源库建设提供了便利。一方面，教师从网站的设计、全媒体作品设计与制作等方面对学生的实践案例进行分类整理并添加到资源库，日后可根据需要引入课程教学中，从而实现对学生共性问题的指导。另一方面，同一报道的多角度、多媒体呈现方式促进学生创造性思维的开发，学生把自己的作品与上外英文网上被发表的作品相对比，既增强了学生的自我反思意识，也提供了一种动态、逼真的实战氛围。从 2016 年 3 月至 7 月，实践案例资源库中的案例已累计至数十篇，并附有师生的点评交流。

最后，体验式教学重视实践活动，根据学生参与实践活动的程度不同，它可分成多种层次和类型。因此，案例融合设计中的重点之一便是构建一种由实验教学、全媒体产品策划与制作、实习教学等多层次、全方位的体验式融合实践模式，这对新闻传播人才的梯队式培养具有巨大帮助。以下是不同教学层次的说明：

1. 初步参与实践：实验教学

高校新闻实验教学还只是完成课程教学的作业，没有把实践放到社会真实的大环境中去演练，所以教学对象往往是实践技能尚处于熟悉准备阶段的学生。上海外国语大学二年级的学生掌握了全媒体的部分操作技能，尚不具备独立策划制作全媒体产品的思维和能力，所以他们在教师引导下开始接触校园英文网，参与一些信息收集、新闻采访、图片编辑等对专业知识要求不高、难度相对较小的实践任务，来完成跨学科实践课程教学的作业。目的是使学生挖掘兴趣点、掌握网站的运作规范、熟悉团队合作的基本技巧，为更高年级学习全媒体产品策划与制作奠定基础。

2. 中度参与实践：全媒体产品策划与制作

全媒体产品策划与制作的实践训练不单单是完成课程教学的作业，也不是被动应付，而是要求学生能够把课堂理论学习和实践训练完全结合起来，认真积极地以主人翁的身份参与实践，所以教学对象往往是具有较强综合实践能力的学生。上海外国语大学三年级的学生经过长期的理论和实践准备已具备独立策划制作全媒体产品的思维和能力，所以教师指导他们参与校园英文网上以项目形式运作的全媒体产品，面对社会发行传播，产生社会效益，由社会来检验师生合作的实践成果。目前，上外英文网已发布多个由学生合作完成的优秀数据可视化产品，产品制作过程需要综合能力的运用，包括：数据收集整理、挖掘分析、图形可视化、与文字图片等融合排版。

3. 深度参与实践：实习教学

实习教学通常指的是学生在媒体单位听从业界人员指导来学习工作业务的过程，这能够充分锻炼学生的实践技能，使他们更清楚该项工作相关的职业环境和团队需求，毕业后能更快融入工作环境中。但是，现今很多学校放松了对实习的管理，学生放任自流，缺乏学校老师的监督和指导，使许多学生在实习过程中非常被动，常常扮演"旁观"或"跑龙套"的角色，实习效果十分有限。上海外国语大学英文网努力搭建与校外媒体单位的双向交流桥梁，合作建立实习教学基地。2015年10月底，该网站与东方网明确初步合作方案，东方网将以友情链接的方式转发上外英文网的优秀作品内容，并与英文网的师生团队开展专版或专题合作。不仅如此，东方网还会定期为学生举办培训讲座，将丰富的实践经验引入教学中，培训后组织合适的学生人选到东方网实习。实习将实行校内指导老师和实习单位指导老师并行制度，加强实习监督、指导等管理工作，帮助学生及时解决在实习中遇到的各种问题，调动积极性，提高实习效果。

四、本模式关键改进点

为了发挥体验式融合教学模式的最大功用，该模式的研究应以人才培养目标为指向，将不同层次的教学方式巧妙融合为一个有机的整体。

（一）处理过度预设的教学目标和脱离预设的教学目标之间的矛盾

教学目标一般指的是教学活动主体事先制定的用来指导具体教学活动中实现的、使用现有技术手段可以测度的教学结果。它的表现形式为对学习效果的具体描述，或对学生在教学活动结束时其知识技能等方面发生变化的阐述（李如密，2003）。教学活动要预设一个明确的教学目标，这是无可厚非的，因为无目标的教学活动往往是无秩序、低效的。然而，过度预设目标、缺乏生成的教学也是有害的。教学应该是一个动态生成的过程，在这样的教学活动中，学生可以根据个人理解提出问题，教师加以引导，那么学生就能加深理解，获得独特的体验。相反，如果教师只关心预设目标的达成，而忽略学生的生成性理解，那么这就会扼杀教学活动的生命力，使其变得单调乏味。所谓体验式教学就是让学生在实际操作中领会知识、提升知识，而学生个体不断变化的学习能力和情感体验导致体验式教学过程产生一定程度的不可控性，容易出现课堂纪律混乱、体验过程中脱离教学目标等问题。这需要教师积累教学经验并加强与学生的双向学习。

（二）孤立化的知识结构

知识的"孤立化"主要指的是学科知识缺乏整体性，这体现在两个方面：首先，横向上的"蜂房化"，即学科之间的知识壁垒森严，知识在空间上的整体性被打破；其次，纵向上的"断层化"，即知识在时间上的整体性被打破。换句话说，教学只重视学生接受现有的"他化"（经过筛选的）知识，而忽视学生参与知识的获得过程——回归过去、想象未来、生成属于"我"的知识和体验。

体验式教学的实施必须建立一个无论是横向上还是纵向上都完整的知识背景。从横向上来看，所谓体验式教学的完整性，即个体的体验不是抽象存在的，而是来源于所处的社会环境，不可避免地受到历史、文化、科技等各方面的影响。因此，学生若只学习本门学科规定的知识内容是很难获得真实体验的；只有积极联系各方面知识，才能获得更宏观丰富的体验。从纵向上来看，所谓体验式教学的完整性，即把过去、现在、未来相统一，鼓励学生参与知识的获得过程——回归过去、想象未来、生成属于"我"的知识和体验。

五、结语

全媒体作为一个术语被使用在媒体研究中始于20世纪后期。这一巨大变革既冲击了传统的新闻采编流程和传播观念，也冲击了新闻传播学传统教育模式。为了适应这一变化，国内外许多新闻学院开展了积极探索和创新。其中，纽约大学的项目式教学、密苏里大学哥伦比亚分校的本科跨学科课程设计、中国清华大学与人人网产学研合作教学等实践教学模式皆具借鉴意义。新闻传播学既符合一般实践教学特点，又有其学科特殊性。所以，全媒体时代的新闻传播学教学模式构建应将人才培养目标放在第一位，将不同层次的教学方式有效地整合为一个真正的整体。因此，上海外国语大学英文网作为融合媒介实践平台，非常适合应用体验式教学，以设立学生实践案例分享平台和教师指导下的新闻工作室为策略，以跨学科教学为前提，以上外英文网为融媒体作品发表平台，创建一种由实验教学、全媒体产品策划与制作、实习教学等多层次、立体型的体验式融合实践模式，这符合全媒体发展趋势并具有较强的现实借鉴意义。

注解

*本文为上海外国语大学本科教学改革研究项目"全媒体时代实践教学模式探索：上外英文网学生综合实践为例"成果。

参考文献

[1] Gunter M A & Schwab J H. *Instruction: A Model Approach*[M]. Boston:Allen and Bacon, 1990.

[2] Ithiel de Sola Pool. *Technologies of Freedom*[M]. New York: Belknap Press,1984.

[3] Herskowitz J E. Journalism Schools: Surviving or Thriving? [J]. Editor & Publisher,2011, 144(8):44-51.

[4] Kolb D A & Fry R. Toward an applied theory of experiential learning[J]. in C. Cooper (ed.) Theories of Group Process. London: John Wiley,1975.

[5] 杜威. 学校与社会. 杜威教育论著选[M]. 赵祥麟，王承绪（译），华东师范大学出版社，1981：31–32

[6] 高文，徐斌艳，吴刚. 建构主义教育研究[M]. 北京：教育科学出版社，2008：79–82.

[7] 李如密. 现代教学理论研究[M]. 长春：吉林人民出版社，2003：70.

[8] 王春玲，牛炳文. 从理论到实践，从课堂到媒体——新闻专业实践教学的系统思考[J]. 新闻界，2008，（3）：168–170.

[9] 王彦锐. 关于高校新闻传播专业人才培养的再思考[J]. 新闻知识，2011，（6）：75–77.

[10] 肖珺. 中西全媒体新闻教学比较研究[A]. 中国媒体发展研究报告，2013:460–472.

[11] 尤梅. 探究教学模式，提高教学效果 [J]. 阅读，2014，（24）：2–4.

[12] 赵雄辉. 波利亚关于数学教育一般理论的研究[J]. 江苏教育，1989（Z1）.

广告学专业"双师制"与"三合一"实践教学改革探究[*]

盛颖妍

提要： 以某高校广告学专业的实践教学改革为案例，探索如何将广告学专业学生实践能力的培养作为重心，以师资和内容两方面为抓手，落实"双师制"（即所有实践相关课程都任用两位教师，一名专业老师，一名业界导师）和"三合一"（即业界讲坛、课内实训、校外实践三个板块合一）的新型教学模式，通过强化本专业与业界的互动、交流，改善师资结构，整合业界资源，革新教学方式，优化课程体系，从而提升学生的实践能力。

关键词： 广告学；实践教学改革；双师制；三合一

作者简介： 盛颖妍，上海外国语大学新闻传播学院讲师。

广告是一个操作性极强的专业，又是一个快速发展变化的行业。作为向业界输送人才的高校广告学专业，应顺应时代和行业的需求，将实践能力的培养作为重要的教学内容。本文将以上海外国语大学广告学专业为案例，探索该专业如何面对学界的实际情况和业界的切实需求，积极探索实践教学改革的途径与方法。

一、广告实践教学的困境

对于广告学科而言，人才培养面对的一个突出问题是来自用人单位的质疑——理论有余，实践不足，"长期以来业界对广告教育的主要批评是广告教育与实际脱节，培养的学生难以很快适应行业一线的实战要求"（陈刚，2005）。广告学科人才培养与社会需求不能合拍的原因主要有以下几点：

（一）缺少"量身打造"的人才培养机制

就传统的人才培养模式而言，"高校的学习方式主要是课堂教学并辅之以实验、实习，以灌输的方式向学生传播前人的经验升华而成的理论"（潘惠德、许传宏，2002），缺少发挥学生动手能力的平台。包括广告学在内的应用学科中，学生培养难以按照自身的特殊属性进行个别处理。广告学专业的学生在传统的普适性的人才培养模式下难以学有所成，学以致用。

（二）学科发展上与业界的有效沟通不足

广告学科的发展与业界缺乏有效沟通主要体现在两个方面，一是师资，二是教学内容。以师资而言，高校师资队伍需要高学历，但"高学历"这道门槛会将很多优秀的业界人才拒之门外（胡菡菡、郑欣，2012）。以上海外国语大学广告学科而言，现有师资多为研究性队伍，一线广告从业经验极少，实践教学能力相对较弱，而实践第一线的信息和经验恰恰是业界人士的优势所在。以教学内容而言，在实践板块，业界人士少有进高校的，高校教师也很少去业界进行考察、学习和进修。业界的成功案例往往只在圈内传播，其教学价值和研究价值得不到应有的开发和利用。应用学科的人才培养也因此面临知识老化，理论跟不上实践步伐的问题。上外广告学专业在发展过程中也认识到了这些问题，并积极开展教学改革，但在实践教学这一方面，仍有待提高。

为解决上述问题，提升广告学专业实践教学的质量，上外广告学专业开展了"双师制"与"三合一"实践教学改革，将广告学专业学生实践能力的培养作为重心，以师资和内容两方面为抓手，力求通过强化本专业与业界的互动、交流，改善师资结构，整合业界资源，革新教学方式，优化课程体系，从而提升学生的实践能力。教学改革实施一年多来，收到了显著的成效，学生的实践能力获得了较大提升。

二、"双师制"与"三合一"实践教学改革的思路与框架

（一）内外需要分析确定实践教学改革的具体内容

根据系统论的基本观点，学校是一个教育系统，存在于社会环境中，是社会系统的一个组成部分。学校系统与社会环境相互调节相互适应。教育系统观将学校教育系统置于整个社会环境中加以考察：社会环境向学校教育系统输入教育目标、学生和教育资源等，由学校教育系统把学生和教育的其他实体转换成目标所要求的状态，达到教育目标后向社会环境输出成果。基于这一理论依据，本项目从社会大环境变革和发展的趋势入手，从上外教育改革和人才培养的规划入手，开展外部和内部的需要分析，根据系统的总体要求来确定实践教学改革的具体内容和方法。

在需要分析过程中，以不同的期望值作参照系，便形成了两种不同的分析方法，即内部参照需要分析法和外部参照需要分析法。内部参照分析法是将现状与组织机构内部制定的目标或要求作比较，找出两者之间存在的差距；外部参照分析法则根据外部环境（社会）的要求来确定期望值或目标，以此为标准来衡量现状，找出差距，它揭示的是目前的状况与社会实际要求存在的差距。

笔者采用外部参照需要分析与内部参照需要分析相结合的方式，以外部需要分析为主，内部需要分析为辅，开展了文献分析、问卷调查、深度访谈和专家意见征询德尔菲法（Delphi Method）等四种方式的调研，进而确定教学改革的具体方法和内容。

首先，通过分析广告学专业现有的人才培养目标和方案，对专业特色进行提炼，形成了新的人才培养目标：广告学专业致力于培养具备良好的沟通能力和客户管理能力，对产品、市场、消费者有深入的洞察并能提出有效的整合营销传播策略，能进行创意开发并具备一定的执行能力，英语语言能力强，能在国际市场环境中从事整合营销传播管理、策划和创意的复合型人才。学生毕业后主要供职于各类广告公司、营销传播公司、媒介机构、市场咨询机构、生产企业的营销部门和政府机构等。新的人才培养目标中，对实践能力的要求做了明确的描述，比如"从事

整合营销传播管理、策划和创意的复合型人才""对产品、市场、消费者有深入的洞察并能提出有效的整合营销传播策略""能进行创意开发并具备一定的执行能力"等。

其次，通过对广告教育专家、兄弟院校教学改革先行者和业界资深从业者三类专家共15人次（其中，国际大型4A广告公司/营销传播公司高层主管6人、国内外广告领域的专家5人、教学设计专家2人、兄弟院校教学改革专家2人）进行深度访谈和专家意见征询。从业界专家处了解广告行业发展的现状和趋势，广告行业对人才能力和素质的全方位要求；从广告教育专家和兄弟院校处了解广告行业目前和未来对人才的需求、兄弟院校广告专业的教育模式和实践教学做法，以及广告人才培养的方向性建议。对以上信息进行梳理后，形成一般性的信息调查表，用于德尔菲法专家意见征询，主要集中于三个问题："上外广告学专业人才培养是否应强调实践教学""上外广告学专业人才培养过程中如何进行实践教学""上外广告学专业人才培养过程中实践教学的重点"。对15名专家进行匿名函询调查，请其对调查表中各项内容进行判断和说明。最终形成专家意见统计结果：上外广告学专业人才培养应强调实践教学；实践教学应与业界加强交流，通过优化师资、增加实训来提升学生实践能力；实践教学的重点是传播策略、数字营销、广告实务三个方面。

（二）"双师制"与"三合一"两手抓开展教学改革实践

1. "双师制"师资改革实践将业界导师引入实践教学

由于目前广告学专业的师资无法在短期内进行全面的结构调整，教学改革的思路是将业界资深的广告从业者作为外聘的实践导师引入实践教学体系，所有实践相关课程都采用"双师制"模式，即一名专业教师与一名业界导师共同指导实践项目，开展实践教学。这样一方面确保了理论与实践的整合与对接，另一方面，两位老师共同对学生的实践进行指导，尤其是业界导师的加入，使学生有更多更好的学习机会，在对真实项目的开发及其策略制定、创意规划、执行能力等各方面都有较大提高。

实践教学改革进程中，专业负责人积极与业界领先的广告公司对接，尝试进行实践教学方面的合作，并吸收了一批高水平高素质的业界导师加入实践教学的团队。目前，引进广告学专业实践教学过程的业界实践导师包括：嘉年华整合营销创始人兼董事总经理吴兆华、BBDO大中华区首席策略官 Hans Lopez-Vito、BBDO上海首席创意官赖致宇、BBDO香港公司总经理金熙、BBDO大中华区全渠道方案总监何思敏、BBDO上海执行创意合伙人赵晓飞、Great Works中国公司前首席执行官兼创意总监叶蔚、FORESEE BREMEN合伙人兼创意总监王洁琦、Nice创意总监徐佳杰、新网迈全国首席策略官宋晓峰、Vogue前全媒体项目副总监方晴雯、前法拉利营销总监胡杰等。

业界导师的加入，对专业教师队伍起到了补充的作用。实践教学环节由专业教师与业界导师进行合作教学，使两者能在各自擅长的领域发挥其作用，在理论与实践两方面做到互补与融合，并且从理论顺利过渡到实践。业界导师一方面通过案例教学将广告行业最新的动态、最鲜活的经验传递给学生；另一方面，业界导师在实训项目策划过程中对学生进行指导并参与比稿的评审,从策略、创意、提案能力、执行能力等各方面综合提升了学生的水平。

2. "三合一"教学内容改革实践搭建阶梯式实践教学板块。

通过制定"三合一"的实践教学模块,分层次构建阶梯状实践教学体系,从"业界讲坛"到"课内实训"再到"校外实践",层层递进,环环相扣。

"业界讲坛"环节主要承担的教学任务是从理论到实践的过渡,帮助学生从观念和技术上为动手实践做准备。一年多来,业界讲坛开设了近 20 场,包括:BrandWork: The World of Brands(导师:Hans Lopez-Vito/BBDO)、吴视戛纳——全球创意趋势背后的营销策略洞察(导师:吴兆华/嘉年华)、策略的真相(导师:吴兆华/嘉年华)、数字营销中的 Digital Eco-system(导师:何思敏/BBDO)、Digital A to Z(导师:何思敏/BBDO)、UTM: A brand of YOU 系列课程(导师:徐佳杰/Nice)、商业模式设计(导师:宋晓锋/新网迈)、文案嬉写鬼(赖致宇/BBDO)、创意的敌人(导师:赵晓飞/BBDO)、广告新业务的开发(导师:金熙/BBDO)、30 秒背后的 30 天(导师:俞舟泓/BBDO)、广告撩心大法(导师:马吐兰/BBDO)、设计理论与创意产品(导师:叶蔚/GreatWorks)、市场营销诊断与策划(导师:胡杰)等。

"课内实训"环节让学生有机会为真实的客户进行广告策划和提案。实训过程中涉及的所有细节全部采用国际 4A 广告公司的实际工作模式。学生以小组为单位,模拟广告公司的项目团队,每个人有各自的分工,团队协作来完成整个项目策划案,然后所有的小组向客户进行提案比稿,导师在学生完成提案后对其作品进行点评并提出修改意见,胜出提案将由客户决定是否实际采纳。课内实训意在使学生提前进入职业角色,并获得专业性指导。这种教学方式将会极大地锻炼学生的各项能力。学生参与的项目包括:迪士尼"Be A Girl"营销方案策划、德克士"手枪腿"快速提案训练、玉兰油眼霜营销传播方案策划、多品牌商业模式分析报告、三里屯太古里"潮会玩"营销策划、手机淘宝平面设计、Timberland 中国地区营销传播策划、百度钱包广告方案设计、DQ 冰淇淋线上传播方案策划、雪肌精数字营销传播策划等。

"校外实践"环节通过开发与广告公司合作的机会建设更多更好的实践教学平台,使学生得到更多的动手机会和学习可能。比如,利用课余时间参与广告公司的项目团队,承担部分工作,或者是在大四阶段进入作为实践教学基地的合作广告公司实习。已建立的实践教学和实训基地有 BBDO、嘉年华整合营销和 FORESEE BREMEN。

三、"双师制"与"三合一"实践教学改革的执行与实施

上外广告学专业目前与合作单位已开发了若干较为成熟的合作项目,包括:BBDO University×SISU Program(与 BBDO 合作)、营销传播策略与策划(与嘉年华合作)、SISU Advertising Glasshouse Program(与 FORESEE BREMEN 合作)。每个项目都将"三合一"的三个内容模块融入具体操作中。

(一)BBDO University×SISU Program(与 BBDO 合作)

BBDO 作为全球领先的国际 4A 广告公司,在传统广告、整合营销传播、数字营销等领

域都取得了骄人的成绩。上外广告与 BBDO 开展合作课程已有多年的历史。之前的合作模式作为后续发展的经验，并在此基础上进一步优化。该项目安排在第六学期，由 BBDO 安排公司内部各部门的资深专业人士（包括 BBDO 大中华区首席策略官 HansLopez-Vito、大中华区业务开发总监/香港公司总经理金熙、首席创意官赖致宇、全渠道方案总监何思敏等）分 7 次为学生进行全方位的主题授课，内容涉及客户管理、策划策略、文案创作、数字营销、提案技巧等。除此之外，课程期间还安排学生进行一到两次的实案比稿训练，让学生以团队形式通过真实的项目策划和客户提案来锻炼策略、创意、执行等多层面的能力。BBDO 的导师在学生提案准备过程中会给予指导，并在比稿结束后对每个团队的表现做出点评和建议。该项目的影响力还辐射到实习和就业环节，在学生自愿的基础上，BBDO 会从中挑选若干表现优秀的学生加入其实习计划。第一届参与该课程的 2012 级广告班有 6 名优秀学生先后在 BBDO 实习，并有 3 名学生正式就业。

（二）营销传播策略与策划（与嘉年华合作）

嘉年华是利欧数字集团旗下以"约创"见长的创新营销服务平台，其创始人兼董事总经理是上外广告专业的优秀校友吴兆华。吴兆华是中国数字营销行业最具洞察和远见的策略人之一。上外广告与吴兆华领衔的嘉年华合作，为学生带来营销传播策略方面的系列课程。

营销传播策略的系列课程由吴兆华与专业教师共同担纲，分 10 次授课，涉及内容包括品牌策略、常开策略、战役策略等。课程

后期学生分组进行实际项目的策略规划和提案，在理论和实践两方面都学有所得。

（三）SISU Advertising Glasshouse Program（与 FORESEE BREMEN 合作）

该项目由广告专业三位实践导师共同担纲。王洁琦（FORESEE BREMEN 合伙人兼创意总监）、徐佳杰（Nice 创意总监）、方晴雯（Vogue 前全媒体项目副总监）合作为上外广告学生进行数字营销、创意、策划方面的专业培训与案例分享，并组织 SISU Advertising Glasshouse Program，设立专项奖学金，为学生提供实案策划和数字媒体传播训练项目。学生在各导师的指导下，以小组为单位来完成数字营销策划实训任务。

四、实践教学改革的效果与特色

衡量教育是否成功，其标准是多维度的，但最为基础的就是受教育者对教学内容及形式的评价和接受度（胡菡菡、郑欣，2012）。在这一思路下，广告学专业对参与实践教学改革具体环节的三届共计 70 名学生进行了调查和访问，主要通过焦点小组和深度访谈来了解学生的学习效果和反馈。

经过调查，我们发现，学生对实践教学环节的内容和形式给予了高度的评价，学生的参与度、好感度和自觉收益度都居于其他专业课程之上。

第一，参与度。我们分别从参与深度和参与广度两个层面对学生进行了调查。从参与广度来看，2012 级、2013 级和 2014 级的学生全部参与了实践教学的各个环节，充分体现了学生的学习热情。从参与深度来看，大部分学生都在互动式授课或项目策划提案中与导师进行了交流，或提出过问题。超过

98%的学生参与了提案，并通过比稿的方式与其他小组团队互相学习和借鉴，也得到了来自业界导师的深入指导和点评。学生普遍反映收获很大，实战能力大有提高。

第二，好感度。在教学形式方面，学生对实践教学改革的各个环节给予了大量好评，认为其形式多样，既有系统学习的机会，也有动手实战的机会，更让学生有种"身为广告人"的切身感受。在教学内容方面，学生认为实践教学环节"提供了很多关于广告人真相的信息""对广告的理解更深入""对广告有了更强烈的求知欲和兴趣""进一步明确了职业规划"。有了与这些国际一流广告精英面对面交流和学习的机会，学生开阔了视野，锻炼了专业能力，并纷纷表示未来的实践教学要继续延续这一模式。

第三，收益度。学生认为实践教学改革有助于提高其实践能力和专业素养，主要体现在三个方面。首先，是"开阔视野，了解国际广告界的前沿信息、理念和工具"；其次，是帮助他们"从不同角度认知广告"；最后，是"综合提升了动手实践的能力"。2012级学生在接受调研时已开始实习和就业，他们认为在实践教学环节学到的内容可以直接运用于工作中。"进入4A公司实习时，也充满了自信，因为对工作内容已经有了较为深入的认识，经过真刀实枪的锻炼，在实际工作中可以很快上手"。

从学生的反馈来看，广告学专业"双师制"＋"三合一"实践教学改革在实施中获得了学生的认可，提升了学生的实践能力，取得了良好的预期效果。

此外，我们提出的"双师制"模式是对目前广告学专业师资结构的一个良好的调整和补充。广告学专业是一门对实践要求很高

的学科，从当前社会和市场对人才的需求来看，不仅要求学生具有宽厚的理论知识，还要不断提高他们的实践应用能力和创新能力。这是培养广告专业人才的现实需要，也是学生个性发展的需要。从师资层面来说，拥有一支高素质的"双师型"教师队伍是广告学专业需要努力的方向。但就目前情况而言，本专业的师资大多来源于传统高校，以研究型师资为主，极少有教师有一线广告从业经验，实践经验和实际操作能力相对都比较薄弱。此外，"双师型"教师队伍的打造过程中，不管是通过对企事业单位实践性人才的引进还是加强自身原有教师的培训，都需要大量的时间和人力。因此，短期内要打造"双师型"教师队伍的可能性不大。我们充分考虑到"双师型"教师队伍打造的必然性和建设周期的要求，又认识到当下广告专业提升实践教学质量和效果的紧迫性，提出了"双师制"模式（即一名专业教师与一名业界导师共同指导实践教学）作为短期内可实际操作的解决办法。在这一模式下，可在短期内快速建立起较为完备的实践导师队伍，弥补了专业教师实践教学能力的不足，提升了实践教学的效果；同时，在专业教师和业界导师共同开展实践教学的过程中，也为专业教师提供了大量向业界学习和实践的机会，为"双师型"教师团队的打造进行充分的准备和铺垫。

注解

*本文是2015年上海外国语大学本科教学改革研究项目"广告学专业'双师制'＋'三合一'实践教学改革探究"成果。

参考文献

[1] 陈刚. 提升广告教育效果的两个关键环节[J].

广告人，2005，（9）：115.

[2] 胡菡菡，郑欣．实践的偏向：应用学科人才培养机制探讨——以"三三制"教学改革背景下"4A广告讲坛"课程为例[J]．中国大学教学，2012，（5）：61-64.

[3] 李玲梅．广告专业实践教学改革探析[J]．四川省干部函授学院学报，2010，（4）：84-86.

[4] 刘搦辰．基于学生实践能力培养的广告专业教学改革探究[J]．传播与版权，2014，（5）：

148.

[5] 潘惠德，许传宏．高校广告专业课程改革的相关问题的研究[J]．东华大学学报，2002，（3）：70-75.

[6] 肖志芬．新媒体广告教学实践的改革与思考[J]．青年记者，2015，（20）：88-89.

[7] 张祖忻．教学设计——基本原理与方法[M]．上海：上海外语教育出版社，1992.

基于调研的来华英才协同培养机制研究*

张艳莉

提要： 本文通过对上海市五所高校和国外一所高校的留学生管理人员进行访谈和信息收集，调研分析了国内外高校在来华留学招生和管理中的特点，通过对比上外的薄弱环节，提出了改变观念、加强顶层设计、以服务为核心、加强院系与职能部门的协同机制等建议，以提升上外来华英才的培养和管理水平，更好地服务于上外国际化发展战略。

关键词： 来华留学生；国际化；协同机制；行动计划

作者简介： 张艳莉，上海外国语大学国际文化交流学院教授、院长。

一、引言

2015 年底，上海外国语大学以《国家中长期教育改革和发展规划纲要 2010—2020 年》和《留学中国计划》为指导，根据上海市教委发布的《上海市教育国际化工程“十二五”行动计划》，结合学校的学科特色和专业优势制定了《留学上外行动计划（2015—2020 年）》。根据该计划，学校来华留学将重点优化来华留学生结构，提高学历来华留学生在来华留学生总数中的比例，重点提高非汉语类本科、硕士和博士留学生的人数，进一步提高来华留学生教学质量，细化来华留学生的规范管理，全面协调规模、结构、质量和效益的关系。

随着学校国际化办学规模和层次的提升，外国留学生入学人数逐步扩大，就读专业、学历层次不断提高，越来越多的外国留学生选择到国际文化交流学院以外的其他院系或部门。这部分学生被称为入系外国留学生（以下如无特殊说明，本文所说的“留学生”均指“外国留学生”；“入系学生”均指“入系外国留学生”）。该部分学生的特点是专业分布广、学生相对分散、人数相对较少。

本文旨在对接学校国际化办学战略需要，为制定科学合理的入系学生招生及管理机制提供支持，从而有利于扩大留学生招生规模、提升上外留学生办学层次、改善留学生学历结构。

二、调研对象及方式

本研究把外国留学生的招生、管理与入学后的专业培养紧密结合起来，通过实地调查和专家访谈形式，了解部分国内外高校在外国留学生管理及服务方面的做法。本研究的调研对象主要包括上海以及国外等不同地区若干所大学。为了便于更详细地了解情况，调研采用开放式问题，便于被访谈对象详细解释所在学校的相关信息。问题围绕学校每年招生人数、专业设置情况、招生管理、在校期间管理等展开。所获得信息可为学校制定有关方针政策、协调各相关部门共同做好学校国际化办学工作提供参考。

三、调研内容

（一）东华大学

1. 学历生规模

本科生每年 170 人左右；在校研究生：220 人左右。

2. 专业分布

本科生主要集中在东华大学的优势专业（服装专业 / 管理专业）；除了汉语言外，其他语言专业没有留学生，迄今为止也没有毕业生。

3. 招生管理

由专人负责入系学生事宜(本部 1 名专人，松江聘请 1 名兼职工作人员)。①招生办将学生材料整理好，院办有专人与各院系对接留学生的基本情况。②新生报到后，帮助学生登陆选课网站选课。③期末制作学生成绩单并发放给学生，毕业证书申报以及制作。

4. 招生渠道

教育展会 /facebook 及其他报纸杂志广告 / 毕业生推荐 / 中介等。

5. 在校管理

①各个学院的教务办公室管理教务，其他生活事宜统一由松江聘请的兼职人员管理。②考勤活动与中国本科生同步。③负责签证的事务办公室办理延长学生签证。

（二）华东师范大学

1. 学历生规模

在校本科生共 600 多人，其中汉语类专业近 400 人，其他专业 200 多人。在校研究生 500 多人。

2. 专业分布

除汉语专业外，其他主要集中在外语系和经济管理系的专业。

3. 招生管理

①不设入学考试，采用审核制。②招生流程：留办负责收齐申请材料→发送材料至相关院系→院系审核确定录取或不录取→材料发回至留办→录取者制作录取材料→不录取者联系学生转学汉语，并发材料至对外汉语学院→对外汉语学院审核确定录取并将材料发回至留办→留办制作录取材料。

招生途径特点：除传统的招生方式外，在古北虹桥区域报纸上做广告以及中介推荐。

4. 在校管理

①由于招生采取院系审核制，院系对学生的情况比较熟悉,学生各项事务较易落实。②教务处召集院系开会经常请留办人员出席并常提请各学院关注入系留学生事务。③学籍管理完全在教务处和研部，包括新生学籍注册、老生毕业证书发放和毕业信息上报。学生退学、休学、延期等事务主体是学院、教务处和研部，结果抄送留办。

（三）上海财经大学

1. 学历生规模

在校本科生 600 多人，每年录取约本科 150 人，研究生 100 多人。

2. 专业分布

主要集中在财大的优势专业金融学、国际经济与贸易、会计学、财务管理、工商管理、投资学等专业，金融学、国际经济与贸易有留学生单独招生的班级，国交学院只有汉语国际教育一个专业（35 人，HSK4 级可申请就读二年级）。

3. 招生渠道

教育展会、中介、facebook、毕业生推荐等。

4. 管理模式

留办管理科主要负责留学生管理（学籍、突发事件等），共有3人；辅导员负责一般事宜，两者相互沟通协同工作。

5. 在校管理

选课、考勤和成绩都和中国学生统一管理，单独招生的留学生班大二后可以和中国学生选同样的课，但是大多数学生还是选择和留学生一起上课（主要归因于中文水平和心理压力问题）。成绩单留办管理科可以打印，研部负责研究生的成绩管理。

（四）上海交通大学

1. 学历生规模

学历生在校人数为本科1800人左右，其中入系本科本年招收250人，研究生900多人。

2. 专业分布

共有本科专业62个，涵盖经济学、法学、文学、理学、工学、农学、医学、管理学和艺术学等9个学科门类。文科类专业最受留学生欢迎，但理科专业教学质量最好。

3. 招生管理

本科生的招生工作由留学生发展中心学位办负责（简称"学位办"），流程如下：网上报名→参加入学考试（申请免试）→按照考试排名预录取→确认就读→正式录取并发录取通知书→申请签证→来校报到。

4. 在校管理

留学生根据通知书到指定地点完成报到后，将会进入相关院系完成注册。基于与中国学生的趋同化管理原则，留学生入系之后，由院系主要负责培养工作，学位办起协同作

用，主要负责留学生的外事管理、休退学管理以及突发事件处理。学位办也要求各个院系在留学生遇到特殊状况的时候，第一时间通知学位办。

（五）复旦大学

1. 学历生规模

全年共约6800人次，其中本科生近1200人次，研究生近1300人次，约占总人数的36%。

2. 专业分布

在校留学生主要分布在管理、经济、国际关系、中文、新闻等文科类专业。

3. 招生渠道

本科生方面，采取统一入学考试、中国政府奖学金直接下达、国际通行考试审核、海外生源基地推优、MBBS项目单独审核等多元化的方式进行招生；研究生方面，主要在院系配合下，以全英语授课项目（共44个）与奖学金项目为抓手，采取免试、笔试、面试三种方式录取。

4. 管理模式

两级管理、院系为主，各职能部处按照与中国学生趋同化管理的原则，处理好各自职责范围内涉及留学生的事务。外国留学生工作处作为留学生主管部门，在分管校长领导下，专门负责全校留学生管理的政策制定、培训指导、实施监督以及工作协调。

5. 在校管理

①日常管理：依托上海国际学生服务中心（复旦大学）的挂牌，形成集证照事务、奖学金事务、学生活动、创业就业、住宿事务、校友联络等"全方位"的服务体系。2016年12月，成立复旦大学留学生心理咨询中心，积极摸索留学生心理咨询模式。②教学管理：

外国留学生教学管理参照中国学生的管理办法实行。③管理队伍：在趋同化管理的原则下，针对不同类型的留学生群体需求不同的特点，采取专兼职人员相结合、教学班和项目班结合以及与中国学生趋同管理和单独集中管理相结合的管理模式开展工作。目前正在探讨如何进一步完善留学生辅导员队伍建设。

（六）阿尔伯塔大学（加拿大）

1. 入学学生规模

国际学生人数约 6600 名，与世界上 50 多个国家签订了超过 400 多个教学、科研或学生交流合作协议。

2. 招生管理

主管副校长领导下设的行政部门国际部，负责校级的国际事务，国际部分设市场与交流、公共事务管理、关系和招生、学生项目与服务以及项目与发展等多个分部门。各分部门都交叉负责相应的市场与交流事务。国际部设有处长一名，副处长 6 名，共有员工约 200 人。每个学院也同时配有学院自己的国际化分管院长和工作人员，其中至少有一名专职人员负责与国际部对接留学生工作事宜。留学生招生宣传由国际部与各学院共同负责。国际部负责全校外事及留学生工作的统筹和协调管理；本科留学生的录取工作则由教务处负责，包括接受、审核入学申请，确定录取名单并发放录取通知。研究生的录取则是由各学院负责进行。学院在留学生招生中有很强的主动性和参与度，每个学院都有明确的留学生入学条件要求（雅思成绩，高中或大学成绩，招生数量，报名截止日等）。每年招生录取时间（一般在 11 月至次年 4 月），国际部、教务处以及学院负责留学生招生录

取的人员每两周要开一次协调会，部门间有很好的协调机制。

3. 在校管理

阿尔伯塔大学不刻意区分国际学生与国内学生，学校为国际学生提供服务的部门包括但不限于：大学国际部、学生处、教务处、公寓管理部门、学生会、图书馆等。除此以外，各学院根据自身情况设立国际学生工作协调员，负责学院与国际部或其他部门进行联系沟通。国际部为国际学生提供服务并为高级行政管理人员和全体教职员工的国际化活动提供支持；学生处为包括国际学生在内的所有学生提供服务，承担对国际学生和本国学生的趋同化管理服务；学生会是学生自治管理的重要机构，其目的是加强学生的自我管理和参与学校运行。学生会有自己的预算，每年经费开支预算为 1000 万加元。这个学生自治组织在国际学生服务体系中的作用举足轻重；除以上部门外，学校的信息技术部门、院系、图书馆等一切涉及学生事务的机构，均向国际学生提供无差别服务。

四、调研总结

以上调研的上海高校，均为教育部直属高校。留学生办学规模方面，部分学校入系学生数量高于上外，如上海交通大学、复旦大学、华东师范大学，部分学校学生数量少于上外，如上海财经大学。从学校类型来看，既有综合性大学如上海交通大学、复旦大学，也有专业特色明显的大学如上海财经大学。项目所选择的调研对象除有基本的相似性外，还有一定的差异性。相似性使获得的调查信息数据更具有可比性；差异性使所得信息对上外留学生工作具备启发性和前瞻性。选择一所国外大学做调研，是因近年来该校在国

际化办学方面取得非常显著的变化，而该校不同于国内高校的办学体制，其国际留学生管理方面的经验可以提供一个完全不同的视角来审视国内高校在这方面的做法。总结以上调研信息我们可以得到以下结果：

（一）入系学生的招生及在校生管理方面有集中也有公权

集中是指基本上各学校均有一个部门或办公室集中处理外国留学生共性事务，如上海交通大学设立留学生发展中心学位办集中负责外事管理、休退学管理以及突发事件处理；复旦大学外国留学生工作处负责全校留学生管理的政策制定、培训指导、实施监督以及工作协调；华东师范大学留办负责处理学生的申请材料、协调院系做好入学考核工作；加拿大阿尔伯塔大学设立国际部，集国际学生招生宣传、国际项目拓展、国际合作渠道服务与开发、国际学生服务等功能于一体，解决阿尔伯塔大学在对外国际交流与合作过程中学院各自为政、信息零散、沟通不畅等问题。

分权或者更确切地说是分责。如华东师范大学，由于招生采取院系审核制，留办在初步审核好入学材料后，各接受院系负责审核申请人是否可以最终被录取。教务处负责召集院系开会讨论和处理日常管理事务。留学生学籍管理完全在教务处和研部，包括新生学籍注册、老生毕业证书发放和毕业信息上报。学生退学、休学、延期等事务主体是学院、教务处和研部，结果抄送留办。再以上海交通大学为例，留学生完成报到后，将进入相关院系完成注册。由院系主要负责培养工作，学位办起协同作用，主要负责留学生的外事管理、休退学管理以及突发事件处理。各院系如在留学生遇到特殊状况的时候，也会第一时间通知学位办。复旦大学也是采取两级管理、院系为主的方式，而各职能部处按照与中国学生趋同化管理的原则，处理好各自职责范围内涉及留学生的事务。加拿大阿尔伯塔大学在学生管理方面，分权特点更为突出。大学国际部门除承担国际学生招生、国际项目拓展、国际合作渠道服务与开发及提供诸如国际学生签证申请、组织学生参与文化融入活动、志愿者信息等具有国际学生共性所需的服务外，其他在校管理工作均由学校各职能部门承担。或者说，阿尔伯塔大学在校内不区分哪一类是国际学生可以享受的服务，哪一类是国内学生可以享受的服务，学校向所有学生提供无差别服务。这就要求学校各职能部门在工作中充分考虑不同学生的需求，提供适合所有学生需求的服务。

（二）国内外高校做法上存在差异，尤其是学生管理

差异首先体现在学校对待国际学生管理的主动性方面。国内高校在处理国际学生事务时一直存在"外事无小事"的观念，工作中需要主动推行教育行政管理部门相关规定或学校规章制度，以避免因工作不到位导致被上级主管部门追责。为此，学校设立相关岗位或专职人员，主动出击，强化制度的执行，化解工作中的问题，同时为学生提供服务。这样做有利的一面是行政主管部门的相关要求得到执行，工作中不会发生重大的政策导向性错误。但同时也有其不利之处。因管理人员更强调贯彻上级要求，国际学生管理工作中更多的是对学生进行管理，学生的实际需求可能就被忽视了。因为强调外部政策、制度的规定，学生自主性也没有得到充分重视。

国外高校在这方面更多的是"服务"。学校会根据问卷调查和以往工作经验积累，从学生需要出发提供很多服务项目。学生需要自己去适应所在国和学校的有关规定和要求，工作人员不会被要求去承担因学生个人触犯法律或校规被惩罚的责任。学校管理方的责任就是在学生需要时提供合适和充分的支持，是否接受服务学生自主决定、自己负责。这样的做法同样存在利弊，有利的一面是管理方要考虑学生需要什么，而不是首先考虑外部的规章制度要求他们做什么；不利的是，学校从不会主动向学生提供服务，他们所要做的就是准备好所有学生可能需要的东西，然后等学生上门自取（服务）。造成以上差异的原因可能是在于国家教育管理体制不同，也可能是因为更深层次的文化因素。

其次，在参与主体上存在差异。从调研可以发现，国内高校参与学生管理尤其是一些共性问题，主要是由留办或其他称谓的办公室管理，其他部门或院系参与部分工作，如教务管理或考试管理。而国外高校虽然也设有国际部，但国际部的功能主要是处理学校国际化办学方面的整体协调工作，学生管理方面基本是采用无差别管理模式，即国内学生由哪些部门管理、采取何种手段管理，外国学生也同样处理，不刻意区别对待。另外，学生在自我管理方面的参与度也大大超过国内高校，其自治组织学生会起到了积极作用。这与我国高校在这方面的做法存在较大不同。

五、对上外国际化办学启示

（一）转变观念，重视国际化整体战略的指引作用

观念转变是改进工作的起点。目前国内

高校在国际化办学方面过多地强调学生人数的增加，或单方面重视结构调整，而没有意识到国际化办学是一个整体，涉及学生服务、课程建设、管理模式等诸多方面，这是一个系统工程，需要重视全面协调，共同促进。否则，单靠学生人数增长，可持续性值得怀疑。其次，学校国际化战略的实施需要走群众路线，重视战略制定过程中学校各个层面和部门的参与。让国际化办学战略真正为人所知，为人所用，避免以中层会议或红头文件通知等过于简单的方式制定、贯彻国际化办学战略。

（二）重视需求分析，关注学生需要

很多高校在国际学生服务方面更多的是沿袭国内学生管理模式，重管理轻服务。此外，从事国际学生管理的从业者在业务素养、专业知识方面与现实情况也存在较大差距。为了做好服务工作，首先从了解学生需求做起。国情不同、学生群体不同、社会环境不同，留学生所面临的现实问题也不同。需求分析是服务工作的第一步。在需求分析的基础上，找出学生需求和当前现状的差距，以此规划留学生服务工作的重点和解决途径。在国际学生服务方面，重视校级层面的协调，重视作为国际学生管理主体的国际部或留学生办公室的作用，同时各院系需要切实负起责任，保证学生在读期间获得足够的支持，以帮助其获得良好的学习、生活体验，这是学校软实力建设的重要方面。

（三）充分调动学生主动性，提升自我管理能力

学生组织，尤其是学生会在学校治理、学生服务、社会参与等诸多方面，国外高校

的学生组织表现出与中国高校截然不同的作用。当然，由于国情不同，中国高校的学生组织与国外高校学生组织性质完全不同，但如果能够在法制的框架内，鼓励学生广泛参与学校服务，发挥各类学生的积极主动性，一方面会使学生能够有足够的融入感、荣誉感，另一方面也能够提升学生的服务意识、组织能力和沟通能力，同时能够在一定程度上缓解我国高校行政人员紧张的难题。

（四）重视留学生管理队伍的建设

随着国家对国际化办学和来华留学工作的重视，国际学生的数量将会逐步增加，管理队伍的建设也必须跟上形势的发展，否则势必对未来发展产生不利影响。因此我们需要重视管理队伍的专业化和管理工作的职业化。目前国内很多高校的国际学生管理及服务工作是由一个留学生办公室或国际教育中心承担，工作人员身兼多职。国际学生管理人员学科背景基本也以语言类专业为主。他们长期担任不同角色，既管招生，又负责日常咨询，还要处理学生突发状况；对内负责处理学生事务、服务所在学校国际学生事务，对外负责招生信息推广、中介管理等等。不注重专业化、职业化的后果就是管理水平、服务质量难以得到保证，学生在校学习体验变差，长期发展下去，对学校的名声和长期发展造成无形伤害。反观国外大学，在对加拿大阿尔伯塔大学的调研中了解到一条让我们非常意外的信息，该校的教学管理及服务的非教学人员的数量是教师数量的2倍以上。再和该校国际部有关人员进一步交流时得知实际数量甚至还要多，因为还有很多临时聘用的工作人员和义务提供帮助的庞大志愿者队伍没有纳入其中。除数量众多外，管理人员的学科背景也非常丰富，既有学习语言的专业人士，还有教育学、经济学、管理学等出身的各类专业人才。单以国际部为例，从事招生工作的工作人员，除持语言专业证书的人才外，还有持如新闻媒体、国际关系、跨文化、教育管理、文学、MBA、财务管理、法律等证书的专业人才。

六、对上外来华留学教育的建议

为了更好地理顺学校在留学生培养中各职能部门和院系的关系，提升来华英才培养的水平，笔者建议在以下六个方面进行改进：

（一）协调机制应制度化、常态化

在校级层面设立相关协调机制、机构或联席会议制度，解决目前教务处和留办与各院系沟通不畅或工作配合不协调等问题。学校或学校授权具体部门担负起经常性的沟通协调机制建设工作责任，并提供政策保障。

（二）增加职能部门参与

为国际学生提供趋同化服务的业务内容，可以采用负面清单模式排除专为中国学生提供的服务（如党团思政工作），除此以外的其他服务应一视同仁。此外，还应优化招生环节，促进院系参与。提高各院系各专业在市场宣传及推广方面的优势特色，强化院系和各职能部门在录取环节的作用。可参照其他兄弟院校的通用做法，采取多种录取模式，根据院系要求对部分专业采取审核制、部分专业采取考试等形式，灵活应对招生市场的激烈竞争。

（三）从制度方面促进各部门对国际学生的高度重视

将国际学生（上外松江校区入系学生）

的招生、培养、管理、服务等内容纳入国际化办学指标考核体系，从制度方面促进各院系及职能部门对国际学生的高度重视。

（四）强调校内多部门参与，重视服务工作的深入和细化

除留办对国际学生进行常规性入学指导、协同公安出入境、文保、检验检疫等部门做好法宣和入学检疫以及签证办理外，校内其他部门应根据自身提供服务内容编制全校性的入学指导说明。例如以教务处为主，出台国际学生在校学习指南，帮助学生了解学校的选课、学分制度等内容，帮助新生更好地适应到校后的学习、生活。同时，在现有的公共服务中心的基础上，应拓展其外延功能，而不是诸如收学费、打印证明等一个简单的行政管理中心，更希望能涉及把国际学生学习生活、住宿保障、财务支持、心理健康、文体娱乐、中外学生交流互动、勤工助学、就业咨询等一系列的服务整合到一个资源平台下。

（五）以学校为主体建设服务（国际）学生的信息化工程

以学校为主体建设同样服务于（国际）学生的信息化工程，实现学生从申请、在校管理（学籍、学费、修退转）、毕业信息管理等一系列信息共享问题，解决当前各职能部门信息孤岛现象，减少信息沟通的人力成本。做到硬件好（网络畅通、联网方便）、覆盖广（尽可能涵盖学生所需各方面内容）、重应用（注重学生使用体验，重视培训、引导）。如提供给学生一个学校的信息化平台使用入口，作为在校学生管理的电子身份证，便于管理部门向学生推送信息。

（六）完善来华留学毕业生数据库

建议教务处将所有国际学生纳入与中国学生趋同管理的教务平台实现统一管理，同时上外的校友会应面向国际学生群体积极纳老招新，建立并不断完善来华留学毕业生数据库，以便今后可以通过校友会在海外扩大上外影响力。

七、结语

来华英才协同培养机制研究项目在运行期间，依靠实地考察和专家访谈等形式对上海市高校及一所国外高校进行了信息收集，对获得的第一手资料进行对比分析。所揭示的问题和不足，希望能对国际化办学有所启发。但因时间有限，选取的调查对象还不全面，所收集的材料所涉及的深度还有待提高。目前由中华人民共和国教育部、外交部和公安部三部委联合制定的《学校招收和培养国际学生管理办法》历经数年调研、修改正式公布，并已于2017年7月1日起开始施行。这是自2000年之后，又一次专门针对来华留学生事业的顶层设计，在我国要做好扩大教育开放、中国文化走出去的大背景下，该管理办法的适时推出，对来华留学的持续、健康发展提供了更加有力的保证，同时也要求我们来华留学生管理部门与时俱进，不断完善上外的来华留学管理规定，通过学校的整体设计和创新机制，建立与上外整体来华留学生工作相适应的工作与服务体系，培养大批知华、友华的留学生，服务于上外的国际化发展规划和国家战略。

注解

*本文是上海外国语大学2015年教育教学改革研究

项目"上海外国语大学来华英才协同培养机制研究"成果。

参考文献

[1] 上海市教育委员会. 上海市教育国际化工程"十二五"行动计划[Z]. 2012-08-20.

[2] 中华人民共和国国务院. 国家中长期教育改革和发展规划纲要（2010—2020年）[Z]. 2010-05-05.

[3] 中华人民共和国教育部. 留学中国计划[Z]. 2010-09-21.

[4] 中华人民共和国教育部、外交部、公安部. 学校招收和培养国际学生管理办法[Z]. 2017年3月20日第42号令.

来华留学生汉语言专业学分制改革研究与实践

鹿钦佞　陈灼芬　杨子华　祁慧琳　陈泳桃

提要： 以某高校国际文化交流学院的本科留学生教学为案例，探索其汉语言（经贸）专业的学分制改革，分析如何对原有教学资源进行整合和重新配置，建立适合该专业来华留学生的学分制教学管理模式。希望为进一步深化完全学分制改革奠定基础。

关键词： 留学生；汉语言；学分制

作者简介： 鹿钦佞，上海外国语大学国际文化交流学院副教授；陈灼芬，上海外国语大学国际文化交流学院助理研究员；杨子华，上海外国语大学国际文化交流学院助理研究员；祁慧琳，上海外国语大学国际文化交流学院助理研究员；陈泳桃，上海外国语大学国际文化交流学院研究实习员。

学分制与学年制是当今世界高等教育领域并存的两种教学管理制度。学年制是将学生编级分班进行集体教学的组织形式。学年制以统一的教学模式为前提，以专业教育构建学生的知识结构，课程都是预先安排的，不允许学生选择专业和课程。新中国成立后，我国借鉴苏联高等教育的做法，将学年制确定为我国高校唯一的教学管理模式。从 20 世纪 70 年代末开始，陆续有一部分高校探索实施学分制，但并不彻底。学分制以选课制为基础，以学分作为学习计量单位，具有选修自由、学时灵活等特点，学生毕业没有规定的学习年限，只要修满规定的学分即可毕业。实行学分制可以让学生在学习上具有更多的选择权与自主权，让学生可以根据个人的意愿以及需求来构建自己的知识结构，以促进学生个人的发展。

上外国际文化交流学院的本科留学生教学管理传统上为学年制管理模式，课程设置、上课时间都由学院根据培养方案确定，学生不能自由选课，必须按照学院排定的课程上课，这在一定程度上限制了学生个性化需求的发展。由于来华留学生国别来源多样，学习背景复杂，亟须改变现有的学年制管理模式，建立自主性、灵活性更强的学分制管理模式。随着学校逐步实施学分制管理，学院从 2016 年 9 月开始，以汉语言（经贸）专业为试点，实行学分制改革，对原有教学资源进行整合和重新配置，建立适合该专业来华留学生的学分制教学管理模式，并为来华留学生学分制教学管理模式在各专业中的全面推行，直至各个专业之间互认学分、转换专业的实现奠定基础。

一、来华留学生学分制改革研究

（一）研究内容与过程

本研究以上海外国语大学汉语言（经贸）专业的来华留学生为研究样本，分为下面三个研究阶段：

1. 前期调研阶段

针对原有的学年制教学管理模式的利弊，我们在国际文化学院的师生中进行问卷调查和访谈，以深入了解他们对学年制教学管理模式的看法。充分的调研为学分制教学管理模式的开展奠定基础。

2. 总体设计阶段

在充分调研的基础上，我们拟引入"模块化"管理，将原有的课程按课程类型、难易程度，及对先修课程的要求划分为汉语模块、专业模块、公共模块等三大部分，并以此为指导调整教学大纲、教学计划等相关材料，确定该专业来华留学生在本科四年级所须修满的总学分，以及各学期学分要求与分布，最终建立学分制教学管理模式雏形。

3. 具体实施阶段

我们以总体设计阶段中确定的学分制教学管理模式雏形为依据，在汉语言（经贸）专业四个年级共 150 名来华留学生中试行学分制改革。在 2 个学期的实践时间中，详细记录学生的反馈情况，适时调整及总结，以实践结果为指导，调整学分制教学管理模式雏形，最终确定适合学校来华留学生的学分制教学管理模式。

（二）研究结果

留学生的汉语言（经贸）专业为复合专业，由汉语和经贸专业两部分的课程构成。考虑到留学生的汉语水平和学习能力，我们拟将汉语言（经贸）专业的课程分为三个模块：汉语模块，专业模块和公共模块。汉语模块全部为汉语课，考虑到语言教学必须保持一定的连贯性，该模块仍按照原来的学年制管理模式，设为必修模块，由学院按年级统一安排汉语课程，留学生必须学习所有汉语课程。专业模块为选修课模块。每学期，学院根据年级开设不同的经贸类专业选修课，在二年级第一学期到四年级第一学期共五个学期内开设大约 15 门专业课程，由学生自己选择。学院每学期都会设定最少选修门数，上不封顶，学生只要在五个学期内修满 11 门专业课（共 22 个学分）即可。公共模块也设置为选修模式，学院每学期开设一定数量的文化、历史、经济等各方面的公共选修课，留学生可自由选修，只要在二年级第一学期到四年级第一学期共五个学期内修满 5 门公共选修课（共 10 个学分）即可。三个模块的课程设置如下：

汉语模块	专业模块	公共模块
汉语精读 I- IV	经贸口语 I、II、III	古代诗歌
高级汉语 I- IV	商务汉语 I、II	中国近代史
汉语阅读 I- IV	跨国公司管理	中国画鉴赏
汉语听力 I、II	基础会计	古代中国语言与文化
汉语听说 I、II	商务案例分析 I、II	HSK 辅导
高级听力 I	中国经济地理	广告学
汉语会话 I、II	市场营销	中国民俗文化
高级口语 I、II	进出口贸易实务	发现上海
汉语写作 I- IV	国际金融	生活与文化
报刊阅读 I、II	国际贸易	中国现代文学作品选读
	外贸写作	

确定学分制改革的大致方向后，学院多次召开座谈会，分别了解老师和学生的想法，探讨学分制改革实施中可能存在的问题，并根据这些问题修订了原有的留学生管理规定中与学分制改革相冲突的部分，为学分制改革顺利进行扫除障碍，形成了有留学生特色的学分制管理方式。具体修改的制度如下：

第一，原本通过汉语插班考试和汉语跳级考试的留学生只能按照学院排定的课程上课，无法补修课程。现在修改为"留学生可以免修该年级的汉语课程，但必须修满专业选修课和公共选修课的所有学分"。

第二，留学生（本科生）教学管理条例原来规定"在上外国际文化交流学院学习的四个年级中，各门课程（含选修）累计五门以上（含五门）不及格或被取消考试资格者；在我院学习的三个年级中各门课程（含选修）累计四门以上（含四门）不及格或被取消考试资格者；在我院学习的两个年级中各门课程（含选修）累计三门以上（含三门）不及格或被取消考试资格者不能毕业。"现在改为学分制后，汉语模块由于仍按照原来的学年制管理模式，所以依旧参照原来的管理规定，可以有不及格的课程；而专业选修课和公共选修课模块由于采取学分制，故必须修满学分，不能有不及格的课程。

第三，专业选修课和公共选修课的学期补考只设一次，均在新学期开学前进行。留学生补考不及格，可重修一次已选修课程。或重新选修一门新的课程，修满规定学分才能毕业。

二、来华留学生学分制改革实践

（一）实践情况

经过前期的调研、座谈会、修改留学生

管理制度等一系列准备工作，学院于2016年9月正式在汉语言（经贸）专业实行学分制改革。由于汉语言（经贸）专业一年级的课程均为汉语专业课，暂无选修课；而四年级仅第一学期有专业选修和公共选修课，在课程设置上学生已无提前修满学分的可能，因此本次学分制改革首先从汉语言（经贸）专业二年级和三年级开始实行。在学分制改革前，学院告知了所有汉语言（经贸）专业二年级和三年级的任课老师本次学分制改革中他们的工作内容，并且召集了所有汉语言（经贸）专业二年级和三年级的留学生，讲解此次学分制改革的具体情况及实施方法。

另外，学院调整了汉语言（经贸）专业的课程设置，在原有经贸专业课程的基础上，每学期新增了一门课程，分别是商务汉语I（二年级第一学期）、商务汉语II（二年级第二学期）、商务案例分析I（三年级第一学期）、商务案例分析II（三年级第二学期）。根据学分制改革的实施情况，学院还将不断改变专业选修课的课程设置，以求最大限度地满足留学生的需求。

一般而言，中国学生都在学期末选定下一个学期的课程，但由于学院的留学生第一次选课，对学分制改革和选课情况还不太了解，因此学院采取了先听课后选课的方式，即在开学第一周允许学生去试听所有专业选修课，不计入考勤，学生听完第一周的课后，根据自己的实际情况选课，从第二周开始正式上课。为了保证每个学生均能顺利毕业，学院规定不同年级每学期最少选修的专业课课程数：二年级为每学期一门，三年级为每学期三门。

学院还修改了公共选修课的选课规定。学院原来规定留学生从二年级第一学期开始每学期必须选修一门公共选修课，到四年级第一学期结束共修满五门课，不能提前修满。现在实行了学分制改革后，留学生可根据自己的需要和时间安排自行决定每学期的公共选修课数量，只要在毕业前修满五门公共选修课的学分即可。

在班主任和留学生的积极配合下，留学生选课工作在第一周内顺利完成，95%的留学生都选了本学期开设的全部专业选修课，50%左右的留学生选择了2门公共选修课。但由于是第一次进行选课，在实施的过程中还是遇到了许多问题。第一，学院的留学生教务系统还未投入使用，所以留学生无法通过电脑在网上选课，只能由班主任在班级中分发纸质选课单来选课，造成学院难以控制选课人数和限定选课时间，在将来统计每个学生的选课情况上也存在着很大的困难。第二，部分三年级学生不记得自己曾经选过哪些公共选修课，可能会重复选修同一门课程。第三，排课上存在着一定的困难。由于第一次实施学分制改革，为了能让所有必修课和选修课的上课时间不冲突，此次未能做到教师资源和课程时间安排之间的最优化处理，以后还需要在课程设置和时间安排上不断改进。

由于本次学分制改革刚刚开始试点，只涉及课程设置和学生选课两部分，还未完整实行过一个学期，将来还可能会遇到很多问题。因此，在今后的实施过程中，我们要提前提出应对措施，避免出现下述问题，如：①学分制体现学习数量，但并不能体现学习质量，一些留学生会为了修满学分而选择容易取得学分的课程，形成"60分万岁"的心态；②一些留学生即使有学习完整系统知识的愿望与自觉性，但缺乏对系统知识的正确认识，

而容易导致课程选择错误；③学分制淡化了班级概念，留学生之间的沟通交流会减少，缺乏相对固定的交流平台，而上课时间分散，组织集体活动的时间也难以保证。

在每学期末，学院都会让每个留学生填写教学质量调查表，给每一位任课老师评分。学院将会把每门课程考评的结果作为该门课程是否继续开设的依据之一。如果大部分学生都对某一门课程不满意，学院将会更改该课程的内容设置或取消该课程；如果大部分学生对某一门课程的老师不满意，学院将会调整授课教师的安排。将来还会对各门专业选修课和公共选修课的成绩进行分析，利用方差来比较不同课程的成绩，判断各门课程考试的难度是否一致，避免学生根据课程考试的难度来选课。

（二）学分制改革实践反馈

为了了解学分制改革的实施情况，以及学生对该学分制教学管理模式的态度与意见，进一步对其进行调整，学院以汉语言（经贸）专业二年级18名学生和三年级的22名学生为对象开展了问卷调查。

本次调查所使用的问卷由项目团队设计，共有10题，其中第1—6题为单项选择题，第7—9题为多选题，第10题为开放性问答题。

问卷第1和第9题分别考察调查对象对学院学分制的了解程度和了解途径。从表1可见，多数学生（87.5%）了解该学分制及相关规定。由此可见，学院在实行学分制以前召开学生会议、发放管理条例等材料、在教室里张贴公告等都是提高学生对学分制了解程度的有效途径。另外，学生对选课有疑问的时候，一半以上（52.5%）学生都会咨询班主任，其次是任课老师（35%）。也就是说，

教师也是学生了解学分制的重要渠道。可见，要提高学生对制度和课程的了解程度，我们除了需要增加信息发布渠道以外，还有必要提高教师对该制度和课程的了解，从而提高服务质量与效率，为更多学生解答疑惑。

表1　学生对学分制的了解程度

1. 你对我院实行的学分制了解吗？	A. 十分了解	B. 基本了解	C. 不了解	
	15（37.5%）	20（50%）	5（12.5%）	
9. 你选课有疑问时，一般会向谁咨询？	A. 班主任	B. 任课老师	C. 教学管理人员	D. 高年级同学
	21（52.5%）	14（35%）	10（25%）	12（30%）

第2、6、7题考查学生选修课程时所考虑的因素。从图1可见，约一半（47%）的学生会为了提前完成学分要求而多选课。这也体现在学分制试行阶段选修课的实际报名情况——不少学生在一个学期内选修四门专业课程和2~4门公共选修课。因此，根据学生需求调整选修课的数量和容量，制定、完善选修课程的管理办法都是有必要的。

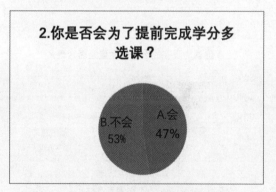

2.你是否会为了提前完成学分多选课？

B.不会 53%　A.会 47%

图1　提前完成学分选课比例图

表2　学生选修课程的考虑因素（1）

6. 你在选修课程时，会考虑课程的时间安排吗？	A. 会，会考虑其他课程的安排。	31（77.5%）
	B. 会，避开就餐高峰。	3（7.5%）
	C. 不会，不需要考虑。	3（7.5%）
	D. 不会，没有其他选择。	3（7.5%）

除了学分要求，时间安排、学生的兴趣爱好、通过课程的难易程度、专业学习需要、授课教师等都是学生在选修课程时所考虑的因素。因此，未来在对学分制进行调整时，我们需要把这些因素考虑在内。

需特别指出的是，课程通过的难易程度是很多学生重视的因素。在选修课程开放选课的时间里，不少学生会向老师和教学管理人员询问课程的相关信息，而学院把第一周设定为"试听周"，允许学生试听、重选公共课程，为他们提供了解各门课程的教学大纲、内容与考查方式的机会，也给予他们充分的选择自由。但是，长远来看，课程难易程度极有可能会造成各门课程的报名人数不均，进而增加排课难度，甚至会引发学生的不满与师生间的矛盾。因此，我们有必要在不破坏课程本身特色的基础上，适当调整各门课程的难度，使之更为公平。

另外，调查结果显示，20%的学生在选课过程中会考虑教师因素。因此，提高教师的教学质量是保证选修课程顺利进行的重要因素。毫无疑问，教师的教学风格、教学方式因人而异，而教学效果又受学生状态、教学环境等多种外在因素的影响，我们因而无法将教学质量量化并要求所有教师把每一节课都上得完美。但是，制定并完善教师教学质量评估方法，定期安排教学督导观察课堂，都是提高教师教学质量的重要途径。

表 3　学生选修课程的考虑因素（2）

7. 你在选择选修课时，会根据哪些因素来选课？	A. 兴趣和爱好	B. 课程通过的难易程度	C. 自己所学的专业知识需要	D. 教师的因素	E. 其他
	26（65%）	9（22.5%）	13（32.5%）	8（20%）	4（10%）

第 3、4、5 题调查学生对于学分制的看法与态度。从图 2 我们可以得知调查对象对目前学业压力的总体感觉。其中，超过半数（55%）的学生认为现在的学业压力不算太大。很多学生（65%）在课外会选择休息或参加娱乐活动，或者自己学习（52.5%）。这说明，学生目前的学业压力是相对适中的，学生可以兼顾学习与生活。

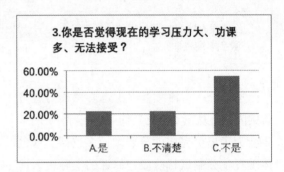

图2　关于学习压力与功课的态度

表 4　学生的课外安排

8. 没有课的情况下，一般你会如何安排？	A. 自己学习	B. 休息或娱乐	C. 做兼职	D. 其他
	21（52.5%）	26（65%）	12（30%）	5（12.5%）

关于学生对选修课设置的态度，我们可以从图 3 看出。超过半数（55%）的学生目前选修课的设置是比较合理的，涉及历史、文化、语言等多个方面的内容。72.5% 的学生希望可以扩大选修课的选择范围（详见图 4）。这给我们的学分制改革也提供了一些启示，我们需要思考如何在教学资源有限的情况下，根据学生的需求，设置和调整选修课程的数量、范围，同时保证教学质量与难度基本一致。

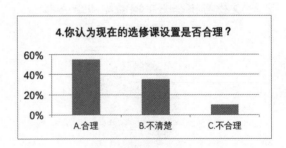

图3　关于选修课设置是否合理的态度

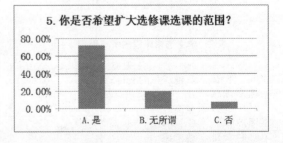

图4　关于扩大选修课选课范围的态度

调查问卷的最后一题询问了学生对现有学分制教学管理的想法和建议。通过统计和整理，我们把学生的建议总结为以下几点：①在课程时间安排上，希望专业选修课时间可以往后调整（比如在上午 9 点 50 分或者下午 1 点 30 分以后开始），以提高学生出勤率与上课状态。同时，上课时长从一个半小时调整为一个小时，以保证学生有较好的状态，提高学习效率。②在教师教学质量方面，希望教师尽量减少汉语的使用，并注意增强政治敏感度。另外，他们希望教师可以丰富教学方法，提高教学效果。③在课程难度上，他们希望各门课程的难度尽量一致。④在课程范围方面，他们希望课程种类可以更丰富，从而有更大的选择空间。

三、学分制改革第二阶段的实施设想

学院于 2015 年 12 月至 2016 年 10 月进行了留学生汉语教学学分制改革研究，以汉语言（经贸）专业为试点进行了深入研究并于 2016 年 9 月成功实施，我们将之视为国交学院学分制改革的第一个阶段。接下来，我们将逐渐向所有的专业铺开，进行第二阶段的研究和尝试。我们将在汉语言（经贸）专业试点实行学分制的基础上总结经验，结合学院新教务系统上线后提供的技术支持，计划未来将在国际贸易专业、汉语国际教育专业、汉语言（中英）专业广泛推广实行学分制，免修、重修、转专业办法将陆续推行。现将我们的设想陈述如下。

（一）免修

1. 免修规定

学生已经系统掌握某门课程的内容，申请不参与该门课程的各教学环节，可以提出申请免修，学院教务办公室审核申请，并设置相应的考核方式，学生通过该考核后，可以直接获得该课程学分和绩点。每门课程每位学生只有一次免修申请机会。根据教学安排，不得免修的课程不能申请免修。申请免修的课程必须是下学期准备修读的课程，重修课程不得申请免修。

2. 免修申请及实施具体流程

学生可在新学期开学后两周内向学院教务办公室提出书面申请，经任课教师同意，学院主管教学院长审核，由教务办公室统一安排免修资格考试。

免修资格考试及免修资格的认定安排在新学期第三教学周进行。考试的命题、规则、阅卷和成绩评定等与期末课程考试要求相同。免修课程考试的成绩在 60 分（含 60 分）以上者，可以免修；60 分以下者不得免修。取得免修资格的学生，免修课程得到相应的学分，并将其免修资格考试实际成绩作为该门课程成绩记入成绩管理系统。免修资格一旦取得，不得放弃。如果要另外选修同时段其他课程，应在学校规定的时间内按照相关规定办理补选课手续。

（二）重修

1. 重修规定

学生不通过课程考核可以申请重修该门课程。

2. 重修的实施方法

学生考试不及格，可以在第二学期开学前一周参加补考，补考不及格者必须申请重修。重修课程必须在规定时间内按正常程序选课。学生重修课程的时间与正常修读课程的时间相冲突，可申请免听重修课程。学生重修课程的考试时间如果与正常修读课程的考试时间相冲突，应参加正常修读课程的考试，并在考前按《上海外国语大学本科课程考核工作规范》办理重修课程的缓考手续。若缓考不及格，不再安排补考。

学生在毕业学期出现课程考核不及格或者缺考的情况，应按相关规定先予以结业或延长修业期，然后按相关规定参加补考或重修该课程。

重修次数和重修成绩按实际情况记载在成绩管理系统中，重修成绩不覆盖该课程以往修读成绩。在成绩单上同一课程以最高绩点记录。

（三）转专业

1. 转专业规定

未来全面实行学分制后，我院四个留学生本科专业将实行符合条件情况下转专业制度。转专业安排在每学年春季学期进行。各专业同意转出和批准转入的学生人数原则上不应超过该专业一年级学生人数的10%。学生在校期间只能申请转专业一次，且只能申请转入一个专业。转专业学生应接受院系安排转入新专业相应班级，不得自行选择班级。

2. 转专业条件

学生申请转专业应符合以下条件：一、二年级在校学生；在校期间无违规违纪处分记录；在校表现优秀，学业方面具有较强学习能力的学生；符合拟转入专业的接收条件。

不得申请转专业的学生情况：在休学、保留入学资格期间的；已进入第三学年（含）以上的；已有转专业经历的；受到学校处分，或应予退学的；其他由学院认定不适合转专业的。

3. 转专业流程

拟转专业的学生应在规定时间内向学院

教务办公室提出书面申请。教务办公室对申请转专业学生的条件进行审查，各专业点对申请转入的学生进行考核，并将考核结果和拟接收学生名单报送教务办公室。经转专业工作小组综合审查及复核，最终确定转专业学生名单，并在学院公告栏公示。

获得转专业资格的学生应在规定时间内到留学生办公室报到并注册新专业。毕业时，转专业学生将按照转入专业的培养方案进行毕业审核。已获准转专业的学生从下一学期开始修读转入专业的课程，在第一学年春季学期则须继续参加所有修读课程的学习及考核，成绩将如实记入成绩系统中，并记入平均绩点，若这一学期结束时受任何处分或者达不到接收专业的标准，取消已获得的转专业资格。学生转专业前已经取得的课程学分符合转入专业教学计划的，可直接确认，如果需确认，由教务办公室统一判定转换。学生转入新专业后的第一个学期，完成学分认定。学生一经转专业后不得再转回原专业。凡转入新专业学习的学生须按新专业的教学计划修读规定的学分，毕业资格和学士学位授予按照转入专业的标准和要求审核。

（四）其他

学院将广泛调查校内外兄弟院系的做法，同时在本院师生中开展深入调研，调查目前教学制度中存在的深层次问题，破解矛盾，疏通问题，寻求解决问题的最佳方案。

我们认为实行学分制将给现有的教师课程教学和管理模式带来一定的改变，因此要在教师层面进行宣传普及推广等深化工作。通过加强对教师的培训，提高教师群体对学分制的认识，学院组织培训班、学习会议、经验交流会等活动，讨论学分制下的教学方法、教学方案等内容。学分制与现有的教学模式差异导致教师需要适应新环境下的教学需求，以往教师是主导者，学生是接受者的模式发生了较大变化，学分制突出的是学生的主体地位，学生可以根据自己的意愿选择相应的授课教师。这对教师的教学水平提出了更高的要求。

教师在教学环节中要以学生为中心，充分考虑学生的兴趣与需求。教师要注意教学内容传授、教学方法选择、学生接受能力三者的相互关联，以提高教学质量和教学效果。在学分制的大背景下，教师的各种调整需要靠一定的管理制度来完成。我们将在实践中逐步完善各项管理制度和规定。

学院将继续扩大师资力量，调动一切资源扩大授课门类和课型，提供充足的备选课目，使学分制改革得到最为本质的基础保障。学院建立起教务、教学、教师、学生多层次的管理和运行机制，加强自治能力，在推行学分制改革后让教务部门线上、线下协同运转，并行不悖，相互补益。

注解

*本文是上海外国语大学2015年教育教学改革研究项目"来华留学生汉语言专业分制改革研究"（JXGGYB201605）成果。

参考文献

[1] 别敦荣. 论学分制的教育原理及实施的原则要求[J]. 中国高教研究，2013，（3）：6-15.

[2] 程红艳. 选课制与学分制：中国基础教育改革的制度创新与实践探索[J]. 南京社会科学，2016，（4）：127-133.

[3] 刘道玉. 学分制对传统教学制度提出的挑战[J]. 教育评论，2006，（3）：65-68.

[4] 潘洁，翟红华. 我国高校学分互认制度改革实践及推进策略研究[J]. 国家教育行政学院学报，2017，（5）：34-38.

[5] 荣维东. 美国教育制度的精髓与中国课程实施制度变革——兼论美国中学的"选课制""学分制""走班制"[J]. 全球教育展望，2015，44（3）：68-76.

[6] 上海外国语大学教务处. 上海外国语大学普通全日制本科生学分制管理规定（试行）. 2016.

[7] 翁明丽. 国际化对地方高校人才培养模式的影响[J]. 中国高校科技，2016，（10）：50-52.

欧盟高校教育质量保障体系探析
——以德国大学为例 *

肖璐璐

提要： 随着近年来国家对高等教育提出新的更高要求，我国高等教育质量保障体系的构建与完善显得格为重要。本文在介绍欧盟高校教育质量保障体系理论的基础上，指明欧盟高等教育质量保障体系的基本框架，并以德国高等学校为代表，重点从外部教育质量保障、内部教育质量保障两方面，总结德国高校教育质量保障体系特点，对我国目前建设具有中国特色的高等教育质量保障体系提供了建议。

关键词： 欧盟；高等教育；质量保障体系

作者简介： 肖璐璐，上海外国语大学发展规划与综合改革处研究实习员。

一、引言

近年来，国家对教育质量提出了新的、更高的要求。2016 年通过的《中共中央关于制定国民经济和社会发展第十三个五年规划的建议》强调"提高教育质量"。2015 年启动的"双一流"建设也旨在整体提升高等教育水平。教育部在《2017 年工作要点》中，亦指出要"整体提高高等教育水平""着力提高教育质量"。

他山之石，可以攻玉。20 世纪末期，欧洲地区为提高高等教育教学质量做出了有意义的尝试，为我国建立一个适合高等教育特色的、健全的高等教育教学质量保障体系提供了有益的参考。本文主要探析欧盟高校教育质量保障体系的相关内容，特别是研究以德国大学为代表的教育质量保障体系，以期对我国高校教育质量保障体系的构建提供启示参考。

二、国内外相关研究

德国 Jürgen Tchorz（2016）就德国高校的外部质量保证体系做了详细说明，他认为在博洛尼亚进程的不断推进下，欧洲针对高等教育质量保障也制定了相应的标准和指导方针，对德国大学的质量保证体系起到了关键性作用。美国申天恩和 Richard Morris（2015）基于中国和欧美高校内部质量保障体系建设的对比，发现欧洲高校在其内部质量保障体系建设模式上基本思路一致，采取了国家统一调控、大学配合的模式，而美国则更加趋于多元化，对于中国高校来说，可以借鉴欧美成功经验，构建体系完整、特色鲜明的国内高校内部质量保障体系。

国内矫怡程（2016）就德国高校体系认证做了详细说明，认为体系认证虽然还在不断建设完善过程中，但仍是德国高等教育质量保障的主要形式。白争辉（2014）通过对英、日、法、德四国的高等教育质量保障体系的比较，发现他们在高等教育质量保障方面都形成了一种多元评价模式，即"政府—高校—社会"，并且不断朝多元化复合型模式发展，我国高等教育质量保障体系建设起步晚，目前还以政府评价为主，亟待加强评估方法的多元化建设，强化高校自我评价意识，多角度、多维度提升我国高等教育质量。

三、欧洲高等教育质量保障基本框架

2015 年 5 月，经博洛尼亚进程成员中教育部长会议审议通过，新修订的《欧洲高等教育质量保障标准和指导方针》（ESG）出台。ESG 提供了内外加自身保障相结合的保障体系：在外部质量保障方面，ESG 强调要以教育产出为导向，将提升高等教育人才培养质量作为质量保障体系的根本目的；在内部质量保障方面，ESG 要求以受教育主体为中心，高校在人才培养过程中站在学生角度，关注学习获得感；在质量保障机构方面，ESG 强调要以改进教育质量为宗旨，提升保障能力，完善保障体系。在欧洲高等教育改革的大形势下，新修订的 ESG 标准不仅反映了当前欧洲现有质量保障的发展思想，也为今后的发展指明了方向，体现了欧洲高等教育质量保障的发展趋势。总体上看，ESG 是在欧洲高等教育新的发展阶段对原有的 ESG2005[①]做出的调整和完善，体现出了重改进、强管理、拓维度的新特点。其基本框架如下：

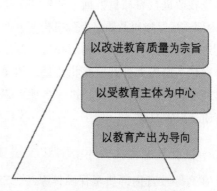

图 1　ESG2015 的基本框架

从图 1 中可以看出，与 ESG2005 相比，ESG2015 以改进教育质量为宗旨，以受教育主体为中心，以教育产出为导向，为欧盟高等教育质量保障提供了透明的、可操作性强的实施框架，为真正不断提升高校教育质量提供了理论支持。

（一）以改进教育质量为宗旨

除上述内容外，ESG 相比 ESG2005 更体现了通过评价保证高校质量持续改进的机构宗旨，具体包括：向高校内部质量保障提供指导性意见、分析评估报告、强化自身核查等。

高等教育质量保障机构通过专题分析、流程制定和自身改进这三方面和高校外部质量保障、内部质量保障以及自身建设相适应，以改进和完善教育质量为根本宗旨，构成了完整的欧洲高等教育质量保障基本框架。

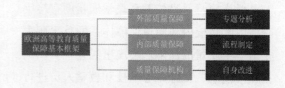

图 2　欧洲高等教育质量保障基本框架

从图 2 可以看出，欧洲高等教育质量保

障体系在改进教育质量方面，从外部质量保障、内部质量保障以及质量保障机构三方面，分别进行专题分析、流程制定和自身改进，由外而内、由内而外开展互相监督，从而落实对高等教育质量的改进，进一步加大高等教育质量保障力度。

（二）以受教育主体为中心

在高等教育内部质量保障体系中，ESG 提出要进一步扩大学生评价作用，完善以受教育主体为中心的改革措施，在"学—教—评"和"入学—进步—认可—认证"两方面都设立了以受教育主体为中心的改革标准。通过设置高等学校专业持续监控以及定期评价标准，进一步推动高等教育内部质量保障措施的完整和规范；同时，ESG 也强调，要在落实周期性外部保障的基础上，强化内部质量保障体系和外部质量保障体系的相互衔接、相互促进、相互推动作用。

UNESCO、世界银行、OECD、欧盟等国际组织以及博洛尼亚进程的 47 个成员的 500 余名代表在 2015 年 6 月通过的《埃里温公报》中明确强调了受教育主体在高等学校人才培养过程中的核心地位：要鼓励并支持高等学校推进教育改革，让高等学校形成 "以受教育主体为中心"的学习氛围，创造"以受教育主体为中心"的校园环境，加大对受教育主体创新精神的培养。

学生质量是高校教育教学质量的直接反映，因此高校内部质量保障体系的首要职责是对学生质量的保障。《埃里温公报》明确指出"鼓励、支持高等学校和教学人员进行教育教学创新，形成'以学生为中心'的学习环境，着力培养学生的创造力、创新精神和创业能力"，以此对学生在高校办学中的地位给予了高度重视。

ESG 对学生的发展起到了积极的保障作用，包括鼓励学生积累经验知识，参与教学学习过程，激发独立思考，培养创新思维，以适应社会环境和工作实际需求。同时这种受教育者为主体的评价方式，通过制定标准化的评分评价标准，多元化的评价者和学习成果为导向的形式来证明受教育主体学习目的的达成情况。

（三）以教育产出为导向

在 ESG 的目标制定过程中，外部质量保障标准通过准确的标准目标定位、稳定的执行过程、多元化的选择评估专家以及实事求是的评价结果，得到了进一步完善和加强。

在外部质量保障体系的范畴内，高校教育质量评价的主要依据是教育产出，高等学校办学水平和办学质量的直接表现就是高校学生的学习结果，因此，从对高等学校对人才培养投入和人才过程的评价，转移到对教育产出的评价上，以此为标准对高校进行教育质量评价更具客观性，通过评估教育产出，即学生"学到什么""能做什么"，改革高校人才培养方式，转变教育质量评价理念，最终提升高等学校人才培养质量，从而更能够体现高等学校教育质量评价的全面性和科学性。为完善以教育产出为导向，进一步强化外部质量保障体系的运行，做到实事求是、客观准确，ESG 提出了 4 个方面的改进措施：

以评价教育产出为依据，重点评估学生在校期间，通过各种渠道开展学习或训练的学习获得感情况；

在高等教育质量评价专家选择过程中，以公平、公正、公开为原则，遴选有技术、有能力、符合 ESG 要求的专家，并且评价专家组中至少要包括一名在校学生；

高等教育质量评价过程一般由四个部分组成，按时间先后顺序可以分为高校自我评价，专家组现场调查，完成评价报告和保障机构的跟进工作；

以最终结果为导向，结合各高校的现有问题，提出指导性的改进建议。

上述四点改革措施清晰表明，ESG 对于高等教育质量的评价内容就是以衡量教育产出为主体，改革使得教育产出能够得到更加客观、有力的分析评价，高等教育质量评价体系也更具全面性与科学性。

四、德国大学教育质量保障体系分析

在欧盟高等教育质量保障体系的框架下，德国的大学教育质量保障体系也可以分为外部保障与内部保障。外部教育质量保障主要包括博洛尼亚进程推动、德国高等教育体系认证、CHE 大学排名；内部教育教育质量保障主要则包括院系自我评价和认证自评。

（一）外部教育质量保障

德国高校外部质量保障体系主要由三方面构成：博洛尼亚进程，特别是在其框架下成立的欧洲高等教育质量保障协会，是目前德国高等教育质量保障事业发展的主要动力，起到基础性作用；由德国认证委员会主导的高等教育认证体系，是对德国高校教育质量保障的重要环节，社会认可度高；CHE 排名，由德国高等教育发展中心（CHE）和有关媒体合作发布，是社会层面对于德国高校质量保障的直接反映。

1. 博洛尼亚进程

博洛尼亚进程近年来有效提高了德国高等教育质量水平及其高校毕业生的国际竞

争力，并在不断的改革和发展过程中为德国高等教育质量保障体系提供了外部的制度性保障。

2004 年欧盟成立了高等教育质量保障联合会，它是外部质量保障体系的重要组成部分，同时它积极推动了《博洛尼亚宣言》②签约国高校的教育质量发展。其中，最重要的就是各参与国采用"欧洲学分积累和转换体系"（ECTS）。

2. 德国高等教育认证体系

目前，德国高等教育认证制度已经初步形成了认证体系，包括认证委员会、认证代理和高校，在认证委员会认证代理机构，认证代理机构认证高校两个层次进行，并以专业认证和体系认证开展。

目前，体系认证是当前认证制度的主要形式，包括认证高校的内部教学质量保障，要求高校通过建立有效的内部教学质量保障体系，保证各专业达到高等教育质量的最低要求。而认证代理机构对保障体系的认证，则遵照质量规划、质量监控、质量提升、质量结果等四个环节展开。

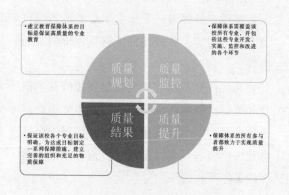

图3　德国高等教育认证体系示意图

3. CHE 排名

CHE 大学排名是德国高等教育发展中心

联合多家媒体发布的大学排行榜，每年对特定学科进行评估排名。截至 2016 年，已完成 307 所德国大学的 39 个学科的排名。由于排名注重教育质量，每年有大量学生以此为依据申请大学。它是一种外部质量保障的补充形式。

（二）内部教育质量保障

德国高校内部教育质量保障体系一般包括院系自我评价与认证自评。通过院系开展的自我评价，以及针对认证代理机构的认证自评，高校针对自身教育质量形成评价报告，在外部质量保障评价的同时，增加高校对自身教育质量的认识，有效促进高校教育质量的提升。

1. 院系自我评价

德国高校的院系自我评价是一种以院或系为单位的自我排查评估，是德国高校内部质量保障的主要形式。该评价能有效提高学校教学质量，增加院系间的彼此了解。一般实施院系自我评价的主体由校内专家和院系自身专家组成，根据量化的考查内容进行考查，评估内容一般包括开设课程、学生结构、师资结构、教师最终学历、学生考试情况以及监督机制等，并最终形成自我评价的书面报告。

为使评估机构能顺利收集高校的基本信息和数据，德国高校每一两年就需要提交自我评价报告，一份完整的自我评价报告包括自我评价流程计划、自我评价指标体系、整理收集各项数据等。

2. 认证自评

在院系自我评价之外，德国高校还需应对认证代理机构的认证评估，认证自评也就应运而生。为了解自身的教学质量情况，提

高认证评估通过率，德国高校在认证代理机构开展认证评估之前，先组织学校内部专家开展对本校的评价，这一评价和认证评估类似，也包括专业自评和体系自评两个方面。

专业自评是内部质量保障体系的重要环节，其目的是保障高校本科生与研究生的培养质量、提升多元化的人才培养模式，是高校内部教育保障体系的重要环节。通常情况下，德国高校会成立专门的专业自评小组，由校内专家担任自评小组成员，从专业人才培养计划、人才培养目标、人才培养方案、相关考试机制、师资队伍构成、硬件设施、学业成就、毕业生去向等多方面选取专业评价指标，由专业自评小组参考评价指标对学校各个专业开展专业自评。

体系自评的目的是要保障高校所培养的本科生与研究生达到德国规定的人才培养质量标准，包括 ESG、德国认证委员会出台的相关标准。德国高校会对照相关标准，从人才培养目标、人才培养管理制度、人才培养程序、教师职能分工、毕业生质量报告等几方面对高校内部的教育质量管理体系进行审查，以便能够系统性地提高教育的质量。

（三）质量保障体系特点

笔者通过对德国高校质量保障体系推进落实情况的考查，得出如下特点：

1. 内部质量保障是提高教育质量的内生动力

如德国美因茨大学在教育质量保障方面走在德国高校前列，2003 年即成立了质量保障发展中心，这一中心在成立之初就作为学校学科管理的一部分。该大学通过自身的保障体系建设，促进了各院系提高教育质量的积极性。柏林自由大学专门成立的自评专家

组把关人才培养的各个环节，开展实地调研、体系自评，进一步完善了学科专业的教育质量。

2. 外部质量保障体系对提高教育质量具有重要的检验作用

从某种意义上说，外部质量保障具有内部质量保障方式不具有的客观性和准确性，尤其是多元化的外部质量保障形式对于高校的教学质量提出了更高、更实际的要求。通过外部相对科学的大学评价排名、教育质量评价排名，既能够帮助受教育者填报学校，同时还能加强高校之间的竞争意识。而面向国家层面的质量认证体系和认证标准对于高校的发展以及高校人才培养质量的提升，起到了不可忽视的指导性作用。

3. 推行国际认证和第三方认证能进一步提高高校竞争力

如欧盟采用 ESG 的标准和指导方针，既全面提高了欧盟各国高等教育教育质量，同时也有助于在各国间形成学科竞争、人才培养竞争、教育管理竞争等全方位的高等教育质量保障的互动氛围。

但是，德国高校教育质量保障体系也存在一些不足之处，例如在外部体系认证环节，体系认证费用过高，给一些高校带来了较为沉重的经济负担；而第三方评估过程中，过于强调多元化的评价体系也造成了很多评估内容重合的问题，重复评估相同内容也给高校造成了较大压力。

五、对国内高校的启示

在当今社会对高等教育人才培养质量要求不断提高的背景下，"着力提高教育质量"是高等教育的重大任务，而人才培养的质量则是贯穿始终的衡量指标。当前我国高等教

育存在评价体系单一、评价形式虚化、评价周期过长、评价结果难以转化服务教学的问题，一种科学合理、客观公正的高等教育质量评价体系应当顺应时代要求，符合我国国情。故笔者对当前我国建设有本国特色的教育质量保障体系提出以下建议：

（一）强化高校自我评价意识，以评促建

只有提升高校的自我评价意识，形成一种居安思危的紧迫感，不断自我检查、自我鉴定，对现有学科、专业的教育质量进行经常性的检查，才能对本校发展的优势、劣势，发展规划的方向性问题有全面的把握。意识是行动的先导，在教学的过程中将自我评价意识内化其中，对于提高教育质量具有重要意义。

（二）完善我国高等教育质量保障体系离不开具有中国特色的、符合我国高校发展和人才培养体制机制的评价指标体系

当前最急迫的任务是建立与国际接轨、符合中国国情的评价体系。正如教育部长陈宝生近日提出，国家"双一流"要建设世界一流大学、一流学科，定性就是八个字"中国特色、世界一流"，标准是中国特色和世界一流的有机融合。我国高校的评价体系也应当同国际上的一流评价体系相融合，而不能闭门造车，建议深化教育评估模式改革，效仿欧盟 ESG 所提倡的以评估"教"为主向评估"学"转变，以促进学生有效学习、提高学习获得感为抓手的指标体系。

（三）注重多元化、多样性评估方式的发展

目前，我国已经初步建立了由政府主导、主要以本科教学工作水平评价为主体的高等

教育质量评估体系，但这一评估体系依然存在着相对单一、有效性较低的问题，更是从某种程度影响到高等教育质量评估结果的公正性、客观性，从而制约了我国高等教育质量保障体系的发展。为此，建议建立一个多元化的高等教育质量评估体系，通过多种评估方式和评估手段，对高等教育从不同角度开展质量评估，如全国性评估和地区性评估、单项评估和综合评估、定量评估和定性评估等各种评估方式，在不同学科专业、不同类型高校开展多层次、多类别的高等教育质量评估，不断推进我国高等教育质量的提高。

注解

*本文系上海外国语大学2016年教学改革研究项目"高校教学质量保障体系的国际比较研究"（项目号：2017JG021）的阶段性成果。

①ESG2005即为2005年博洛尼亚进程成员中教育部长会议通过的由欧洲高等教育质量保障协会制定的《欧洲高等教育质量保障标准与指导方针》。

②1999年，欧洲29个国家的教育部长在博洛尼亚举行会议，探讨欧洲高等教育区并完善欧洲共同的高等教育体系等问题，并签署了《博洛尼亚宣言》，确立建立统一的欧洲高等教育区，以增强欧洲高等教育在国际上的竞争力，吸引世界各国优秀人才。

参考文献

[1] CHE Ranking [EB/OL]. http://www.che-ranking.de/cms/?getObject=42&getLang=de, 2017-03-04.

[2] CHE Ranking 2016[EB/OL]. http://ranking.zeit.de/che2016/de/, 2017-03-04.

[3] Tchorz Jürgen. 德国大学的质量保证体系[J]. 化工高等教育，2016，（5）：42-45.

[4] 白争辉. 高等教育质量保障的理论与实践研究[D]. 华南理工大学，2014.

[5] 蔡敏. 欧洲大学内部质量保障体系的构建及评价[J]. 比较教育研究，2012，（1）：68-71.

[6] 矫怡程. 德国高等教育体系认证：缘起、进展与成效[J]. 外国教育研究，2016，（2）：3-15.

[7] 李文兵，沈红. 德国CHE大学排名的特点及对我国的启示[J]. 比较教育研究，2006，（4）：30-34.

[8] 欧阳静文. 欧盟高等教育外部质量保障机制研究[D]. 湖南大学，2016.

[9] 欧洲高等教育质量保障协会. 欧洲高等教育质量保障标准与指导方针（2015）[EB/OL]. http://www.enqa.eu/wp-content/uploads/2015/11/ESG_2015.pdf，2015-05-04/2017-02-28.

[10] 欧洲高等教育质量保障协会. 欧洲高等教育质量保障标准与指导方针比较分析（2005标准与2015标准）[EB/OL]. http://www.enqa.eu/indirme/papers-and-reports/associated-reports/EQUIP_comparative-analysis-ESG-2015-ESG-2005.pdf，2015-05-04/2017-02-28.

[11] 申天恩，Morris，Richard. 高校内部质量保障体系建设国际比较与建设框架[J]. 高校教育管理，2015，9（1）：23-29.

外语专业教师从事比较教育研究的现状与可能性 *

窦心浩　苗晓丹

提要： 在教育领域，我国面临着不断提升人才培养质量的问题，国外的先进经验和失败教训能够向我们提供很好的借鉴。高校外语专业教师具备语言优势，对国外情况比较了解，因此在比较教育研究领域能够发挥一定的积极作用。从国内比较教育研究主要学术期刊的论文刊登情况来看，近年来外语专业教师所撰写的论文呈上升趋势，但数量仍然偏少。根据在上海外国语大学所做的调研，我们发现多数外语专业教师对于比较教育研究持较为积极的态度，但学校需要在科研时间、成果发表平台、职称制度、图书资料等外部条件方面给予更多的扶持。

关键词： 外语专业教师；比较教育研究；主观意愿；外部条件

作者简介： 窦心浩，上海外国语大学日本文化经济学院副教授；苗晓丹，上海外国语大学德语系副教授。

比较教育学是教育学科的一个主要研究领域，通过研究各国的教育制度、政策以及教育发展状况，不仅了解各国教育情况，还能够为我国的教育改革提供大量可参考借鉴的信息。陈时见（2013）指出，"比较教育学不仅是教育新思想、新思潮的集散地，而且是教育改革创新的重要动力源"。但是，比较教育研究也存在着较大的难度，对一国教育的准确把握需要我们对这个国家的社会构造、历史文化以及相关制度设计有着较全面的了解。在这一方面，外语专业的教师不存在语言障碍，而且对对象国的国情有着较深的理解，因此在比较教育研究领域，他们有着得天独厚的优势。如果在充分发挥这一优势的基础上，能够掌握一定的比较教育学理论知识和研究方法的话，外语专业教师将成为比较教育研究领域的一个重要群体。

本文主要分为三部分，第一部分是对我国比较教育学科领域最主要的核心期刊进行

分析，考查外语院校及外语专业的教师和科研人员所发表的比较教育研究相关论文的数量及其变化。第二部分是对上海外国语大学的部分外语专业教师进行访谈，了解其对研究外国教育的主观态度。第三部分将对阻碍外语专业教师从事比较教育研究的外部因素进行分析。

本研究主要采用统计分析法和访谈调查法。统计分析法主要用于对相关学术期刊所刊载论文的数量和作者信息进行归类和统计。访谈调查法主要针对高校外语专业教师和科研人员，其目的是了解他们从事比较教育研究的兴趣和所面临的实际困难。

一、高校外语教师从事比较教育研究的状况

高校外语教师目前所进行的比较教育研究的实际状况，及其所做的贡献都以科研成果的形式显现出来。笔者将通过对我国比较

教育研究领域最重要的两本 CSSSCI 索引学术期刊——《比较教育研究》和《外国教育研究》2006 年至 2016 年间刊发的论文进行梳理，以期了解外语专业教师从事比较教育研究的现状。

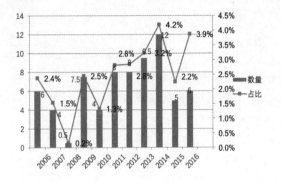

注：第二作者的论文算作0.5篇。

图1　外语专业教师在《比较教育研究》发表论文数量和比例

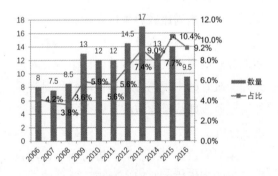

注：第二作者的论文算作0.5篇。

图2　外语专业教师在《外国教育研究》发表论文数量和比例

从图 1 和图 2 所显示的结果来看，目前，外语专业教师在两本杂志上所发表的论文数量仍处于较低水平。在国内排名第一的比较教育类杂志《比较教育研究》上刊登的论文中，除 2014 年之外，外语专业教师的论文数量一直低于 10 篇，最低时甚至只有 0.5 篇（2008

年）。在该期刊全部论文中所占的比例也从未超过 5%，最高年度（2014 年）也仅为 4.2%。相对而言，外语专业教师在另一本重要期刊《外国教育研究》上刊登的论文稍多。最少的 2007 年为 7.5 篇，最多的 2013 年达到 17 篇，所占的比例最低年度为 3.6%（2008 年），最高年度达 10.4%（2015 年）。另一方面，总体上看，两本期刊上所发表的外语专业教师的论文数量都呈现出上升的趋势。在《比较教育研究》上所占的比例从 2006 年的 2.4% 上升到 2016 年的 3.9%，而在《外国教育研究》上所占的比例则从 4.2% 上升到 9.2%。

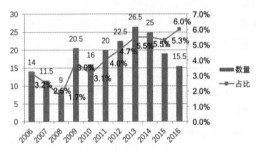

注：第二作者的论文算作 0.5 篇。

图 3　外语专业教师在主要比较教育类期刊发表论文总数量和比例

如图 3 所示，从整体上看，在 2006 年至 2016 年期间，外语专业教师在上述两本杂志上所发表的论文上升趋势明显。虽然由于两本杂志刊载论文数量总体出现较大的下降，导致 2013 年以后外语专业教师发表的论文有所减少，但其所占比例则从 2006 年的 3.2% 上升至 2016 年的 6.0%。由此可见，近年来，我国高校的外语教师越来越重视有关国外教育的研究，科研论文的数量和质量都有了一定的提高。

除了外语专业的教师外，发表有关比较

教育研究论文的主要是各高校教育学专业的教师和科研人员。随着我国与国外的学术交流不断增加，国外教育信息的大量涌入，比较教育研究的重要性和可能性有了很大的提升，教育学专业的教师和科研人员正在不断加强对外国教育的深入研究。在这一学术环境下，外语专业的教师所发表的比较教育研究论文能够在数量和质量上取得明显的进步，也正说明了其科研水平的提高和从事比较教育研究的可行性。

二、外语专业教师从事比较教育研究的主观意愿

从语言能力和对对象国的了解程度来看，外语教师从事比较教育研究具备一定的优势，但原本大多从事语言和文学研究的外语专业教师究竟是否愿意开展这一领域的研究，他们对比较教育研究的看法如何，这都有待于对教师进行更深入的调研。为此，笔者在 2016 年 10 月至 11 月期间，对上海外国语大学的专职教师进行了访谈调查。

访谈对象共有 12 位教师，分布在英语、日语、德语、法语、韩语等多个语种，能够代表外语专业教师的整体面貌。考虑到年龄对专业转换的影响，我们将调查对象的年龄设定在 45 岁以下，其中"70 后"5 人，"80 后"6 人，"90 后"1 人，已婚已育 5 人，已婚未育 4 人，未婚 3 人，博士 11 人，硕士 1 人，所有教师都具有海外学习或生活的经历。从访谈对象的构成及其背景来看，本次调研基本能够反映出外语专业中青年教师对于从事比较教育研究的意愿和看法。

（一）比较教育研究的兴趣和意愿

在从事比较教育研究的兴趣方面，12 名

受访教师中有 10 人表示有兴趣，只有 2 人表示没有兴趣。那么为何大多数受访教师会对国外的教育感兴趣呢？从调查结果来看，主要有以下这些原因。首先，由于自己所从事的职业是教书育人，因此自然希望了解国外的教育状况，并获得一些启发；其次，是对包括教育在内的国外的社会文化感兴趣，希望有更深入的了解；再次，自己教育孩子也需要借鉴国外教育的一些知识；最后，教育这一话题在有的对象国十分热门，全民对教育具有很高的热情，自己也受到了感染。

另一方面，两位对比较教育研究不感兴趣的教师表示由于自己对国外教育不了解，因此没有兴趣对其进行研究。但同时，他们也认为，通过赴国外进修，到国外的学校亲身感受他们的教学管理模式和校园文化氛围，加深自己对教育活动的认识和理解，同时加强对教育理论的学习，也能够培养对比较教育研究的兴趣。

虽然大部分教师对进行比较教育研究感兴趣，但被问及是否有从事比较教育研究的意愿时，有 3 位受访教师表示没有这方面的意愿，其原因主要在于没有教育学的理论基础，研究所需的相关资料，或与专业教学无关。另外，7 位表示有意愿的教师，列举了以下这些理由。首先，出于教育研究的实用性，例如，研究成果可用在实践教学和一线教学中，提高教学质量，也可以运用于教学管理，融入学校发展规划中；其次，结合学校提倡的区域国别研究，进行跨专业研究，满足自身研究发展的需求；再次，为了向有意向留学的学生提供信息。

由此可见，多数外语专业教师对于比较教育研究持较为积极的态度，理解该领域研究的实用性和前瞻性，但在是否进行研究方

面又抱有一些顾虑。

（二）对外语类院校开展比较教育研究的看法

通过对上海外国语大学这一外语类院校教师的访谈发现，12 位受访教师中有 11 位认为有必要开展比较教育研究。值得注意的是，两位表示对比较教育研究没有兴趣的老师也都赞同开展该领域的研究。关于外语类院校开展比较教育研究的优势，大家认为主要有以下几点。首先，外语类院校具有语言优势，与国外交流较为频繁，能够利用各种资源，比较容易地获取一手资料，了解对象国的教育状况；其次，教育研究是外语类院校的区域国别研究中不可或缺的重要内容；再次，能够开阔视野，借鉴国外的先进经验，博采众家之长，提高高校管理效率，并为培养国际化人才服务；最后，能够与教学法相结合，提高学校的教学质量。

另一方面，外语类院校开展比较教育研究也有一定的劣势，主要是现有的教育学科较弱，具有教育学研究背景的教师较少，大多数老师对教育学专业知识了解不多，未经过系统训练，研究方法及研究深度不够。此外，没有系统的研究计划，无法与师范类院校和综合大学竞争也都是劣势。

（三）高校外语教师从事比较教育研究的必要性和可能性

所有受访教师都认为高校外语教师有必要进行比较教育研究，其理由主要在于比较教育研究有助于提高本专业教学科研水平。有老师认为：外语教师除了对语言本体有相应的业务知识外，还应当对外语教育方法、外语教育历史等都有所了解，才能更好地在语言教学中渗透文化层面的教育。

在开展该领域研究的可能性方面，受访教师认为，如果学校和学院两级组织能够利用科研机制激发教师自身动力，同时在软件、硬件和研究经费上予以扶持的话，借助人力资源及国际交流平台，开展比较教育研究的可能性还是很大的。而且，校内有不少具备教学法研究基础的教师，推动他们做此类研究的可能性较大。

总之，无论自己参与与否，受访教师均认为开展比较教育研究是有必要的，而且在学校等的支持下，外语教师从事该领域研究的可能性还是很大的。

三、外语专业教师开展比较教育研究的外部条件

虽然许多教师有从事比较教育研究的主观意愿，但在付诸实施的时候仍会受到各种外部条件的限制。在分析外语专业教师开展比较教育研究的客观条件时，受访教师认为在科研时间、成果发表平台、校内外课题支持、职称晋升等方面都存在着很多不足之处。

首先，在时间方面，适应一个全新的研究领域需要较长的时间，但婚育年龄及专业课课时会造成很大的时间障碍；平时工作中，教学、事务性工作以及科研课题占去了大量时间。受专业自身特点的影响，与其他专业相比，外语专业教师的教学任务相对较重，课时数较多，而且课后作业批改量也较大。对于许多教师而言，在繁忙的教学工作之余，从事比较教育研究会成为巨大的负担，既可能会影响其本职的教学工作，也会使研究成果被限制在较低水平。由此可见，如何确保教师的研究时间，使其能够在学习相关专业知识的同时，切实提高科研水平，是高校

推动外语教师从事比较教育研究的主要课题之一。

其次，在成果发表平台和校内外课题支持方面，由于学科壁垒的存在，外语专业教师处于明显不利的地位。外语专业教师在教育研究领域的主流学术圈内缺少话语权，因此在完成有关比较教育研究的论文后，投稿往往会成为一个难题。不仅很难找到合适的期刊，而且与其他综合性院校或师范类院校相比，刊发的难度较大。在学术期刊之间的竞争日趋激烈的环境中，引用率成为刊发论文的主要标准之一，外语专业教师的身份可能会对引用率的提高起到消极作用。许多教育学专业背景的科研人员不愿参考和引用其他专业背景的作者所写的论文，因此教育类刊物在审稿过程中也会根据作者的身份进行取舍。同时，外语类专业的教师从事比较教育研究时往往处于学界的边缘地位，很难获得校内外有关比较教育研究方面的课题。

再次，在职称晋升时，也应对从事比较教育研究的教师有所考虑，在评审时至少做到与语言文学研究一视同仁。在全球化日益深入的时代，外语已成为一个必不可少的工具，外语专业的专业性正在不断受到削弱（窦心浩，2016），因此必须逐步拓宽外语专业的研究范围，将研究重心逐步转向对象国的各个领域。也就是说，从原先单纯的语言文学研究变为区域国别研究。然而，虽然教育部和学校都对区域国别研究给予了高度重视，但由于一级学科名为"外国语言文学"，因此在学校的教学科研体系中，语言研究和文学研究更容易获得认可，而比较教育研究可能会被视为旁门左道。这一问题如果无法妥善解决的话，很多教师就不能安心从事比较教育研究，该学科的发展也无从谈起。

除此之外，比较教育类书籍较少也是妨碍外语专业教师开展比较教育研究的一个因素。外语专业的资料室和外语类院校的图书馆所拥有的图书主要集中在有关外国语言、文学、文化、经济、社会等方面，尤其是语言、文学两个领域的书籍占大多数。

由于在上述客观条件方面尚存在很多问题，因此外语专业教师从事比较教育研究会受到不少限制。

四、结论

从高校外语专业的研究内容来看，国内外有着明显的不同。国外高校外语专业的教师和科研人员较重视研究对象国的社会、经济和文化等，而我国则侧重于语言和文学研究。另一方面，我国高校中的外语院校和外语专业明显多于国外。而随着全球化的不断演进，我国和国外的交流也在深度和广度上迅速发展，因此深入了解国外情况是当务之急。在这一方面，外语院校和外语专业的教师和科研人员大有用武之地。因此，高校应积极鼓励外语专业教师发挥自身的语言优势，在充分了解研究对象国社会和文化的基础上，从事一定程度的比较教育研究。

从本次调研的结果来看，多数外语专业教师对从事比较教育研究持非常积极的态度。但是，外语专业教师在从事比较教育研究时也会受到科研时间、成果发表平台、职称制度、图书资料等许多外部条件的限制。为了推动外语专业教师从事比较教育研究，学校和院系需要在客观条件方面给予一定的倾斜。具体而言，我们可以参考国外的先进经验，导入已成为国际惯例的学术休假制度，向教师提供较充足的学习时间和科研时间。同时，为解决论文发表的问题，从学校支持跨学科研究的角度看，非常有必要自建发表平台，同时以学校课题的形式对教师予以支持,资助其出国进行调研和访学。此外,在职称评定等环节,可以考虑为从事区域国别研究的教师设置一定比例的高级、副高级岗位。

与其他人文社会科学的高校教师相比,中国高校外语教师的科研成果较少,优秀科研成果缺乏(汪晓莉、韩江洪,2011)。对于外语专业而言,如何提高教师的科研水平,是一个非常重要的课题。作为区域国别研究的一个环节,外语教师发挥自身的语言优势,开展比较教育研究是一个可行的选择。如果高校在制度、资金和图书资料等方面,能够向有意愿从事比较教育研究的中青年教师提供必要支持,外语类院系和高校将在这一学科领域取得长足进步,成为比较教育研究领域的主要科研力量之一。

注解

*本文为2016年上海外国语大学年轻干部调研课题计划项目"关于外语专业教师从事比较教育研究状况的调研"的成果。

参考文献

[1] 陈时见. 比较教育学的概念建构及其现实意义[J]. 比较教育研究,2013,(4):1-9.

[2] 窦心浩. 专业非语言能力的培养与日本社会文化课程建设[J]. 日语学习与研究,2016,(6):81-90.

[3] 汪晓莉,韩江洪. 基于实证视角看中国高校外语教师科研现状及发展瓶颈[J]. 外语界,2011,(4):44-51.